U1009856

本书为2016年度教育部人文社会科学重点研究基地重大项目『高考制度改革研究』（16JJD880029）之成果

英国高校招生考试制度研究

王立科／著

高考改革研究丛书

刘海峰／主编

華中師範大學出版社

国家出版基金项目
NATIONAL PUBLICATION FOUNDATION

新出图证(鄂)字 10 号

图书在版编目(CIP)数据

英国高校招生考试制度研究/王立科著.—武汉:华中师范大学出版社,2016.12

(高考改革研究丛书/刘海峰主编)

ISBN 978-7-5622-7662-3

Ⅰ.①英… Ⅱ.①王… Ⅲ.①高等学校—招生—考试制度—研究—英国 Ⅳ.①G649.561.2

中国版本图书馆 CIP 数据核字(2016)第 321502 号

英国高校招生考试制度研究

© 王立科 著

责任编辑:苏 睿 **责任校对**:缪 玲

编辑室:学术出版中心 **电话**:027－67867792

出版发行:华中师范大学出版社 **社址**:湖北省武汉市洪山区珞喻路 152 号

电话:027－67863426/3280(发行部) 027－67861321(邮购)

传真:027－67863291 **邮编**:430079

网址:http://press.ccnu.edu.cn **电子信箱**:press@mail.ccnu.edu.cn

印刷:湖北新华印务有限公司 **督印**:王兴平

封面设计:甘 英 **封面制作**:胡 灿

开本:710mm×1000mm 1/16 **印张**:26.25

版次:2016 年 12 月第 1 版 **印次**:2016 年 12 月第 1 次印刷

字数:445 千字 **定价**:66.00 元

欢迎上网查询、购书

敬告读者:欢迎举报盗版,请打举报电话 027－67861321

总　序

高考是我国各类考试中最重要、影响最大的考试。高考改革不仅关系到国家创新人才的培养、学生的健康成长，而且关系到社会公平的维护、高等教育资源的分配，还涉及宏大的社会利益再分配问题，关系到维护我国改革发展稳定的大局，是一项“牵一发而动全身”的社会系统工程，具有综合性、系统性。高考改革事关教育全局，不仅已成为重大的民生议题，而且是教育领域中最复杂、最敏感的问题，受到民众和国家教育主管部门的高度关注。

2010年7月正式颁布的《国家教育中长期改革和发展规划纲要(2010—2020年)》列有关于招生考试的专门一章，即第十二章“考试招生制度改革”。在中国历次教育改革文件中，这是第一次将招生考试单独列出一章，足见此问题在现阶段的重要性。2012年7月，国家教育考试指导委员会在北京成立，研究制定考试改革方案，指导考试改革试点。国家专门成立一个国家级决策咨询机构来指导高考改革实践，说明考试招生改革意义非常重大。2013年11月，十八届三中全会通过了《中共中央关于全面深化改革若干重大问题的决定》，其中教育方面最主要的就是考试招生改革的内容。2014年9月公布的《国务院关于深化考试招生制度改革的实施意见》，是恢复高考以来最全面、最系统的改革文件。以往也有各种各样的高考改革政策出台，但多数都是单项的或者某一个侧面的改革，而这次改革涉及考试招生的方方面面，是一个顶层设计的系统改革，标志着高考改革进入一个新阶段。

由于高考是一个至为复杂的大规模选拔性考试，是一项“横看成岭侧成峰，远近高低各不同”的制度，从某一特定的角度去观察，站在某一种特定的立场去评说，可能所见都是事实，所言也都有一定道理，但也可能会出现盲人摸象、各说各话的情况。因此，在评价高考时，重要的是全面和客观。

而要理性地、全面地评价高考，提出切实可行的改进意见，就应该对高考进行全面深入的研究。

中国是考试制度的发源地，不仅是一个考试古国，而且是一个考试大国。有些西方国家的大学入学考试只是一种测量手段，只是在小范围内引起关注，只是一个部分人关心的话题。然而，受传统和现实的制约，中国人却将高考变成了文化，变成了经济，变成了政治，变成了盛大的仪式，变成了一种备受关注的社会活动，变成了一种惯例式的全民动员。在有五千年悠久文化传统和千余年科举考试影响的中国，在一个幅员辽阔、人口众多、地域和城乡文化教育水平差异很大的中国，在民众高度重视甚至是过度重视教育的中国，高考既与世界各国的大学入学考试有相同的规律，也有不少独有的现象和问题。

长期以来，高考作为一项影响重大、关注度甚高的重要制度，总体而言是“三多三少”，即新闻报道多，理论研究相对较少；一般议论多，深入分析相对较少；零星探讨多，系统研究相对较少。近年来，情况有了一些改观，特别是2012年前后讨论异地高考政策问题，2014年《国务院关于深化考试招生制度改革的实施意见》出台以后，出现了研究高考改革的热潮，许多相关论文见诸报刊。但是，对于整个高考制度还缺少系统的研究，尤其缺少真正有分量的高考改革研究著作。

高考改革是一个谁都能说得上两句的话题，但又是一个专业性很强的问题。要谈谈自己关于高考改革的观点，发表一两篇文章不难，而要深入阐述自己的观点，发表不重复的系列论文或出版专著却很难。为了将高考研究推向深入，并为现实高考提供决策参考和理论依据，在深入研究的基础上，特组织一套“高考改革研究丛书”。

作为中国高考研究的重镇，厦门大学考试研究中心一直将高考改革作为重点研究方向之一，推出了一系列研究论文和专著，研究成果为全国性的和部分省市的高考改革提供重要的理论支持。本丛书是中国第一套较全面、深入研究高考改革的丛书，对高考从理论、制度、政策、法治、内容、形式，到招生考试的区域公平、民族政策、效度和评价等各方面进行全面的研究，同时对美国、英国、法国、俄罗斯、加拿大、澳大利亚、日本和我国台湾地区的高校招生考试制度等进行了探讨；既有对高考制度的理论剖析，又有对高考改革的一些热点问题的专题论述；是从理论到实践、从宏观到微观、从国内到域外，对高考制度及其改革进行的全面而深入的研究。

“高考改革研究丛书”是对高考的基础性、系统性研究。2015 年，该丛书获得国家出版基金资助，出版社与丛书主编将原来已出版的十多本著作加以修订，并扩充至 22 本，使之成为一个更全面、成气候的书系。本丛书基本上由我自己的著作和历年指导通过答辩的高考研究博士论文、博士后出站报告为基础构成。在我历年指导的众多博士论文或博士后出站报告中，以高考研究为选题的占大多数。要想真正为高考改革提供参考，我们的研究应力求建立在对招生考试历史与现实充分了解的基础之上。为了使这些论文的写作不至于陷入空谈，我总是要求博士生和博士后多了解高考实际。多年来，以高考为选题的博士生和博士后一般都要到部分省市教育招生考试院等考试机构实习，真正深入招生考试第一线，多与考试管理工作者接触交流，这样他们才不会太书生气，所写论文才能脚踏实地。凡是研究别国高校招生考试制度的博士生和博士后，都通晓所在国的语言文字，并尽可能到研究对象国去搜集资料和实地调研，多位博士生和博士后都在研究对象国留学多年或做访问研究一年以上。

丛书中每本著作各有专攻，希望都能切中肯綮，真正做到既有学术价值，也有现实意义；对高考改革的顶层设计，对高考改革的顺利推行，进而对维护教育公平和社会稳定起到一定的作用。恢复高考 40 周年即将到来，相信本丛书的出版能够为高考改革提供理论支撑，为完善中国的考试招生制度贡献绵薄之力，作为一名上世纪的 77 级大学生，我深感欣慰。

刘海峰

2016 年 10 月 6 日

目　录

绪　论

一、研究的缘起与意义

（一）研究的缘起

和中国一样，英国也是具有悠久的考试历史和考试传统的国家，正如孙中山先生在论述中国的考试制度是世界上最古老最好的制度时所说的那样："现在欧美各国的考试制度，差不多都是学英国的。穷流溯源，英国的考试制度原来还是从中国学过去的。"① 长期以来，英国的考试制度对世界很多国家的考试制度都产生过重要影响，世界上很多大学在招生录取时都接纳英国主要考试机构主考的普通教育证书（A-levels）的考试成绩；一些国家或地区现在仍然采用英国的招生考试制度，如新加坡和我国的香港特别行政区，高等院校的入学要求仍然是普通教育证书（A-levels）的考试成绩。

如果一个人的社会角色和社会地位是由出生和世袭决定的，那么招生考试制度就没有存在的可能和必要。当中国实行公开选士的科举考试制度时，英国还在实行封建君主的"恩赐官职制"和后来的"政党分肥制"，即使是早期的牛津大学、剑桥大学也没有入学考试，只是到了 19 世纪早期，内外部因素才促使英国大学在入学、就业和进入文官系统时采用正式书面考试的形式进行选拔评价；当英国经过 1855 年和 1870 年的两次文官制度改革，实现了从官员任命到公开考试的历史性转变，并成为其他国家文官考试制度和其他选拔性考试模仿的范本时，中国正在西方列强的坚船利炮下饱受蹂躏，历经 1 300 年的科举考试也于 1905 年黯然退出历史舞台。当然，本研究无

① 黄昌穀：《孙中山先生演说集》，刘海峰：《科举与科举学》，贵州教育出版社，2004 年，第 173 页。

意探讨英国考试和中国考试的渊源关系，但是如同人们对于英国这样一个国土面积并不算大的国家为什么能够在历史上成为“日不落帝国”，并在经过18世纪末19世纪初的工业革命后，成为“世界工厂”产生好奇一样，对于这个“考试王国”究竟实行的是什么样的考试制度，特别是对社会发展产生重要影响的高等院校招生考试制度产生兴趣，而这种制度又是怎样发生、发展的，以及它与社会、经济、文化的互动关系如何，也很值得探究。

英国的高等教育历史悠久，距今已有800多年的历史，牛津大学、剑桥大学享誉世界。但大学建立之初并没有入学考试，对于国籍、社会成分、智力状况和语言均没有明确要求，甚至没有入学时间和最低的入学年龄的限制①。经过长期的演变，从大学入学要求具有天主教的洗礼证明、进行宗教测试、口头答问、书面入学考试发展到现在的“证书制”高等院校招生考试制度。这个过程，如同美国人的“美国梦”一样，英国人也通过考试选拔制度世代续写着美丽的英国“神话”：“在英国这块土地上，不论出身如何，每一个孩子只要凭着自己的能力，就有机会成为人上人。”②

英国高等教育在从精英走向大众的过程中，虽然经历了规模的不断扩张，但美丽的英国“神话”却始终无法变成现实。第二次世界大战以前，英国高等教育一直保持着很小的精英高等教育规模。1938年，适龄青年中接受高等教育人数的比例不到2%，其中，女生的比例不足0.5%。③ 从1960年起，政府实施了补贴性贷款（means tested grants）④和提供全部学费的政策，社会普遍接受罗宾斯报告中提出的“为凡愿意接受高等教育，并且学习能力和学业成绩合格者提供接受高等教育的机会”⑤的原则，高等教育

---

① Ridder-Symoens，Hilde de Ridder-Symoens，A History of the University in Europe：Universities in the Middle Ages，Vol. 1，Cambridge：Cambridge University Press，2003，p. 171.

② R. J. Montgomery，Examinations：An Account of Their Evolution as Administrative Devices in England，London：Longmans，Green & Co. Ltd.，1965，p. 271.

③ R. Blackburn，J. Jarman，Changing Inequalities in Access to British Universities，Oxford Review of Education，1993，19（2），pp. 197-215.

④ 政府补贴性贷款（means tested grants）主要用于资助家境不利的学生，以保障他们不会因经济原因而失去接受教育的机会。

⑤ L. Robbins，Higher Education：Report of a Committee，Cmnd 2154. London：HMSO，1963.

规模快速扩张。在1963年至1968年，高等院校招生的数量提高了50%；在1970年至1989年期间，高校在校生人数提高了150%。尽管高等教育规模有了很大的扩张，但是高等教育中阶级分化现象不是减少了，而是加强了。1997年工党执政后不久，把扩大高等教育的参与群体作为其高等教育的主要政策，布莱尔政府制定了到2010年首次进入高等院校学习的大学生占18岁到30岁青年的比例达到50%的高等教育发展战略①。在高等教育扩张的同时，重点解决来自不同社会阶层家庭的大学生人数上不平衡的问题，实现社会正义。扩大高等教育参与的政策从本质上说是实现社会正义，促进社会的和谐。经过10年的实施，招生规模有了进一步的扩大，以英格兰为例，从1999—2000学年度至2004—2005学年度，进入英格兰、威尔士和苏格兰高等院校和延续教育②学院（institute of further education）接受高等教育的英格兰学生的比例分别达到39%，40%，40%，41%，40%和41%。但是还是有人批评"英国高等教育从规模上是大众化高等教育，但是从观念上仍然是精英高等教育的思想，人满为患而经费不足"③。

高等教育机会的不公平，使招生考试制度成为"替罪羔羊"，承受着"不能承受之重"。自1950年的普通教育证书（GCE）代替了1918年开始实行的学校证书和学校高级证书考试以来④，普通教育证书高级水平（A-levels）一直被认为是英国教育的"黄金标准"（gold standard），在高校入

① 包括非全日制学生和年龄在21岁～30岁首次进入高等院校学习的学生。

② 在英国，延续教育（further education）并不是我们通常所说的"继续教育"，为了不至于混淆，我们将其称为"延续教育"。因为"继续教育"一词应为英文continuing education，它与延续教育有不同的意义，而与"成人教育"（adult education）、"终身教育"（permanent education）以及"回流教育"（recurrent education）意义相近且重叠，可是并不完全等同。在英国"延续教育"是正式学制的一部分，而我们通常所说的"继续教育"则非学制内的教育。由于英国学制特殊，在16岁中学毕业后，到进入高等教育之前，中间间隔的两年也属延续教育，在英国又称为"第三级教育"（Tertiary education），这是相对于小学的初等教育，或第一级教育（Primary education），以及中学的中等教育，或第二级教育（Secondary education）而言的。在其他国家，第三级教育大都指涉大学的高等教育，而英国的高等教育则是第四级教育了。

③ Diane Reay, Miriam E. David, Stephen Ball, Degrees of Choice: Social Class, Race and Gender in Higher Education, London: Trentham Books, 2005, p. 8.

④ 在下发的教育部通函168号中，正式接受《诺伍德报告》的建议，取消学校证书考试。

学和就业中享有崇高的地位。一般的高校招生录取时都要求申请人至少具有2科A-levels证书或同等证书。尽管20世纪70年代中期以后，政府陆续开发出职业资格证书，并努力消除职业型证书和学术型证书（A-levels）地位的差异，让有不同学习背景的学生可以通过不同的途径进入高等院校学习，但直到今天，重视学术型证书而轻视职业型资格证书的现象依然存在。自普通教育证书产生的那一天起，对其指责之声一刻也没有停止过。一些人对通过考试制造大量失败者的现象大加挞伐，也有一些人声称英国教育的“黄金标准”在贬值，国家学术水平在下降。因为公共考试及格有明确的百分比，所以，一方面有人为在普通教育证书考试中20%的落榜生鸣不平，另一方面也有人对政府为达到及格百分比而放宽考试标准，从而降低了学术质量而感到不满。关于是为了避免更多人的失败而废除A-levels考试，还是为了保证学术质量而坚持考试标准，一直是人们争论的话题。①

2004年，英国建立了国家资格证书框架，试图理顺复杂的证书考试体系，建立统一的义务教育之后的证书考试制度，使学术型课程和职业型课程能够更加融合，使职业型证书享有与学术型证书同等地位的同时，不被学术型课程的价值和文化所同化。近年来，有人主张对考试制度改革要超越A-levels的思维框架，用新的考试来代替A-levels高校入学考试的功能，如国际业士文凭、英国业士文凭和大学前考试。

在招生录取方面，英国于2002年9月正式使用“高校招生分数转换系统”，代替原来只涉及普通教育证书补充水平（AS）和普通教育证书高级水平（A-levels）的计分体系，通过对用于高等院校招生录取的各类资格证书进行分值量化，综合反映申请人的学业成绩，使各种资格证书之间建立等值互换体系，以此对持有不同证书的申请人之间的学业成绩进行比较。

随着世界高等教育从精英走向大众，各国纷纷对高校招生考试制度进行改革，中国和英国也不例外。两国都有悠久的考试历史，考试在两国发展的历程中也都扮演了重要角色，而当前高等院校招生考试都面临着改革的问题。英国在20世纪60年代至90年代已经走过了从精英高等教育转向大众化高等教育的历程。在此过程中，高校招生考试制度历经改革，其中既有成功的经验也有失败的教训，这对我国当前的高考改革具有重要的参考价值。

---

① 于钦波、杨晓：《中外大学入学考试制度比较与中国高考制度改革》，四川教育出版社，2000年，第283页。

（二）研究的意义

对英国高校招生考试制度进行研究具有很强的理论和实践意义：

(1) 深入了解，开阔视野。了解英国高校招生考试制度的发展演进及历史传统；了解英国高校招生考试制度的现状与实践；了解英国高校招生考试制度的改革；选取若干有代表性的大学为个案，对其进行深入剖析，进一步了解英国高校招生考试制度；通过对英国高校招生考试制度公平性的分析，了解英国高等教育为人们提供的机会及人们对高等教育的选择；了解英国高校招生考试制度的特色、问题和发展趋势。

(2) 借鉴创新。经过多年的发展和改革，英国高校招生考试制度在很多方面独具特色，如考试、招生、录取三职分离，具有较完善的公共考试体系；考试设科广泛，给予学生很大的选择余地；注重对学生的全面考查，录取的决定权在大学等特点对我国高考制度的改革与创新具有重要的现实意义。

(3) 丰富理论。利用法国社会学家、教育家布迪厄的文化资本、惯习和场域的理论，对英国高校招生考试制度的公平性进行分析，丰富高校招生考试制度研究的理论。

(4) 拓展领域。本研究以英国高等院校招生考试制度为研究对象，到目前为止国内学者还没有以此为对象进行过系统、深入的专门研究；国外学者也没有把英国选拔考试与高校招生录取制度结合起来进行系统的研究。通过本研究将加深对高校招生考试制度的科学化认识，不断提高考试研究的水平，拓展考试的研究领域。

二、研究回顾和文献综述

在世界范围内，对英国高校招生考试研究主要聚焦在如下问题：一是招生考试技术性问题，二是招生考试模式问题，三是招生考试的公平性问题。因为英国实行招考分离的高校招生考试制度，学者往往对考试和招生问题单独研究较多，把英国高校招生考试作为一个整体进行系统研究较少；从技术层面研究的多，从制度层面研究的少。对英国高校招生考试制度的研究主要见诸研究英国高等教育政策的著作及英国各级教育行政部门和考试机构发布的文件和研究报告。在国内，以 1978 年我国恢复高考制度为分水岭，之前，对英国高校招生考试制度的研究只有零星的论述，之后 30 多年来，有关英国高校招生考试制度的研究有所增加，但系统研究的不多，散见于有关考试的专著和其他文章中。

(一) 关于英国高校招生考试制度历史与现状的研究

目前在中外教育论著和其他领域的著作中对英国高校招生考试制度的历史与现状有所涉及，也有一些关于考试或招生方面的论述，但是在这方面还没有系统的研究成果。早在1778年，几乎与莎士比亚齐名的英国作家塞缪尔·约翰逊（Samuel Johnson）认为："无论一个人有何独特之处，都可能通过好的考试制度在与别人比较中得到鉴别。"① 当然，塞缪尔生活的时代，是英国正从口头考试向书面考试转型的时期，英国学者克里斯多佛（Christopher Stray）在《从口头考试走向书面考试：以1700年—1914年间的剑桥大学、牛津大学和都柏林三一学院为例》一文中描述了英国从口头考试走向书面考试的过程，重点论述了从18世纪初开始，在英国影响重大的两所英国古典大学中的考试发展。因为从这一时期开始，逐步出现了书面考试的萌芽——书面形式的口头考试，而不是人们想当然地认为的是19世纪晚期的事情；作者还选择了都柏林三一学院作为其论证的案例，因为当时它在英国大学中很有影响力，在19世纪初期其学生规模和剑桥大学不相上下。另外，作者还研究了除大学以外的举行考试的其他机构，对当时各种考试的类型均有涉猎，而不仅仅是大学举行的考试，例如，伍尔维奇皇家军事学院在18世纪使用的口头考试和书面考试②。该文给我们展示了这一时期英国考试的全貌。

乔·莫提摩尔、彼得·莫提摩尔（Jo Mortimore，Peter Mortimore）所著的《中等学校的考试：服务人们的工具而非桎梏人们的枷锁》③ 一书论述了英国考试的演变过程，讨论了其优缺点，并对考试制度的改革进行了分析。英国学者蒙哥马利（R. J. Montgomery）在其博士学位论文基础上撰写的《考试：作为行政管理机制在英格兰的演变历程》④ 一书从考试作为社

① Mordechai Feingold，History of Universities，Oxford：Oxford University Press，2005，p. 76.

② Mordechai Feingold，History of Universities，Oxford：Oxford University Press，2005，pp. 76-130.

③ Jo Mortimore，Peter Mortimore，Secondary School Examinations：The Helpful Servants，Not the Dominating Master，London：the Institute of Education，University of London，1984.

④ R. J. Montgomery，Examinations：An account of their evolution as administrative devices in England，London：Longmans，Green & Co. Ltd.，1965.

会行政管理的机制这个视角，描绘了考试在不同时期的演变历程，以及在作为调节政府、大学、中等学校、家长、用人单位之间利益的机制，肯定了考试在英国社会中发挥的重要作用，同时指出了其局限性。

福勒（W. S. Fowler）在《普通教育证书的来源》一文中指出，英国的普通教育证书（GCE）来源于1858年地方考试委员会成立后首次面向大学之外的成员开放的考试，正是由大学地方考试委员会的考试制度逐步演变成普通教育证书（GCE）考试制度的。① 我国学者于钦波、杨晓主编的《中外大学入学考试制度比较与中国高考制度改革》中的总论篇、历史篇、现状篇、改革篇和总结篇都涉及英国高校考试制度，对20世纪之前英国的高校招生考试的历史沿革、当时的现状、存在的问题和改革的实践多少都有所涉及。作者把现代各国高等院校的招生考试分为五种主要模式：资格认证型、综合评定型、推进保送型、统一考试型和开放招生型，认为英国属于资格认证型高校招生考试制度。

也有学者谈到英国考试与基础教育课程的互动关系。祝怀新著的《英国基础教育》一书的第四章《质量保障：考试制度的改革与发展》指出，课程与考试就像一对孪生姐妹，课程的改革必定会影响到考试制度的改革，课程是实施教学工作的蓝图，考试则是评价教学工作的镜子，课程与考试是教学质量的两翼②。

在英国高校招生录取制度的研究方面，《欧洲大学历史：第一卷，中世纪大学》对于中世纪大学的入学情况作了如下描述：大学没有入学考试，对于国籍、社会成分、智力状况和语言均没有明确要求；在牛津大学、剑桥大学的入学典礼（matriculation）上只标明学生注册成为大学的学生，甚至没有规定固定的入学时间，任何时候都可以入学，也没有最低的入学年龄的限制③。大学入学仅有的要求是证明自己接受过天主教的洗礼，提供品行的证明，这些要求一般人都能够达到。我国学者于钦波、杨晓主编的《中外大学

① W. S. Fowler, The Origin of the General Certificate, British Journal of Educational Studies, 1959, 7 (2), pp. 140-148.

② 祝怀新：《英国基础教育》，广东教育出版社，2003年，第76～98页。

③ Ridder-Symoens, Hilde de Ridder-Symoens, A History of the University in Europe: Universities in the Middle Ages, Vol. 1, Cambridge: Cambridge University Press, 2003, p. 171.

入学考试制度比较与中国高考制度改革》[①] 一书对这一制度的演变进行了梳理。论及英国招生录取制度的还有盛晓娜和王蕴秋的《中英高校招生制度比较与借鉴》[②]，陈晓云的《中外高校招生制度比较与研究》[③]，胡甲刚和梁金有的《英国大学入学考试制度的特色及借鉴》[④]，何家军的《英国高校招生管理体制及运作模式研究》[⑤]，张金元的《英国和挪威高校招生制度的特点及启示》[⑥]，等等。

由此可见，虽然目前还没有以英国高校招生考试制度作为研究对象的系统研究成果，但是从外国教育史、比较教育、考试制度、招生录取制度的研究中可以看出英国考试制度和高校招生录取制度间的关系：高校招生录取的依据主要是通过各种类型的学习和考试获得的资格证书，当高等院校招生录取制度有所调整时，考试也随之发生变化；同样，当考试制度改变时，也会对高等院校招生录取制度产生影响。

（二）关于英国高校招生考试制度改革的研究

霍奇森（Ann Hodgson）、斯波丝（Ken Spours）主编的《超越高级水平证书考试：2000 年课程与 14 岁～19 岁资格证书改革》一书反映了英国考试制度改革研究方面的最新成果。其一，该书较详细地论述了《2000 年课程》对英国中等学校高级阶段课程与证书的改革及其成效，并主张改革要超越传统上一直被奉为英国教育“黄金标准”的普通教育证书高级水平考试，朝着建立 14 岁～19 岁一体化证书体系的方向迈进。其二，对 1997 年工党执政后的中等学校教育高级阶段的考试与证书改革情况进行了研究，提出了

① 于钦波、杨晓：《中外大学入学考试制度比较与中国高考制度改革》，四川教育出版社，2000 年，第 131～133 页。

② 盛晓娜、王蕴秋：《中英高校招生制度比较与借鉴》，《外国教育研究》2006 年第 11 期，第 51～54 页。

③ 陈晓云：《中外高校招生制度比较与研究》，《比较教育研究》2003 年第 4 期，第 25～28 页。

④ 胡甲刚、梁金有：《英国大学入学考试制度的特色及借鉴》，《教学与管理》2000 年第 2 期，第 76～77 页。

⑤ 何家军：《英国高校招生管理体制及运作模式研究》，《教育与考试》2007 年第 2 期，第 34～44 页。

⑥ 张金元：《英国和挪威高校招生制度的特点及启示》，《高等教育研究》2005 年第 9 期，第 106～109 页。

政策文件《拥有成功的资格》①，为英国证书考试制度改革确定了目标和方向，最后所形成的政府关于证书考试改革的文件——《2000 年课程》，它强调三类证书之间的“链接”（linkage），而不再强调它们之间的区别，认为这是英国 14 岁～19 岁教育阶段证书考试改革的重要文件，对于长期以来人们关注的焦点问题都作了回应，改革的主题是拓宽中等学校高级阶段的学习范围；在不同类型证书之间及其同一类型证书内部之间保持一致的标准；颁布适量科目的高级水平证书考试课程说明，提高普通教育资格证书和普通职业教育资格证书之间的一致性。因此，它在旧考试制度和未来理想的一体化证书考试制度之间搭建了一座桥梁，对14 岁～19 岁教育阶段的证书考试制度产生重大影响。其三，提出建立《国家资格证书框架》的建议。

受英国教育大臣的委托，斯瓦茨（Steven Schwartz）主持了对高等教育入学制度的调研，调研组所提出的报告《高等教育公平入学：有效实施的建议》反映了英国招生录取制度改革的最新成果。第一，该报告认为，虽然招生录取属于高校自主权范围，高校有权制定入学标准、选用录取评价方法和录取选拔学生，但是高等教育机会涉及很多人的切身利益，为了增强社会大众对高等教育公平入学的信心，建议政府加强对高校招生录取的监管。第二，指出英国高校招生录取方面存在的主要问题：在录取选拔中对于申请人的学业成绩、能力、潜力的不同诠释问题；录取过程的透明度问题；用于选拔录取的信息失真和不够一致的问题；有些课程因招生时的因素而造成辍学率过高的问题；有些专业由于申请人过多，给选拔过程带来困扰的问题；一些申请人承受高校录取时的过度评价问题；不同入学途径进入高校学习不平衡的问题；录取依据的是考试预估分，而不是实际考试分的问题和涉及招生录取的法律过于复杂使一般人很难理解的问题等。第三，在广泛调研和听取社会各方意见的基础上，提出了确保公平入学的五项原则，确保在招生录取过程中保障高等院校和申请人等利益相关者的利益。

另外，还有一些关于英国高校招生考试制度改革的研究成果散见于政府、考试和招生机构、考试和招生监管机构所发布的文件和研究报告中。

---

① Department for Education and Employment/Department of Education Northern Ireland/Welsh Office（DfEE/DENI/WO），*Qualifying for Success: A Consultation Paper on the Future of Post-16 Qualifications*，London：DfEE，1997.

（三）关于公平性、学费及资助制度的研究

路易丝（Louise Archer）、梅林（Merryn Hutchings）和艾利斯特尔（Alistair Ross）所著的《高等教育与社会阶级》一书认为随着高等教育规模的扩大和工党扩大高等教育参与政策的实施，中产阶级家庭的子女几乎都可以进入大学学习，扩大社会弱势群体家庭子女高等教育的参与量自然成为政府实现其到2010年高等教育入学率达到50％目标的重点；书中还分析了劳动阶层家庭子女在高等教育参与中遇到的制约因素和障碍①。安妮特（Annette Hayton）和安娜（Anna Paczuska）在《政策与实践：高等教育的路径与参与》中指出，20世纪80年代晚期到90年代早期，英国高等教育快速扩张，一部分传统上的高等教育弱势群体家庭学生进入高等教育的人数快速增长，如女生和少数族裔比例大幅提高。但是与高等教育所取得的辉煌成就相比，这些进步显得黯然失色，大学生中来自劳动阶层家庭的比例并没有多大变化。他们认为这种状况是由多种因素造成的，包括选拔、竞争、精英主义、资格证书与标准、资助机制和学生经济状况，当然解决这样复杂的问题需要系统的方法，远非仅靠互不关联的扩大参与的几次活动就能够解决的②。

1997年，工党上台后致力于实施扩大高等教育参与的政策，强调在扩大高等院校招生规模的同时，设法提高来自社会弱势群体家庭的学生（贫困家庭学生、残疾学生和一些少数族裔学生等）的比例，希望通过扩大高等教育参与政策的实施，调整来自不同社会阶层家庭学生增长不均衡的状态，实现社会正义。詹鑫在《英国高校改革：学生资助与教育参与》一文中指出，英国工党上台后，奉行第三条道路的政治纲领，在高等教育领域延续新自由主义的市场化政策，对大学生资助方式进行改革，进一步革除福利社会带来的弊端；另一方面又通过政府管制，化解市场化带来的不良后果，扩大高等教育的参与面③。王璐和孙明在《英国大学生学费与资助政策改革及启示》

---

① Louise Archer, Merryn Hutchings , Alistair Ross, Higher Education and Social Class, London: Routledge Falmer, 2003, p. 1.

② Annette Hayton , Anna Paczuska, Access, Participation and Higher Education, London: Kogan Page Limited, 2002, p. 9.

③ 詹鑫：《英国高校改革：学生资助与教育参与》，《比较教育研究》2004年第4期，第59～63页。

一文中指出，英国政府在学费政策和资助制度方面的新举措是为了实现全日制高等教育人数达到同龄人的50%这一目标，同时吸引更多来自社会弱势群体家庭背景的青年接受高等教育；新政策的突出特点是废除了“先行缴费制度”，实行毕业后工资达到一定标准才开始偿还所有贷款，虽然在一定程度上提高了学费，但同时也加大了对学生资助的力度，从而消除了在读学生和家长的后顾之忧，将有利于拓宽大学的入学路径，但新政策也引起了很大的争议①。

综上所述，国内外学者从不同的视角出发，对英国高校招生考试制度的历史与传统、问题与挑战、改革与发展作了分析，为进一步研究这个问题奠定了基础。

三、研究思路与方法

（一）研究思路

本研究重点围绕英国国家资格证书框架中的第三级资格证书考试（主要是 A-levels 证书考试）和高等院校招生录取两个问题，从宏观和微观的两个角度、纵横两个维度对英国高等院校招生考试制度进行研究。首先，既从宏观角度审视英国高校招生考试制度的产生、发展和改革，又从微观角度选取案例对其进行深入分析。其次，从纵向上以时间为线索，追溯英国高校招生考试制度的根源，探讨其在长期的演变过程中在英国社会不同利益群体间所发挥的“调解器”作用，以及在这个过程中政治、经济、文化传统、宗教对其发展演变的影响；横向上从多视角对英国高校招生考试制度的改革、特色、问题、影响因素等进行分析，并指出对我国高考改革具有重要的参考价值。

高校招生考试制度是教育制度的一部分，如果对英国的教育制度，特别是英国的高等教育制度没有深入的了解，就无法深入研究英国的高校招生考试制度。所以，本研究从英国教育制度精英与大众并存的特点切入，分析其高校招生考试制度所处的既要适应精英教育又要适应大众化教育的两难处境。在英国，无论是中小学校还是大学，精英教育学校和大众化教育学校泾

---

① 王璐、孙明：《英国大学生学费与资助政策改革及启示》，《比较教育研究》2006年第7期，第52～57页。

渭分明。大部分中等学校入学不进行选拔性考试，但有些中学需要经过严格的选拔性考试才能入学；传统精英大学和1992年后成立的新大学在录取学生时对证书考试成绩的要求更是有天壤之别。因此，对于被英国人奉为教育“黄金标准”的普通教育证书高级水平（A-levels）考试的变革与存废成为人们争论的焦点，而追根溯源可以使我们更清楚这种争论之所以存在的内部逻辑和外部因素。

以通过考试授证进行选拔为特色的英国高校招生考试制度传统的形成是一个历史的过程，其间受到英国政治、经济、文化、宗教等影响。在20世纪以前，英国没有设立中央和地方教育行政管理机构，直到1899年才设立中央教育行政管理机构——教育委员会，1902年各地开始设立地方教育局，政府才开始直接介入教育事务。而学校特别是两个古典大学——牛津大学和剑桥大学，在教育事务中扮演着举足轻重的角色，在高校招生考试方面更是留下两所大学考试传统的痕迹。在英国，长期以来作为大学入学标准的普通教育证书（GCE）考试正是来源于1858年上述两所大学地方考试委员会成立后首次面向大学之外的成员开放的考试，正是由大学地方考试委员会的考试制度逐步演变成普通教育证书（GCE）考试制度的①。招生考试和教育制度都受社会存在的制约，其中社会生产力、劳动制度、社会分工和社会结构的变革，对招生考试制度的产生、存在和发展起决定性作用，特别是劳动就业制度，对高校招生考试制度的影响最大、最直接，有什么样的劳动就业制度，必然就有与之相适应的招生考试制度，劳动就业制度的变革，必然带来招生考试制度的变革②。于19世纪中后期建立的英国文官考试录用制度，不仅成为世界各国竞相模仿的范本，而且使“公开选拔，考试录用”的原则深入人心，各行各业均纷纷运用这一原则招聘和录用人员，这对英国招生考试制度也产生了重大影响。

随着英国政治经济的发展，政府加强了对招生考试的控制，但在具体实施中，政府并不直接管理招生考试事务，因此，建立完善的高校招生考试公共服务体系就是其必然的选择。在高校招生考试领域中长期形成的政府、大

---

① W. S. Fowler, The Origin of the General Certificate, British Journal of Educational Studies, 1959, 7(2), pp. 140-148.

② 于钦波、杨晓：《中外大学入学考试制度比较与中国高考制度改革》，四川教育出版社，2000年，第21页。

学、中学和用人单位的“伙伴关系”的传统，是建立高校招生考试公共服务体系的基础。在这个体系中，国家和政府的责任是制定招生考试的法规、政策和标准，非政府的招生考试机构负责招生考试的实施，半官方的监管机构承担招生考试的监督责任。

长期以来，英国的政治制度没有经过颠覆性的变革，至今仍然是一个君主制国家，如同政治制度改革一样，英国的高校招生考试制度的改革也是渐进式的，每一次改革的主体部分无不是对原有制度的传承。当然也有人提出只有用彻底改革的办法才能解决目前招生考试制度的问题，主张改革要超越固有的思维模式，特别主张改革要超越 A-levels 的禁锢，其理由是：第一，自A-levels 产生时起，50 多年来尽管一直尝试着对其进行改革，主张改革要超越 A-levels，但看上去没有什么变化；第二，工党政府认为其颁布的《2000 年课程》是有史以来对 A-levels 证书考试最深刻的一次改革，研究也表明旧的制度已有所撼动，但能够取代它的新考试制度还没有产生。虽然没有废除A-levels证书考试，但改革已经从某种程度上超越了传统意义上的 A-levels；第三，如果废除 A-levels，用什么制度来取代它？新的制度要从 A-levels 中传承什么？超越什么？①回答这些问题无不需要对招生考试的改革及趋势进行分析。

改革要解决的问题很多，其中一个重要的问题是通过改革高校招生考试制度，使其更加适应英国社会中精英教育和大众化教育特色同样突出的特点。为了深入了解英国不同高等院校间招生录取中的共性和特殊性，有必要选取有代表性的不同高校进行深入剖析。众所周知，改革的最终目标是要建立公平的高校招生考试制度。由于高校招生考试制度承载着个人的前途和希望，也承担着实现社会正义的功能，一方面国家和社会应为每一个人提供平等接受高等教育的机会；另一方面也要排除个体在进行高等教育选择时所面临的各种障碍和限制。本研究试图运用布迪厄理论对英国高校招生制度公平性进行分析，运用这一理论中的文化资本、惯习和场域三个核心概念分析高等院校的招生考试选拔以及考生对高等教育的选择。通过对英国 6 所不同的中等学校的 373 名学生进行问卷调查，在此基础上选取 49 名学生及相关人员进行深入访谈，进一步分析来自不同社会群体考生如何对是否接受高等教

① Ann Hodgson，Ken Spours，Beyond A-levels Curriculum 2000 and the Reform of 14-19 Qualifications，London：Kogan Page Ltd.，2003，p. 1.

育及接受何种高等教育做出选择。

中国的高考制度和英国的证书型高校招生考试制度分别代表着目前世界范围内高校招生考试制度中高考制和证书制的两种主要形式。通过对中英两国高校招生考试的历史传统、管理运行、选拔模式、招考机构、评价与录取等方面的对比分析，探讨不同社会制度背景下两国高等学校招生制度的模式及其特点，以期对我国现行高校考试招生制度的改革有所启迪。

（二）研究框架

依据上述的研究思路和逻辑结构，本书包括绪论在内共分为八个部分：

绪论部分对研究的缘起与意义、前人的研究与成果、研究的思路与方法进行了阐述，并对研究的问题进行了界定。

第一章是对英国高等教育制度进行考察。对英国教育制度特别是英国高等教育制度进行考察，目的是更好地研究英国高校招生考试制度。围绕英国精英教育和大众教育并存的突出特点，重点介绍了英国的学制与学校系统、中学课程与国家资格证书框架、教育管理体制、高等院校体系、高等教育课程与学历证书框架以及从 20 世纪开始政府极力推动的扩大高等教育参与政策。本章试图寻求“制度记忆”，是研究英国高等院校招生考试的基础。

第二章是英国高校招生考试历史传统考察。本章以时间为线索，从纵向上追溯英国高校招生考试制度的根源，以牛津大学和剑桥大学考试制度的兴起与发展、文官录用制度改革、大学入学考试的兴衰、普通教育证书（GCE）的产生与发展、大学最低入学标准的统一等为线索，对英国高校招生考试制度的孕育、形成和发展进行了全面的梳理，并分析了在这个过程中政治、经济、文化传统、宗教对其发展演变的影响。这对进一步研究现行的英国高校招生考试制度提供了“历史记忆”。

第三章是对现行英国高校招生考试制度及其实践的研究。以英国高校招生考试实施的公共服务体系为主线，重点考察了公共考试认证体系、考试和招生制度的实施、现行留学生政策及其实施。本章从宏观的角度对英国高校招生考试制度进行审视，希望读者能够对其有一个整体、全面的认识。

第四章是对英国高校招生考试制度改革的研究。以传承与超越为主线，从宏观角度重点分析了高校招生考试制度的改革历程、改革焦点和改革动向，以及如何通过改革建立起公平的高校招生考试制度。

第五章是英国高等院校招生录取制度的个案分析。本章从微观角度分析英国高等院校招生录取制度，分别从“选拔型高等院校”、“招生型高等院校”① 和“开放型高等院校”的类别中选取了剑桥大学、谢菲尔德大学、伦敦城市大学、普茨茅斯大学、阿伯泰邓迪大学和英国开放大学作为个案对英国高校招生录取制度进行深入剖析。

第六章是英国高校招生考试制度公平性的分析。本章从机会与选择的角度，运用法国社会学家和教育家布迪厄的文化资本、惯习和场域的理论，结合对英国 6 所不同中等学校的 373 名学生的问卷调查，以及在此基础上对 49 名学生及相关人员进行的深入访谈，对影响高等教育机会与选择的因素以及来自不同社会群体家庭的学生如何选择是否接受高等教育及接受何种高等教育进行了分析。

第七章是中英高校招生考试制度的比较研究和本书的结论。本章重点对中英两国高校招生考试制度中的管理与运行、考试与认证、机构与功能、评价与录取和费用与资助 5 个方面进行比较；总结了英国高校招生考试制度的特色与问题，指出了今后的发展趋势；提出我国应统一考试与多元考试相结合的考试体系、必考科目与选考科目相结合的考试科目体系、高考总分与综合考评相结合的录取选拔体系、高校招生考试公共服务体系和公平的高等教育入学制度 5 项建议。

（三）研究方法

1. 文献法

文献法主要指搜集、鉴别、整理文献，并通过对文献的研究，形成对事实的科学认识的方法。本研究通过多种方式对该课题涉及的中外文献和研究成果进行收集和整理。使用的主要文献包括：第一手文献（primary documents）、原始文献和二次文献，其主要来源于：① 图书馆，包括中国和英国的图书馆，大部分来自厦门大学图书馆和大英图书馆（British Library）；② 英国教育与技能部、英格兰高等院校拨款委员会、英国资格证书与课程局、英国文化协会、英国 6 个综合考试认证机构、英国高等院校招生服务处等发布的文件和研究报告；③ 学术会议，特别是英国文化协会在伦敦主办的 5 次学术会议；④ 国内和英国朋友提供的资料；⑤互联网

① Ann Hodgson, Ken Spours, Beyond A-levels Curriculum 2000 and the Reform of 14-19 Qualifications, London: Kogan Page Ltd., 2003, p. 139.

(Internet)。

2. 实地研究法

实地研究法是指深入调查现场，利用参与观察访问、座谈等方法收集研究对象的各方面信息，以便对其作深入解剖分析的调查研究方式。实地研究的主要长处之一在于它可以使研究者看到事物的全貌。在英国教育与技能部、英国文化协会和汇丰银行的资助下，本课题的研究者于 2006 年 9 月至 2007 年7 月在英国研究学习，实地到英国的大学、中学、考试机构、招生机构、教育行政部门、招生考试监管机构考察访问，参加有关招生考试的研讨会和座谈会，从而直接全面地观察了高校招生考试现象，对研究对象的全貌具有深刻而充分的了解。

3. 问卷法和访谈法

问卷法也称问卷调查法，它是调查者运用统一设计的问卷向被选取的调查对象了解情况或征询意见的调查方法。本研究选取了 6 所中等学校作为问卷调查的样本学校，因为它们基本上代表了目前英国从事中六学级教育的学校类型。同时，注意到问卷调查学校学生的结构，按照英国国家统计局关于社会经济阶层分类标准，选择的问卷调查对象来自不同阶层和族群。本研究使用的问卷调查表是对美国奥本大学（Auburn University）哈里斯（Sandra M. Harris）教授的《影响高等教育选择影响因素问卷调查》① 进行修改之后的调查表，把被认为影响高等教育机会和选择的因素分为 10 类纳入调查范围。整个问卷共选择 115 个封闭式问题和一个开放式问题，其选择的理由有两个：第一，实践证明用这些问题进行问卷调查有较高的效度和信度②；第二，最大限度地降低了问卷调查对象回答问题时的主观偏见③。问卷中问题的表述既有肯定句也有否定句，但在统计否定句问题的分数之前，先将其选项分值颠倒顺序计分，并将问卷中 10 类 115 个问题分成三部分。本问卷调查的主要目的是考察个人、家庭、学校和社会等因素在获取高等教育机会

---

① Sandra M. Harris, Factors Influencing Pursuit of Higher Education: Validating a Questionnaire, Paper presented at the 1998 Annual Meeting of the Mid-South Educational Research Association, New Orleans, LA, 1998, pp. 35-39.

② A. Fink, J. Kosecoff, How to Conduct Surveys: A Step-by-step Guide, Newbury Park, CA: SAGE Publications, 1985, p. 26.

③ P. Salant, D. A. Dillman, How to Conduct Your Own Survey, New York: John Wiley & Sons, Inc., 1994, p. 12.

和进行高等教育选择时的情况，探讨不同阶层、不同族群的学生的不同机会和选择。当然，由于受到条件的限制，本研究在选取样本学校方面有其局限性，这6所学校都集中在英格兰——伦敦1小时生活圈之内。这个地区是英国高等教育比较发达、高等院校比较集中的地方。

访谈法是通过研究者与被研究者的直接接触、直接交谈的方式来收集资料的研究方法。本研究在通过问卷调查掌握了样本的背景信息和基础描述统计数据的基础上选择访谈对象。开始时访谈对象选取的是在问卷中表明愿意接受访谈者，但后来为了使不同类型学生间的比例基本平衡，扩大了访谈的范围，并对个别学生的父母和其他相关人员进行了访谈，还从中选取了一些有趣的个案。通过深入访谈了解学生接受教育的历程和如何选择高等院校的描述，通过具体问题了解与他们有关的高校招生考试信息的来源、得到的帮助和支持、受到的限制等。利用质性研究分析技术——基础编码技术(grounded coding techniques)①，对访谈的资料进行分析，深入探讨关于惯习和高等教育选择之间关系的假设，利用布迪厄惯习、场域和文化资本的理论分析影响学生做出高等教育选择的因素。

4. 个案研究法

个案研究法也叫个案法、个案调查、个案历史法，是指对一个团体、一个组织（包括家庭、社区）或一个人以及一个事件进行详尽调查研究的方法。本研究分别从英国“选拔型高等院校”、“招生型高等院校”和“开放型高等院校”选取剑桥大学、谢菲尔德大学、伦敦城市大学、普茨茅斯大学、阿伯泰邓迪大学和英国开放大学作为个案对英国高校招生录取制度进行深入剖析。

5. 比较研究法

比较研究法是根据一定的标准，对两个或两个以上有联系的事物进行考察，寻找其异同，探求事物的普遍规律与特殊规律的方法。本研究主要通过

---

① 基础编码技术（grounded coding techniques）是质性研究方法的一种，它是由社会学者 Barney Glaser 与 Anselm Strauss 开发出来的，是质性研究中广泛使用的一种研究法。它主要将现象作系统性的数据收集，并作系统化整理分析，即由数据归纳发展并建立理论。这种研究方法具有如下特点：其一，适切性（fit）；其二，了解（understanding）；其三，推广性（generality）；其四，控制（control）。因此，它是可系统化将访谈内容归纳为各项主题，易于访谈、整理、分析、比较，得到真实反映现象的研究方法。

中英两国高校招生考试制度的比较，深化对英国高校招生考试制度规律性的认识。

四、研究的问题及其界定

（一）英国高等院校

英国高等院校可以分为大学和从事高等教育的学院，共 169 所。根据 2005 年 4 月英国高等教育拨款委员会发布的《英国的高等教育》介绍，英国高等院校在校生人数超过 200 万，其中女生大约占 57%；中学毕业后，进入高等院校接受高等教育的学生人数在 20 世纪八九十年代有大幅增加。目前，在英格兰和威尔士高等教育入学率为 30%，苏格兰为 40%，北爱尔兰为 45%，政府的目标是到 2010 年在全国高等教育入学率能够达到 50%①。

英国大学在规模、培养目标、学科设置、学校传统等方面各不相同，通常可将它们分成古典大学、红砖大学（或城市大学）、近代大学、新大学和开放大学。古典大学一般指 19 世纪之前建立的大学，如牛津大学、剑桥大学、圣安德鲁斯大学、格拉斯格大学、阿伯丁大学、爱丁堡大学、都柏林大学，这类大学历史悠久，历来主要是培养英国“绅士”式的统治人才，可以说是精英大学中的佼佼者；红砖大学（或城市大学）最初指在维多利亚时代英格兰地区主要工业城市建立，在第二次世界大战之前取得大学地位的 6 所大学，后来在英国各地也纷纷建立起此类大学，由于这些大学都用红砖砌墙，与古老大学房舍上爬满常青藤的外貌截然不同，就被称为“红砖大学”或“城市大学”，现在这些大学皆为英国的主要研究型大学，大约有 20 所；近代大学指 20 世纪 60 年代设立的大学，因其现代化建筑而又被称作“平板玻璃大学”，属于这一类的有华威、萨塞克斯、肯特、艾塞克斯等 20 所大学；新大学又称现代大学，指由原来的多科性技术学院和其他学院于 1992 年以后获得大学地位的大学；开放大学是英国唯一的主要从事远程教育的大学。设立开放大学的主要目的是为那些希望通过业余方式进行远程学习的人以及残障人士提供大学教育，也就是为传统大学中非主流的那些学习

---

① HEFCE publications，Higher Education in the United Kingdom，2005，http：//www. hefce. ac. uk/pubs/hefce/ 2007-10-26.

者提供更方便地接受大学教育的机会。从开办以来已有 300 万人参加开放性大学课程的学习①，其在英国高等教育大众化过程中发挥了重要作用。

高等教育学院在办学规模、培养目标、学科设置和历史传统方面同样各不相同。与大学一样，大学学院在管理上同样具有自治性与独立性。有些高等教育学院有 150 多年的历史，大部分学院设立时为教会学院。一些高等教育学院颁发自己的学位和其他证书；也有一些学院没有学位授予权，就授予学生其他大学或全国学位授予机构的学位或证书。有学位授予权并且学生人数超过 4 000 人的高等教育学院有资格申请大学称号；有学位授予权但规模较小的高等教育学院可以向英国枢密院申请使用“大学学院”的名称。

（二）招生考试制度

本研究所使用的“招生考试制度”包括作为高等院校入学标准之一的“考试选拔制度”（admission by examination）和“高等院校招生录取制度”（admission system of higher education institutions）。前者是指“高等学校招收、录取新生的制度之一，是通过全国统一或各校分别进行的高等学校入学考试，或通过某些考试机构举办的各种全国性考试、择优录取新生。考试成绩是录取的主要依据，但中学学习成绩也常是决定录取与否的重要因素”②；后者是指“高等学校招收、录取新生的政策、条件、办法等的总称”③。“考试选拔制度”和“高等院校招生录取制度”是密不可分的，两者共同构成完整的高等院校招生考试制度。

英国不举行全国统一的高等院校招生考试，高等院校招生录取制度是以等级制评分的资格证书为基础。学生通过各种类型学习所获得的资格证书是高等院校招生录取与否的主要依据，当前可以作为高等院校招生录取标准的资格证书为《国家资格证书框架》中的第三级资格证书。英国高等院校招生服务处于 2002 年使用了“高校招生分数转换系统”，把英国《国家资格证书框架》里的第三级证书和其他相关证书全部纳入招生分数转换系统，2007 年招生使用的分数转换系统里共包括 22 项证书。但是高等院校招生录取中使用最多的还是学术型证书——普通教育证书高级水平（A-levels）及普通

① Students Rate University Courses, http://news.bbc.co.uk/1/hi/education/4265802.stm BBC News, 21 September 2005. 2007-01-07.

② 顾明远：《教育大辞典》，上海教育出版社，1998 年，第 873 页。

③ 顾明远：《教育大辞典》，上海教育出版社，1998 年，第 413 页。

教育证书补充水平（AS）；职业型证书主要是职业 A-levels——高级职业教育证书考试（AVCEs），不过从 2005 年开始，普通教育应用学科证书高级水平考试（GCEs/A-levels in applied subjects）代替了高级职业教育证书考试。普通教育证书高级水平(A-levels)或同等证书由目前英国的 6 个综合考试认证机构具体实施。A-levels 考试成绩既相当于中等学校高级阶段的毕业考试，也相当于大学入学考试。A-levels 和 AS 证书考试开考科目广泛，科目基本一致。目前 A-levels 证书考试开考科目 62 门，AS 证书考试科目除上述的 62 门外，还有另外 5 门科目才能授予 AS 证书。学生根据自己的兴趣爱好及参考拟申请高等院校的要求，自愿选择考试科目。考试评分为六等级制，高低依次为 A，B，C，D，E，U，其中 A 为最高，E 以上为及格，U 为不及格，为方便高校录取选拔，后来又增加了 A^+ 等级。

英国的不同高校和不同专业的入学要求差距很大，但是也有一个最低要求，即 2 门科目的 A-levels 证书，成绩合格，并参考反映中等学校初级阶段学习情况的中等教育普通证书（GCSE）。英国高等院校录取学生的主要依据是申请人预估的 A-levels 证书或同等证书的成绩，同时通过学校的推荐意见、个人陈述、以前提交的作业、单独举行的考试或者联考（一般只有选拔性高校特定专业才需要)、面试等手段对申请人进行综合考评，然后决定是否录取，是无条件录取还是有条件录取。现在越来越多的高等院校在录取时使用高等院校招生服务处（UCAS）推出的“高校招生分数转换系统”。通过系统转换分数，高等院校可以对不同路径的学生的学业成绩进行评价，并换算成有可比性的分值，平等对待不同路径的入学申请者。1997 年工党上台后极力推动的扩大高等教育参与的政策，对英国高等院校招生录取制度产生重要影响。扩大高等教育参与政策强调在高等院校入学人数增加的同时，更关注高等教育的公平性，使社会各阶层都能分享高等教育发展的成果，扩大学生的来源，特别是提高来自贫困家庭学生、残疾学生和一些少数族裔学生等社会弱势群体家庭的学生的比例。政府希望通过扩大高等教育参与政策的实施，调整来自不同社会阶层家庭学生增长不均衡的状态，实现高等教育的社会正义。2004 年《高等教育法》使政府的扩大高等教育参与政策法制化，并完善了监督机制，成立公平入学办公室，对高等院校实施扩大参与政策实施的情况进行监督；在提高高等教育收费的同时，废除了“先行缴费制度”，实行毕业后工资达到一定标准才开始偿还所有贷款的制度，并进一步完善了学生资助体系。

第一章　精英与大众：英国高等教育制度与扩大高教参与的政策

英国作为一个最早的西方资本主义国家，有着古老并具有其自身传统的历史与文化，英国的崛起和发展曾经对世界历史与文明的发展产生过巨大的推动作用，英国的教育制度对世界很多国家的教育制度也产生过影响。在研究作为基础教育与高等教育桥梁的高校招生考试制度之前，有必要对英国的教育制度特别是高等教育制度的发展和改革进行考察，为研究提供“制度记忆”。

第一节　英国教育制度

英国是一个有着悠久教育历史传统的国家，其教育体系经过几百年的沿革，相当完善和复杂，且具有非常大的灵活性。英国的全称是大不列颠及北爱尔兰联合王国，包括英格兰、苏格兰、威尔士和北爱尔兰四个部分。在苏格兰，从基础教育到大学本科阶段的教育和其他地区的教育制度有所不同，而其他三个地区的教育制度则大同小异。

一、学制与学校系统

英国实行的是由初等、中等、延续与高等教育组成的三级一贯制的现代教育体制。一般分为五个阶段：第一阶段是 3 岁～5 岁的幼儿园教育；第二阶段是 5 岁～11 岁的小学教育；第三阶段是 11 岁～16 岁的中学教育。5 岁～16 岁为法律规定的强制教育阶段，属义务教育，适龄儿童必须入学，由国家负责必需的学费、书籍和必要的供应，16 岁～18 岁是中学高级阶段(或中六学级、大学预科班)，为中学至大学的过渡期；第四阶段为延续教育，包括 16 岁后青年和成人的职业教育（正规大学不算在内)，学习方式有全日制、半日制和业余时间，学制的长短在各地、各部门、各专业均不相同；第五阶段为大学教育，一般从 18 岁开始，读本科需要 3 年～4 年（医科为 5 年），可取得学士学位，硕士通常为 1 年～2 年，博士为 3 年～5 年。

英国的学校系统由幼儿园、小学、中学、大学组成（见表 1-1）。虽然政府并无硬性规定 5 岁以下的儿童必须入学，但大部分地区的地方教育局（LFAs）均提供学前或幼儿教育，由具备教学资格的老师任教。5 岁时，依据法律是必须上学的年龄，多数 5 岁的孩子这时候会进入“Infant School”（低年级学校），而 7 岁进入“Junior School”（初级学校）。英国的多数公立学校将 Infant School 与 Junior School 合并起来，组成 Primary School，即小学。英国并未将中学分为初中和高中，而统称为中等学校（Secondary School），儿童在 11 岁时由小学（Primary School）毕业进入中学，家长可以根据自己孩子的性向与能力、家庭经济状况以及个人教育理念，自由选择将孩子送到不同的中学就读，或者在家教育（Home Education）。完成中等教育并取得相应的资格证书后，可以申请就读高等院校。

表 1-1　英国的学校系统

<table>
<tr><td>18 岁以上</td><td colspan="3">高等教育、延续教育</td></tr>
<tr><td>16 岁～18 岁</td><td>中　学</td><td>延续教育学院、中六学院
(the Sixth Form)</td><td>现代学徒制、职业训练</td></tr>
<tr><td>11 岁～16 岁</td><td colspan="3">中　学</td></tr>
<tr><td>7 岁～11 岁</td><td colspan="2" rowspan="2">小　学</td><td>中、高年级</td></tr>
<tr><td>5 岁～7 岁</td><td>低年级</td></tr>
<tr><td>3 岁～5 岁</td><td colspan="3">幼儿园</td></tr>
</table>

虽然公立学校是英国主流的学校类型，但是独立学校（Independent Schools）或私立学校，仍是重要的就学渠道，它们主要招收具有良好社会经济条件家庭的子弟。这些学校可以说是精英教育的化身。至于大学，更是所有精英教育最重要的竞争领域。

（一）义务教育（5 岁～16 岁）

在英国，所有的人在 5 岁至 16 岁期间均要接受义务教育，这是学生学习生涯的最短期限。目前，越来越多的儿童在三四岁时就上幼儿园，而年满 16 岁的青少年继续求学的人数也在逐年上升。教育机构的数目随之骤增，以满足人们求学的需求。义务教育阶段学生经历 4 个关键学段：关键学段一（5 岁～7 岁）；关键学段二（7 岁～11 岁）；关键学段三（11 岁～14 岁）；关键学段四（14 岁～16 岁）。学生在关键学段四结束后，即 16 岁时要参加中等教育普通证书（GCSE）考试。

英国学校体系仍然延续双轨制。公立学校提供免费教育，私立学校一般由家长负担学费。在英国大约每 13 个学龄儿童中就有一个进入私立学校学习，大约占学生总数的 7%。英国共有2 400所私立学校，其中多数为声名卓著的老牌学校。

义务教育阶段，公立学校统一实行国家课程，国家课程对儿童在每一个学习阶段所应达到的最低要求都做出了规定。公立学校必须服从国家课程的要求，而私立学校不受此限制，但是多数私立学校在实际教学中仍然教授国家课程所要求的内容。

（二）延续教育与中六学级（the Sixth Form）①

根据不同的功能，延续教育（Further Education）大体分成两类：一类是作为衔接义务教育与高等教育桥梁的中六学级教育，修业两年，这种纯学科取向的课程称为普通教育证书高级水平（A-levels）课程，是以参与 A-levels 考试并申请进入大学为目标的，但是现在也开始加入部分职业资格证书考试课程；另一类则是构成成人、回流教育的一环，以及提供在校生以就业为取向的职业课程，一般为期两年，也可延长至三年。修读职业课程的学生可以参加职业类A-levels，即“高级职业教育证书（AVCEs）”② ［2005 年被“普通教育应用学科证书高级水平考试”（GCEs/A-levels in applied

---

① 有国内学者译为“第六学级”。笔者认为译为“中六学级”比较恰当。根据英国的学制，英国义务教育共 11 年，前 6 年为小学，自 5 岁入学，11 岁毕业，后5 年为中学，年龄涵盖 11 岁至 16 岁。以年级来划分，小学一年级为 Year 1，小二为 Year 2，依序到小六 Year 6。中学一年级则称 Form 1，或称 7 年级 Year 7，中二则为 Form 2，或称 8 年级 Year 8，依序到中五 Form 5，或称 11 年级 Year 11，至此中等教育第一阶段毕业，完成义务教育。在中等教育第一阶段毕业到进入大学之前，亦即16 岁～18 岁两年的阶段，称为“延续教育”（Further Education），因延续中五之后的教育，故称“中六”，不过要学习两年的课程，都叫作中六，为了区分，第一年称为 Lower Sixth Form，第二年称为 Uper Sixth Form。

② QCA，New A-levels：Successors to VCEs，London：QCA，2004，http：//www.qca.org.uk/11997.html. 2007-10-22.

subjects）所取代］考试。这些证书具有就业和升学的双重功能。

中六学级是具有英国特色的一个教育阶段，是专为 16 岁～18 岁年龄层次的学生提供非义务教育的中等教育。它属于中等教育的高级阶段，是中学和大学之间的过渡性教育阶段。中六学级的教育目标是对学生进行与未来专业相联系的知识教育，强调学生的心智发展。它是从原先文法学校为少数尖子学生提供大学预科教育的模式发展而来，现在虽然它也开设职业类课程，为就业做准备，但仍然带有明显的学术性教育特征。

根据招生与培养目标可将提供中六学级教育的学校分为三类[①]：第一类是初级学院（the Junior College），招收所有 16 岁后的在校学生。第二类是高级水平学院（A-levels academy）。这类学院根据一定的条件进行招生，如规定入学者必须拥有几门中等教育普通证书（GCSE）或打算学习高级普通教育证书科目等。第三类是附属于同一所学校，既招收本校毕业生，又招收校外未能上中六学级的学生的学院，有的是选拔性的，有的则是开放性的。

中六学院的建立和发展，缓解了 16 岁后学生求学的需求，对促进更多的学生接受高等教育做出了很大贡献。但由于中六学院固有的精英教育传统，使其很难真正成为完全大众化教育的机构，因此仍有大批学业成绩较低的学生被排斥在中六学院之外。从 20 世纪 70 年代开始，在英格兰各地建立了一种在义务教育之后、高等教育之前的“第三级教育”机构——“第三级学院”（Tertiary College）。第三级学院被视为经济实惠的学校，它既能解决大批学生无法进入中六学院学习的问题，同时又不增加经济上的负担。于是第三级学院在英格兰得以发展，并成为中六学院的一种补充机构，主要招收完成义务教育后未能升入正规的中六学级的学生，学习年限为2 年～3 年。和综合性的中六学院一样，学生可以选修学术性课程，参加普通教育证书高级水平的考试，也可参加高级职业教育证书和“国家普通职业教育资格证书”（GNVQ）的考试，既可以为升学作准备，又可以为就业作准备。

（三）高等教育

在英国，高等教育一般是指可考取学位或职业资格的课程，属于高等教

---

① A. Griffiths, Secondary School Reorganization in England and Wales, London: Routledge & Kegan Paul, 1971, p. 92.

育的院校包括大学、高等教育学院、教育学院以及艺术与设计学院，主要为18岁以上人士而设。毕业后可获得文凭及学士、硕士或博士学位。关于英国高等教育制度将在下一节作详细介绍。

二、课程与国家资格证书框架

（一）国家课程

英国《1988年教育改革法》颁布后，在英格兰、威尔士和北爱尔兰地区公办中小学义务教育阶段实施国家课程，私立学校有权决定它们是否采用国家课程，其主要目的是确保所有学生能够掌握国家课程所规定的基本知识和技能。国家课程全面阐述了学生在义务教育阶段法定的学习权利、学习内容和要达到的学习目标，并规定了学生学业成绩评价和报告的方式，使教师、学生、父母、雇主和社会其他相关人员明确了解学生在这一段的学校学习中所应掌握的知识和技能。

《1988年教育改革法》规定了5岁～16岁义务教育阶段的国家课程共10门。其中3门为核心课程，分别是数学、英语和科学；另7门为基础课程，即历史、地理、技术、音乐、美术、体育和现代外语（11岁以上）。每门课程都有相应的课程指南。1991年1月，英国工党政府对国家课程进行了一定程度的改革，把实施国家课程的年龄从5岁～16岁降为5岁～14岁；14岁后的课程主要由学校参照国家课程自行安排，学校可以不开音乐、美术与设计两科，地理、历史两门可以任选一门；因师资缺乏等原因，11岁～18岁的学生必修现代外语的要求降低；把自然科学的教学时间由原来的占教学总时数的25%降到20%。由此，中央对学校课程管理有所放宽，学校在课程方面的自主权有所加强。修改后的国家课程于2000年8月生效。

《2002年教育法》把幼儿教育阶段（3岁～5岁）也纳入国家课程，规定幼儿教育阶段的6个学习领域为法定的国家课程，同时增加了宗教教育、职业规划教育、性教育、工作相关的学习和个人、社会与健康教育等课程(见表1-2)。

表 1-2　各关键学段的国家课程设置分布表①

学　段	关键学段一	关键学段二	关键学段三	关键学段四	备注
教育阶段	小学		中学		
年龄（岁）	5～7	8～11	12～14	15～16	
年级	1～2	3～6	7～9	10～11	
英语	■	■	■	■	核心课程
数学	■	■	■	■	
科学	■	■	■	■	
设计与技术	■	■	■		基础课程
信息与传播技术	■	■	■	■	
历史	■	■	■		
地理	■	■	■		
现代外语			■		
美术与设计	■	■	■		
音乐	■	■	■		
体育	■	■	■	■	
公民			■	■	
宗教教育	■	■	■	■	《2002 年教育法》增加的课程
职业规划教育			■	■	
性教育			■	■	
工作相关的学习				■	
社会与健康教育	□	□	□	□	

注：■为法定国家课程，□为非法定国家课程。

(二) 中等教育普通证书课程

中等教育普通证书（GCSE）是英国（苏格兰除外）14 岁～16 岁的学生修完一系列课程，通过所在学校评价与校外考试机构考试而授予的相应单

① National Curriculum，http：//www. curriculumonline. gov. uk/ 2007-10-27.

科证书。当学生到 14 岁（10 或 11 年级）时，就要决定他们要选择哪些科目作为他们 GCSE 的考试课程进行学习，到 16 岁（11 或 12 年级）时参加校外考试机构举行的考试。

GCSE 课程并不等同于关键学段四（15 岁～16 岁）的国家课程。关键学段四有英语、数学、科学等 10 门学科（见表 1-2），是法定国家课程，但这些国家课程是不需要考试的。通常学生会选择英语、数学、科学作为他们的 GCSE 课程，有些学校要求学生学习英语文学、至少一门现代外语、至少一门设计与技术以及宗教教育和信息通信技术的 GCSE 课程。经过两年的学习，通过考试认证，每门科目获得一个等级，共分 A^{+}，A，B，C，D，E，F，G，U 八个等级。

（三）普通教育证书高级水平课程

普通教育证书高级水平（A-levels）课程是英国（苏格兰除外）中等教育最后两年（通常称为中六学级）所修的课程。学生在关键学段四修完若干课程，如果获得 5 门或 5 门以上达到 A^{+}～C 等的成绩就可以进入原就读学校的中六学级、中六学院或延续教育学院学习普通教育证书高级水平(A-levels)课程。一般来说，学生希望学习 A-levels 课程的科目应先通过 GCSE 的考试，但有些科目（如法律）在 GCSE 课程中没有开设，学生也可以选择作为 A-levels 课程进行学习。

在教育技能部授权资格证书与课程局发布的《2000 年课程》中，对 A-levels课程进行改革，把 A-levels 课程分为普通教育证书补充水平(AS-levels)和普通教育证书高级水平课程第二阶段（A2）。每科 A-levels 课程包括 6 个模块，在两年内修完，通常第一年修完 3 个模块就可以参加考试，通过后可单独获得 AS 证书（2 个 AS 证书相当于 1 个 A-levels 证书），如果第二年继续修完该科目的另外 3 个模块并通过 A2 阶段的考试（A2 没有单独的证书），就可以获得一个完整的 A-levels 证书。A-levels 是中学和大学的衔接课程，其考试成绩也是中学升入大学的考核依据。

（四）国家职业教育课程与国家资格证书框架

国家职业教育课程（苏格兰相对应的课程为苏格兰职业课程）是以就业为导向，培养学生实际工作能力的课程。课程中充分反映从事某一工作所需要的知识和技能，依据行业标准，培养学生具备从事某门课程所代表的行业现在或将来工作所应具备的主要知识和技能。完成此类课程没有时间限制，也没有年龄和入学要求的限制，在职人员、兼职的在校学生都可以学习此类课程。

长期以来，英国的中等教育主要是学术性教育，那些具有较高学习天赋的学生进入中六学级学习学术性课程，准备参加普通教育证书高级水平考试，从而进入大学学习；而许多学习能力一般或较差的学生接受职业教育。因此，普通教育的学术性资格与职业教育的职业性资格有明显的地位差异。这样既阻碍了教育自身的发展，同时也妨碍了个人潜能的发挥①。

进入 21 世纪，英国政府出台了一系列的政策，努力沟通学术性课程与职业性课程之间的联系，并在政策上消除两者之间的差异。2003 年英国政府颁布了《14—19 岁：机会与卓越计划》（The 14-19：Opportunity and Excellence），提出增强课程的个性化、多样性和灵活性来确立多层次的职业教育与中等教育改革的总体方向②。2005 年 2 月 23 日，英国教育与技能部（DfES）公布了《14—19 岁教育与技能白皮书》，旨在改革中等以上的教育，以便使所有的青年人能够完成中等教育并继续学习，至少学习到 18 岁，为青年人创造机会，开发他们的潜能，使他们更加卓越③。这一纲领性文件进一步强调了职业教育课程与普通中等教育课程的紧密联系，从而淡化了职业教育课程与普通中等教育课程的区别，赋予学生更多的职业发展机会，改变以前所推行的过早的学校分设、学术分化与职业分流模式。

为了帮助学习者及相关人员对英国的证书制度有个比较全面的了解，由英格兰资格证书与课程管理局，威尔士资格证书、课程与评价局，北爱尔兰课程、考试与评价委员会于 2004 年 4 月联合颁发了《国家资格证书框架》（见表 1-3），后来又进行了修改。从 2004 年 9 月 1 日起，考试认证机构对所有资格证书的考试认证都要按照《国家资格证书框架》中各层次标准的要求进行考试认证。英国《国家资格证书框架》将全国的考试证书共分为 8 级，其中，具有高校招生考试功能的是第 3 级证书（见表 1-3）。

① 祝怀新：《英国基础教育》，广东教育出版社，2003 年，第 2 页。

② 英国教育与技能部：http：//www. engc. org. uk/ebulletins /snippets/12/pdf/14-19 _ brief _ v3. pdf. 2008-05-01。

③ 14-19 Education and Skills White Paper， http：//www. dfes. gov. uk/publications/14-19 educationandskillsl / docs/14-19Whitepaper. doc. 2007-10-22.

表 1-3　英国国家资格证书框架①

层次	与职业相关	与学术相关
8	职业高级证书	博士学位
7	职业证书/文凭，国家职业资格 5 级	硕士学位，研究生证书/文凭
6	职业证书/文凭	学士学位，本科证书/文凭
5	职业证书/高级证书，国家职业资格 4 级	高等教育/延续教育证书，基础学位，国家高等教育文凭
4	职业证书/高级证书	高等教育证书
3	职业证书/文凭，国家职业资格 3 级	普通教育证书高级水平，职业教育证书高级水平
2	职业证书/文凭，国家职业资格 2 级	普通中等教育证书（GCSE A-C 级）
1	职业证书/文凭，国家职业资格 1 级，基础技能	普通中等教育证书（GCSE D-G 级）
入门级	入门级证书，基础技能	

三、教育行政管理体制

经过长期的演变，英国教育行政管理体制形成了自己的特点，也就是中央、地方、教师以及民间团体相互之间形成的“伙伴”关系，称为“地方管理的国家制度”。

在很长一段时间内国家不直接干涉教育，主要是通过拨款等手段介入教育事务。进入 20 世纪，到 1944 年前，英国已建立中央、郡（郡自治会议）教育局和自治市（城区）教育局三级教育行政管理体制。

《1944 年教育法》使中央一级的教育部的权利有所加强，同时地方教育局的权限也有所扩大。20 世纪 70 年代末，保守党执政，通过教育督导等手段加强中央的教育管理权。《1988 年教育改革法》规定义务教育阶段实行统一的国家课程，中央一级增加了课程和考试管理权，而这一权利在这之前一直归学校所有，国家也加大对原来由地方教育局掌管的初等教育的干预力度。

① The National Qualifications Framework（NQF），http：//www.qca.org.uk/libraryAssets/media/qca-06-2298-nqf-web.pdf.2007-10-27.

现行的教育行政管理机构包括中央教育行政管理机构——教育与技能部和地方教育行政管理机构——地方教育局。

（一）中央教育行政管理机构——教育与技能部

现行的中央教育行政管理机构是教育与技能部（Department for Education and Skills，简称 DfES），它的前身是教育与科学部和教育与就业部。工党执政后，于 2001 年用一个新的中央教育行政管理机构——教育与技能部取代了历时不久的教育与就业部，它的主要职责是向教育国务大臣①提供建议并执行其发布的政策。教育与技能部负责管理英格兰和威尔士的法定教育制度和独立学校，以及整个英国的大学和民用科学。和政府其他各部一样，此部门也配有公务员，还有负责制定政策和做出决策的行政官员，有包括律师、建筑师、会计师等在内的专业人员从事专门的工作，还有把政策付诸实施的执行官员。

教育与技能部有若干最高行政官员，包括两位部长和三位常务次长，他们皆向教育国务大臣负责。两位部长分管教育标准、终身教育与高等教育，三位常务次长分别负责早期教育标准、青年与学习、成人技能（见图 1-1）。

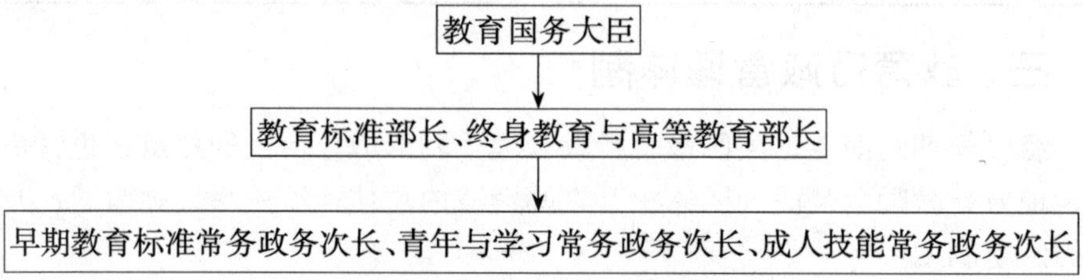

图 1-1　教育与技能部最高领导层结构图②

---

① 英国教育部长的名称在各个时期称谓不尽相同。1944 年 8 月 3 日至 1964 年 3 月 31 日间称为教育部长（Ministers of Education）；1964 年 4 月 1 日至 1993 年 7 月 5 日间称为教育和科学大臣（Secretaries of State for Education and Science）；1993 年7 月6 日至 1995 年 7 月 4 日间称为教育大臣（Secretaries of State for Education）；1995 年 7 月 5 日至 2001 年 6 月 8 日间称为教育与就业大臣（Secretaries of State for Education and Employment）；2001 年 6 月 9 日至今称为教育与技能大臣（Secretaries of State for Education and Skills）。英国教育部长的不同称谓与英国教育部名称的几度更改密不可分，期间教育部长的职权范围也有所变化。本书出于表述方便和人们的习惯，一律将他们称为教育国务大臣。

② 祝怀新：《英国基础教育》，广东教育出版社，2003 年，第 30 页。

（二）地方教育行政管理机构——地方教育局

英国现行地方政府体制，以都市郡的区、非都市郡、内伦敦和外伦敦的市为地方教育行政单位。地方教育局从总体上负责协调和管理本地区的教育事务，促进教育质量的提高。其主要职责是：为本地区的学校制定目标，对学校系统进行监督、评价和指导；维持部分教育经费的分配与控制权；管理和规划本地区的继续教育。

第二节　英国高等教育制度

在19世纪初的英国，接受高等教育还只是富家子弟的特权。当时能接受高等教育的人数仅占英国总人口的1%，全国只有10所大学，而且皆被牛津大学和剑桥大学的办学传统和重学轻术思想所主导[①]。

历经长期发展，英国高等教育取得了巨大成就，发生了很大的变化，高等教育系统已成功地从精英教育转向大众化教育。特别是近40年来，英国高等教育得到飞速发展，1962年，21岁以下的青年人中只有6%能进入大学学习，但到2005年，在英国169所高等院校学习的各类学生有200多万，18岁～30岁的青年中首次进入高等院校学习的学生所占比例是42%。英国高等教育的发展目标是到2010年，18岁～30岁青年首次进入高等教育的入学率达到50%。因此，大学已经不再是少数精英的学习场所，高等教育逐渐实现大众化，并进一步走向普及化。

随着英国高等教育的发展，在继续扩大高等教育规模的同时，为保证入学机会均等，政府亦采取了一系列的补偿性政策和改革措施，加大了对社会弱势群体家庭学生扶持的力度。

一、高等教育的历史演变与传统

英国的高等教育距今已有800多年的历史。享誉世界的牛津大学、剑桥大学分别创建于公元12、13世纪，苏格兰的圣安德鲁斯大学、格拉斯格大学、阿伯丁大学和爱丁堡大学创建于公元15、16世纪。在漫长的发展过程

---

① Annette Hayton，Anna Paczuska，Access，Participation and Higher Education：Policy and Practice，London：Kogan Page，2002，p. 1.

中，逐渐形成了英国高等教育的传统。

（一）英国高等教育的历史演变

综观英国中世纪到工业革命之前高等教育的发展，大致可以分为四个阶段：第一阶段，五种高等教育机构并存（中世纪）。第一种是教堂学校，以培养牧师为目的；第二种是天主教修士会馆，它是一种为修道士提供学习的高等教育场所；第三种是寺院和修士院；第四种是法学院，也叫律师会馆，以培养法官和高级律师为目的；第五种是大学，即牛津大学和剑桥大学①。第二阶段，牛、剑（Oxbridge）独领风骚的时期（14 世纪～15 世纪）。第三阶段，苏格兰的四所大学异军突起的时期（15 世纪～16 世纪）。这一时期，苏格兰地区先后建立了四所大学：圣安德鲁斯大学（1410 年）、格拉斯格大学（1451 年）、阿伯丁大学（1495 年）和爱丁堡大学（1582 年）。到 18 世纪中叶至 19 世纪上半叶，这些大学的声望达到了顶峰，有学者认为其“提供了不列颠群岛最为出色的高等教育”②。第四阶段，牛、剑的变化发展时期（16 世纪～18 世纪）。这一时期，牛、剑 2 所大学历经很多的变化和发展，规模上有所扩大，但经历了一个起落阶段：从大学的等级和宗教性来看，此时的牛津大学和剑桥大学逐渐成为贵族化色彩浓厚的特权机构，宗教限制严格；从大学的教学来看，学术风气败坏，教学水平下降，考试僵化死板；从培养目标上来看，牛津大学和剑桥大学经历了一个从培养王公贵族和神职人员到造就资产阶级精英的过程。随着 18 世纪 60 年代英国工业革命的兴起，牛津大学和剑桥大学的种种弊端已使其与社会的发展严重脱节，因此，改革的外部压力也越来越大。

（二）英国高等教育的传统

在英国高等教育的历史长河中，延续着一些重要的传统，这些传统特征有助于我们更好地理解英国高校招生考试制度的演变。英国高等教育的传统特征，概括起来主要有：第一，从外部看，英国大学就像保守封闭的象牙塔，任凭外面风吹雨打，内部依旧岿然不动，大学与外界很少往来，享有充

---

① John Lawson, Harold Silver, A Social History of Education, London: Melthuen & Co. Ltd., 1973, p. 30.

② Willis Rudy, The University of Europe, 1100-1914, Associated University Press, 1984, p. 86.

分的自治性，且宗教色彩浓厚、等级界限森严。第二，从内部看，大学具有重文轻理、重学轻术、强调精英教育和绅士教育的特点，有实行学院制和导师制的传统，其中导师制影响广泛，对后来英国乃至欧美许多国家的高等教育都产生了重要影响。第三，从大学的设立来看，英国大学具有民间兴学的传统。二战前的英国大学极少由中央政府或地方政府创办，而且国家很少为大学提供创建经费①。从牛津大学的创办到伦敦大学的建立和城市大学学院的兴起，几乎都是依靠个人或社会团体的力量创办起来的。第四，从大学的地位看，大学是高等教育的核心。大学与非大学的学院之间的差别主要在于有无获得皇室特许状，是否具备学位授予权。

二、高等教育的发展与变革

（一）新大学运动与高等教育的初步发展

17 世纪英国资产阶级革命胜利，结束了封建专制统治，建立了君主立宪的资产阶级国家，而 18 世纪后半期工业革命的兴起又促进了英国资本主义经济的发展。19 世纪早期则是英国经济、政治和社会发生巨大变化的时期，工业化和城市化改变了人们的工作和社会关系，这样的政治、经济和社会形势对高等教育提出了新的要求，成为促进高等教育发展的动力②。

在高等教育发展的同时，要求高等教育机会均等的呼声越来越高。第一，资产阶级要求其子弟同贵族子弟有相同的接受高等教育的权利和机会，大学招收新生和授予学位的办法不受宗教教义的限制。第二，伴随着人们对平等接受高等教育的权利的追求，以前的大学已无法适应和满足人们的需求，于是在 19 世纪英国掀起了轰轰烈烈的新大学运动。先后创办了伦敦大学、达勒姆大学、曼彻斯特欧文斯学院、埃克塞特大学学院、伯明翰梅森学院、利物浦大学学院、谢菲尔德大学学院等。这些新大学的特点是不依附任何教派、不寄宿、收费低、重实业、传播现代科技。这一时期英国高等教育的发展就是通常所说的新大学运动或城市大学运动。

这些新大学经过二三十年的发展，绝大部分得到了皇家的许可，获得了特许状，享有大学的地位，有权授予学位，但与此同时，有些大学已经偏离

① 王承绪、徐辉：《战后英国教育研究》，江西教育出版社，1992 年，第268 页。

② Annette Hayton，Anna Paczuska，Access，Participation and Higher Education：Policy and Practice，London：Kogan Page，2002，p. 3.

了原来的办学目标。尽管新大学运动的发展结果并不令人满意，但其建立和发展，顺应了历史发展的潮流，适应了工业革命的需求，标志着高等教育开始向近代体制迈进，推动了高等教育走向大众和高等教育的民主化进程①，开始冲破了牛津大学、剑桥大学的传统体制和办学模式，使重视教育机会平等、重视成人教育、重视提高国民素质的理念深入人心。

（二）“二元制”与英国高等教育的大众化

英国高等教育中的“二元制”（the binary system of higher education）是英国在由精英教育向大众化教育过渡时期对高校结构体系进行的一种制度性安排，即传统学术型“自治大学”与职业型“公共高等教育机构”双元并存，双轨运行②。高等教育“二元制”的确立为20世纪60年代高等教育的大发展提供了一个制度框架。把提供职业技术教育作为定位的教学型公共高等教育部门的建立和发展是这一时期高等教育发展的亮点，揭开了英国高等教育大众化的序幕。1969年—1973年，创立了30多所多科性技术学院，实施面向多层次人士的高等职业教育的策略。70年代，把师资培训纳入继续教育框架，调整、收缩、合并师范学院，并将之纳入公共高等教育部门。到80年代，学生的毛入学率达19.1%③，英国进入高等教育大众化阶段。

公共高等教育部门与传统的学术型大学分工明确。前者除招收全日制学生外，招收非全日制、工读交替和夜间学习的学习者也是它们的任务，为生产、服务、管理行业培养第一线技术应用型人才；后者主要招收全日制学生，通过教学和科研为社会提供服务。但是“二元制”高等教育制度并没有按政府预先设想的路线发展，在理想与现实之间出现了偏差，主要表现在：第一，公共高等教育部门招收的全日制学生越来越多，招收的非全日制学生的数量开始下降，而自治大学招收的非全日制学生越来越多，甚至超过了公共高等教育部门的非全日制学生人数。第二，在学科设置上，公共高等教育部门学习科学与技术学科的学生人数比例下降，学习社会与人文学科的学生人数比例不断增加，逐步背离多科性技术学院以职业

① 许明：《英国高等教育发展研究》，辽宁师范大学出版社，1998年，第53页。

② 王锭蕊：《从英国高等教育双重制的兴衰看我国高等教育大众化的制度选择》，《江苏高教》2003年第5期，第111～113页。

③ 联合国教科文组织编写：《世界教育报告》，中国对外翻译出版公司，1994年，第144页。

与技术学科为主的最初设想。第三，随着公共高等教育部门的发展，很多学院向学术性大学看齐，全国学位授予委员会也支持这种行为，研究工作越来越成为教师工作的重要部分。第四，在管理体制上，公共高等教育部门归地方教育局直接领导，但地方教育局却无权制定高等教育政策；不少多科性技术学院和教育学院在全国范围内的影响越来越大，但碍于地方教育局的权利，无法对其施加影响。

总之，"二元制"对英国高等教育的发展起了重要的推动作用，但两类高等教育部门离理想的平行状态越来越远，职能的趋同使它们越来越像身份不同的同一类院校。《1988 年教育改革法》对高等教育管理体制进行了改革，成立多科性技术学院和其他学院拨款委员会及大学拨款委员会，多科性技术学院和其他学院拨款委员会负责为原来由地方教育局管理和提供经费的 50 所多科性技术学院和其他学院拨款；大学拨款委员会为英国所有 52 所大学提供经费①。《1992 年延续与高等教育法》正式废除高等教育"二元制"。

(三)"一元制"的确立与英国高等教育的变化

《1992 年延续与高等教育法》除废除高等教育"二元制"外，同时取消了国家学位委员会（CNNAA），同意只要符合一定的标准，多科性技术学院可改名为"大学"，享有"大学"地位和自行颁授学位的权利，分别由英格兰、威尔士、苏格兰的高等教育拨款委员会和北爱尔兰就业与学习部提供经费。这一法案的公布标志着英国"一元制"高等教育制度框架的形成。

在高等教育发展过程中，尽管声称仍然坚持传统价值，但毋庸置疑，传统高等教育已经发生了巨变，主要表现在：第一，政府发展高等教育目的的变化。由于大学数量的增加，政府对高等教育的投资也相应增加，于是政府要求高等教育的培养目标除了促进人的发展、知识的传播和社会的发展外，更明确地把直接为国家的经济发展服务作为高等教育的目标。在 2003 年教育与技能部发布的英国高等教育白皮书《高等教育的未来》中，强调政府特别重视高等教育的职业性，认为随着世界的快速发展和竞争的日益加剧，高等教育的主要目的就是要培养掌握与社会经济发展相适应的相关技能的广大

---

① HEFCE publications，Higher Education in the United Kingdom，2005，http：//www. hefce. ac. uk/pubs/hefce/ 2007-10-28.

的劳动者，激发学习者的创新思维，培养学习者创造能力，提高他们的生活质量①。第二，学生数量的增加。在大学数量增加的同时，在高等院校就学的学生也在剧增。例如，1973 年高等学校全日制在校学生大约有 343 000 人，到 2003 年全日制在校学生数量提高了近 4 倍，人数达到 1 300 000 人，18 岁～20 岁年龄段青年接受高等教育毛入学率由 1973 年的 14%增加到 2003 年的 35%。根据马丁·特罗的观点，英国已由精英高等教育进入大众化高等教育，并向高等教育普及化迈进。这种变化使英国高等教育由只为少数特权阶层子弟才能接受而设计的“精英教育制度”转变为接受高等教育机会均等的“大众化高等教育制度”。第三，课程结构的变化。不仅学生数量增加，而且学生的来源更加多元化，因此，大学的课程结构也随之改变。例如，学分的结构由原来以学科为单元改为模块化结构。

三、高等院校体系

英国高等院校可以分为大学和从事高等教育的学院，共 169 所，它们的分布如表 1-4 所示。

表 1-4　英国高等院校分布表②

院校类型 / 地区	大学	高等教育学院
英格兰	91[1]	41
北爱尔兰	2	2
苏格兰	14	6
威尔士	9[2]	4
院校总数	116	53

注：1. 包括伦敦大学的 19 个学院。

2. 格拉摩根大学（Glamorgan University）、威尔士大学及其 7 个成员院校。

（一）大学

英国高等院校分为大学和大学学院。英国大学在规模、培养目标、学科

① Department for Education and Skills，The Future of Higher Education，2003，http：//www. dfes. gov. uk/hegateway/strategy/hestrategy/pdfs/DfES-Higher Education. pdf. 2007-10-28.

② HEFCE publications，Higher Education in the United Kingdom，2005，www. hefce. ac. uk/pubs/hefce/ 2007-10-27.

设置、学校传统等方面各不相同，大致可以分为如下几种：

（1）古典大学。一般指19世纪之前建立的大学。牛津大学和剑桥大学是这类大学的代表，历来主要培养英国“绅士”式的统治人才，它们是处在英国高等教育系统这个金字塔尖端上的学校。这类大学还包括圣安德鲁斯大学、格拉斯格大学、阿伯丁大学、爱丁堡大学、都柏林大学等历史比较悠久的大学。

（2）红砖大学（城市大学）。红砖大学最初指在维多利亚时代英格兰地区主要工业城市的于第二次世界大战之前取得大学地位的6所大学。1851年在曼彻斯特建立了欧文斯学院（后改为曼彻斯特大学），标志着城市大学运动的开始，之后分别在伯明翰、布里斯托、利兹、利物浦、谢菲尔德设立城市大学，这些大学都用红砖砌墙，与古老大学房舍上爬满常青藤的外貌截然不同，故被称为“红砖大学”或“城市大学”。这些大学与牛津、剑桥等古典大学的主要区别在于它们在招收学生时并不关注学生的宗教与家庭背景，学科设置多为工科，强调培养学生与当时科技发展相适应的技能。

但现在所说的红砖大学泛指在1850年至1960年设立的属于英国拉塞尔大学组织成员的20所大学。这些大学现在皆为英国的主要研究性大学，在2004—2005年度，这20所大学所获得的研究经费占全英大学研究基金与委托研究项目总经费的65%，从获取研究经费的角度来看，20所大学中有18所排名在全英所有大学的前20名①。

（3）新大学。可称为新大学的有两类，一类指20世纪60年代设立的大学，又称近代大学；一类指1992年后由多科性技术学院升格的大学，又称现代大学。随着《罗宾斯报告》的发布，20世纪60年代英国高等教育有较快发展，各地开始设立新的大学，因其现代化建筑而又被称作“平板玻璃大学”，属于这一类的有华威、萨塞克斯、肯特、艾塞克斯等20所大学。

如今这些过去的新大学已被更新的大学所取代，指由原来的多科性技术学院和其他学院于1992年以后获得大学地位的大学。20世纪90年代，英国大学数目增加了1倍以上。英国修订法律允许多科性技术学院升格为大学，并拥有学位授予权。以前多科性技术学院只提供技术和专门职业课程，授予职业证书，即使现在与其他老牌大学相比，这些新大学仍然注重更实用

---

① Wikipedia, the free encyclopedia, British Universities, http://en.wikipedia.org/wiki/British_universities. 2007-10-22.

的学位课程。它们也与当地工业有着广泛的联系，并一起开发专门技术。如普利茅斯大学位于德汶海岸的重要港口城市内，因此开设了海洋工程和造船工程学位课程。

(4) 开放大学。这是英国唯一的主要从事远程教育的大学。设立开放大学的主要目的是为那些希望通过业余时间，以远程学习的形式接受教育的人士以及残障人士提供大学教育，也就是为传统大学中那些非主流的学习者提供更方便的接受大学教育的机会。它于 1969 年设立，1971 年招收首届学生①。开放大学发展迅速，现在其学习中心遍布英国各地，到 2005 年，注册学习的国内外学习者达 180 000 人，自开办以来已有 300 万人参加其课程的学习②。开放大学成为英国高等教育大众化的生力军。

(二) 学院

高等教育学院在办学规模、培养目标、学科设置和历史传统方面同样各不相同。与大学一样，大学学院在管理上同样具有自治性与独立性。有些高等教育学院有 150 多年的历史，大部分学院设立时为教会学院。一些高等教育学院颁发自己的学位和其他证书，也有一些学院没有学位授予权，只授予其他大学或全国学位授予机构的学位或证书。有学位授予权并且学生数超过 4 000 人的高等教育学院有资格申请大学称号，有学位授予权但规模较小的高等教育学院可以向英国枢密院申请使用“大学学院”的名称。

高等教育学院中规模比较小的只有几百个学生，仅开设一两个专业的专业学院，如达丁顿艺术学院 (Dartington College of Arts) 仅有 460 名学生；也有学生达 1 万多人的多学科学院，如坎特伯利基督城大学学院 (Canterbury Christ Church University College) 有 13 700 名学生，英国高等教育学院的规模是平均一个高等教育学院拥有 3 500 名学生。

四、课程与学历证书框架

(一) 研究生前高等教育课程

英国学生进入高等教育课程学习的最低年龄一般是 18 岁，在英格兰、

---

① Open University，Brief History of the OU，http：//www.open.ac.uk/about/ou/p3.shtml. 2007-10-28.

② Students Rate University Courses，http：//news.bbc.co.uk/1/hi/education/4265802.stm BBC News，21 September 2005. 2007-01-07.

威尔士和北爱尔兰，第一学位课程一般需要 3 年时间，半工半读课程包括在校外机构工作的时间在内可以在 4 年内完成，某些专业性比较强的课程所需时间还要长一些，如医学专业、牙科专业和建筑专业。在苏格兰，3 年的课程只能获得普通学位，4 年的课程可以获得荣誉学位。

英国高等教育课程可分为研究生前高等教育课程（或大学部课程）(undergraduate courses) 和研究生课程（或研究部课程）(postgraduate courses)。英国高等院校开设的研究生前高等教育课程主要是第一学位课程，如文学士课程（MA)、理学士课程（BSc）和工程学士学位课程(BEng) 等；其他研究生前高等教育课程还有学制为 1 年～2 年的国家高等教育文凭课程（HND)、国家高等教育证书（HNC）课程和高等教育文凭课程（DipHE)；还有从 2001 年起引入学制为 2 年的基础学位课程（或准学位课程)，这些大部分为职业类课程。

研究生课程形式多样，有授课式课程、研究式课程或授课式和研究式结合的课程；既有全日制课程，也有非全日制课程；既有研究生文凭和证书课程，如研究生教育证书（PGCE)，也有硕士学位课程，如理硕士课程（MSc)，还有博士课程，如哲学博士课程（PhD)。全日制授课式硕士学位课程学制一般为 1 年，非全日制为 2 年；全日制研究式课程学制一般为3 年，非全日制为 4 年。研究生课程通常要求学生完成毕业论文或学位论文。

1. 第一学位课程 (First Degree)

第一学位课程通常指经过 3 年的学习，达到相关要求可以授予学士学位的课程①。各个大学第一学位课程设置和教学方式各不相同，许多大学采用辅导课、上大课和专题报告相结合的教学方式。辅导课人数很少，一般是辅导教师带四五个学生；上大课时要求学生认真听讲并记下笔记；专题报告课则是一个或者几个演讲人和一组学生共同进行，要求学生预先做好准备，演讲人首先向大家宣讲，以便引起讨论。除出席专题报告、上大课和辅导课之外，学生要花相当多的时间阅读书籍、查资料、做项目和写短论文。大部分学校第一年的考试结果不构成最终学位考试的一部分，第二年和第三年期末考试结果和本科论文得分一起构成最终学位成绩。有些大学实行初等结业制，课程由“模块”(Modular) 构成，根据上课和自学时间给每一单科打

① Gerald Higginbottom, Going for Higher Education: A Guide to Moving on, Moving up with Better Qualifications, Oxford: How to Books Ltd., 1999, p. 2.

分，单科学业成绩可在实行同样制度的其他大学转换学分。

高校一般允许学生将两个或更多的学科合并获得组合学位或者联合荣誉学位。组合课程学位的不同科目不要求必须占有同样比重。联合荣誉学位则要求两门学科比重相同，且两门学科间应有一定的联系，如经济学和数学；或距离虽远但仍有联系，例如计算机和心理学。

修完所有课程，根据学生在单科结业制下的累计学分或者取决于期终考试的结果（通常为 finals），学生所获学士学位分为不同的等级。最高等级是第一等荣誉学位即“First Class ”（Honours）；第二等为上二等荣誉学位（two-one），获得第二等成绩的比例多于第一等；然后是下二等荣誉学位即“lower Second” （Honours）或者称为“two-two”；还有第三等荣誉学位“Third Class ” （Honours）；最后是及格学位（Pass）或普通（Ordinary）学位，这类学位地位较低。授予普通学位的人数一般不多，通常少于第一等学位。

2. 基础学位课程（Foundation Degree）

基础学位课程（或准学位课程）是从 2001 年 9 月开始由政府引入，在英格兰地区实施的高等教育职业课程，它的等级介于国家高等教育文凭（Higher National Diploma）课程与学士学位课程之间，相当于有些国家的副学士课程。这些课程可以在大学，也可以在高等教育学院完成，学制为 2 年，开设的课程由主办高等院校与合作的行业和延续学院共同设计。高等院校在基础学位课程方面通常非常乐意与延续学院合作，这是因为后者在办学过程中既熟悉职业学生的特点和需求，也了解行业的需求，而高等院校则可对课程质量进行严格控制。基础学位课程的培养目标是使学习者通过对某个专业的学习，能够符合该专业所对应的行业的要求，以便其能够在该行业顺利就业。

基础学位课程与原有的国家高等教育学历课程有明显的区别。首先，根据英国高等教育《学分积累与转换办法》，基础学位等值于 240 高等教育学分，如继续攻读第一学位，240 学分可以计入第一学位课程学分，所以基础学位又称“可充值学位”。但是国家高等教育学历持有者在攻读第一学位时，原来课程的学分是否计入第一学位课程学分以及计入多少学分，不同的高校要求各不相同。其次，推出基础学位课程的原意是让那些有实际工作经验的学生，把实践经验上升到理性认识，以进一步提高其实际工作能力。同时也反映了布莱尔提出的提高英国持有学位的公民比例，把传统英国教育转向终身教育的策略。基础学位课程也可以加强高等院校特别是大学与社区、行业的联系，并为他们提供服务，纠正此前多科性技术学院纷纷升格为大学后造成的这些大学向“学术漂移”的问题。

通过高等院校与延续教育学院、行业的合作办学形式，各合作伙伴为学生提供全日制学习、业余学习和远程学习等多种学习形式，基础学位课程教育在英国各地发展很快。

3. 国家高等教育文凭课程（Higher National Diploma）

国家高等教育文凭课程等级仅次于第一学位课程，大致相当于大学二年级、高等教育学历（Diploma of Higher Education）或基础学位。在英格兰、威尔士和北爱尔兰，要获得国家高等教育文凭需经过商业与技术教育委员会的认证；在苏格兰，国家高等教育文凭的认证单位是苏格兰资格证书局。国家高等教育文凭课程学制为两年，如果学生具有国家高等教育证书（Higher National Certificate），则学制为全日制一年；如果在非全日制院校就读，时间会相应延长。修完所有课程，可以获取国家高等教育文凭，持有此证书可以申请专业资格证书或攻读学位课程。像普通国家职业资格证书一样，国家高等教育证书的等级分及格、良好和优秀三个档次。

4. 国家高等教育证书课程（Higher National Certificate）

国家高等教育证书课程与国家高等教育文凭课程有密切关系，不同的是前者的等级略低于后者。国家高等教育证书课程的学制为全日制一年，非全日制学习则超过两年，它涵盖了国家高等教育文凭的大部分课程，通常全日制一年的学习能顺利修完证书课程并可以晋级文凭课程。

（二）研究生课程（Postgraduate Courses）

研究生课程形式多样。按课程性质可以分为授课式课程、研究式课程、授课式与研究式结合的课程；按学习方式可以分为全日制学习课程和业余学习课程；按授证类型可以分为研究生文凭课程、研究生证书课程和研究生学位课程。

1. 研究生文凭和证书课程

这类课程等级介于学士学位（第一学位）和硕士学位课程之间。它们可以是取得学术性第一学位后的职业性课程，如教育研究生证书（the postgraduate certificate in education，简称 PGCE）课程，修完该课程获得教育研究生证书，就可以向相关部门申请教师资格证书，在相关学校任教。

2. 研究生学位课程

研究生学位课程也称“第二学位或高级学位”①。如学生想继续攻读研究生学位，则需要具有较好的荣誉学士学位（第一等或上二等）。研究生学位课程包括硕士学位课程和博士学位课程。

授课式硕士学位课程的学制一般为一年，由专门的学术教员以讲大课、专题报告和辅导形式，对学生所学科目进行指导，在此基础上进一步培养学生的研究能力和自学能力。授课式学习方法对于学生获得关于某个学科的详细知识非常有益，这些专业知识可以直接运用于实际工作。前半年通常主要是一系列的大课、专题报告、辅导课或实验课，具体形式取决于所选学科，然后学生便主要从事研究性学习，即做论文。一般说来，学生可以选择与其经验和职业相关的课题做论文。授课式学位课程的这种学习方式既可以视为完成本身学业的过程，也可以视为一种机会，以便使学生扩展关于某个特殊领域的知识，获得与就业目标或职业有关的实际技巧和经验，还可以视为博士研究生所从事课题研究的入门阶梯。虽然有的授课式硕士学位课程旨在作为进入某一领域的过渡课程，与信息学科有关的硕士学位课程尤其如此，但学生就读授课式硕士学位课程一般要求其在攻读学士学位期间学习同样或类似的科目。

研究式硕士学位课程最少需要 3 年时间，要求对课题进行全新的研究，最后写出研究论文。博士研究生也经常参与所在院系的教学，研究机构则可能为这类学位提供资助。攻读博士学位的学生需要有自觉性、献身精神并富有创新性见解。

攻读研究式学位需要做很多准备工作。博士研究生将被指定一名导师监督其研究工作。有的导师会提供许多指导和建议，有的导师则让学生有很大的自由度。通常在研究的开始阶段学生需要很多的建议和帮助，但随着时间的推移，学生会发现需要见导师的次数越来越少，当然这也取决于研究课题的性质。

（三）高等教育学历框架

英国高等教育课程和所授予的文凭、证书或学位种类庞杂，令人望而生

---

① Gerald Higginbottom, Going for Higher Education: A Guide to Moving on, Moving up with Better Qualifications, Oxford: How to Books Ltd., 1999, p. 4.

畏，为了让公众对于每一个等级的高等教育的资格证书所代表的学术标准和持有者所取得的学业成绩有所了解，为了确保每一个高等教育资格证书的名称的连贯性，由英国高等教育质量保障处牵头，会同高等院校、学生、雇主和行业团体代表共同研议，于 2001 年 1 月发布了《英格兰、威尔士和北爱尔兰高等教育学历证书框架》（以下简称《学历证书框架》），涉及所有目前所授予的高等教育资格证书以及资格证书持有者应具备的与之相应的知识和技能。

《学历证书框架》的主要目的是：使雇主、学校、父母、希望参与学习的学生比较清楚地了解英国主要的高等教育学历、证书和学位以及它们的特点和要求达到的程度；使英国的高等教育学历与世界其他国家，特别是其他欧洲国家的高等教育学历具有可比性，以促进学生和毕业生之间的国际流动；在终身教育的背景下，使学习者清楚地了解他们提高自己学历的路径；为高等院校、校外考试机构和高等教育质量保障处在制定和评价标准时提供重要参考。

《学历证书框架》将英国高等教育学历分为 5 级，其中研究生前高等教育学历分 3 级，研究生学历分 2 级。它们依次是证书级（C-level）、中级(I-level)、荣誉级（H-level）、硕士级（M-level）和博士级（D-level）（见表 1-5）。

表 1-5　英格兰、威尔士和北爱尔兰高等教育学历证书框架①

学历等级			文凭、证书和学位
序号	等级	简称	
1	证书级	C	高等教育证书
2	中级	I	普通学士学位、基础学位、高等教育文凭等
3	荣誉级	H	荣誉学士学位、本科毕业证书、本科毕业文凭
4	硕士级	M	硕士学位、研究生证书、研究生文凭
5	博士级	D	博士学位

① 英国高等教育质量保障处官方网站：http：//www.qaa.ac.uk/academicinfrastructure/FHEQ/EWNI/default.asp 2007-01-11。

第三节 英国扩大高等教育参与的政策及障碍

随着英国高等教育从精英走向大众，让每一个有能力从高等教育中受益者都能接受高等教育的“罗宾斯原则”就成为现代版的“英国梦”。然而，高等教育规模的不断扩大，并没有改变入学机会不公的现象，特别是来自社会弱势群体家庭的子女并没有从高等教育发展中受益，英国高等教育出现了“大众化教育的规模，精英教育的理念”的矛盾现象。为了解决这些问题，英国政府积极推行扩大高等教育参与的政策，不仅强调高等院校入学人数的增加，同时关注来自社会弱势群体家庭学生（贫困家庭学生、残疾学生和一些少数族裔学生等）入学比例的提高，希望通过扩大高等教育参与政策的实施，调整来自不同社会阶层的学生增长不均衡的状态。

一、英国扩大高等教育参与的政策

（一）扩大高等教育参与政策的背景

在过去的40多年，英国高等教育得到快速发展，高等院校在校生人数大幅增长。1971年，在英国45所大学的学生人数仅176 000人，但到20世纪末，高等院校的在校生人数增长了10倍，达到1 800 000人[①]。随着英国高等教育规模的扩大，来自社会弱势群体的大学生人数也发生了很大变化，与其在英国总人口中的比例相比，女性和少数族裔大学生人数比例明显提高，如少数族裔大学生的比例占在校大学生总数的15%，而少数族裔在现有的人口中的比例只有6%；女性大学生的比例占在校大学生总数的57%，而女性在现有的人口中的比例是50%[②]。尽管高等院校学生在性别方面已经达到平衡，甚至女大学生的人数超过男大学生，但在接受高等教育的层次和学科方面仍然存在着明显差异。

就高等院校学生人数的快速增长与大学生结构的改变来说，英国的高等教育取得了很大的成功，但是这种成功多少掩盖了来自不同社会阶层家庭的

---

① P. Scott, Triumph or Retreat, in The State of UK Higher Education, eds D. Warner, D. Palfreyman, Buckingham: SRHE. Open University Press, 2001, p. 5.

② National Audit Office (NAO), Widening Participation in Higher Education in England, London: HMSO, 2002.

青年接受高等教育机会的严重不平等问题。总体来说，高等院校学生增长最多的是年龄在 18 岁～21 岁，接受全日制研究生前教育的学生，在 1988—1989 学年度至 1993—1994 学年度期间增长了 67%，但是增加的学生大部分来自专业人士和中产阶级的家庭①。

1997 年工党开始执政，布莱尔政府制定了到 2010 年首次进入高等院校学习的大学生的比例占 18 岁～30 岁青年的比例达到 50%②的高等教育发展战略，并强调接受高等教育人数增加的同时，应着力解决来自不同社会阶层家庭的大学生人数增加不平衡的问题，实现社会正义。英国教育与技能部于 2003 年先后发布了改革高等教育的白皮书《高等教育的未来》和扩大高等教育参与的文件，通过拨款等手段鼓励大学招收来自社会弱势群体家庭的学生，资助 2004 年由教育与技能部发起的“更高志向”（Aimhigher）计划③。

从本质上来说，扩大高等教育参与的政策是解决实现社会正义的问题，该政策的有效实施有利于实现社会和谐。高等教育的规模越大，接受高等教育的人数越多，不能接受高等教育的人员与接受良好高等教育的人员差距就越大。有足够的事实表明，接受高等教育的人员不仅对自身的经济地位有正面影响，而且在以后的医疗健康、家庭生活幸福、参与社会民主生活程度等方面都处于有利地位④。

在英格兰高等教育拨款委员会与经济和社会研究委员会联合资助的一个研究项目“教与学的研究”的成果中指出，扩大高等教育参与是指均衡地扩大和加强来自社会弱势群体、具有不同学业背景、不同家庭背景、不同族群、不同社区的学生的高等教育入学率，使他们都有机会接受高等教育并从

---

① Higher Education Funding Council for England（HEFCE），Supply and Demand in Higher Education，Bristol：HEFCE，2001.

② 包括非全日制和年龄在 21 岁～30 岁首次进入高等院校学习的学生。

③ 2004 年由英国教育与技能部发起，与英格兰高等教育拨款委员会一道采取一系列措施，旨在扩大高等教育参与，特别是来自非传统背景、少数族裔的学生以及残疾学生的计划。这项计划试图整合高等院校、延续教育学院、中等学校（包括中六学院）和职业咨询服务中心等相关机构的力量，扩大高等教育参与。

④ Bynner John，Dolton Peter，Feinstein Leon，Makepiece Gerry，Malmberg Lars，Woods Laura，Revisiting the Benefits of Higher Education：a Report by the Bedford Group for Lifecourse and Statistical Studies，Institute of Education，HEFCE：Bristol（April），2003.

中受益。扩大高等教育参与政策的重点是扶持那些来自弱势群体家庭、落后地区、没有人接受过高等教育的家庭的学生，同时关注不同族群、不同性别、不同家庭背景及残疾人在专业选择、学习形式和高等院校的类型选择方面的情况。扩大高等教育参与政策的关注点也包括不同年龄段进入高等院校学习的情况，人们对终身学习观念的接受情况等①。

扩大高等教育参与不是只涉及少数人群的政策，而是一个涉及面广、比较复杂的概念，比如在英国来自贫穷白人家庭的男青年接受高等教育的比例远低于平均水平，就是最棘手的问题之一。它的含义可以用如下的公式表示：扩大高等教育参与＝（社会阶层）×（性别）×（种族）×（年龄）×（学习定位）＋（残疾学生）。

（二）扩大高等教育参与政策的实施

1997 年工党执政后不久，扩大高等教育参与政策就成了人们讨论的热门话题。随着高等教育规模的进一步扩大，人们把目光聚焦在高等教育的公平和通过高等教育的发展更好地实现社会正义上来。2000 年发生“劳拉事件”② 后，政府加快了实施扩大高等教育参与政策的步伐③。

2003 年 1 月英国政府发布了《高等教育的未来》白皮书，提出了在继续扩大高等教育规模的同时，为保证高等教育入学机会的均等，采取一系列的补偿性计划和改革措施，对社会经济背景不利的学生给予各个方面

---

① WP Projects Currently Supported by the TLRP，http// www. tlrp. org. 2007-10-28.

② 因一名成绩优异的公立学校女学生劳拉·思朋斯申请牛津大学摩德林学院医学专业没被录取而引发的关于高等教育公平问题争论的事件。劳拉是这所公立学校中六学级 100 名毕业生中唯一申请牛、剑（Oxbridge）大学的毕业生，她和其他 22 名申请者都具有 10 科成绩为 A^+ 的 GCSE 和 A-level（预估成绩为 A）证书，成绩发榜后 5 科 A-level 成绩均为 A（地理、英语、生物、化学、综合），面试后校方以劳拉不具备学习医学的潜力为由没有录取劳拉，后被美国哈佛大学录取并提供 6 500 英镑的奖学金。财政部长格登·布朗批评牛津大学精英主义的思维方式，认为是“十足的丑闻”，劳拉受到了歧视，她是陈旧面试制度的牺牲品。劳拉就学的学校校长认为劳拉没被录取的主要原因是因为劳拉来自英格兰东北部（落后地区）的公立学校。由此引起媒体和社会各界的激烈争论。

③ Chancellor attacks Oxford admissions：BBC News，22 May 2000，http：// news. bbc. co. uk/1/hi/education/764141. stm.

的扶持，着力改变接受高等教育机会在不同阶层分布不平等的状况。2003 年 4 月政府又发布了《扩大高等教育的参与》文件，主要目的是提高学业成绩、志向水平和入学申请、入学准许（简称 4A，即 Attainment, Aspiration, Applications and Admissions ），以利于扩大高等教育参与政策的实施。

1. 开展对扩大高等教育参与问题的研究，加强政策实施的有效性

英国社会对于政府到 2010 年把首次进入高等院校学习的学生比例提高到 50%的目标存在争论。一些人认为这样会使高等教育学历贬值；另外一些人对旨在鼓励所有年轻人接受高等教育的政策表示赞赏。比如，人们对政府 2002 年引入的基础学位的看法各异，赞成者认为扩大基础学位是高等教育面扩大的最适当的途径，反对者认为基础学位不可能被雇主接受或被看作是不够标准；也有人担心像国家高等教育证书（HNCs）和国家高等教育文凭（HNDs）这类资格证书的地位；另一些人则认为应该继续下去，因为这些证书已得到了适当的认可和受到了高度的重视。

对于这些争论的问题，政府组织人员进行了科学研究。大量的研究表明，未来的经济发展对高水平技能人才的需要将不断增长，工作的性质也将改变。经济正日益成为基于知识的经济，国家将日益通过出售高附加值的服务而不是只出售物质商品来提高国家的经济地位，这种发展趋势要求更多的具有高技能的劳动者。未来对高校毕业生的需求非常强烈，研究表明，预计在近十年产生的 170 万个新工作岗位的 80%将属于高技能的职业——这些岗位很有可能需要受过高等教育的人来填补，但不一定意味着它们都需要传统的三年制荣誉学位的毕业生。许多新增的岗位都是专业性、高技能的技术工作，通过较短期的、以职业为导向的基础学位的增加，可集中满足这些岗位的需要。同时，在政府资金的资助下，对如何扩大高等教育参与的方方面面的问题展开研究。

2. 鼓励高等院校提供适应国家经济发展和学习者需求的课程和学习模式

2001 年政府推出基础学位以来，在扩大高等教育参与方面发挥了重要作用。在此之前，高等教育的扩张主要针对传统的、全日制的三年荣誉学位。随着经济的发展与结构的调整，新增工作大多与特定的专业和高新技术有关，原来的课程和学习模式已不能满足社会经济发展和个人寻求多种形式的高等教育的需求。基础学位的课程由大学和雇主共同开发，开设的课程更适应行业工作的要求，通过使用学分转移和电子学习的方式，使课程设置和学习方式更加灵活多样，较好地满足了学习者的需求，它与原有的国家高等教育文凭（HND_S）、国家高等教育证书（HNC_S）一起成为扩大高等教育参与的主力军。

新课程的推广，使高校、学习者和雇主都从中受益。通过新课程的实施，高等院校与雇主的联系更加密切，课程的学术性与职业性相融合，使其既适合学生也适合雇主的需要。为学习者提供了比较灵活的学习方式，学生可以通过全日制、非全日制和半工半读的方式学习；对于雇主来说，由于参与了课程的设计和人才培养的过程，培养的毕业生更符合工作和行业对其知识和技能的需求。

基础学位的实施取得很大成效，受到各方欢迎。在实行的第一年有4 229名学生参与基础学位的学习，超过了政府确定的4 000名的目标。根据英国高等教育统计处的最新数据，2006年获得基础学位的人数达到9 275人，比上一年增加50%①。而且这些增加的学生学习的学科范围广泛，表明这一水平的课程日益受到人们的欢迎，越来越多的公立和私立部门的雇主都对基础学位表现出热情，认为他们可以从与高等院校共同开发课程，培养能满足其目前和将来的工作和行业需要的人才中受益。

3. 建立公平入学机制，资助扩大高等教育参与的项目

成立公平入学办公室，建立公平入学机制。根据《2004年高等教育法》的规定，英国成立了独立运行的公共服务机构——公平入学办公室，主要目的是解决在2006—2007学年度开始实行新的收费体制后如何促进和保障高等教育公平入学，特别是避免来自社会弱势群体的学生利益不因学费的变化而受损，同时督促高等院校采取有效措施不断提高来自低收入家庭和其他社会弱势群体的学生比例等问题。公平入学办公室主任有义务定期向教育国务大臣报告有关情况，有权要求接受公共财政资助的高等院校在收费超出标准水平时，要与公平入学办公室签订《公平入学协议》，协议书中要明确载明保障和促进公平入学，特别是通过助学金和其他财政资助以及通过附加条款对来自低收入家庭的学生予以资金扶持。公平入学办公室的主要职能是通过对高等院校收费和扩大高等教育参与政策的审批和监管，对高等院校进行监

① The Higher Education Statistics Agency (HESA), Higher Education Student Enrolments and Qualifications Obtained at Higher Education Institutions in the United Kingdom for the Academic Year 2005/06, http://www.hesa.ac.uk/ 2007-03-16.

督。公平入学办公室也将公平入学中好的做法进行推广，建立公平入学机制。

通过“志向更高”（Aimhigher）计划，进一步扩大英国高等教育的参与，特别是提高来自非传统背景、少数族裔的学生以及残疾学生接受高等教育的机会。2004 年英国教育与技能部发起的这项活动，得到英格兰高等教育拨款委员会的资助，将之前开展的“促进升学合作伙伴计划”和“挑战卓越计划”合二为一，对原来的合作伙伴——高等院校、中等学校（包括中六学院）、延续教育学院、培训机构和职业咨询服务中心等进行整合，提高来自社会弱势群体家庭学生接受高等教育的意识、志向及学业水平。

资助项目使那些可能接受高等教育，但由于学习成绩不够理想，或者还没有下定决心，或者缺乏信心的学生通过参与这些活动，提高他们接受高等教育的强烈意愿。这些活动往往是地区性的，以满足特定社区和个人的需求，例如，大学校园参观接待日、暑期学校、大学课程试听、升学课程辅导和提供有关进入高等院校学习的途径以及其他信息。这些活动有效地提高了高等教育参与水平，首先，这些活动配合政府到 2010 年实现年龄在 18 岁～30 岁的青年进入高等学校学习的比例达到 50％的目标，提高了年轻人特别是来自社会弱势群体家庭的青年进入高校学习的志向和热情。其次，提高了来自社会弱势群体家庭学生的学业成绩，使他们能够取得学术或职业资格证书，能够进入高校学习，达到高校入学要求的这类学生的人数越来越多。再次，帮助这些学生加深了对通过不同途径进入高等教育职业课程的了解，使他们意识到取得高级普通教育证书（A-levels）不是他们进入高等院校学习的唯一途径。最后，为准备进入高等院校学习的这类学生及其老师和家庭提供信息、建议和指导。

4. 完善学生资助制度，使人人有机会从高等教育中受益

从 1977 年至 1997 年，英国公立大学全日制本科阶段教育是不收学费的，工党政府接受《迪英尔报告》的建议，从 1998 年起，不分学校、学科，向学生收取每年 1 000 英镑的学费，此数额随通货膨胀率变化而调整，同时建立起一套对学生的资助政策。根据 2003 年的《高等教育的未来》白皮书，高校可以根据自己的需要收取 0～3 000 英镑的差额学费，这笔费用不需提前支付，而是毕业后以税收的形式，通过毕业生支付体制（graduate contribution scheme）来偿还（零利率）。为了减轻经济困难学生的还款负担，从 2005 年起，政府把需要偿还贷款的最低收入起点由每年 10 000 英镑提高到 15 000 英镑，也就是说，如果工资达不到年薪 15 000 英镑，永远都不需偿还贷款。自 2004 年起，政府在原有贷款措施的基础上，为低收入家庭的学生提供每年 1 000 英镑的补助。由英国议会通过的《2004 年高等教育法》，确认了对白皮书中的差额学费政策，这项法律适用于英格兰和威尔士，但有些条款适用于英国全境。

随着各大学学费的增加，人们担心早在《罗宾斯报告》里所提出的“让所有有能力从高等教育中受益的人都能接受高等教育的原则”是否还适用，会不会因此影响高等教育的参与面，使社会弱势群体家庭学生无法进入高等院校学习。针对这些问题，议会通过的《2004 年高等教育法》中，提出了在扩大高等教育参与的同时，提高高等院校在世界经济中的竞争力的观点，并提出一些保障措施。

首先，确保差额学费制度的实施不会降低高等教育的参与。公平入学办公室对在 2006—2007 学年度任何收费超过 1 200 英镑的高等院校，要求高校与公平入学办公室签订《公平入学协议》，对其提出的收费、扩大参与的政策和措施进行审核，做出批准、不批准和修改协议的决定，对于没有签订《公平入学协议》或者协议内容没有被批准的高校规定其最高收费不能超过每年1 250英镑。要求高校在《公平入学协议》中说明如何保障和促进公平入学，特别是通过助学金和其他财政资助以及附加条款来保障低收入家庭的学生的入学机会。所谓低收入家庭是指 2004—2005 税收年度一个家庭的收入不到15 200英镑。

其次，不论背景、学校教育和收入状况如何，确保所有有能力从高等教育中受益的人享有平等的接受高等教育的权利。(1) 废除提前支付学费的交费方式，改为政府统一向高校支付，学费计入学生贷款（无息，只随通货膨胀率调整），未来工作后年薪达 1 5000 英镑时，才须偿还学费，每年还款率也会随着工资的变动而变动，如 25 年后还无法偿清，剩余数额免除。(2) 提高贫困生的助学金。作为改革的配套系列措施之一，政府加大资助学生的资金投入，具体资助方式由大学制订方案，经公平入学办公室审批后执行。对最贫困学生的资助数额最高可以相当于学费总额，如学费是每年 3 000 英镑，资助数额最高可以达到 3 000 英镑。(3) 完善学生贷款制度。有些符合高等教育入学条件的学生可能因为害怕借款而延误入学。学生贷款同商业贷款、信用卡借款或抵押贷款相比，其偿还的条件比较宽松，毕业生只有在年收入高于 15 000 英镑时才开始还贷，还款率为其收入的 9%。例如，一个毕业生年工资为18 000英镑，每周将还款 5.2 英镑，大约只有其所交所得税的十分之一，远低于目前制度下所付的每周 14.7 英镑。而且，不同于商业贷款，如果毕业生的工资低于15 000英镑，偿还即行停止，没必要重新商议付款日期；如果偿还停止，不会有借款收取部门向毕业生追讨借款。观望已经建立起的公平的偿还制度，毕业生只是偿还其欠款，而且是累进偿还——毕业生收入增加，还款数量也增加，反之亦然①。(4) 加大对非全日制学习者的支持。从 2004—2005 学年起，学习时间超过一半的低收入非全日制学生将得到助学金，非全日制学生具有资格得到补助的收入起点也从目前的每年 13 000 英镑提高到 14 600 英镑。获得补助资格要通过对申请补助者的经济情况作调查，补助金额随收入增高而递减。处于低收入水平的兼做父母的学生如果正在从事非全日制学习，也有资格在儿童保育方面得到资助，资助由院校掌管，通过申请入学学习基金（ALF）获得。另外，学习时间不足一半的课程学习者也能从学习基金中得到学费和课程费用方面的资助。

（三）扩大高等教育参与政策的成效

扩大高等教育参与政策的完善和实施，冲击了英国高等教育的精英教育传统，教育大众化的理念得到越来越多人的认同。20 世纪 50 年代以来，扩大高等教育参与，让更多不拥有特权的社会群体和非传统的接受高等教育的年轻人参与高等教育，受到政府和社会各界的关注。1963 年《罗宾斯报告》提出的“让所有有能力从高等教育中受益的人都能接受高等教育”的理念，是人们在高等教育的发展中关注教育平等和社会正义的集中体现。但直到 1997 年工党上台后，才逐渐把扩大高等教育参与作为系统的政策，并经《2004 年高等教育法》将其法制化。布莱尔政府采纳 1997 年《迪英尔报告》的建议，在高等教育扩张的同时，特别重视社会弱势群体学生的参与，政府

① Review of widening participation research: addressing the barriers to participation in higher education, A report to HEFCE by the University of York, Higher Education Academy and Institute for Access Studies, July 2006, http: //www. hefec. ac. uk/pubs/rdreports/2006/rd13 _ 06/ 2007-03-17.

和拨款机构在分配资金时，向在扩大高等教育参与方面做得好的高校倾斜，并加大对高校行为的干涉力度。1999 年，高等教育拨款委员会（HEFCE）有史以来第一次公布了不同高校中社会经济低阶层、公立学校（地方教育局资助）以及社会弱势群体家庭的学生比例，并以此作为其评价指标的重要组成部分，鼓励高校调整其扩大高等教育参与政策，促进更多的社会弱势群体学生提出申请，并使高校能够挑选出更具学习潜力的学生。另外，高等教育拨款委员会还设计了各种方案为高校提供额外的资金，比如"按邮编所在地资助方案"（Postcode Premium）①、"挑战卓越项目"（The Excellence Challenge）、"合作进步计划"（Partnership for Progress）等。2003 年发布的《扩大高等教育的参与》的报告和《高等教育的未来》白皮书中，进一步完善了扩大高等教育参与政策，《2004 年高等教育法》把这些政策上升到法律的地位。

由于这些政策的有效实施，尽管从 1998 年起各高等院校开始向全日制研究生前教育的学生收取学费，高等教育参与面仍然得到稳步提高。根据 2007 年 3 月教育与技能部公布的数据，2004—2005 学年度，18 岁～30 岁青年高等教育参与率是 41%，其中女性为 46%，男性为 37%，女性的参与率比男性的参与率多了 9 个百分点。特别是 20 世纪 90 年代早期，成人学生(21 岁～30 岁)和少数族裔学生人数快速增长，少数族裔学生进入"新"大学（原来的多科性技术学院）的人数远高于进入"老"大学（1992 年前的大学）学习的人数②。从 1999—2000 学年度至 2004—2005 学年度，高等教育的参与情况如下：

第一，从总人数来看，稳步增长（见表 1-6）。2004—2005 学年度，进入英格兰、威尔士和苏格兰高等院校和延续学院学习的英格兰学生为 268 000 人。1999—2000 学年度至 2004—2005 学年度，进入英格兰、威尔士和苏格兰高等院校和延续学院学习的英格兰学生的首次参与率分别是 39%，40%，40%和 41%，40%，41%。

① "按邮编所在地资助方案"（Postcode Premium）是对高等教育参与率低于全国平均水平的地区的学生进行额外资助的方案，目的是提高这些地区的高等教育参与率。

② DfES，Post-16 Learning：Participation in High Education，http：//www.dfes.gov.uk/trends/index.cfm？fuseaction=home.showChart&cid=4&iid=23&chid=892007-03-17.

表 1-6　1999/00 —2004/05 学年度高等教育课程首次参与率一览表①

年　度	1999/00	2000/01	2001/02	2002/03	2003/04	2004/05*
首次入学人数（千）	239	239	244	255	257	268
参 与 率（%）	39	40	40	41	40	41

第二，从性别比例来看，女生人数快速增长，且参与率首次高于男生(见表 1-7)。1999—2000 学年度至 2004—2005 学年度，首次入学的女生从 125 000 人增加到 147 000 人，女生的首次参与率都明显高于男生的首次参与率。

表 1-7　1999/00—2004/05 学年度高等教育课程首次参与率分性别表②

（首次入学的英格兰全日制和非全日制学生）

年　度	1999/00	2000/01	2001/02	2002/03	2003/04	2004/05
男 生（千）	113	111	112	117	116	121
女 生（千）	125	127	132	138	141	147
男生参与率（%）	37	37	37	37	36	37
女生参与率（%）	41	43	44	45	45	46

第三，从少数族裔来看，全英进入高校学习的少数族裔学生的比例不断增加（见表 1-8)。2005—2006 学年度，少数族裔进入高校学习的学生占当年通过高等院校招生服务处录取学生的比例是 18%，比 1998—1999 学年度提高了近 4 个百分点。在所有少数族裔中，印度族裔的比例一直是最高的，2005—2006 学年度，印度族裔的比例为 4.2 %。非洲族裔入学人数比例的增加最快，从 2001—2002 学年度的 1.1%增加到 2005—2006 学年度的 3.7%。

① DfES，Post-16 Learning：Participation in High Education，http：//www.dfes.gov.uk/trends/2007-03-17.

② DfES，Post-16 Learning：Participation in High Education，http：//www.dfes.gov.uk/trends/2007-03-17.

表 1-8　1998/99—2005/06 学年度少数族裔学生首次进入高等院校学习比例表①

	1998/99	1999/00	2000/01	2001/02*	2002/03*	2003/04*	2004 /05*	2005/06*
加勒比海黑人族裔	1.1	1.1	1.1	1.2	1.2	1.2	1.2	1.3
非洲黑人族裔	1.6	1.7	1.8	2.0	2.1	2.5	2.7	3.1
其他黑人族裔	0.6	0.6	0.7	0.3	0.3	0.3	0.3	0.3
印度族裔	4.4	4.6	4.8	4.8	4.6	4.5	4.4	4.2
巴基斯坦族裔	2.4	2.5	2.6	2.8	2.7	2.7	2.7	2.6
孟加拉国族裔	0.7	0.7	0.8	0.8	0.8	0.8	0.9	0.8
中国族裔	1.0	1.0	1.0	1.1	1.1	1.0	1.1	1.0
其他亚洲族裔	1.2	1.2	1.3	1.2	1.2	1.2	1.1	1.2
其他族裔	1.7	1.8	2.0	0.7	0.7	0.7	0.9	1.0
混血族裔	—	—	—	1.8	2.0	2.2	2.4	2.7
所有少数族裔	14.7	15.2	16.1	16.7	16.7	17.1	17.7	18.3

* 从 2001/02 学年度采用新的分类方法，增添混血族裔，因此在此之前的此栏数据为空。少数族裔学生首次进入高等院校学习比例指占通过高等院校入学服务中心录取的全英学生的比例。

第四，从年龄上看，成年人的高等教育参与人数不断增加。1994—1995 学年度至 2004—2005 学年度期间，成年大学生的人数增加了 122 900 人，达到 558 100 人，占同期入学总人数的比例由 59%提高到 60%，而 90%的非全日制学生为成人（见表 1-9）。

表 1-9　1994/95—2004/05 学年度入学的全日制和非全日制的学生按年龄统计一览表②　（单位：千人）

年度	1994/95	1995/96	1996/97	1997/98	1998/99	1999/00	2000/01	2001/02	2002/03	2003/04	2004/05*
青年	308.0	305.1	313.2	332.7	336.1	341.9	345.0	354.9	363.9	363.4	367.6
成人	435.2	469.4	482.4	478.5	505.2	498.0	503.0	518.5	538.4	551.8	558.1
总数	743.2	774.5	795.6	811.2	841.3	839.9	848.0	873.4	902.3	915.2	925.7

① DfES, Post-16 Learning: Participation in High Education, http: //www. dfes. gov. uk/trends/2007-03-17.

② DfES, Post-16 Learning: Participation in High Education, http: //www. dfes. gov. uk/trends/2007-03-17.

二、扩大高等教育参与政策实施的障碍

从理论上来说，在一个真正学习型社会中，每个人都能接受优质的基础教育，享有充分的适合自己终身学习的机会，包括进入高等院校学习的机会①。在这样的社会中，社会提供的是优质和公平的教育，它不仅适合个性化学习需要，而且可以促进经济的繁荣和社会融合②。广泛参与的大众化教育是个人自我价值的实现、经济的发展及繁荣和民主真正普及的必要条件③，而学习机会人人平等是就业平等和公民平等的先决条件④。尽管这种观点还存在争议，但在英国官方的文件中显然已经接受了这种学习化社会的理念，并将其精神体现在具体的教育政策之中。从本节的相关论述中不难看出，英国政府在制定和实施扩大高等教育参与政策时，有两条基本原则贯彻始终：其一，尽力消除阻碍有能力从高等教育中受益的每个人接受高等教育的障碍；其二，从总体上来说社会能够从个人接受高等教育中受益，反过来政府要做的是把这种有利于社会的事情变成个人的决定。从 1997 年的《迪英尔报告》起，在一系列官方及半官方的报告和文件中无不体现出这样的原则。

当然这里所说的扩大高等教育参与政策的障碍，对于具有不同的社会经济阶层背景的学生来说各不相同。尽管布莱尔曾用“教育、教育、教育”来描述教育在其政府政策中的优先地位，在高等教育方面政府试图制定和实施有效的政策和策略扩大高等教育参与，但毕竟这是一个复杂的系统工程，仅靠教育是无法消除导致不同社会阶层教育机会不平等和教育弱势群体的因素的，扩大高等教育参与仍然面临诸多障碍。

（一）政府投入和学生资助的障碍

20 世纪 80 年代，保守党政府大力推动高等教育扩张政策，主要是出于

① F. Coffield, Breaking the Consensus: Lifelong Learning as Social Control, British Educational Research Journal, 1999, 25 (4), pp. 79-500.

② J. Quicke, Reflexivity, Community and Education for the Learning Society, Curriculum Studies, 1997, pp. 139-161.

③ NIACE, Widening Participation: Routes to a Learning Society, NIACE Policy Discussion Paper, 1994.

④ FEU, Paying their way: the Experiences of Adult Learners in Vocational Education and Training in FE Colleges, London: Further Education Unit, 1993.

经济动机。政府计划通过高水平的教育和培训来培养大批高技能人才，从而提高其在世界市场上的竞争力，认为高等院校在这个过程中起着关键性作用。这段时间内高等教育的扩张主要是通过提高大学的师生比等所谓的“提高效率”（efficiency gains）的方式实现的，如原来的多科性技术学院生均公共财政降低了25%，政府对大学拨款的变化以及对大学教学内容和办学绩效前所未有的关注引起有关人士的批评，认为政府鼓励高等教育的扩张只不过是让高等教育的学术从属于职业培训的需要，尽管有人认为这个结果是偶然的，不是政府精心设计的①。高校的教师不仅感受到传统的学术自由和价值受到了侵蚀，而且对不断提高的师生比也忧心忡忡。因为高校出现越来越多的非传统背景的学生进入大学学习的问题，引发了人们对于高等教育扩张的关注，政府要解决这些问题就必须对学生提供更多的资助，需要和大学的教师加强沟通，以消除障碍。1997年工党上台后为了实现到2010年18岁～30岁青年首次进入高等教育的入学率达到50%的目标，改革对高校的拨款制度，把拨款的数额与高等院校提高高等教育参与中所取得的成效挂钩；通过制定政策和推动立法，完善高校拨款和学生资助的体制；成立公平入学办公室，对高校招收和执行政策的情况进行审批和监督。

自从保守党取消免费高等教育后，政府一直致力于对高校学生资助制度的改革。工党执政后，试图通过学生资助制度作为其调节高校推进扩大高等教育参与、实现高等教育扩张的政策机制。政府用学生贷款制度代替原来的政府拨款制度，并开始实行高等教育收取学费制度，把高等教育的成本转嫁到接受高等教育的个人身上。当然，这种政策也引起不少争议，有人认为无论是社会弱势群体的学生能否平等入学，还是扩大高等教育参与政策本身能否得到有效实施都面临着严峻考验并承受着巨大的财政压力②。为了消除这些障碍，政府不断完善学生资助制度，其政策体现在《2004年高等教育法》之中：第一，实行差额学费、政府贷款、工作后工资达到一定标准时还款的

① D. Watson, R. Bowden, Why Did They Do it? Conservatives and Mass Higher Education, Journal of Education Policy, 1999, 14 (3), pp. 485-502.

② C. Callender, Changing Student Finances: Income, Expenditure and the Take-up of Student Loans Among Full and Part-time Higher Education Students in 1998/99, Research Report TT215, DfES, London, 2000.

制度。从 2006 年起，高校最高收费每年可达到 3 000 英镑，取消就学前缴学费的制度，改为政府贷款、工作后工资达到年薪 15 000 英镑时才需还款的制度。第二，成立公平入学办公室，对有意在现有每年 1 125 英镑的基础上增加收费的任何高校，体现对学生资助的《公平入学协议》要通过公平入学办公室的审批，不经审批不得提高收费。第三，学校必须对社会弱势群体家庭的学生提供助学金。第四，政府恢复对低收入家庭学生的资助，资助数额最高可以达到每年 2 700 英镑。第五，指定独立的机构对学生除学术外的事务方面的投诉进行评估。

（二）资格证书与标准方面的障碍

英国的资格证书制度一直是推动选拔和决定教育机会的核心因素，是实施国家政策的主要工具，是传统上家长择校、学生就业和进入高等院校学习的主要机制[①]。只有大学前课程、资格证书和高校入学三者之间关系清晰明了，才能使学生顺利升入大学。传统上，普通教育证书高级水平（A-levels）就是起到这样的作用，它为学业成绩优异的学生铺设了一条坦荡的升学之路。第二次世界大战后随着延续教育与高等教育的扩张，学生人数增加、背景各异，无论是升学还是就业，A-levels 的局限性日益凸现。因此，政府开始建立各种机制使学生能够克服升入高校学习的障碍。

在 20 世纪七八十年代，政府专门为没有正式资格证书的成人开发了一种新的课程——“大学入学课程”，实践证明这种课程非常成功，为那些传统上没有机会进入大学学习的人架起了一座通往高等教育的桥梁。高等院校通过“大学入学课程”的实施，不仅扩大了高等教育的参与面，而且对高校传统的精英教育校园文化也是很大的冲击。在主流制度之外，建立像开发“大学入学课程”这类的机制，逐渐改变着国家的教育制度，表面上看是使本来复杂的英国教育制度更加复杂了，但实际上，如果不对传统的主流资格证书制度进行改革，有资格进入高校学习的人数就不可能大幅度提高。最早于 1986 年推出的国家职业课程（NVQs），为数以百万计的各年龄层次的学习者提供了获取正式资格证书的机会；之后，又开发了一些职业类课程与证

---

① M. Young, Reconstructing Qualifications for FE: Towards a System for the Twenty-first Century, in FE and Lifelong Learning: Realigning the Sector for the Twenty-first Century, eds A Green and N Lucas, Bedford Way Papers, London: Institute of Education, 1999.

书，如普通职业教育证书（GNVQ），学习这类课程不受年龄的限制，学校也把它和中等教育普通证书（GCSE）、普通教育证书高级水平（A-levels）并列开设；2000 年推出的高级职业教育证书（AVCE）代替了普通职业教育证书（GNVQ），与高级普通教育证书(A-levels)地位平等。这些课程与证书为学生通向高等教育开辟了另一个通道。

无论是保守党政府还是工党政府，均试图确保所推出的每一个资格证书都能名副其实、标准一致。保证高标准，目的是对英国现有的资格证书进行归类，减少数量，对不同等级的证书制定明确的标准，并且标明它们之间的关系。基于上述原因，英格兰资格证书与课程管理局会同威尔士和北爱尔兰对等机构对现有的资格证书进行整合，于 2004 年 4 月联合推出《国家资格证书框架》，后又进行了一些修改。它的颁发使人们对大学前课程、资格证书和高校入学三者之间的关系更加清楚明了，也有助于消除与此相关的障碍。

（三）升学咨询与指导方面的障碍

进入高校学习前的一段时期正处于义务教育、延续教育与高等教育三个教育部门的交叉点，这段时间如何给学生提供其易于接受的针对性强的咨询和指导，对于扩大高等教育的参与至关重要。由于三个教育部门缺乏沟通，无法给学生提供连贯的、一以贯之的升学指导，结果呈现在学生面前的只是不完整的信息。

学校向学生提供有关生涯设计与指导的历史并不长，直到 20 世纪 80 年代，大部分学校的学生接受的有关个人生涯设计的指导还非常有限。现在越来越多的学校认识到生涯设计咨询和指导的重要性，很多学校开设了生涯设计教育课程，但是有针对性的个别指导做得还很不够。2001 年英国的两位学者所做的研究表明，不管什么社会背景的学生，超过半数对于他们在学校所接受的建议与信息的质量感到不满意，而那些选择不进入大学的学生中，有 63%的人愿意获得更多的信息，表示需要更有针对性的指导①。中等学校、延续教育学院和高等院校也都试图对此找出解决办法，但目前还没有一个连贯的为学生转折期提供咨询和指导的制度。

---

① H. Connor, S. Dewson, Social Class and Higher Education: Issues Affecting Decisions on Participation by Lower Social Class Groups, DfEE Research Report RR267, DfEE, London, 2001.

（四）不同教育部门的沟通与衔接方面的障碍

准备、申请和入学的过程是有意进入高校学习的学生的转型期，而这个时期不限于某一个教育部门，它涉及义务教育的中等教育、延续教育和高等教育三个教育部门。每一个教育部门对升学的理解各不相同，因此它们的关注点也各不相同。有意升学的学生需要了解和咨询一系列涉及不同部门的问题，但又希望得到连贯的有关升学的信息。三个教育部门对于课程和资格证书所拥有的权限也有重大差异。在高等教育部门，高校对开设课程的内容和学历、学位的授予享有自主权；与高等教育部门的情况相反，义务教育的中等教育部门受到实施国家课程的限制，只能在国家限定的资格证书制度下运行；延续教育部门的课程大部分限制在国家资格证书框架之内，但是由于它们独立于国家课程之外和创新的传统，它们能够开发出像“大学入学课程”这样独树一帜的课程。

这三个教育部门对转型期的学生各承担什么样的责任，根本没有严格的界定，同时部门内部间也存在不协调的问题，如在高等教育部门内部，所谓1992 年前的“老大学”和 1992 年后取得大学地位的“新大学”存在明显差异，有意升入高校的学生面对的是文化各异的不同部门。英国政府建立了学习与技能制度，试图解决这个问题，2001 年根据《2000 年学习与技能法》的规定，成立了半官方的公共服务机构——学习与技能委员会，负责英国延续教育（16 岁后教育与培训）的规划和资助，它取代了建立于 20 世纪90 年代的培训与事业委员会和依据《1992 年延续与高等教育法》建立的英格兰延续教育拨款委员会。学习与技能制度的建立对学生转型期制度不衔接的状况有所改变。

综上所述，本章对英国教育制度特别是英国高等教育制度进行了考察，目的是更好地研究英国高校招生考试制度。因为高校招生考试制度和教育制度有着不可分割的联系，不同的教育制度决定着不同的招生考试制度。当然招生考试制度并不是完全消极、被动地适应教育制度，它具有相对的独立性。良好的招生考试制度的建立，可以对教育制度的发展和完善起积极的促进作用，反之，不适应教育制度发展要求的招生考试制度，则对教育制度的发展起破坏和阻碍作用。英国教育是精英教育和大众化教育的混合体，其中可以找到世界上最精英化的学校和教育，但英国政府又是大众化教育的积极倡导者，自 20 世纪末，英国工党政府以到 2010 年高等教育入学率达到

50%作为目标，并积极推动致力于解决高等教育公平正义问题的扩大高等教育参与政策。英国长期存在着贵贱分明的“双轨制”教育制度，公共教育一直发展缓慢。由此，就不难理解英国考试制度中出现的“双轨制”甚至“三轨制”的现象了。

第二章 认证与选拔：英国高等院校招生考试制度的传统

英国考试制度历史悠久，早在 18 世纪英国就对考试非常推崇，认为“无论一个人有何独特之处，都可能通过好的考试制度在与别人比较中得到鉴别”①，并赋予考试神圣的职能，通过选拔性考试实现不论出身如何，每一个孩子只要凭着自己的能力，就有机会成为人上人的“英国梦”。现行英国证书型高校招生考试制度是从 19 世纪由大学和行业举行的考试发展演变而来的。在讨论现行的高校招生考试制度之前，有必要对早期招生考试制度的发展历程作一下回顾，以寻找其“历史记忆”。

在一个人的地位和职业主要是由出身来决定的社会里，是不需要考试的，但是到了 19 世纪早期，无论是那些有志于进入大学学习的人还是进入专业机构及文官行列者，都需要有一种公平评价衡量的方法，由此选拔性考试应运而生。英国现行的普通教育证书（GCE）考试来源于早在 1858 年地方考试委员会成立后首次面向大学之外的成员开放的公共考试，普通教育证书（GCE）考试制度是在大学地方考试委员会的考试制度基础上逐步演变而成的②。考试制度与高校招生选拔制度密不可分，历史上英国大学入学要求经历了提供天主教的洗礼证明、进行宗教测试、口头答问、书面入学考试、“证书制”入学等不同阶段，与此相适应，考试制度也经历了不同的发展阶段。

如果以公元 12 世纪到 13 世纪牛津大学、剑桥大学的创立为起点，在 8

---

① Mordechai Feingold, History of Universities, Oxford: Oxford University Press, 2005, p. 76.

② W. S. Fowler, The Origin of the General Certificate, British Journal of Educational Studies, 1959, 7 (2), pp. 140-148.

个多世纪里，英国高校招生考试制度的演变大致经历了五个阶段：第一，公元12 世纪至公元 17 世纪末是高校招生考试的萌芽阶段，这一阶段大学一般采用免试入学或参加宗教测试；第二，18 世纪初至 19 世纪中期是从口头考试走向书面考试的阶段；第三，19 世纪中期至 20 世纪初是从考试中的“诸侯割据”走向“伙伴关系”的阶段；第四，20 世纪中期是英国现代高校招生考试制度形成的阶段；第五，20 世纪 60 年代至 90 年代末是高校招生考试制度发展和成熟的阶段。

第一节　牛津大学、剑桥大学与英国选拔性考试的起源

在 19 世纪之前，英国没有中央和地方教育行政部门，学校在教育和考试事务中起着重要作用，特别是牛津、剑桥两所大学，它们或多或少地独立于政府之外，不仅在大学招生考试方面享有完全的自主权，而且对英国的教育和考试影响重大。

一、牛津大学、剑桥大学与早期的考试

要对考试选拔制度发展演变的全貌有一个比较准确的描述，最好的方式就是要先从英国两个古老的大学——牛津、剑桥两所大学的早期发展史着手。

在 19 世纪之前，英国没有中央和地方教育行政部门，学校在教育事务中扮演着重要的角色，它们中的代表就是牛津、剑桥两所大学，它们或多或少地独立于政府之外，直到现在仍然有这种传统的痕迹①。牛津大学建立时间不详，因为那并不是一个独立的事件，它可以追溯到 1096 年在那里开始的教学。当英法关系恶化，英王亨利二世于 1167 年禁止英国学生在巴黎大学学习后，牛津开始迅速发展。也就是从那时开始，第一个学校公寓建立，之后逐渐成为学院。1209 年，由于学生暴力事件，大学被解散（此事件导致了一些学生和教师离开牛津大学并建立了剑桥大学）。1214 年 6 月 20 日，经过一名教皇使节的磋商，牛津重新开始办学，并得到了特许。牛津大学的

① R. J. Montgomery, Examinations: An Account of Their Evolution as Administrative Devices in England, London: Longmans, Green & Co. Ltd., 1965, p. 1.

身份直到1571年，才被通过的一项法案正式确定。牛津大学、剑桥大学的建立主要是通过私人和教会的捐赠而建立和发展起来的，自立（self-support）、自治（self-government）、自足（self-replenishment）是当时它们的突出特点。后来建立的学校虽然接受了政府的资助，但仍然保持中央政府不介入其事务的传统。

中世纪的学生和他们的老师在社会上具有崇高的地位，大学除享有自治权外，还可以自设民事法庭，校长有权审理集市上引起的诉讼和一方为学者的民事刑事案件。但在一系列青年社团发生骚乱以后，人们在对违法分子由政府还是由教会处理的问题上产生严重分歧，最后在处理这类重大问题时国王和教皇都发挥了各自的影响力。中世纪的大学正是在教会和国家权力的夹缝中拥有自己的权利，并成为具有很大影响力的团体的。当政府的权利和教会的权利合一的时候，大学被迫失去了部分独立性，事实上在以后的半个多世纪里，大学失去了很多特权。

要了解牛津、剑桥两所大学在满足英国教育方面所扮演的角色，就要探讨学生之所以进入大学学习的原因。中世纪的学生到这里来学习的目的不像后来那样仅仅为了接受自由教育，当时的主要目的是获得某种专业资格证书。学生学成后优先考虑的是进入某一专业领域工作，而不是挤入当时已人满为患的教堂或政府成为神职或政府工作人员，因为当时英国需要相当数量的专业人员来确保社会的正常运行。学生可能会修文科类的基础课程，然后继续学习医学、法律或者神学。此时的考试特征也反映了大学在社会中的地位，因为无论是政府还是教堂对这些考试并不关心，只有大学热衷于推进这些考试，之后的几个世纪里这种考试制度并没有太大的改变。

中世纪的欧洲行业协会盛行，因为当时常有一些具有共同兴趣（如对商业感兴趣）的人员为了保护共同的利益组成自己的行会。当一些原本互不相识的学者为了相似的目的走到一起时，自然他们也组建了自己的行业协会，但在各地有所不同，有的地方成立学生协会，有的地方成立教师协会，但在整个欧洲也有一些共性，因为学生的地位是随着他们获得学位的提高而提高的，就如同一个织布工要先从学徒做起，然后才有可能成为这个行业的师傅。学生先用3年的时间在学校学习被称为“三科”的语法、逻辑和修辞，有可能获得“辩论手”称号；之后如果通过考试被大学录取，就可以攻读文学学士学位，将用4年的时间学习被称为“四艺”的课程，即算术、几何、天文和音乐；4年学习结束后，通过测试可以成为文学硕士，获得文学硕士就有资格在大学任教，在早期甚至有义务承担教学职责；如果本人有意继续深造，可以进入法学院、医学院或神学院继续学习，这三个高级学院的入学方式和攻读文学学士学位的方式相似①。

中世纪的大学学士学位或硕士学位的详细入学要求很难一概而论，因为其入学要求一直在改变，不同时期各不相同。而录取的方法和 20 世纪以后大学招生录取的方式很不相同。首先，申请人是否被录取主要看他有没有修完指定的课程；其次，必须参加过若干学术辩论活动；再次，需要口头回答若干问题（如牛津大学的问题是有关逻辑方面的）；最后，有无参加固定形式的宗教讲道会。

这种情况在相当长的一段时间里变化不大，但是学习内容发生了很大变化。在 15 世纪的牛津大学，有志于神学学习的学生可以向教师圣公会申请攻读神学课程，而不需要按照大学入学的详细规定执行，这种情况在当时的牛津大学相当普遍。这种入学方式对改变那些不再适用的入学要求是有帮助的，比如随着时代的发展，原来要求把参与过若干宗教布道会和宗教捐款作为入学条件就不合时宜了。当然这种录取方式没有统一的模式，对于不同的申请个案会考虑具体申请人的优势，但是通过教师圣公会来审核录取事宜的运行相当顺利，因为掌控学生录取大权的讲师对他们的讲师地位看得很重，尽力保持他们学位的学术标准。到了中世纪末期，讲师的地位有所下降，因为专业学者开始把目光转向了待遇丰厚的研究员岗位，传统讲师岗位的待遇对于他们不像原来那样有吸引力了。中世纪牛津大学、剑桥大学考试制度的突出贡献是给以后的考试制度留下了宝贵的“考试遗产”，如“问答”、“主考”及“答辩”等这些考试术语在大学各阶段入学时的学术答辩中广泛使用。

15 世纪英国大学的考试主要是用来测试考生是否有资格进入人数有限且相对独立的大学学习。要达到这个目标，主要测试考生的能力和其在该领域的专业知识，这种考试制度使大学摆脱了地方主教的控制，教师逐渐掌握了大学的很多权力。在此之前，主教通过任命校长和掌控发放“教师通行律

---

① R. J. Montgomery, Examinations: An Account of Their Evolution as Administrative Devices in England, London: Longmans, Green & Co. Ltd., 1965, p. 3.

(jus ubique docendi)"① 来控制学校教育，但是随着校长需经教师选举产生，这种权力开始掌握在教师手中。要想成为大学教师，首先就要通过教师行业协会的认可。

到中世纪末期，这两所大学纷纷建立了一批学院，使学生的学习与生活条件有了一定程度的改善，部分减轻了市民和大学生相互影响的困扰。牛津大学的第一个学院——默顿学院（Merton College）于 13 世纪晚期建立。随着众多的基金会的出现，几十年后，学院的数量也在增加，这种情况一直持续到 17 世纪。学院在大学运行中慢慢扮演着越来越重要的角色，尽管 16 世纪初期大学成立了教授基金会，但是大学的教学逐渐走向下坡路，大部分的教学是在学院进行的，所以学院很快成为资金雄厚的办学实体，有了资金后，学院就聘请越来越多的导师来从事教育工作。随着办学的重心由大学转入学院，原来的课程和考试制度也随之进行改革。

二、政府介入教育事务和考试公共化的萌芽

伊丽莎白一世（Elizabeth Ⅰ，1533—1603）在位期间，她试图建立国家教会，于是授权给大学学院的理事，由学院来落实。她认为牛津大学、剑桥大学由于长期和教会有密不可分的联系，实施这个计划应该是比较保险的，但同时又感觉由众多的独立学院来实施会比统一的自治大学来实施更安全。在1570 年—1571年度女王的 2 号令中，改变了剑桥大学的管理制度，把先前由教师选举产生的大学职位，改由每个学院的理事提名两位官员担任这些职位，这使学院理事无论是在院内事务方面还是在大学的事务方面的权力大大加强。在 1565 年至 1588 年期间，牛津大学也实行了类似的制度。这项制度的实施，标志着政府开始试图介入教育事务。

詹姆士一世（King James Ⅰ，1566—1625）在位时，为了加强其统治，

---

① 欧洲中古时期设立的大学，都有国王或教皇的许多特许权利，其中之一就是对“往来符契、关税、入口税”的豁免。例如海德堡大学在创办时就得到过一纸许可令：该校师生人等，于来往途中，“经过吾所有属地，无论在任何情况下，均不必担负任何义务，并免除扣留、土货税、杂税、入口税，及其他各种需要之事”。学校人员来往，须有此特许权力。当时教师常有一种教师通行律（jus ubique docendi）的保障，可以在各处游学。而事实上，就是大学本身也是流动的。各地君王争取大学迁往该处，指定城邑，提供给学校安家落户，并有上述所述各项礼遇优惠措施。欧洲大学之所以能形成独立的学术王国，便与这一段历史有关。

要求所有想要取得大学学位的人员必须承诺同意有 39 条的英格兰国教，并承认王权至高无上的地位。通过这些国家控制的举措，使大学处于教会和国王的控制之下，此时的大学地位急转直下，沦落为英格兰教会的神学院，政府大大加强了对教育的控制①。但此时牛津大学进行了某种程度的内部改革，在坚持中世纪的学术方法的同时，增加了新的学习内容，坚持更高的学术标准。在考试方面，进入大学后的学生必须参加一次作为正方的辩论和一次作为反方的辩论，也就是所谓的“庭院辩论”，因其在教堂庭院举行而得名。进入学士学位学习时，还要再参加一次辩论。进入大学 2 年后，学生就被称为“普通智者”，之后，每学期都参加辩论直到取得学士学位。在此期间，他们还必须参加一次公共考试，考试科目包括语法、修辞、逻辑、道德哲学、几何、希腊语、语言学。如申请硕士学位，还要接受进一步训练，再通过一次考试，考试科目有天文、几何、纯哲学、历史、希伯来语、希腊语和自然哲学。考试是由高级学监任命的摄政教师（Regent Masters）主考的②。由于种种原因，这种考试的效果并不好。除此之外，因为学院的权力日益加强，大学的教学质量下降，指定的教材过时，甚至出现了考官和考生互相勾结作弊的现象。

18 世纪末期，在第一学位阶段的考官通常是学位申请人的朋友，考试中提出的问题也是传统考试经常提出的问题，辩论成为事前经过准备的讨论。一些高级学位甚至可以通过支付金钱的方式获得，而不需要参加指定的学习培训。考试可以在考官的主持下进行，考官本身也不是按照他们的能力和公正性来遴选的，不需要向大众负责。这种教育与考试腐败和缺乏学术目标的现象受到社会各方面的指责，改革的呼声也越来越大。直到 19 世纪后半期，这种状况才得到很大改变，改革取得很大成效，考试呈现出欣欣向荣的景象。

现在由英国中央和地方教育行政部门掌管的中等学校的考试最早起源于

---

① R. J. Montgomery, Examinations: An Account of Their Evolution as Administrative Devices in England, London: Longmans, Green & Co. Ltd., 1965, p. 5.

② The Report of Her Majesty's Commissioners Appointed to Inquire into the State, Discipline, Studies and Revenues of the University of Oxford, 1852, p. 57. (O. U. C. Report, 1852)

1858 年成立的牛津大学地方考试中心的考试①。在此之前，牛津大学、剑桥大学的考试只限于本校的学生。牛津大学考试中心的成立和其考试向校外人员的开放标志着大学地方考试中心考试制度的诞生和考试公共化的开始②。这种考试后来演变成相当于高校招生考试的普通教育证书考试。

三、牛津大学、剑桥大学的改革与书面考试的出现

18 世纪，剑桥大学也出现了类似牛津大学的腐败情况，于是，两所大学的内部对教育和考试改革的呼声高涨。在 1747 年至 1750 年，剑桥数学荣誉学士学位（Mathematical Tripos）成为正式学位，并被列入出版的荣誉学位录。在之后的 10 多年里，剑桥大学在早期的通过学术辩论和类似的方法建立的基本考试制度的基础上，增加了书面和口头考题。从 1779 年开始，学位申请人在修完神学课程后，被分为 4 类，不同类别的考生参考某些学科时，可能使用共同的考卷，同时增加考试的透明度。从 1751 年起，为激励学生，校长对考试成绩优异者授予校长勋章 。在 18 世纪，这些措施本来是为改革之前的考试腐败而采取的权宜之计，但这种把竞争性原则引入考试之中的做法，成为 19 世纪及以后英国考试制度的重要特点。这种考试制度不断完善，如在实行荣誉学位的初期，剑桥大学每年任命两名考试监督员和两名考官来实施学位考试，避免考试作弊行为。所以早在 1773 年就有人建议牛津大学也应该模仿剑桥大学的考试制度，但当时并没有引起重视。

《1800 年考试条例》的颁发标志着牛津大学的考试改革迈出了第一步③。随着《1800 年考试条例》的通过，使用书面考试来甄别学生能力和确认学业成就的方式开始被人们接受④。《1800 年考试条例》对攻读学士学位的学生在语法、修辞、逻辑、道德哲学、基础力学和物理学的要求标准和

① R. J. Montgomery, Examinations, An Account of Their Evolution as Administrative Devices in England, London: Longmans, Green & Co. Ltd., 1965, p. 1.

② W. S. Fowler, The Origin of the General Certificate, British Journal of Educational Studies, 1959, 7 (2), p. 140.

③ Stray C, The Shift from Oral to Written Examination: Cambridge and Oxford 1700—1900, Assessment in Education: Principles, Policy & Practice, London: Routledge, Part of the Taylor & Francis Group, 2001, pp. 33-50.

④ J. Lawson, H. Silver, A Social History of Education in England, Methuen, 1973, p. 257.

以前一样，但特别鼓励学生对拉丁文和希腊文的学习。为了确保一些共同的标准，还任命了一些公共考官。1800 年牛津大学的最大改革就是对授予的学位进行分等，并按考试成绩的高低顺序发榜公布成绩最好的前 12 名的学位申请人，然后再按成绩高低顺序发布下一榜。1807 年，牛津大学允许读荣誉学位的学生可以选择读人文学科、数学或者物理，因为原来的课程过于宽泛；同时，对考官制度进行改革，从 19 世纪初开始，考官领取固定工资，从事更加长期固定的工作，还对考试的内容和方式进行了改革，1808 年，一般的考试取代了“庭院辩论”式的考试方式，学生在读学位课程前要参加考试，从 1820 年以后，考试中增加了越来越多的书面考试内容。

同一时期，剑桥大学也进行了课程和考试改革。1815 年剑桥大学引入民法课程，后来又增设了法学荣誉学位。1824 年设古典学荣誉学位考试，不过只有获得数学荣誉学位的人才可以参加这种考试，但是后来在原有的制度之上又建立了更高一级的荣誉学科和荣誉学位考试制度，没有通过荣誉学科考试的学生可被授予普通学位。19 世纪前半叶，大部分学生只能获得普通学位，但到20 世纪早期，大部分学生可以获得荣誉学位，授予普通学位的占少数。通过改革，剑桥大学广泛实行书面考试，19 世纪上半叶，剑桥这台考试机器的运行越来越顺畅了，到 1839 年，考试被认为是以最少的人力和时间的投入就能对人才做出甄别的非常有效的手段①。1837 年实施一项法案后，普通的书面考试开始广泛采用，而突出数学和自然哲学学科的发展理念也使这种考试形式得以强化。

四、考试改革的挑战与公共考试的开始

通过 19 世纪初期的考试改革，传统上思想保守的牛津大学、剑桥大学逐步废除了宗教测试的大学入学制度，采用更具实用性的入学考评方法②。大学开始采用在学位课程开始或结束时对学生进行正式测评。随着书面考试的广泛使用，学位考试的内容在甄别学生的能力和学业成就方面变得更加有

① H. Latham, On the Action of Examinations Considered as a Means of Selection, Cambridge: Bell and Sons, 1877, pp. 148-149.

② Jo Mortimore, Peter Mortimore, Secondary School Examinations: the Helpful Servants, not the Dominating Master, London: the Institute of Education, University of London, 1984, p. 11.

效了。

实践证明，考试制度对学生的学习具有激励作用，所以新的荣誉学科和学位考试纷纷出台，并开始实行公共考试。牛津大学《1800年考试条例》提出的改革政策在之后的50年中缓慢发展演变。1807年，牛津大学单一的学科或学位考试变成两个，增加了数学学位考试；与此类似，1824年，剑桥大学在唯一的数学学位考试的基础上，增加了一个古典学学位考试；牛津大学的荣誉学位考试和普通学位考试单独举行并逐渐增加书面考试的比重。1850年牛津大学对这种考试方法进行改革，由掌握学位授予权的部门组织学位课程中间的考试——第一级公共考试①，同时增加了两门新的学科，即自然科学、法律和现代历史，后来法律和现代历史又一分为二，并增加了神学。任何攻读第一学位课程者都要求参加两个学科的荣誉学位水平考试或普通学位水平考试，其中至少有一门学科是人文科学。在剑桥大学，1848年至1856年间，增加了三个学科学位的考试，即伦理学、自然科学和神学的学位考试，在1875年后，随着历史学位考试的引入，开考的学科进一步拓展，这些考试涵盖了一系列的考试科目，反映了当时自然科学和社会科学发展的最新成果。

剑桥大学通过改革，使考试的易操作性和选拔性变得更强，但同时也面临着诸多挑战。一方面，通过改革有效地避免了原来考试中出现的假公济私的不公正现象，另一方面，作为改革的代价，考试对于教育的指挥棒作用加强了。剑桥大学的考官认为他们作为考官存在的目的和理由就是能够通过考试对学生进行甄别分类，类似的观念在牛津大学也日益被接受。大学的考官虽然来自各学院，但他们的地位显然与学院的员工有所不同，考官手中掌管着大学考试大权，但真正对于教育感兴趣的学院教师对考试却没有多少发言权，而考官则把考试的甄别分类的功能推向极致。这样牛津大学、剑桥大学的考试逐渐背离了授予大学课程入学资格的功能，同时也偏离了修完大学课

① 第一级公共考试有三层含义：第一，指牛津大学学士学位初试（Honour Moderations or Mods），在学士学位课程前半段举行，对部分课程（如古典课程）进行测试，为配合考试学位课程开设这些科目，但直到毕业才会记入总成绩。第二，初级考试（Moderations）。第三，预备考试（Preliminary Examinations）。通常初级考试与预备考试意思没有什么差异，都指课程学习前或学习前期的考试，这些考试与开设的课程没有关系。这三种考试统称为“第一级公共考试”。它是参加“第二级公共考试”即学士学位课程毕业考试的基础。

程对各科学业成绩进行测试的功能，结果考试只是给莘莘学子提供了一个学术的杀场，通过一番厮杀分出谁是获胜者和谁是失败者。考试指挥教学、考试决定大学的大部分课程的现象越来越严重，所以两所大学试图采取措施来拓宽学科的范围。

随着考试的拓展，大学的发展必须适应更多的优秀学生求学的需要，但仅仅依靠考试是无法解决这个问题的，如果没有来自大学以外的力量，大学本身也没有能力进行自我改革。19 世纪，社会上对大学的批评之声不断，这些批评包括学习的内容和现实脱节及不实用、教学效率不高、不少有潜力的学生因宗教和社会经济地位问题被排斥在大学之外等。

19 世纪前 10 年，当时的著名政治杂志《爱丁堡评论》刊载了一系列的文章，对牛津大学诸多的做法提出批评，特别是批评其课程主要为古典课程，面太窄，对学生毕业的要求太低①。即使那些为当时制度的辩护者，也很少否认学生毕业要求的标准不高的事实。19 世纪 30 年代，威廉·汉密尔顿爵士在该杂志上发表文章，批评剑桥大学的课程中数学占的比重过多，认为这种课程并不能提高学生的归纳能力，对学习逻辑类的课程也起不了多大的帮助。同时，他认为学院的权力越来越大，而财大气粗的学院对学士学位课程教育的热情却在降低。所以，他主张只有权力掌握在大学手中时，才能使大学的整体水平有所提高。但后来一些学者发表文章提出大学的学术不景气的原因并不只是汉密尔顿爵士所说的学院的过度发展这一个原因，主要原因在于大学虽然致力于改革，但国家、教会和大学之间的关系还没有理顺②。

汉密尔顿爵士建议的核心是学院和大学应该有一个更合理的关系。牛津大学《1800 年考试条例》成功地把甄别分类的方法引入大学教育，但为了应付考试，学院众多的学生导师把主要精力用在古典课程的教学和辅导上，因为考试科目主要是古典课程。大学的很多学科的教授，如生理学、化学和其他自然科学的教授，发现学生根本不愿意去听他们的课，因为学生更愿意接受学院导师的指导和学习荣誉学位考试课程。但令人不可思议的是，一方面很多教授的教室空空，另一方面很少有学生上课的学科的教授人数还在增

---

① E. Copleston, A Reply to the Calumnies of The Edinburgh Review against Oxford, Containing on Account of Studies Pursued in that University, 1810.

② M. Pattison, Suggestions on Academical Organization with Especial Reference to Oxford, Edinburgh: Edmonston and Douglas, 1868, p. 324.

加，如政治经济学、梵语和矿物学等学科的教授。在剑桥大学课程和学院课程选修的人数也存在类似的落差，由于学生只愿意上考试科目的课，所以大学的教授往往没有学生可教，除非他们是无所不通的全能教授，而学院把学生分成人数不多的小班上课，学生对学院老师所教的科目没有多大的选择性，当然学院的导师对这样有利于自己的制度安排不愿意进行改革，极力维护古典课程和数学课程现有的地位。

主张改革的人认为只有政府介入才能使这种状况有根本的改变。于是，在19世纪50年代后英国当局成立了皇家委员会对此进行调查，调查报告认为通过大学和学院之间的互相妥协，这些问题是可以解决的，解决的办法之一是大学的教授可以既是大学的教授又是学院的教师。随着对这些问题的深入探讨，首先，人们认识到牛津大学1800年实行的荣誉学位古典课程考试和剑桥大学早期的数学荣誉学位考试到了非改革不可的时候了；其次，1850年后，随着荣誉课程考试科目的增加和多样化，大学的教授和讲师逐渐成为能提供多个学科教学任务的高素质的教师团队，之前大学和学院在这方面的纷争自然消失。

19世纪，牛津大学、剑桥大学的很多改革就是这样在社会公众的压力和政府威胁干预的刺激下进行的。大学入学宗教测试制度的废除是另外一个突出的例子，早在1837年就有人主张建立一个皇家委员会对这个制度进行研讨，但没有成功。尽管之后有很多人推动废除大学入学宗教测试，但直到1850年政府成立皇家委员会才使大学认真面对这个问题。之后学者鲍纳密·普拉斯（Bonamy Price）提出建立大学入学考试制度，第一学位的考试分两部分，通过安排分阶段教学，试图对学院的导师和大学的教授的要求进行折中，前两年的时间安排学院教学与辅导，之后通过考试进入大学课程的学习，主要开设的课程有神学、历史和哲学①。尽管当时英国已经通过了《大学法》，普拉斯还是于1875年出版了他的第二本小册子，在这本小册子里，他感叹考试依然掌控在学院导师的手上，他们可以有选择地对其加以利用②。皇家委员会通过艰苦的努力，于1852年公

① Bonamy Price, Suggestions for the Extension of Professorial Teaching in the University of Oxford, Oxford, 1850, pp. 25-31.

② Bonamy Price, Suggestions for the Extension of Professorial Teaching in the University of Oxford, Oxford, 1850, pp. 16-17.

布了一个报告，这个报告主要是根据个人而不是学院提供的信息撰写而成的，原因是学院对外部介入强烈反对，很多学院院长拒绝配合委员会的调查，委员会人员只能通过个人自愿提供的信息进行调查。报告中提出一系列建议，包括加强大学的师资（教授和讲师）力量并使之部分地与导师制度相结合；不属于学院的学生也可以使用学校设备；减少奖学金的数量，把这些资金作为助学金平均分发；建议对有意进入大学就读的学生进行公共大学入学考试。

维多利亚时代（1837—1901）英国人对考试极为推崇。1850 年牛津大学委员会声称考试已经成为一种主要工具，它不仅用来对学生的能力进行甄别，而且对学生的学习进行激励和导向作用，并认为考试使普通学位和荣誉学位的标准都得到相应提高。剑桥大学对于考试的主流观点亦是如此，认为考试是公共教学的重要工具，可以利用考试促进学科与教学方式的改革，认为考试的发展促进了大学的发展与繁荣。以剑桥大学招生人数为例，随着考试范围的扩大和参加人数的增加，大学招收的人数也在增加，1800 年招收人数为 129 人，1820 年增加到 427 人，1910 年招生录取的人数达 1 191 人①。

牛津大学、剑桥大学的考试只限于本校的学生，1858 年牛津大学设立地方考试中心，标志着英国大规模公共考试的开端，由此开始组织大规模中等学校学生的公共考试。与很多国家不同，英国公共考试控制权一开始掌握在牛津大学、剑桥大学手中，这有其必然性，因为它们长期在英国教育中的权威性和崇高地位以及在长期实践中积累了考试的专业技能和人才。随着英国社会经济和教育的发展，国家越来越多地介入教育事务，国家为了自己的发展目标，制定公共考试的原则，选拔性的公共考试逐渐开始成为政府公共机构录用人员的主要方式，众多在牛津大学、剑桥大学取得高学历的大学生，也必须通过公共考试才能进入这些机构。取得牛津大学、剑桥大学荣誉学位的学生毕业后，部分进入政界和文官系统，但大部分进入教会，对英国新的国家教育制度的建立产生了重大影响。

---

① J. R. Tanner (ed), The Historical Register of the University of Cambridge to the Year 1910, Cambidge: Cambridge University Press, 1917, pp. 989-990.

第二节 文官录用制度的改革与选拔性考试制度的强化

英国现代文官制度发端于1854年英国财政部所委托完成的《诺斯考特—特里维廉报告》（Northcote—Trevelyan Report）①，报告中主张以公开竞争的方式录用公务员。依据报告的建议，英国政府在1866年成立常设的文官委员会，1870年确立公开考试制度，从此克服了以前封建君主的“恩赐官职制”和早期“政党分肥制”的弊端，选贤任能，反对任人唯亲，体现机会均等，提高政府效率。

19世纪牛津大学和剑桥大学通过考试改革，选拔性考试的传统得到加强，两所大学开始享誉全球，它们通过考试选拔人才的方法得到广泛应用。大学不仅通过培养人才传承它们的考试理念，而且通过建立地方考试中心对中等教育有意识地施加影响。莘莘学子孜孜以求，通过考试力图跨越樊篱，走进大学的殿堂，这对考试在英国的快速发展产生了巨大的推动作用，但大学并不是影响考试发展的唯一因素，长期以来社会对文官应该根据其德才进行选拔的呼声越来越大。由于大学有其作为一个整体的社会保守性，尽管有些学者很早就提出把考试选拔制度引入国家文官体系，但这些主张并没有得到实施。直到不断壮大的中产阶级强烈呼吁改革原来的文官录用方式，将选拔性考试引入文官系统的主张才得以实施。

一、19世纪50年代选拔性公共考试的发展

公共考试是由国家或者代表国家的机构举行、任何符合相关要求的人都可参加的考试，既包括政府部门选拔工作人员的公务员考试，也包括为了进入某些教育机构学习而要求参加的考试，如用来选拔进入高等院校学习的普通教育高级证书考试（A-levels）。公共考试是竞争性的选拔考试，如果考生通过考试，他们就可以从中受益。它与国家测评不同，国家测评的结果只用来评价整个制度的运行情况，与考生并没有利害关系。

---

① 《诺斯考特—特里维廉报告》最早于1854年发布在议会文件汇编（Parliamentary Papers，1854，Volume xxvii），但现在收录于《富尔顿报告》（Appendix B of the “Fulton Report”，Cmnd 3638，June 1968）。

1850年牛津大学对《1800年考试条例》进行修改，颁布了《1850年考试条例》，之后的10年，考试日益盛行，特别是选拔性考试被看作医治教育和社会百病的万能药方。随着自由贸易原则和达尔文在《物种起源》中提出"物竞天择，适者生存"[①]的思想受到广泛认同，选拔性考试盛极一时。《1853年印度法案》提出用选拔性考试代替弊端丛生的"恩赐官职制"。19世纪50年代末期，牛津大学、剑桥大学的地方考试及印度和伍尔维奇考试对中等学校考试也产生了重大影响。在此期间，政府设立女王奖学金，用以奖励考试中成绩优异的小学教师。1851年科学与艺术部主办的一次大型展览积极地推动了考试的发展。公共考试开始越来越广泛地运用于文官的选拔录用、医药学会的认证、军人的选拔和一些行业专业人员的录用。

19世纪50年代是选拔性考试思想在英国结出丰硕果实的时期，是为整个选拔性考试大厦崛起而搭建坚实平台的10年[②]。激进派的思想在这一时期开始盛行，改革的障碍逐渐清除，选拔性公共考试已成为进步的现代公共政策。一批批经过层层选拔考试的牛津大学、剑桥大学毕业生在各行各业中的出色表现确保了这一制度的顺利实施，如当时杰出的政治人物——罗伯特·洛[③]是牛津大学一等荣誉学位的毕业生，格莱斯顿[④]获牛津大学双一等荣誉学位。早期的激进主义转向自由主义，这些思想通过大学培养的毕业生在各个行业付诸实施，并将其融入英国的传统思想中。在两所古老大学孕育出的新思想结出了包括新的竞争性考试制度和其他一系列改革的丰硕果实。

二、文官录用制度的改革

英国的文官原来称Crown Servant，即国王或女王的仆人，至近代改为文官或公务人员（Civil Servant）。文职或公职（Civil Service）有双层含

① Charles Darwin, On the Origin of Species by Means of Natural Selection, or the Preservation of Favoured Races in the Struggle for Life, London: Murray, 1859, p. 92.

② R. J. Montgomery, Examinations: An Account of Their Evolution as Administrative Devices in England, London: Longmans, Green & Co. Ltd., 1965, p. 42.

③ 罗伯特·洛，英国自由党政治人物，曾任财政大臣（1863—1874）和内政大臣（1873—1874）。

④ 格莱斯顿（1809—1898），英国政治家，曾作为自由党人四次出任英国首相（1868—1874，1880—1885，1886及1892—1894）。

义：其一，指中央政府系统中非选举产生及非政治任命的事务官，不包括经选举或者政治任命产生的内阁成员及各部政务次官、政治秘书等政务官；其二，它代表一种为国家和社会提供专业服务的奉献精神[①]。但从广义上说，文官或公务员（Civil Servant）也包括在地方政府和公共机构工作的人员。

英国不仅是近代最早确立资产阶级民主制度的国家，也是最早建立资产阶级文官制度和采用选拔性公共考试录用文官的资本主义国家。19 世纪中期英国进行文官制度改革，确立了现代英国文官制度，并把选拔性公共考试引入文官的选拔和录用过程中。

19 世纪中期，在各种力量的作用下，英国率先进行资产阶级文官制度改革。首先，始于 18 世纪中期的工业革命到 19 世纪中期基本完成，资本主义的快速发展为文官制度改革提供了社会经济条件。1850 年，英国工业总产值占整个世界的三分之一，贸易占世界贸易总额的 21%[②]。其次，国会制度改革推动了文官制度改革。国会制度改革虽然没有完全满足广大人民群众对议会民主化的要求，但结果使城市选民的人数超过了农村地区，并使城市的熟练工人基本上获得了选举权，因此，工业资产阶级掌握了国会的控制权，结束了土地贵族对国会的控制。再次，工业资产阶级对官僚制度的腐败深表不满，强烈要求改革文官制度。在“恩赐官职制”和“政党分肥制”下的官僚制度腐败现象严重，买官卖官屡见不鲜，机构臃肿、人浮于事，文官素质差、工作效率低。建立新的文官制度是社会各界特别是工业资产阶级的强烈要求。

文官制度改革的焦点集中在文官录用制度上，导火线是不列颠东印度公司（British East India Company）官员任命所产生的龃龉。1853 年，东印度公司的特许状期满，向国会请求延期，但国会要求该公司必须进行人事考选制度的改革，因为当时公司的人员多为贵族子弟，靠的是私人关系录用人员，国会认为这样做不仅公众舆论反对，也不利于公司的发展。因此国会委派麦考莱、格威特和莱弗维三人研究该公司的人事改革方案。在他们提出的

---

① Edgar Norman Gladde, Civil Services in the United Kingdom, 1885—1967, London: Frank Cass & Co. Ltd., 1967, p. 1.

② 张跃发、刘养洁：《民族国家与世界经济，1500—1900》，时事出版社，1999 年，第 142 页。

报告中，主张采用选拔性公共考试制度，实行公开竞争、择优录用的原则录用人员，考试以牛津大学、剑桥大学的课程为标准①。考试合格者，需接受两年训练，受训期满，再经考试，按成绩优劣分配工作。

东印度公司事件加速了英国文官制度的改革步伐。1854 年，在当时的财政大臣格莱斯顿的授意下，自由主义者诺斯考特和特里维廉经过长时间调查撰写了《关于建立常任英国文官制度的报告》，即《诺斯考特—特里维廉报告》（Northcote—Trevelyan Report）并提交到国会。该报告尖锐地批评了英国文官制度的种种弊端，对文官的选任、使用和晋升等提出了较完整的改革计划②。

第一，区分文官类别，统一规定不同文官录用的要求和薪俸标准。诺斯考特和特里维廉把文官分为高级文官和低级文官两大类，并对录用提出不同要求。拟录用的高级文官要求具备多方面的才能、丰富的知识和经验，并接受过高等教育，主张此类文官应从牛津、剑桥等一流大学中招收，也可以秉公选用其他部门中的优秀人才，其主要职责是政策的制定和实施；低级文官的职责主要是处理日常事务性和机械性的工作，要求达到中等教育程度。另外，对年龄也提出了要求，低级文官录用的年龄限制在 17 岁～21 岁，高级文官限制在 19 岁～25 岁。

第二，实行公开竞争、考试录用原则。报告建议考试工作由枢密院教育委员会负责，高级文官考试由中央授权的专门机构主持，低级文官考试由各地成立的地方考试中心主持。要求应试人员出具品德和健康证明。考试科目分四类：古典文学，数学和自然科学，政治经济学、法学和近现代哲学，现代语言、近现代史和国际法。但报告也建议少数特殊性质的职位暂不实行考试。

第三，建立绩效考核与职务晋升机制，提高文官系统的工作效率。经过考试录用的文官的职务晋升和工资福利待遇取决于他们的工作能力和工作成绩，从制度上激励他们只有通过提高工作能力和工作成绩，他们才会有光明

---

① 陈友义：《试论 19 世纪中期英国文官制度改革》，《嘉兴大学学报》2003 年第 1 期，第 90～93 页。

② House of Commons, Report on the Permanent Civil Service, Together with a Letter from THE REV. B. JEWWET, London: George E. Eyre & William Spottiswoode, 1854.

的前景。

《诺斯考特—特里维廉报告》为英国进行文官制度改革做了思想准备，提出了改革的基本原则，受到改革派和中下阶层人士的广泛欢迎。财政大臣格莱斯顿和功利主义思想家约翰·米勒认为，公开竞争“将有利于绅士子弟”。文官改革是“一次伟大的改革，它的实行将开创一个历史时代”①。

《诺斯考特—特里维廉报告》提交国会后，受到很多人的高度赞扬，但也遭到国会中大多数保守分子的强烈反对，特别是贵族议员反对最为强烈，因为考试制度首先剥夺的是他们的特权。由于保守议员的阻挠，《诺斯考特—特里维廉报告》被撤换，建议没有被采纳。但在1853年—1856年的克里米亚战争（Crimean War）中，由于英国政府机构庞杂、工作效率低下，在战争中屡遭败绩，由此激怒了民众，要求改革的呼声高涨。当时的自由党领袖、首相帕默斯顿一方面回应改革派的要求，但另一方面尽力避免触怒国会中的贵族议员。在1855年，未经国会讨论，帕默斯顿直接以枢密院的名义颁发了文官制度改革的正式法令，即《关于录用王国政府文官的枢密院命令》，法令规定成立一个由三人组成的文官制度委员会，负责审查文官候选人的年龄、身体、品格等条件是否合格，合格者准予参加考试。对考试合格者颁发证书，分配到各用人机构，经过6个月的试用期后，再决定是否录用。

1855年文官制度改革是英国文官制度史上的第一次改革，在英国政治史上占有重要的地位，它是以择优取士制代替官职恩赐制的重要起点，它促进了英国政府个别部门（如军务部和印度事务部）认真履行推荐、试用、考试和正式任命的程序，使文官的素质有所提高。如印度事务部于1859年招聘9个职位，共有391人参加了公开考试②。但总体来说，这是一次温和的、不彻底的改革。从改革焦点的文官录用制度来看，它虽然将国王、少数政治寡头和高级文官的恩赐官职特权转移到文官委员会，但由于法令没有明确规定实行公开统一的选拔性考试和考试标准，只要求在被推荐的候选人中进行基本的及格考试，并且只限于报考低级职位，加上提名候选人的权力仍

① 陈友义：《试论19世纪中期英国文官制度改革》，《嘉兴大学学报》2003年第1期，第90～93页。

② 阎照祥：《英国政治制度史》，人民出版社，1999年，第359页。

然由各部门长官把持，因此一旦出现职位空缺，所在部门长官仍然有权根据个人的意愿，有目的地“推荐”一至两名候选人。这样仍然很难避免徇私舞弊现象的产生。

英国第二次文官制度改革是具有完全意义的文官制度改革，是由格莱斯顿内阁进行的。格莱斯顿于 1870 年颁布了关于文官制度改革的第二个枢密院命令，该法令规定多数重要文官职位必须按照文官制度委员会的要求，通过公开竞争考试，择优录用；委员会的委员在财政部的监督下，有权独立决定被录用文官的基本条件。但为了减轻保守势力的压力，法令又规定，外交部和内政部可以例外；某些高级官员（如法官和各类视察员）的职位仍可不经考试而由内阁直接任命。同时把文官考试分成高级和低级两类进行，并按相应的标准录用。由此，通过公开考试录用文官成为英国文官制度最重要的特点，标志着英国现代文官制度的正式形成。

英国文官制度经过 1855 年和 1870 年的两次改革，实现了从官员任命到公开考试的历史性转变，这是 19 世纪中期英国文官制度改革的最大成果，也是英国文官制度的突出特征。此后，经过不断改革、补充和修正，英国文官制度日臻完善，成为其他国家文官制度模仿的范本，并对英国的选拔性考试制度产生了重大影响。

三、文官录用考试制度与选拔性公共考试的强化

经过 19 世纪中后期的两次改革，“公开选拔，考试录用”成为英国文官制度的基本原则和突出特点，规定了考试录用的使用范围，有相对独立的专门考试机构，初步形成较为规范的考试方法、内容和程序。尽管这一时期选拔性公共考试还没能适用于对所有政府职位的人员录用，改革还面临阻力，但改革所建立起来的基本原则却深入人心，并对选拔性公共考试产生了重大影响。

（一）文官录用考试制度

1. 考试原则

“公开、平等、择优”是英国文官制度改革后建立的文官录用考试原则。《诺斯考特—特里维廉报告》就明确指出考试要向社会公开，只要是符合相关规定的英国公民都有权利参加竞争，“只有把考试完全向社会公开，我们

才有可能招到适合招考职位的人选"①。在之后文官录用考试的实践中，都把"公开、平等、择优"作为最高原则，并采取具体措施落实这一原则。政府设有专门机构以代表国家制定考试标准，确保只关注参考者知识和能力的强弱，而无权力、地位、资历及人际关系的优劣的影响。在开考之前把考试程序和录用条件向社会公开；考后严格按成绩高低排列名次，择优录用，在考试面前机会均等。

2. 适用范围

英国文官考试录用制度的适用范围不是所有的政府工作人员，一般只限于政府行政部门所有不需要与内阁共进退、经过公开竞争考试录用、无过失可以长期任职的文职人员，即除政务官以外所有的工作人员，上至各部常务次官，下至所有工勤人员，约占政府工作人员的 40%，企事业文职人员、法官、军人等均不属文官考试适用的范围。

3. 考试机关

依据 1855 年《关于录用王国政府文官的枢密院命令》，成立英国文官委员会，不受内阁和各部的控制，不与任何政党发生关系。此委员会于 1879 年改革后并入文官事务部，原文官委员会主席兼任文官事务部副大臣，仍独立主持文官考试事宜。其主要的职责是：负责文官录用考试的资格审查、任用标准、考试规程，公布任用、晋升消息等。

4. 考试类型、方法、内容和程序

1870 年关于文官制度改革的第二个枢密院命令规定文官录用考试分智力型和机械型两类进行，不同类型有不同的录用标准，但在 1920 年后开始统一使用文书助理、文书、执行、行政四个级别。文官录用考试制度实行之初的考试方法主要通过笔试，在 1919 年后增加了口试。初期考试科目分四类：古典文学，数学和自然科学，政治经济学、法学和近现代哲学，现代语言、近现代史和国际法。随着时代的发展，考试科目日渐涵盖广泛，主要为知识、智力、技能和心理测验。在考试程序上分为发布考试公告、对报考者进行资格审查、应试、培训和任用（见表 2-1）。

---

① House of Commons, Report on the Permanent Civil Service, Together with a Letter from THE REV. B. JEWWET. London: George E. Eyre & William Spottiswoode, 1854, p. 13.

表 2-1　英国文官录用考试情况一栏表①

类型	机械型		智力型	
	文书助理级	文书级	执行级	行政级
时间	随招随考	随招随考	随招随考	随招随考
地点	随考随定	随考随定	随考随定	随考随定
学历要求	职业学校毕业	初级中学毕业	文化学校毕业	大学毕业
形式	笔试 4 项	笔试 4 项＋口试	笔试 8 项＋口试	笔试 11 项＋口试
年龄	女 16 岁～17 岁	男 16 岁～17 岁 女 16.5 岁～17.5 岁	18 岁～19 岁	20 岁～24 岁
内容	必考：英语、数学、普通知识；任选一门：经济、地理、历史、德文、法文		必考：数学、普通知识、英文；任选六门：物理、地理、文学、历史、希腊文、拉丁文、德文、法文、高等数学、低等数学、生物、化学	必考：英文作文、现代成人基础、日用科学、辅助文学；任选六门：经典、文学、科学、数学、法律、经济、历史、梵语、外文
主考机关	考选委员会（文官委员会和有关部门的代表临时组成），二战后改为常设机关			
备注	1945 年后无年龄限定；1973 年后改为 21 岁～24 岁			

注：英国文官考选制度在 1919 年后加试口试，1920 年才全部统一使用文书助理、文书、执行、行政四个级别，此前分机械型和智力型两种。

（二）选拔性公共考试的强化

文官录用制度改革前，公共考试的权力主要掌握在大学的手里，牛津大学、剑桥大学考试中心的建立，使考试不仅面向大学在校学生，同时也向社会开放。改革后，加强了国家对公共考试的控制，把考试和未来的职业选择、职务晋升挂钩，军队也很快效仿这种办法招募人员。19 世纪中期建立

① 张金鉴：《各国人事制度概要》，三民书局股份有限公司，1981 年，第 73～89 页。

的大学地方考试中心，针对中学的学生开展大规模的考试和认证，为他们升入大学、进入专业部门工作、进入文官系统和军队取得必要的“通行证”提供途径[①]。

1. 公共考试机构的出现和埃克塞特试验

文官录用考试制度的实施有力地推动了考试制度的发展，1858 年牛津大学和剑桥大学先后设立了考试中心，开始从事中学的校外学生考试与认证。

牛津大学、剑桥大学通过考试改革，引入了新的学科。通过引入竞争机制，提高了学术标准和大学的声誉。但在 19 世纪中期，因办学水平良莠不齐，人们对中小学校的情况很不乐观。像伊顿和温彻斯特这样培养精英的公学[②]，只有富人才能负担得起高额的学费，他们的培养目标就是把学生送入牛津大学、剑桥大学。穷人只能把孩子送到当地的公立学校就读。但处于中间水平的学校无论是培养目标还是学校的组织形式都存在很大差别，它们当中绝大部分是以前通过捐赠设立的文法学校，还有一些纯粹以营利为目的的私立学校。这类学校中有些制定了比较高的学术和德育目标，有些则没有明确的培养目标；有些学校的课程重点是古典课程，有些学校的课程重点放在商业课程和现代课程。由于这些学校的学业标准和培养目标各不相同，家长很难选择把子女送到哪个学校就读，同时也没有一个渠道为家长提供帮助。

这一时期，选拔性公共考试开始大量应用于文官系统、专业部门和军队的人事录用，这对公学和文法学校的课程和教学产生了重大影响。这一点在 1864 年与 1868 年皇家委员会的报告中有充分的体现[③]。1864 年的报告，也就是《克莱伦顿关于公学的报告》就指出，当时几乎所有人到伍尔维奇去参

---

① Jo Mortimore, Peter Mortimore, Secondary School Examinations: the Helpful Servants, not the Dominating Master, London: the Institute of Education, University of London, 1984, p. 13.

② 公学是指英国的私立学校，公学虽然被称为“Public School”，但不表示是由政府设立的，只是表示学校可以公开招生，而不限于特定的宗教、种族或地区的孩子。拥有悠久历史的英国公学培养出的学生大多是英国各领域的精英，而且学费十分昂贵，普通人无法负担。

③ Report of the Royal Commission on the Revenues and Management of Certain Colleges and Schools, London: Parliamentary Papers, 1864, p. 246.

加公开选拔考试之前，都会先到那些“填鸭式”教学的教育机构参加培训。这些学校收取高额的学费，围绕考试要求训练学生，以便学生能够通过考试进入其选择的行业，对于学生来说取得好的考试成绩就是他们的唯一目的。选拔性公共考试对以中产阶级子女为主的文法学校的影响更大，迫于学生家长的压力，有些学校的课程也被扭曲，迁就拟参加选拔性公共考试的学生，甚至开设文官考前班。还有一些学校的学生中途辍学，到“填鸭式”的教育机构接受考前训练。

如果把这一时期考试迅猛发展的现象称为“考试风暴”，一点也不为过。此时文法学校快速发展，因为号称“日不落帝国”的大英帝国疆域辽阔，工业革命后各行各业欣欣向荣，很多中产阶级家庭都想把子女送到文法学校，通过考试进入文官系统或专业部门工作。当然，在这场“考试风暴”中，受影响的主要是男生。那个时代只有中上层家庭中的女子才有可能接受教育，但一般都是由家庭教师在家里教授；为数不多的女生在私立学校就读，也只学习读写和家政类的课程，即使是上流社会家庭的女子就读的学校，也只是教授她们以后在嫁人时能够使自己看上去多才多艺、更富魅力所需的知识和技能，如音乐、绘画、刺绣和法文等，很少教授培养学生智力的严肃的课程，通常也不需要参加选拔性公共考试①。

考试和文法学校的快速发展使人们认识到需要一种办法来评价学校教育质量的优劣，而对缺乏可比性的统一教学标准的抱怨越来越多。不少文法学校缺乏效率，部分学校以次充好，把精力用在吹嘘和虚假宣传上，而不是努力提高学校的办学质量，学校在自由竞争的时代缺乏统一评价标准的弊端凸现②。人们一方面呼吁建立适当的机构来统一评价标准，另一方面对国家过多介入教育事务又心存疑虑。最终这样的机构首先以大学地方考试中心的形式出现，并成为各方都可以接受的选择。

1858 年牛津大学和剑桥大学先后设立地方考试中心，大学考试中心的

---

① 根据 1868 年汤顿委员会的报告的说法，当时普遍不重视女子教育。但是也有为数极少的个人或组织在女子教育方面具有远见和开明之举，如家庭女教师协会于 1848 年建立的伦敦女王学院就培养出像多萝西娅·比尔（后来成为切尔滕纳姆女子学院的校长）、弗朗茜·巴斯（后来成为北伦敦女子学院的校长）等教育家。

② J. Booth，Examination the Province of the State，or the Outlines of a Practical System for the Extension of National Education，London：Parker，1847，p. 9.

设立一般被认为是英国现代中等学校考试的开始①。地方考试中心成立后，开展了对文法学校学生的大规模测试，通过对学生的测试来认证学校的教学质量。地方考试中心借助大学的学术声誉，采用独立委员会的运作方式进行评价，委员可以是来自牛津大学、剑桥大学，也可以是当地的教士。但是地方考试中心收费昂贵，同时学校认为测评没有经过系统的计划和设计，所以当时很多需要通过测试检验教学质量的学校选择不参加校外测评。

1857 年，埃克塞特的地方学校和埃克塞特大学合作开展了“埃克塞特试验”，共同组织选拔性公共考试。这与牛津大学、剑桥大学地方考试中心的考试制度有所不同，它主要是对学生进行考试和认证，而不是对学校的整体绩效进行测评。之后牛津大学和剑桥大学地方考试中心借鉴“埃克塞特试验”的成果，推出新的考试，考试共 4 科，分高级考试和初级考试，分 3 个荣誉等级和 1 个普通等级。在考生年龄方面，两个考试中心的规定有所不同：剑桥大学考试中心规定初级考试的考生的年龄不超过 16 岁，牛津大学规定参加初级考试的学生不低于 15 岁。学生首先参加一个初试，正式试卷有 10 个部分，每个考生必须完成 3 个以上，6 个以下的试题；宗教知识部分为必答部分，但信仰与此冲突的考生可以由适当的部分替换②。

牛津大学、剑桥大学地方考试中心推出的考试相当成功，满足了考生的需求，考试的范围不断扩大。1870 年牛津大学考试中心允许女生参加考试，并把参加荣誉等级考生的年龄提高到 16 岁后。从 1877 年起，开始授予证书，这标志着“由大学控制学校考试的时代到来”③。考试的重点由校内评价转变为学生个人参加校外公共考试。其他大学也慢慢地制定了学校学生考试的程序，比如，伦敦大学就开发了反映学生在校学习成绩的毕业证书考试和依据大学入学标准开发的大学入学考试。

2. 职业资格证书考试

从现代意义上说，直到英国工业革命之后，人们才认识到职业技术教育

---

① R. J. Montgomery, Examinations: An Account of Their Evolution as Administrative Devices in England, London: Longmans, Green & Co. Ltd., 1965, p. 45.

② Cambridge University Examinations Syndicate Regulations for 1858, London: T. D. Acland: op. cit.

③ D. Lawton, The Politics of the School Curriculum, London: Routledge and Kegan Paul, 1980, p. 88.

的必要性。19 世纪初，工业革命后的英国在技术、社会经济和文化等方面发生了巨大变化，正处于经济转型、社会重组的时期。在此之前，技术性的职业就是通过师傅带徒弟的方式手把手地教出来的工匠[①]。工业革命后，设计机械的工程师取代了工匠，产业工人取代了手工作坊的技术工人，人口大量流入城镇，传统的师徒式的方法很难培养出适应机械化大生产的技术人才。在一些慈善家的资助之下，以培养产业工人为目标的学校和教育机构陆续建立，其中最有影响的学校之一就是爱丁堡艺术学校。1835 年，爱丁堡艺术学校举行考试，测试学生的学习情况，对于学习优异并满足一定条件者授予学校终身会员资格证书，其中一个条件是在学校就读必须满 3 年，有一年必修数学、化学、自然科学课程。通过严格的考试，学校在每学年课程结束时都会授予那些勤奋好学和学有所成的学生“学习水平证明书”。

爱丁堡艺术学校考试授证的方法在推进英国职业技术方面迈向一个新的台阶，比之前皇家艺术学会[②]对那些取得发现、发明和其他有价值的成就者给予奖励的方法又近了一步。1853 年，皇家艺术学会组织成立了技术学校联合会，旨在加强分散在全国各地的技术学校的合作，增强整体的技术教育实力，提高技术学校的办学效率。

技术学校联合会成立后，逐步建立了职业技术资格证书考试制度，并开展皇家艺术学会考试。联合会成立后，为满足会员学校的发展需要，积极推进建立与大学地方考试不同的考试制度，当时皇家艺术学会委员会的主席就指出，大学地方考试是面向中产阶级家庭的考生，皇家艺术学会推出的考试则面向下层的劳动阶层家庭的子女[③]。1854 年，皇家艺术学会考试首次开考，由于考试课程要求过高及太过复杂，只有 1 人参加考试。不久主张国家教育和政府考试的教区牧师詹姆士·布斯接管该考试项目，并于 1856 年任皇家艺术学会考试委员会主席，开始调整考试课程，开考包括图书管理、数

---

① A. Abbott, Education for Industry and Commerce in England, Oxford: Oxford University Press, 1933, pp. 5-22.

② 皇家艺术学会的全称是促进艺术、制造业和商业发展皇家学会（Royal Society for Encouragement of Arts, Manufactures and Commerce，简称 RSA），设立于 1754 年，1847 年被授予皇家特许状。对于皇家艺术学会最为人们称道的就是它所设立的皇家艺术学会考试委员会所开展的卓有成效的工作，为英国职业资格证书考试制度的建立做出重要贡献，但于 1997 年并入 OCR 考试中心。

③ R. J. Montgomery, Examinations: An Account of Their Evolution as Administrative Devices in England, London: Longmans, Green & Co. Ltd., 1965, p. 76.

学、几何、绘画等 17 门科目。随着政府对地方职业技术教育机构的资助政策的实施，很多这类教育机构成为艺术与科学学校，并为后来崛起的英国延续教育大厦奠定了坚实的基础。考试课程的改变和联合会会员学校的增加，使参加这类考试的人数也越来越多。19 世纪50 年代，以文官录用考试为起点的考试浪潮，推动了皇家艺术学会考试的发展。1882 年，考试向社会所有的人开放，扩大了考试的参与面。政府根据考试结果拨款的政策，刺激了学校鼓励学生参与考试的积极性。皇家艺术学会考试开创了英国现代公共考试的新纪元，促进了英国职业资格证书考试制度的建立和完善。

另一个从事职业技术考试认证的重要机构是英国伦敦城市行业协会(City & Guilds of London Institute，简称 City & Guilds)，它是伦敦市政府和 16 个行业工会于 1878 年联合组建的职业技能教育组织。1884 年，伦敦城市行业协会开始面向全国开展职业教育、培训和资格等级考试、授证。1900 年，英国维多利亚女王向其颁发特许状（Royal Charter)，明确其为非营利的慈善性组织。通过它提供的职业技术培训、考试和认证，很多人获得了提高技能的机会，在这些人的就业、晋升和个人发展方面发挥了重要作用。

3. 公共考试管理中“伙伴关系”的形成

考试的快速发展和大学及非大学考试机构建立的结果是，到 19 世纪末，英国出现条块分割、互不协调的众多考试。各方要求统一学校课程与考试内容的呼声越来越大，但对应该由谁来负责学校的考试，大家无法达成共识。

无论是 1868 年的《汤顿委员会报告》①，还是 1895 年的《布赖斯委员会报告》②，都建议设立一个中央机构来统一管理国家的考试，但是这些建议都没有得到实施。到 20 世纪初，尽管于 1899 年设立的中央教育行政管理机构——教育委员会和于 1902 年各地设立的地方教育局，都可以协调有关

① 1864 年至 1868 年政府成立了汤顿委员会（Taunton Commission)，对中学教育进行调查，1868 年提出的报告指出中等学校整体办学质量不高、发展不均衡，捐资举办的文法学校滥用捐资，全国 13 所女子学校过少等问题，建议在现有文法学校的基础上建立国家中等教育制度。

② 皇家中等教育委员会，即布赖斯委员会对《汤顿委员会报告》提出之后的中等教育的发展情况进行调查，调查的范围既包括中等教育现状也涉及小学和技术教育，于 1895 年提出报告。政府接受了报告的大部分建议，成立了教育委员会，接管原教育部、科学与艺术部和慈善委员会有关教育的功能成为初等技术和中等教育的中央教育行政机构。《1899 年教育委员会法》和《1902 年教育法》颁布后，经过一个世纪的半推半就，英国政府终于同意承担起国家教育的全部职责。

考试事宜，但是学校老师和地方教育局反对由中央控制考试的声音仍然很强。同时，教育委员会也无意直接控制考试，更愿意间接施加影响。如果由教师完全控制考试，公众又没有充分的信心，只有得到教育委员会的承认，人们才会放心。享有盛誉的大学持续加强对考试的控制，这在一定程度上压缩了专业协会考试的发展空间，但那些反对中央控制考试的人，特别是地方教育局，认为这有利于防止中央对考试的控制。

1911 年，教育委员会成立了咨询委员会，并对考试进行研讨，对采用正式书面考试的优劣展开讨论。咨询委员会赞成采用正式书面考试，认为这对中等学校不仅需要，而且必要。并建议要改变督导团的人员组成，与考试机构密切合作；希望督导团对学校实施督导时应该考虑考官的意见，反过来，考官对学校的观察结果也随时提供给督导团。这种合作既可以评估学校的总体工作情况，又可以评估学生学业成就的高低，这可以看作对学校的公共评估。但这些建议并没有付诸实施。

在各方妥协的基础上，最终于 1917 年组建了中等学校考试委员会(SSEC)。委员会设 21 个代表，6 名来自地方教育局，5 名教师代表，10 名代表来自大学，虽然来自大学的代表在各个时期的人数有多有少，但他们对考试一直具有很大的影响力，并且可以通过负责考试设计与评分的大学考试委员的行为使其影响进一步加强。

第三节　大学入学考试的兴衰

大学入学考试或录取入学（Matriculation)，通常指学生获取大学入学资格或被录取入学的过程。该词来自拉丁语“matrix”，意为“大学许可”。在苏格兰，“Matriculation”意思是刻制徽章时的注册手续，也指一些大学的入学典礼。

早期这个术语在牛津大学、剑桥大学通常和入学前或入学后不久的入学考试密切相关，在牛津大学被称为大学入学初试或小考（Responsions 或 Little Go)，剑桥大学叫入学前考试（Previous Examination)，但 1960 年后，这两所大学统一用入学考试代替这种初试，直到 1995 年废止。在实行普通教育证书（GCE）考试之前，在英格兰和威尔士，大学入学考试指为取得大学入学资格而参加的考试。大学入学考试和普通教育证书（GCE）考试不同之处在于学生必须一次性参加若干科目的考试，而不是根据自己的意愿分别取得若干门单科资格证书。

一、伦敦大学与大学入学考试的开始

要准确了解英国大学的入学考试，伦敦大学的发展历程不可回避。19世纪以前，英格兰只有牛津和剑桥两所大学。1827 年，在诗人托马斯·坎贝尔的呼吁下，打破宗教信仰限制的伦敦大学学院（University College London）成立了，但是它未能获取皇家办学特许状。1831 年，英国教会在伦敦建立国王学院（King's College London），但因为不信仰宗教人士的反对，也未获取皇家办学特许状。1836 年，英国国会颁发皇家特许状，伦敦大学学院与伦敦国王学院合并成立了伦敦大学（University of London），成为英格兰的第三所大学。在相当长的一段时间内，其功能就是授予学位和考试，学生可在英帝国的任何一所大学就读，再由伦敦大学进行考试并颁发伦敦大学的学位，后来，不在大学学习的学生也可以向伦敦大学申请学位。伦敦大学（不包括下属学院）接受财政部资助，所以有人称之为“具有政府背景的考试部”，享有类似政府部门的地位①。

伦敦大学于 1838 年开始举办大学入学考试。考试向所有年龄在 16 岁以上者开放，考试除具有大学入学考试的功能外，还有授予就业凭证等其他广泛的功能②。1839 年《伦敦大学大学入学考试条例》③ 规定的考试科目有 9 科，旨在考查考生近乎百科式的知识广度。很多人反对在校学生参加这个考试，认为考试难度大而且不够灵活，由于每个班只有几个特别优秀的学生才有能力考这么多的科目，造成整班不能报考。1900 年伦敦大学重组时，成立了大学入学考试委员会，主要职能有两个：一是开展大学入学考试；二是就学生入学相关事宜向学校评议会提供咨询。英国《1902 年教育法》实施后，中等教育得到进一步发展，人们开始认识到有必要对目前大学举办的中学毕业考试进行改革，包括大学入学考试。

---

① D. Masson, London University and London Colleges and Schools of Science, Macmillan's Magazine, 1867 (11), p. 427.

② University of London, University of London School Examinations Board, 1908—1991. 31 volumes, 74 bundles, 5 boxes, http: //www. aim25. ac. uk/cgi-bin/search2?coll_id=2094&inst_id=14. 2007-04-15.

③ University of London Regulations for Matriculation, November 1839.

二、英国《1902 年教育法》与大学入学考试的发展

英国《1902 年教育法》的颁布标志着英国公立中等教育制度的正式形成，该法理顺了英国的教育管理体制，从此英国公立教育得到快速发展。在各郡和郡自治市设立地方教育局取代原来的地方教育委员会和督促就学委员会，负责管理本地区初、中等教育。地方教育局有权兴办和资助中等学校、中等专业学校和职业学校，并提供地方税款；也可对私立学校和几乎所有的教会学校进行资助，以进一步加强对其控制；还可审查本地区的教育计划，并考虑本地区初等教育与中等教育的关系。法案规定设立奖学金，使初等学校的学生能够进入文法学校学习，打破了自 19 世纪以来形成的中等教育是中上层阶级特权的观念。虽然该法确认了教会学校和公立学校这种不公平的教育“双轨制”，但它结束了英国教育长期的混乱状态，形成了英国以地方教育局为主体，议会、教育委员会和地方教育局相结合的教育行政领导体制，促进了英国中等教育的发展。

英国《1902 年教育法》颁布后，各地方教育局纷纷创立公立中学，教会组织等也开办了一些捐资文法学校和直接接受教育委员会拨款的学校。1902 年，接受补助的学校是 31 所，1904 年—1905 年增加到 482 所，1907 年—1908 年发展到 742 所，1919 年—1920 年增至 1 140 所；1925 年公立中学的数额达到 1 284 所；总体学生人数也从 1904 年—1905 年的 63 782 名增加到 1919 年—1920 年的 307 759 名①。

伦敦大学重组后，功能有所调整，其职能有三方面：第一，教学与科研；第二，校内外学生的学位授予；第三，大学校外教育推广②。1902 年，新成立的大学校外教育促进委员会开始运作，负责考试和中等学校督导是其两项主要职责。委员会针对大学考试无法适应国家中等教育考试发展需要和如何向学生推广大学考试的问题提出解决办法。同年，大学评议会批准了委员会的计划——建立学生离校证书考试制度（School Leaving Certificate），该计划按大学入学标准设计。在对学校进行督导中坚持让学校广泛参与，确保了各学校和大学的密切合作。学校鼓励学生参加考试，

① 斯密斯：《英国教育》，开明书店，1968 年，第 5 页。

② 这些职能是根据 1898 年国会《伦敦大学法案》任命的委员会为伦敦大学制定的条例里规定的职能。

通过考试可以得到大学的认可，有利于提高学校的信誉度，这与牛津大学和剑桥大学通过校外公共考试与学校建立密切关系有相似之处。考试仅面向在被督导学校连续学习两年的学生。1903 年增加了学校证书初级水平考试（Junior School Certificate），其水平低于大学入学水平。1905 年增加了离校证书考试高级水平（Higher School Leaving Certificate），其水平高于大学入学水平①。

初、中、高级证书考试分别是学校证书初级水平考试、离校证书考试和离校证书考试高级水平，都是根据不同年龄的离校生的不同要求而设计的。初级水平的考试针对的是 15 岁的离校学生，之前他们往往参加像一些专业团体举办的考试，如医药协会的考试；中级水平的考试面向 17 岁的学生，通过离校证书考试的学生不需要其他考试就可以进入大学学习；高级水平的考试针对的是那些参加完大学入学考试（Matriculation Examination）后，又留在学校继续学习 1 至 2 年的学生设计的②。

大学和中等学校的密切合作和针对不同年龄的离校生推出的不同考试，使参加考试的考生快速增长，到 1908 年，参加考试的人数已达到 1 000 多人。尽管大学入学考试科目由原来的 9 科调整为 5 科，但学校认为对于学生来说还是太难，而且不够灵活，可选择的考试科目非常有限，1908 年大学入学考试通过率还不到 40%③。大学认为大学入学考试要求严格是理所当然的，但这与中学教学的实际有所脱节。新推出的离校证书考试（School Leaving Certificate）的考试科目组合和大学入学考试一样，水平一致。此时学校要求相当于大学入学考试的离校证书考试应更富有弹性，否则它们将让学生参加牛津大学和剑桥大学考试中心的考试，因为那里的考试可供学生选择的科目更多。于是在 1910 年发布的新的考试章程里，用伦敦高级学校考试（London "Senior School Examination"）代替学校证书考试（School Certificate Examination），允许考生选择考试科目的范围大大增加，但是仍坚持要求必须通过规定的科目组的考试才能达到大学的入学要求。

---

① 伦敦大学中学考试委员会的年度考试章程里对此有明确的表述（cd. 6004，pp. 383-387）。

② 伦敦大学中学考试委员会的年度考试章程（cd. 6004，p. 384）。

③ R. J. Montgomery，Examinations：An Account of Their Evolution as Administrative Devices in England，London：Longmans，Green & Co. Ltd.，1965，p. 59.

尽管大学在考试方面向中等学校让步，针对学校和学生的不同要求把考试分为初、中、高级考试，但允许老师在校内教学中参与对学生的考试评分的机会很少。只有在初级学校证书考试中，才允许学校使用自己的课程大纲，然后考官对依据学校课程大纲所命试题进行综合，考试时大学的督导员也是考官。只有一门英国文学由学校教师命题，因为不同学校开设的这门课程千差万别，很难统一，但考试的成绩不计入证书的学分。19 世纪英国考试制度的一个突出特点是主动权和控制权掌握在考官手里，对于考试教师则处于无权和被动的地位，当牛津大学、剑桥大学的校外考试制度实施时，教师就无权参与其中。但伦敦大学在 20 世纪初实行的考试并没有像牛津大学、剑桥大学原来举办的中学校外考试那样把教师完全排除在外，到 1911 年，伦敦大学的初级考试中，考官 90%来自中学教师，就是在中、高级考试中，考官也有 50%来自中学教师，教师甚至可以在大学入学水平的考试中，选择自己的命题，或许因为命题的成本太高，几乎没有人运用这项权利。

1903 年后，伦敦大学考试委员会实行新的大学入学考试成绩发榜制度。此前，选拔性的荣誉资格证书是按照考试成绩发布的，然后根据考试成绩给予学生奖励，把考生分等和按成绩公布考生名单的做法是沿用早期大学荣誉学位的做法。但随着学校考试制度的建立，考试的选拔性有所降低。1903 年，伦敦大学通过学报刊载通过大学入学考试的考生名单，按字母顺序分两榜登载，即荣誉等和优等。荣誉等的考生是指在学校中为数不多、各科都优异的考生，优等的考生是指单科成绩排在前面的考生。除对荣誉等的考生进行奖励外，也对优等的考生进行奖励。

与此同时，除伦敦大学外，也有不少现代大学进行大学入学考试，但由于伦敦大学的特殊地位和较灵活的考试方法，参加伦敦大学学校证书考试和大学入学考试的考生远比参加其他现代大学考试的考生多。1908 年—1909 年，参加伦敦大学入学考试（London Matriculation Examinations）的人数达到 6 700 人，参加初、中、高级学校证书考试的有 1 500 人。而同期参加达拉谟大学、伯明翰大学、布里斯托大学和威尔士大学等大学入学考试的学生都不足 1 000 人[①]。虽然当时达拉谟大学和伯明翰大学也实行了考试和学校督导制度，但刚刚起步。同参加伦敦大学考试的考生不同，参加这些大学

① R. J. Montgomery, Examinations: An Account of Their Evolution as Administrative Devices in England, London: Longmans, Green & Co. Ltd., 1965, p. 61.

入学考试的考生往往是想到该大学就读的学生，这或许是考生不多的原因。不过，当时能和伦敦大学考试相提并论的只有北方大学入学考试联合委员会，每年参加其大学入学考试的学生超过 2 500 人。

1903 年，北方大学入学考试联合委员会开始运行，它的成立主要是对想进入曼彻斯特大学、利物浦大学、利兹大学和谢菲尔德大学的考生进行测试。北方大学入学考试联合委员会还接管了原曼彻斯特维多利亚大学开展的校外考试工作，直到这所联合大学解体。在 1903 年之前，中等学校让学生参加大学入学考试的主要目的是获得政府的奖金，而不仅仅是让学生通过离校考试。当时迫切需要针对中学毕业生的学校考试机构，所以 1910 年，北方大学入学考试联合委员会开始建立起此类校外考试和学校督导制度。

北方大学入学考试联合委员会的考试是从维多利亚大学的考试发展而来的，它和伦敦大学考试的发展历程有相似之处①。分别崛起于 19 世纪 30 年代和 80 年代的伦敦大学和维多利亚大学都是先从建立学院开始的，学院是办学的实体，大学没有实权，这种情况下，考试就成了大学和学院的重要联系方式。和伦敦大学一样，在皇家特许状里，授予了维多利亚大学督导和中学校外考试的权利，但它的考试和剑桥大学的入学考试相似，与后来出现的学校考试差别较大②。

1918 年，北方大学入学考试联合委员会对同时持有学校证书和高级学校证书的考生免除大学入学考试。还有一种情况，考试委员会也予以承认，即考生持有 4 个学科学分的学校证书，其中考生要么通过 2 门主要的科目考试，要么通过 3 门次科的高级学校证书科目考试，同时这些科目都是大学入学考试方案里的科目。按照北方大学入学考试联合委员会的大学入学考试方案，其大学入学考试证书的水平大致相当于取得 5 个学科学分的学校证书。

北方大学入学考试联合委员会的主要优势在于它既是中等学校的考试机构，又是拥有大学入学考试权利的机构，在制定考试方案的时候既考虑中等学校的利益，也考虑它所代表的大学的利益。它的考试可以走在其他考试机

① J. A. Petch, Fifty Years of Examining: The Joint Matriculation Board, 1903—1953, London: Harrap, 1953, p. 20.

② J. A. Petch, Fifty Years of Examining: The Joint Matriculation Board, 1903—1953, London: Harrap, 1953, pp. 21-22.

构的前面，其他大学也不必被迫接受该委员会关于大学入学考试的做法。而伦敦大学在大学入学考试方面之所以坚持自己的做法，主要是出于对校外学生的考虑①。当时有很多学生离校时持有成绩不错的学校证书考试成绩，但没有参加高级学校证书考试，大学考试中考虑学校证书考试成绩主要是出于对这部分考生的考虑，当然大学考试与学校证书考试的互通远没有实现，因为大学入学考试在不同的考试委员会的要求各不相同。牛津大学、剑桥大学、布里斯托大学、达拉谟大学考试委员会以及北方大学入学考试联合委员会接受学校证书和高级学校证书的混合成绩。

三、国家对考试的介入与校外公共考试的统一

在伦敦大学校外教育推广委员会和北方大学入学考试联合委员会对中学生开展大学入学考试及学校证书考试的同时，还有一些考试机构也开展了中学校外公共考试。

第一，牛津和剑桥联合学校考试委员会。1873 年，牛津大学地方考试委员会与剑桥大学地方考试委员会组成牛津和剑桥联合学校考试委员会。开始只有为年龄在 18 岁的中六学级男生设计的考试，1889 年允许女生参加考试，1884 年增加了为 16 岁学生参加的初级证书考试（Lower Certificate Examination）。1905 年，联合考试委员会推出学校证书考试（School Certificate Examinations），逐步和其他考试委员会的考试接轨。牛津和剑桥联合学校考试委员会和原来大学地方考试委员会的考试的主要不同在于此时的考生多数来自公学。

第二，威尔士中央委员会。1889 年《威尔士中间教育法》（Welsh Intermediate Education Act）颁布，该地区中等学校开始参加校外考试和接受考试机构的督导。考试是由威尔士中央委员会组织的，直到 1911 年，其证书仍然与英格兰的有所不同，分初级、中级、高级和荣誉级，但不是为了考试而获取证书的学生也可以参加考试。它们也有举办商业和技术考试的设备，但是当时这类课程和考试并不受学生的青睐，因为它们主要是对学校总体工作的督导与评估，而不是针对学生的考试与授证。由于考试的量过大，后来取消了初级考试。20 世纪初期，考试过程中教师很少参与，考官和学

---

① L. Banks, Parity and Prestige in English Secondary Education, London: Toutledge and Kegan Paul, 1955, p. 95.

校教师几乎没有合作。考官既对学生进行考试，又代表威尔士中央政府对学校的工作进行督导与评估，人们对证书能否体现学生的水平深表怀疑，而教育机构也不愿意将其授予的证书考试等同于入学考试。到第一次世界大战结束的时候，这种制度已经失去其地方特色，此后就成为中等学校考试委员会的一个分支①。

第三，教师学会（College of Preceptors)。依据1849年皇家特许状成立的教师学会的宗旨是促进考生的科学学习和人们特别是中产阶级对教育的关心。这个宗旨主要是通过举办考试来实现的，开始时举办的考试是针对老师的，后来又推出了为他们的学生设计的考试。1854年，教师学会考试正式实施学生考试，要达到的目的是为父母和老师提供可比性的标准。本来考试的指导思想是应该由教师在学校对学生进行考试，再把学会考官的题目加入考试内容，但后来放弃了这种想法，主要是担心如果教师对自己的工作进行评价，父母会对考试的可信度表示怀疑。同时，社会舆论也希望通过考试能够对学校的教育质量进行对比。1911年的咨询报告指出教师不能参与对其所教学生的考试。考试由学会集中管理，地方的考试代理人通常是在地方受人尊重的人士，如当地的牧师。1893年，参加教师教育学会考试的人数达到17 000人。在教育委员会的支持下，教师学会通过考试对教育产生了相当大的影响。但后来由于该考试得不到教育委员会和中等学校考试委员会的承认，教师学会的考试开始衰落。

经过19世纪50年代的发展，各种考试机构林立，到20世纪初，往往在同一地区隶属于不同考试委员会的地方考试中心重叠，维持众多的考试中心的费用高昂。出于功利性的目的，学校让其优秀的学生参加多家的考试。各个考试机构的证书互不承认，不同考试之间的互通问题急需解决。1899年的《教育法》和1902年的《教育法》颁布后，政府通过教育委员会和地方教育局，加强了对中等教育的控制。1899年《教育法》授予大学考试委员会对中等学校的督导权，把这作为矫正某些地区不当使用校外考试现象的方法。但是考试委员会既提供考试又对学校的绩效进行督导的双重职能往往很难平衡，有时候侧重考试授证，有时候偏重对学校督导。此后，就是否建立中央考试管理机构进行了广泛讨论，但对主张考试范围应该宽泛和主张考

① 建议是由1931年《学校证书考试报告》提出的，这个报告是1931年由中等学校考试委员会任命的一个小组对政府授权的8个学校证书考试进行调查之后提出的。

试应该加深的两派无法达成共识。1895 年的《布赖斯报告》建议政府建立一个中央机构对考试进行监管，而不直接从事考试。该机构负责协调和整合各考试委员会的考试，并使这些考试证书能够得到文官委员会、专业考试委员会等的承认。教育委员会对于是否建立中央考试管理机构犹豫不决，但是在促使证书互相承认方面做了一些努力。

1911 年，中等学校考试咨询委员会在《布赖斯报告》的基础上，依据如下三个原则就政府如何加强对考试的管理提出建议。其一，把校外公共考试与对学校的督导结合起来，对当时的督导方式进行改革，增加对学生考试的成分；其二，减少考试类型；其三，培养 16 岁之前的学生的中等学校考试要以自由教育为基础。第一次世界大战结束后，这些建议开始实施。1917 年成立中等学校考试委员会，其职能是对中等学校的考试进行协调和监管。中等学校考试委员会的成立是各方妥协的结果，共设委员 21 名。其中 10 名代表大学考试委员会，分别来自牛津和剑桥联合考试委员会、牛津地方考试委员会、剑桥地方考试委员会、北方大学入学考试联合委员会、达拉谟大学考试委员会、布里斯托大学考试委员会和伦敦大学考试委员会；地方教育局有代表 5 名；教师代表有 6 人。2 年后又增加了威尔士中央委员会的代表。从 1918 年起，经政府批准参加考试的人数都会在教育委员会的年度报告中进行公布。

1920 年，中学考试委员会就大学入学考试的要求与大学进行磋商，参与磋商的还有专业考试机构、文官委员会和教师组织的代表，目的是劝说他们承认新推出的学校证书和学校高级证书，以此来取代他们自己的考试证书。3 年后，另外一些类似的考试机构如皇家医师学会、特许秘书学会、皇家不列颠建筑师学会和测量师学会等也同意承认学校证书和学校高级证书。

通过上述的发展，大学考试委员会逐步接受由各方代表组成的中等学校考试委员会的监管。新成立的中等学校考试委员会制定标准，对不同类型和不同目的的考试进行协调和整合，而日益发展壮大的文法学校和公学的考试权也掌握在中等学校考试委员会及其批准的考试委员会手中，使政府加强了对考试的控制。改革出现多赢的局面，国家可从大学的权威学术地位方面受益，政府在加强对考试控制的同时，还兼顾了考试委员会、教师等的自主权，这足以弥补当时考试制度的不足。

四、大学入学考试和学校资格考试证书并存及冲突

1917 年引进学校证书以后，大部分大学在某种程度上都予以承认，但入学要求各不相同，出现大学入学考试和学校证书考试并存的局面，这种状况一直持续到普通教育证书（GCE）的出现。

1917 年，牛津大学开始有条件地免除部分学生参加学校的入学考试。如果学生持有学校证书，取得 4 个学科学分证书，其中有 1 个学科学分证书是拉丁语或希腊语，还有 1 个学科证书是另外 1 门外语的学分，就可以免除大学的入学考试，并且这 4 个学科证书不需要学生非得一次考试就取得。伦敦大学的入学要求是 5 个学科学校证书学分，作为大学入学考试时必须是经一次考试取得，要求其中 3 科分别是英语、数学和拉丁语或希腊语或科学。当时，大学考试已行之有年，其标准广为考生和雇主熟知，而学校证书考试相对出现较晚，其地位在社会上与大学入学考试不能相提并论。尽管大学入学考试是专门为想进入大学学习的考生设计的，但雇主在雇用员工的时候不是看学校证书，而是更看重大学入学考试证书，因为凭雇主的经验，通过大学入学考试是成功完成文法学校课程的标志①。家长也给学校校长施加压力，要求允许他们的孩子参加大学入学考试的科目，尽管这些科目并不适合他们的孩子。有些学生尽管拿到了学校考试证书，但仍在学校留级 1 年，目的是能够达到大学入学考试标准，取得大学入学考试证书。就是取得学校证书也不是件容易的事，在那些没有取得证书的学生中，有大约 30%仅仅是因为 1 门科目没有通过。大学入学考试标准更高，可想而知要想通过大学入学考试的难度有多大。

这一时期，大学入学竞争激烈。1931 年，来自国家资助的文法学校的学生被英国大学录取的只有 4 132 人，而同年仅伦敦大学考试委员会和北方大学入学考试联合考试委员会两家审查就允许 11 119 名合格考生参与大学入学考试。大学入学考试资格要求非常严苛，缺乏灵活性，特别是伦敦大学，很多通过学校证书考试的学生仍无法获得大学入学考试证书，如获得 7 个学科学分证书并通过西班牙考试的一个男生，他获得的 7 个学科学分证书

① R. J. Montgomery, Examinations: An Account of Their Evolution as Administrative Devices in England, London: Longmans, Green & Co. Ltd., 1965, p. 135.

包括数学和3门科学学科学分，他申请了试验技术学院的大学入学考试，对于该生来说应该是很合适的，但没有成功，因为按照规定没有取得大学入学证书，所以无法被大学录取。在1939年至1945年间，对大学入学考试资格要求虽然有所放宽，但伦敦大学直到1951年仍然要求考生参加完整的大学入学考试科目。

大学入学考试的要求对学校的课程造成冲击。1931年中等学校考生委员会的调查表明，大学入学考试要求的科目成为学校的主要课程，对于那些学业较差而无法进入大学学习的学生来说，他们也被迫学习那些对他们并不合适的课程，因此，根据课程进行考试的原则就成为一句空话。调查委员会呼吁大学考试委员会应该停止授予大学入学考试证书，认为大学入学考试和学校证书考试并行不是明智的选择，建议大学入学应该综合高级学校证书和学校证书的成绩。

此后，有5个考试委员会按照调查委员会的建议进行改革，但是伦敦大学继续要求考生必须具备他们要求的严格的基本条件，才能参加其享有盛誉的大学入学证书考试。1935年，北方大学入学考试联合考试委员会宣布，从1937年起，不再把大学入学考试证书作为单独证书发放，大学入学开始依据高级学校证书和学校证书的成绩，但是要扭转学生家长和雇主对大学入学考试证书的态度，不是一朝一夕的事。

与此同时，中等学校考试委员会制定计划，试图解决大学入学考试证书与学校证书不能互通的问题。中央教育委员会虽有权调整学校证书和高级学校证书考试，但调整大学入学考试不在它的职权范围之内。尽管中等考试委员会对大学入学考试可以提出建议，但这些建议是否被接受，则由各大学考试委员会自主决定。1938年，中等学校考试委员会批评大学入学考试对中等学校课程和教学造成了冲击，建议考试应该从以学科为本转变为以学生为本，要根据考试的不同目的，采用不同的考试制度；如果考试设计的出发点是测试学生完成学业的情况，那么考试评分制度只设及格和不及格是不够的，需要设更多等级才能准确反映学生的学业程度。如果考试的目的是对学生进行资格认证以便顺利进入就业市场，那么，只设考试通过的标准就可以了。同时，中等学校考试委员会还建议考试科目应该适合考生的能力和性向，出于学生利益的考虑，建议集体报考的制度应该放松，但是这个问题直到1951年才最终解决。

从1939年中等学校考试委员会的调查小组对高级学校证书评估得出的

结论看，高级学校证书的功能比较明确：第一，大学入学；第二，中六学级的学生学业考试。第一个功能发挥的效果较好，因为在实际大学入学中通常依据高级学校证书考试。1937 年，参加高级学校证书考试的考生至少有一半希望升入大学、培训学院或者学习医学课程。第二个功能发挥的效果不尽如人意，16 岁后留在中六学级学习的学生人数不断增加，而完整的高级学校证书考试对于他们来说难度太大。为了解决这个问题，后来增加了水平介于学校证书考试和高级学校证书考试水平之间的高级学校证书补充级的考试，对象是学业成绩不太理想的学生。实际上，补充级考试就是在学校证书考试水平上再多学 1 年。

伦敦大学考试对大学学院在英国各地的发展起了特别重要的作用。校外学位制度使很多大学学院发展成为大学，同时为由于各种原因不能上大学，但有学习潜力的学生提供进入大学学习的机会。伦敦大学入学考试在两次世界大战之间深受各界青睐，不仅仅因为它是进入伦敦大学的通行证，也不完全因为它是雇主的需要，还与伦敦大学同时运行的两对考试的关系有关：一是伦敦大学入学考试和学校证书考试的关系，二是伦敦大学中级考试和高级学校证书考试的关系。由于大学入学考试和学校证书考试还不能互通，而社会上又普遍认同大学入学考试，使得大学入学考试备受推崇。由于伦敦大学中级考试本身是伦敦学位考试的一部分，可以减免伦敦大学校外学位的部分学分，所以参加伦敦大学中级考试者众多，而高级学校证书考试则很少有人问津，后者于 1955 年被废除。

第四节　证书型高校招生考试制度的形成

大学建立之初没有入学考试，对于国籍、社会成分、智力状况和语言均没有明确要求。牛津大学、剑桥大学的入学典礼（matriculation），只标明学生注册就成为大学的学生。甚至没有规定固定的入学时间，任何时候都可以入学，也没有最低的入学年龄的限制①。大学入学仅有的要求是证明自己接受过天主教的洗礼，提供品行的证明，这些一般人都能够达到。

① Ridder-Symoens，Hilde de Ridder-Symoens，A History of the University in Europe：Universities in the Middle Ages，Vol. 1，Cambridge：Cambridge University Press，2003，p. 171.

中世纪后期，大学开始提出大学入学要进行宗教测试、口头问答等要求，但也没有正式的入学考试。直到19世纪初，随着书面考试的出现，牛津大学、剑桥大学开始废除宗教入学测试，对学生在攻读学位课程的前后进行较正式的测评，逐步实行考试制度。1858年，牛津大学、剑桥大学地方考试委员会的成立，使原来只针对校内学生的考试扩展到校外，开始对中等学校学生进行大规模的校外公共考试。从1877年起，两所大学地方考试委员开始对考试合格的学生授予证书，考试的重点从对学校办学绩效的督导转变为对学生进行考试授证。此后伦敦大学考试委员会推出了依据大学入学标准设计的大学入学证书考试（matriculation）。

1918年，开始实施由中等学校考试委员会推出的学校证书和高级学校证书考试，其中高级学校证书考试相当于大学入学考试的水平。在相当长的一段时间内，大学入学证书考试与学校证书考试并存，直到1951年实施普通教育证书（GCE）制度才结束这种状况。普通教育证书的实施标志着英国证书型大学招生考试制度的确立。后经修改、补充，这一制度逐步完善，并成为英国大学招生制度的传统。

一、学校证书与高校招生

进入20世纪，英国中等教育得到进一步发展，随着中等教育的发展考试的影响也日益加强。为了更好地协调各考试机构，统一各类考试，1917年成立了中等学校考试委员会，通过考试来推行政府的教育政策。1918年，中等学校考试委员会推出学校证书和高级学校证书考试，具体考试事宜交由各大学考试委员会实施。布劳福德认为，当时之所以授权大学实施中等教育考试，是为了表明新推出的考试的学术含量，当然，这是以牺牲学校的艺术教育、实用学科教学和学生非智力因素培养为代价的。他说："不难理解，传统上处于教育象牙塔塔尖上的大学，长期以来几乎垄断了学术精英，理所当然地由它们来承担决定这一新出现的社会选拔机制的结构。"①

参加学校证书考试的通常是来自文法学校16岁的学生，学校证书考试旨在对学校的课程进行控制，鼓励学校为学生提供全面的优质教育，所以它的测评重点是学校，而不是学生。要获得学校证书，考生需要通过5门科目

① P. Broadfoot, Assessment, Schools and Society, London: Nethuen, 1979, p. 34.

的考试，其中4门科目要求来自3个学科组，每个组至少选1门。3个学科组是：人文学科组、语言学科组、数学和科学学科组；艺术、音乐和应用学科被认为是次科，归入第4组，可以从中选一门作为学校证书考试科目。由于学校证书考试的目的是对学校进行测评，整个班级集体参加考试，但是那些认为考试对于他们难度过大的学生不愿意参加考试。人们对考试采用学科组的形式不断提出批评，比如，女校长协会的成员学校就认为她们学校的女生就是因为无法通过数学或科学学科组的考试而无法取得学校证书。针对批评，学校证书考试作了部分调整，从1929年起，不再要求整班集体参加考试，1938年选考科目规定略有放松，允许考生可以在语言组或数学/科学组任选一门科目。高级学校证书测试的不是学校，而是在学校继续学习2年后的18岁学生。考生要专修2门主科目和2门补充科目。

从理论上讲，在英格兰和威尔士，大学招收学生的主要依据是学校证书考试的成绩。但要达到大学入学的要求，必须获得5个科目的考试学分，其中包括英语、数学和古典语言或现代语言，但各个大学的要求不同，有时候还要加上考生申请的学院或系增加的科目①。事实上，很多学生16岁后仍然留在学校专修3门至4门科目，2年后参加高级学校考试，因为大学入学竞争激烈，一些大学和热门专业（如医学）的最低入学标准水涨船高，另外，如果学生能取得高级学校证书，通常可以免修大学第一年的课程。

学校证书和高级学校证书都只能作为一个整体取得，获得的不是单科证书。学校证书考试的每一科目的成绩分为及格、中和优秀3个等级。高级学校证书的主干课程的成绩分为及格、中、良和优4个等级。有时候考生也参加高级学校证书补充级的考试。

学校证书和高级学校证书的目的之一就是通过实施统一的、相当于大学入学水平的证书考试来简化大学入学考试。当然学校证书和大学入学证书的水平还是存在差异的，学校证书考试针对的是要认定学校的某一年龄段的一般学生；而大学入学证书是由一些大学考试委员会授予，表示证书持有者达到了大学入学标准。学校证书考试中的学科只有被认证为更高的科目学分时，才能发挥其第二位的功能，即赋予考生进入大学学习和从事很多专业行业工作的资格。学校证书考试的时间大多由大学负责招生的机构决定，人们

① Reginald R. Dale, From School to University, London: Toutledge, 2003, p. 2.

开始担心，这样会使学校证书考试的真正目的变得模糊，因为考试最初的设计目的是对学生接受一段时间的教育后的测试，在证书实行的初期，通过的学科通常并没有单独记录在学校证书之上。

学校证书考试科目学分的配置方式对证书的实行有很大影响。1931 年，中等学校考试委员会任命了一个小组对此进行调查，此前于 1918 年和 1924 年先后对个别考试做过两个内部报告，但对考试的整体运行情况进行评估，这还是第一次。调查发现，到 1931 年止，只有牛津大学、剑桥大学联合考试委员会比较保守，坚持学生从第 4 个学科组选考的科目不得超过 2 个；一些考试机构要求学校证书记载学生更具体的学业成就；北方大学入学考试联合委员会要求学生要通过英语作文考试；伦敦大学要求除原来规定的 5 个科目学分外，学生还要通过英语作文、算术或基础数学的考试；有 4 个考试机构对考试结果设有荣誉等级；除 2 个考试机构外，其他所有的考试机构都设有优秀等级。北方大学入学考试联合委员会从 1918 年起，对证书的单个考试科目成绩分为及格（有学分）、良好和优秀，从 1932 年起所有及格的科目在证书上都有载明。这样做，一方面是考试机构要凸现其保持考试竞争的精神，这不禁使人又想起全部按等级公布学生成绩的岁月；另一方面，为了使证书能起到大学入学考试的作用，大学强烈要求增加大学入学所需的考试学分。中等学校考试委员会和教学协会不断施加压力，以消除考试过分强调分等甄别的现象，1934 年，剑桥考试委员会取消了证书考试等级中的荣誉和优秀 2 个等级。

实施学校证书的原因之一是通过考试推动学校一般文化知识的教学，在实施的过程中，也得到很多持这一理念的各方人士的支持①。高级学校证书考试是对在中六学级学习两年后的学生学业成绩的测试，比学校证书考试更专业，从 1 个～3 个学科中分别选出一个科目集中学习，然后参加高级学校证书考试，但有时也会从第四个学科组中选择科目作为高级学校证书补充级的考试科目。这两种考试都是通过考试对合格考生授证。起初，大学招生和专业部门录用人员主要依据的是学校证书考试成绩，后来转变为主要依据高级学校证书考试成绩，到 1951 年，替代了高级学校证书考试的就是普通教育证书高级水平（A-levels）。

---

① P. J. Hartog, Examinations and Their Relation to Culture and Efficiency, London: Constable And Company Ltd., 1918, p. 10.

二、普通教育证书与高校招生

1941 年，教育委员会直接任命以西里尔·诺伍德为主席的专门委员会对中等学校的考试和课程教学进行调查，并于 1943 年发布了著名的《诺伍德报告》。政府接受了报告的建议，于 1950 年用新的普通教育证书考试（GCE）代替从 1918 年实行的学校证书和学校高级证书考试①。普通教育证书（GCE）分 3 个水平：一般水平（O-levels）、高级水平（A-levels）和奖学金水平（S-levels）。尽管最初曾讨论把这种考试设计成学校内部考试，由教师控制，但最后还是决定考试性质是由现有的大学考试委员会来实施的校外公共考试。

按照最初的设想，普通教育证书的一般水平（O-levels）考试相当于原来的学校证书考试的中等水平（credit），可以用来甄别参加考试的 16 岁以上的学生是否适合学习中六学级课程、接受延续教育及专业教育等；高级水平（A-levels）考试通常由 2 年以后完成中六学级课程的 18 岁以上的学生参加，考试更突出专业性，其水平相当于原来高级学校证书主科考试。无论是一般水平考试还是高级水平考试均设及格与不及格两个等级，出发点是通过考试为学生授证，而不是提高学生间的竞争。奖学金水平（S-levels）考试只适用于希望获得国家奖学金的学生，是典型的竞争性考试。

与原来的考试制度相比，普通教育证书考试更加灵活。以前的学校证书和大学入学证书采用的是学科分组制，考生必须通过指定的若干门科目的考试才能获得证书，学生可选择的余地很小，不少考生仅仅因为无法通过一个学科组的科目考试，结果功亏一篑，无法取得证书。普通教育证书采用的是单科证书制，学生对考试科目的自主选择性大大加强，更具弹性，通过 1 科考试，就可以获得 1 个单科证书。

1951 年，举行了首次普通教育证书考试，在之后实施的过程中，对其不断进行修改。实施后不久，中等学校考试委员会就提出第二个报告②。报告建议高级水平考试（A-levels）在原来及格与不及格两个等级的基础上增

① 在下发的英国教育部通函 168 号中，正式接受《诺伍德报告》的建议，取消学校证书考试。

② Examinations in Secondary Schools, The Second Report of the Secondary School Examinations Council, 1952.

加优秀等级，以便于选拔的需要，教育部[①]很快就同意了委员会的建议。实行单科证书制的高级水平考试（A-levels）旨在对中六学级的优秀生进行测试，这些学生往往只选择2门～3门科目进行深入学习。

A-levels 的重要功能是用于高等院校招生，在高等院校招生中起着重要作用，当然它还有其他的功能，如就业的功能。O-levels 反映的是学生接受的普通教育情况，仍然属于合格考试，是政府对学生达到一定教育程度的认定；A-levels 在一定程度上反映的是考生接受专门教育的情况，测试的重点是专业知识。A-levels 的这种设计是试图解决当时高等院校的招生中存在的问题：一方面，高等院校的招生名额大大低于申请的人数，竞争越来越激烈；另一方面，一些高校招收的学生是普通知识掌握良好，但不具备专业知识，然而二战后，社会经济发展急需的是掌握专业知识的人才。随着中六学级的发展，大学开始在中六学级就修完1年大学课程的学生中进行选拔，到中六学级而不是在中五学级[②]才开始进行选拔性考试。从考试制度设计上推迟选拔考试，这既可防止考试对学校教育造成的冲击，也保证了高校能够招收到具备一定专业知识的学生。

随着政府资助的增加和家长对子女接受高等教育可以使家庭和学生本人受益的认同，人们对高等教育的需求不断扩大。作为独立教育机构的大学，可以在政府新的制度下，自主选拔它们希望招收的学生。1949年，在英国大学副校长委员会召开的一次会议上签订了一个协议，称为“蒙特福德协议”，反对《诺伍德报告》中提出的普通教育证书考试由学校控制的建议，并明确限定了大学入学的要求[③]。要求申请大学入学的学生除通过英语考试外，还需通过4门～5门科目的普通教育证书考试，其中有2门为 A-levels 的科目，这些科目中必须包括数学（或经认可的科学科目）和1门语言科目（除英语外）。仅提供4科普通教育证书的，要求一次性通过1门 O-levels 考试科目和2门 A-levels 考试科目。大学副校长委员会做出这样的决定时，既没有征求中学的意见，也没有理会教育部，但不久就得到大部分大学的认同。

---

① 根据1944年的英国教育法，组建中央教育行政管理部门教育部，取代了原来教育委员会的职能。

② 中五学级指11年级，学生年龄大约在16岁。

③ The New Examination，The Times Educational Supplement，15 January 1949，p. 35.

1953 年 2 月，大学根据“蒙特福德协议”，设定了招生的最低要求。申请者通过 5 门～6 门科目的普通教育证书考试，其中，2 门为 A-levels 考试科目；考生必考科目有 3 门，即英语、1 门外语或古典语言、数学或经认可的 1 门科学科目。如果考生只提供 5 门科目的普通教育证书考试，其中 2 门 A-levels 考试科目和 1 门无关的考试科目必须是同一次参考的科目①。但不同的大学对“认可的科学科目”和“无关的科目”有不同的理解，如威尔士大学认定地理是科学科目，而英格兰和苏格兰的大学（布里斯托大学例外）不接受地理是科学科目；牛津大学、剑桥大学仍然坚持申请人要通过 1 门 S-levels 的古典语言考试，剑桥大学要求申请人除英语外，还要通过 2 门语言科目的考试，这 2 所大学虽然没有明文规定要有 A-levels 考试科目证书，但由于竞争激烈，A-levels考试科目证书是必须具备的。当时有一些大学在接受普通教育证书的同时，仍然举行大学入学考试作为考生的另一个选择，如贝尔法斯特大学、达拉谟大学和南安普顿大学。

大学入学的最低年龄一般是 17 岁②。每个大学对成人学生都设了大学入学考试，对于那些已经离校又不具备大学入学要求资格的成人提供进入大学学习的机会，规定他们的最低年龄为 23 岁③。一些大学，如伯明翰大学、布里斯托大学和利物浦大学，还专门为涉及工业和商业的 19 岁考生设立大学入学考试。所有针对成人年龄考生的大学入学考试在古典语言方面都未作要求。对留学生的入学有不同于一般考生的特殊要求，特别是放松对外语的要求。

当时大学间对于入学申请事宜没有任何协议，原则上申请人要在入学前一年提出申请。④ 在伦敦的一些学院和牛津大学、剑桥大学的大部分学院，虽然具备相关资格的申请人还需通过学院自己举行的入学考试或奖学金考试

---

① Reginald R. Dale，From School to University，London：Routledge and Kegan Paul Ltd.，2003，p. 2.

② 曼彻斯特大学允许 16 岁的男生入学，利物浦大学男、女生的入学年龄都是 16.5 岁，布里斯托大学接受 17.9 岁学生入学。

③ 各大学的规定有所不同。伦敦大学是 20 岁，诺丁汉大学是 21 岁。

④ 对于直接入学（direct entry）的学生有一些特殊要求，如想直接进入伯明翰大学医学课程二年级学习的学生必须至少提前 18 个月申请；申请直接入学学习谢菲尔德大学工程课程的学生，至少 13 个月前申请，并且又有在工业方面 12 个月的实践经验，大部分矿业专业的课程也提出类似的要求。

才能确认，但他们必须先入校学习。对于申请牛津大学、剑桥大学的学生来说，有时候提前几年就要提出申请①。没被录取的学生，有时候可以申请读证书和文凭课程，如社会科学。学校有时也会有一些旁听生（occasional students），他们没有参加学校考试，学生学习这些课程只是想从中受益，目的不是获取学位或文凭。

普通教育证书和之前的学校证书最大的不同在于它是对考生个人进行测试的校外考试，而不是对学校教学质量的测评。虽然具体负责实施考试的大学考试委员会没有准备，也不想通过考试改变中等学校的课程结构，但事实上，由于大学招生、专业机构和雇主招聘员工时对考试的科目数量或考试科目组合提出要求，结果还是对学校课程造成重大影响。这时很多现代中学②（学校教师和家长）迫切希望能够允许学生参加普通教育证书考试，因为普通教育证书是对学生的国家认证，雇主对此也趋之若鹜。越来越多的现代中学让学生参加普通教育证书 O-levels 和其他的考试。一般来说，学生到 16 岁才能参加普通教育证书 O-levels 的考试，但很多学生到法定离校年龄（当时是 15 岁）之后仍然留在学校继续学习，目的是复习考试取得普通教育证书。在 1955 年教育部通函 289 号中，放宽了学生参加 O-levels 考试的年龄限制，但提醒现代中学的教师如开设普通教育课程，其对象只能是部分学习优异者。

三、精英高等教育招生制度面临的挑战与中等教育证书的引入

20 世纪 50 年代，社会科学家对教育不平等的问题以及学生的成长经

---

① 在伦敦大学，无论申请校外生还是校内生，首先要向大学评议委员会的大学入学委员会秘书处提出申请，然后到相关学院、系申请注册；地方大学学生可直接向大学注册处申请；在牛津、剑桥大学可直接向学院申请，负责大学入学申请的是高级辅导教师或入学指导教师（admission tutor）。

② 1944 年—1976 年，英国中等学校实行“三轨制”的教育制度。学生 11 岁时参加完国家考试后进行分流，分别进入文法学校、技术学校和现代学校。文法学校学生的未来目标是成为国家精英，16 岁参加普通教育证书 O-levels 考试；技术学校重点开设工业和科学课程，学生未来的目标是成为科学家、工程师和技师，地位和文法学校大致相同；现代学校的学生人数尽管占学生总数的 70%，但在人们的印象中它是“三轨制”教育的最底层，培养目标是技工和普通的劳动者，开始是不需要考试的，后来参加学校的证书考试也仅证明学生在校学习到 15 岁。

历、社会经济背景和教育成绩之间的关系进行调研，发布了一系列的官方报告，对非文法学校学生应学习的课程和参加的考试提出建议。1954 年中央教育咨询委员会的报告提出对学生过早离校而埋没人才的状况表示担忧；此后的弗莱德、荷尔赛和马丁报告指出劳动阶层和非劳动阶层家庭子女进入文法学校学习的机会存在显著差距①。克鲁热报告虽然赞成将中等教育“三轨制”延伸到延续教育（further education），但对高等教育过度精英化而使人才埋没的现象也表示担忧，克鲁热建议现代中学应该为学生提供拓展性课程，为一半学习能力较弱的学生提供地方或地区性的离校证书考试，但是要求只有经过地区或地方组织的考试，学生才能参加；大部分学生应该避免参加校外考试，因为这会对学校课程造成冲击。克鲁热还认为考试应该是学校课程的“忠实奴仆，而不是霸道跋扈的主人”②。

尽管普通教育证书考试似乎对现代中学的学生并不合适，但是参加O-levels的现代中学学生却与日俱增，并有不少学生成功地通过了考试。究其原因主要有两个：一是来自家长和社会的压力，因为大学招生和就业主要依据的是普通教育证书；二是学校在社会上的地位和名气越来越依据其学生校外考试成绩的好坏③。到 1955 年，现代中学里准备参加校外考试的学生越来越多，除参加 O-levels 课程外，有的还参加了皇家艺术学会、伦敦城市与行业协会和教师协会的证书考试。现代中学的发展如同陶尼（Tawney）称之为蝌蚪哲学④中所描述的状况，少数幸运的蝌蚪经过蜕变成为青蛙，而

① J. Floud, A. Halsey, F. Martin, Social Class and Educational Opportunity, London: Heinemann, 1956, pp. 42-62.

② Central Advisory Council for Education, Crowther Report, HMSO, 1959, pp. 15-18.

③ P. Broadfoot, Assessment, Schools and Society, London: Nethuen, 1979, p. 40.

④ 陶尼（R. H. Tawney）在《论平等》（Equality）中有这样的描述：“虽然身处不利的环境，才智较为聪明的蝌蚪是有可能告诉自己稍安勿躁，因为它们总是可以想到一桩事实：同类的大多数就将这样终其一生，永远就是蝌蚪，但总有幸运的一批，有朝一日，它们的口肚必将变大，然后敏捷地跳上陆地，回首向先前故友哇呜哈哈，说是它们凭着这些长处、凭着那些手段，凭此得以从蝌蚪蜕变成为青蛙。对于社会抱持着如是的概念，不妨称之为‘蝌蚪哲学’（the Tadpole Philosophy），在其之下，社会性的罪恶，如果还能够让人得到安慰，也就剩下‘卓越的个人，可以成功地逃避社会性罪恶啊’之类的想法。……这岂非是说，秀异权柄之使用，再高贵也只能是推挤攀爬上岸，但绝口不提、视而不见、知而不想自己方当登陆之时，正是众多同伴行将灭顶之日！”

众多的蝌蚪仍将作为蝌蚪终其一生①。

针对这种状况，1958年成立了比洛伊（Beloe）委员会对中等学校的考试进行调查，并于1960年公布委员会的报告，建议为中等学校里16岁的学生设立一个新的考试。根据报告的建议，除了成绩优异的20%的学生应该参加O-levels外，接下去20%的学生适合参加拟推出的新考试中的4门及以上科目的考试，还有20%的学生可以尝试一些单科考试，新考试不应该是O-levels考试的简单缩小，而应该是根据上述学生的能力水平和他们的需求、兴趣来设计。新考试与普通教育证书考试的一个明显区别是强调教师在考试中的主要作用，所以新考试不是掌握在大学考试委员会手中，而是掌握在相关的教师手中。报告还提出建议，建立一个与中等学校考试委员会密切合作的中央咨询机构来统一协调各考试机构的工作，加强对考试的研究。

为落实《比洛伊报告》的建议，1963年正式设立中等教育证书（CSE）考试，并于1965年正式实施。考试分三种模式：第一，依据地方委员会制定的教学大纲而设计的外部考试；第二，依据学校教学大纲设计的外部考试；第三，考试依据学校教学大纲进行设计，由学校进行评卷，校外考试机构进行综合平衡。中等教育证书（CSE）考试结果分为5个等级，如果成绩在第5等以下，不再区分，其中第一等相当于O-levels的及格等级。O-levels针对的是学习能力在前20%的学生，CSE则是面向之下的40%的学生。

中等教育证书（CSE）考试中可反映教师对于学生考试与评价的发言权。伴随着新的考试制度的出现，1964年成立了课程与考试学校委员会取代原来中等学校考试委员会的功能，目的是使学校的实际课程教学工作与考试更好地结合，以利于课程和考试的改革与创新②。中等教育证书（CSE）考试继普通教育证书之后，使如下的趋势得以加强，即公共考试的评价焦点由学校转向学生个人。

四、大众化高等教育招生制度的要求与证书考试制度的整合

第二次世界大战后，随着社会经济的发展，需要高等院校培养大量应用

① R. H. Tawney, Equality, London: George Allen & Unwind, 1951, p.105.

② J. Lawson, H. Silver, A Social History of Education In England, London: Methuen, 1973, p.444.

型人才，英国传统的精英高等教育模式越来越无法适应人才培养的需要，国家开始广泛介入高等教育事务①。1963 年组建的罗宾斯委员会对英国高校招生的全日制学生来源状况进行调查，结果发现学生的社会经济背景与他们的学业成绩有密切的关系。尽管 19 世纪 20 年代以来，接受高等教育的人数有很大增加，但是来自各个社会阶层的学生所占的比例并没有变化。委员会还强调大学应该培养学生在就业市场中所需要的技能；主张高等院校应该满足每一个具备入学资格的学生接受高等教育的要求，并扩大高等教育规模以实现这一目标。此后，在政府支持下，建立了 10 所“绿地大学”，并把原来的 10 所高级技术学院升格为大学。同时，各地也纷纷建立了多科性技术学院，为生产、服务、管理培养第一线人才，它们的招生要求也和传统的高校有所不同，传统的精英高校招生制度开始向大众化高校招生制度转变。

与英国分权教育传统相对应，公共考试不是由政府直接组织，而是由各地区十几个考试委员会负责对中等学校离校的学生进行测试。自 1951 年以来，与大学入学相关的证书考试主要是普通教育证书（GCE），学生在 15 岁或 16 岁时，可以参加普通教育证书 O-levels 考试，考试科目为 4 门～8 门，证明学生按照基本要求完成 5 年普通中等教育；普通教育证书高级水平（A-levels）是在中六学级继续学习 2 年后参加的考试，考试成绩的优劣直接关系到他们能否进入高等院校学习。但这些考试面向的只是能力在前 20％的学生，参加考试的往往是文法学校或技术学校的学生，而占学生总数 70％以上的现代中学的学生没有与之相应的证书考试，无法取得升学或就业所必需的资格。所以从 1965 年起，英国引进学术性不是那么强的中等教育证书（CSE），目的是改变“三轨制”中三类学校及其就读的学生的不平等地位，上述这两种考试制度一直平行运行了 20 多年，直到 1988 年设立普通教育证书（GCSE）。

但两种考试制度平行运行，造成课程设置和考试评价体系处于混乱状态，改革呼声一直不断。综合各方提出的改革方案，主要有三种意见：一是对18 岁学生参加的考试的结构进行调整；二是为 17 岁年龄组的学生设立新的考试；三是对两个 16 岁学生参加的考试，即普通教育证书 O-levels 考试和中等教育证书（CSE）合二为一。但各方坚持己见，互不相让，最大的阻

---

① Lesley Pugsley, The University Challenge: Higher Education Markets And Social Stratification, London: Ashgate Publishing, Ltd., 2004, p. 13.

力来自普通教育证书考试委员会和大学，特别是大学反对改革的声音最大。从考试一开始，大学就通过其在中等学校考试委员会的代表介入考试政策的制定；大学运用自己的权力，把大学入学的标准与证书考试联系起来；大学通过与中六学级的传统密切关系和参与大学考试委员会的运作来对考试制度施加影响。

20 世纪 60 年代到 80 年代，英国试图整合校外证书考试和建立统一、相互衔接的公共证书考试制度的努力一直没有停止过。

（一）整合中六学级考试的尝试

大学入学的要求直接影响中等学校特别是中六学级的课程与考试评价，1964 年开始运作的学校委员会（the Schools Council）① 特别关注中六学级的考试，原因主要有两个：其一，越来越多的学生进入中六学级学习，大部分学生旨在通过 2 科到 3 科的 A-levels 证书考试，拿到进入大学的通行证，也有一部分学生把其作为跳板，以便顺利进入专业部门就业，但整体来说，中六学级的现状并不令人满意；其二，对于中六学级在教学中过早分科，只专修2 门～3 门科目导致学生知识面过窄的现象表示担心，其实，大学和大学入学会议常务委员会（SCUE）也有同样的担心②。1966 年 SCUE 建议中六学级的课程采用模块化结构，学生可以选择通常有 2 门主修科目和 4 门副修科目的“课程包”（package），在学校委员会工作简报第 5 期中对这些建议作出了说明，第 16 期工作简报对建议进行了修改，并建议对如何具体操作应进一步细化。1968 年由学校委员会和大学入学会议常务委员会共同组成 2 个工作小组，一个小组由巴特勒（Butler）教授任主席，研究对象是拟升入大学的学生，关注其课程与考试的设计；另一个小组由布拉奥特（Briault）博士任主席，研究的对象是不想升入大学的学生，关注其课程如

① 学校委员会（the Schools Council）是 1964 年由教育大臣签署设立的。它接管了原来中等学校考试委员会和课程研究小组承担的英国课程和考试管理的职能。1969 年进行体制改革，注册为非营利的慈善团体。1970 年成为独立运作的半官方组织，其运作经费由中央政府和地方政府平均分担。1983 年—1984 年其职能又被学校课程发展委员会和中等学校考试委员会所取代。1984 年停止运行。

② Jo Mortimore，Peter Mortimore，Secondary School Examinations：the Helpful Servants，not the Dominating Master，London：the Institute of Education，University of London，1984，p. 56.

何与延续教育、工业和商业链接。

（二）资格级考试和延续级考试的建议

1969 年，两个工作组发布共同建议，即《巴特勒—布拉奥特建议》，提出把考试分为资格级考试（Qualifying Examinations，简称 Q 级考试）和延续级考试（Further Examinations，简称 F 级考试）①。联合建议提出应设计涵盖面较宽的包括 5 门科目的课程，中六学级学生第一年学习 5 门 Q 级课程，参加 CSE 证书考试；第二年深入学习 3 门 F 级科目，参加 GCE 证书考试。工作组还建议 O-levels 考试中应该有一部分他们称之为“校内证明”的部分，这一部分采用学校教师评价的形式，减少对外部考试机构的依赖。但是这些建议遭到大学、考试委员会和教师联合会的强烈反对。大学虽然对中六学级课程过窄、过专及忽视科学、艺术教育的状况表示不满，但现在又回到 A-levels 考试的标准与大学入学关联性的老问题上来，很多大学担心由 5 门科目组成的中六学级课程会降低目前 A-levels 课程的质量，言下之意是高校招收的新生质量会下降。教师对建议的意见也是两极分化，一部分人赞同，一部分人认为建议提到的中六学级新课程在广度上还不够。大学入学会议常务委员会（SCUE）本身对此也有担心，担心保留 16 岁学生参加的 O-levels 证书考试，同时又引入 Q 级和 F 级考试，将会使学生在 16 岁～18 岁 3 年内连续参加 3 个考试，加重学生负担，并认为这不是明智之举，也有失公平。

虽然《巴特勒—布拉奥特建议》最终没有被采纳，但在应该增加中六学级课程的广度方面达成广泛共识。

（三）标准级和提高级证书考试的建议

1970 年这两个工作组受学校委员会中的管理委员会委托继续研究提出各方都能接受的改革方案。1973 年，学校委员会第 46 期②、第 47 期工作简报中提出把考试分为标准级（Normal Level，简称 N 级）和提高级

---

① Proposals for the Curriculum and Examinations in the Sixth Form, Schools Council and Standing Conference on University Entrance, Joint Working Party on Sixth-form Working Party, 1969.

② Schools Council, 16-19: Growth and Response, 2, Working Paper 46, London: Evans/Methuen, 1973.

(Further Level，简称 F 级)①。建议考试的结构分为两个层次，学生学习5门科目及为期2年的N级课程，在第二年一些学生选择其中的2门科目进行额外学习，参加F级考试，同时考虑引入拓展教育证书考试（CEE），连同N级考试可以适应中六学级中有不同学习能力的学生的需求。建议认为CEE证书课程、N级课程和F级课程可以拓宽中六学级课程，避免学生过早集中对个别科目的学习、限制学生对学习科目的选择。

为了增强评估建议的可行性和实施后对整个教育制度的影响，联合考试委员会专门委员会开展了为期4年的研究和调查。经过初步的个案研究，联合考试委员会专门委员会得出的结论是，在现有的教学资源范围内，学校可以有效开展建议提出的中六学级教育②。但相关各方对标准级和提高级证书考试的可行性研究结果反应不一。

第一，大学的反应。大学的批评最为激烈。尽管大学入学会议常务委员会（SCUE）充分参与了考试改革研究的全过程，但没有一个大学明确表示支持新的考试制度。大学对学校面临的困境和改革的基本原则表示理解，但认为上述建议提出的考试制度并不是解决问题的适当办法③。大学担心宽泛的课程安排（5科）会使招收的大学新生所掌握的专业知识深度远不及目前学习3科A-levels科目的学生。大学虽赞成增加中六学级课程的广度，但认为不应该以牺牲学科的深度为代价。也有一些大学教师对建议表示支持，如新建的科技大学教师及教授新兴学科（如社会科学）的教师更倾向于支持这项建议，而一些老牌大学普遍担心这样会降低大学的入学标准。大学重申对18^{+}岁（即18岁以上）学生参加考试应承担的责任，并对普通教育证书(GCE) 考试委员会作为被授权考试机构能够保持标准有充分的信心④。

第二，GCE 考试委员会的反应。所有 GCE 考试委员会都反对 N 级和

① Schools Council, Preparation for Degree Courses, Working Paper 47, London: Evans/Methuen, 1973.

② Schools Council, Examinations at 18-plus: Resource Implications of an "N" and "F" Curriculum and Examination Structure, Examinations Bulletin 38, London: Evans/Methuen, 1978.

③ Standing Conference on University Entrance, The Universities' Views on the "N" and "F" Proposal, London: Evans/Methuen, 1979.

④ Standing Conference on University Entrance, The Universities' Views on the "N" and "F" Proposal, London: Evans/Methuen, 1979.

F级考试建议，特别是南方大学联合考试委员会和剑桥考试委员会的反对最为强烈，他们认为引入N级和F级考试会花费更多的时间、支付更高的成本、投入更多的人员进行考试管理。也有一些GCE考试委员会（如牛津、剑桥学校考试委员会）认为改革是必要的①。

由于1979年5月政府换届，使决定是否接受N级和F级考试的建议推迟。新上任的教育大臣有意继续保留A-levels作为衡量学生取得优异学业成绩的标杆地位，并要求学校委员会对16岁～19岁阶段学生的其他考试课程提出改革建议。1979年12月，学校委员会提出增加中级水平考试（I-level）的建议。中级水平考试的对象是达到O-levels考试C等及以上或者达到CSE考试一级的学生。在2年时间里，中级水平考试课程的学习时间相当于A-levels课程学习时间的一半。这样中级水平考试（I-level）加上拓展教育证书考试（CEE）就构成了除A-levels考试之外的中六学级的证书与考试框架。学校委员会认为中级水平考试为那些认为A-levels课程学术性太强或者限制过死、没有选择性的学生拓宽了可学习的课程，同时避免当他们离开中六学级进入就业市场时，却拿不出任何资格证书的窘境。政府对此表现出极大的兴趣，但后来还是因为大学担心这样会冲击A-levels课程教学，无法保持大学入学标准。

（四）拓展教育证书与新的17⁺岁（17岁以上）考试的尝试

在讨论作为大学预备教育的中六学级课程与考试改革的同时，把学生的离校法定年龄从15岁提高到16岁的建议得到广泛支持。越来越多的现代中学的学生进入中六学级，学生人数持续增加，学生的学习能力也千差万别。《巴特勒—布拉奥特建议》发布不久，全国教师联合会（NUT）也公布了自己的政策说明，敦促应该建立一个更高级别的考试，使现代中学的获取中等教育证书（CSE）考试后进入中六学级学习的学生也有一个适合他们晋级的证书②。

对新考试的参加对象的定位有不同的建议，但一般认为新考试应该面向那些不想或者无法攻读大学学位课程而又想获得相当于A-levels证书的学

① Oxford and Cambridge Schools Examinations Board, The "N" and "F" Proposals: Comments on the report to the Schools Council, December, 1978.

② National Union of Teachers (NUT), The Butler-Briault Proposals: Commentary and Policy Statement, June 1970.

生。1972 年，学校委员会就新考试设计时考虑的参加对象主持了一系列讨论。有人建议参加的对象不宜过宽，否则所有的学生，包括拟进入大学学习的学生 3 年中要参加 3 次校外公共考试，但参加对象也不宜太窄，否则就成为只有“差等生”才参加的考试，或者成为处于 O-levels 和 A-levels 中间等级的考试。经过咨询和讨论，学校委员会和 CSE 考试委员会建议新的考试为拓展教育证书（CEE）考试，考试的对象是获得 CSE 证书 2 等～4 等的学生，考试课程为 5 科,学习时间为 1 年。之后进行了试点，CSE 考试委员会开展 CEE 证书的考试，1974 年，CEE 证书得到了一定的正式承认，但教育大臣拒绝签字，CSE 考试委员会只得发给考生 CSE 证书，并在证书上附上 CEE 学分证明，试点被迫中止。

1976 年，学校委员会向教育大臣提出建议，新考试的参加对象为 17 岁的学生，并有在 16 岁考试中成绩一般的中六学级的学生。1977 年，教育大臣设立了一个以柯欧汉（Keohane）为首的委员会对这些建议进行研究，该委员会的委员包括来自学校、延续教育机构、工业界、商业界、工会和地方政府的代表。1979 年，柯欧汉委员会公布报告，原则上同意学校委员会的建议，但也有一些保留意见，认为建议中没有对这种采用单科证书考试的课程的属性和平衡提出明确的要求，考试中也没有包括交往的基本技能、算术或职前准备。柯欧汉委员会建议学校可以考虑把单科 CEE 证书考试与涉及基本技能培养的课程结合起来，包括交际技能、职前准备和生涯设计教育的课程；并提议教育大臣应该立即启动 CEE 证书考试的开发工作，继续开展试点。1979 年保守党上台后，政府不承认 CEE 证书，试点终止。

1980 年，保守党教育大臣公布绿皮书，表示政府有意为上文提到的 17 岁学生开发职前教育证书考试（CPVE），GCE 和 CSE 考试委员会将不会参与新考试的开发，他们主要集中精力开发统一的 16^{+}（16 岁以上）考试，政府似乎并不考虑 CEE 证书考试试点积累的经验。随后英国经济状况发生很大变化，年轻人无法就业的比例达到前所未有的高度，因此，人力资源服务委员会（MSC）推出了青年培训计划。1982 年，政府提出新的 17^{+} 证书考试的建议，重新启动停止了 2 年的计划，为在学校接受延续教育的 16 岁～19 岁年龄组的学生设计一种新的具有综合性和连贯性的职前教育证书（CPVE）考试课程。计划将 CPVE 证书考试的课程与青年培训计划课程进行整合，使整个课程兼顾职业教育和普通教育的平衡，并成立一个由延续教育委员会、GCE 和 CSE 考试委员会以及地方教育局协会共同组成的委员会来管理新的证书考试。CPVE证书不分及格和不及格，但证书载明对学生在整个课程学习过程中的评价。1985年，在CPVE证书考试实施不久后，延续教育联合会公布了对1984—1985学年度试行情况进行评估的文件，表明在参加证书课程学习的896人中，大约40%的学生中途退出课程的学习，但退学的学生主要是就业了；各方对CPVE证书课程给予正面评价，认为课程与就业密切相关，使学生在实现自己就业目标时增强了信心，获取了相关的职业技能和工作经验。CPVE以国家职业资格证书形式，从某种程度上整合了繁杂的资格证书考试，但由于当时政府管理体制等原因，这种想法在执行起来困难重重，教育与科学部对新的考试机构就涉及教育的问题进行行政管理，但总体来说，职业资格证书的控制权掌握在就业部。

（五）普通教育证书一般水平和中等教育证书的整合

人们在围绕中六学级考试改革进行争论不休的同时，也在考虑对16^+岁考试进行整合。早在CSE证书考试实施5年后的1970年，学校委员会就提出建议将普通教育证书O-levels和中等教育证书（CSE）进行整合，合二为一，在16^+岁实行统一的考试制度。1971年，委员会公布了到1977年实现对16^+岁考试进行整合的目标，认为整合后的“新的单一考试制度应该基于课程优先……考试必须服务于学校课程而不是支配课程的理念”①。委员会提醒人们应注意近几年人们越来越认识到一个人的能力是一个连续的统一体，人们不希望也不可能提前预判学生未来的发展，而提前把他们分为GCE类型学生和CSE类型的学生；另外，综合中学的增加和推迟义务教育离校年龄使“双轨制”的16^+岁考试制度显得不合时宜②。

经过可行性研究，1974年，近70 000名考生参与考试试点，目标是到1980年能够推出新的统一的16^+岁证书考试。学校委员会收到所有GCE和CSE考试委员会、教师协会、学科协会、延续教育部门的反馈。所有GCE考试委员会都对建议表示赞同，CSE考试委员会也接受建议的原则，但表示建立统一的考试制度并不等于只实行同一个考试。只有2所大学提出反对

① Schools Council, Arguments for a Common System of Examining at 16-plus, Examinations Bulletin 23, London: Evans/Nethuen, 1971.

② Jo Mortimore, Peter Mortimore, Secondary School Examinations: the Helpful Servants, not the Dominating Master, London: the Institute of Education, University of London, 1984, p. 65.

意见，剑桥大学地方考试委员会认为“从可行性研究看，没有足够的证据表明单一的考试制度比‘双轨制’的考试制度会带来更多的问题”①。大学入学会议常务委员会（SCUE）认为，大学希望对 16^+ 岁考试仍然保持相当的影响力。

但反对者又一次提出对实行统一的 16^+ 岁考试制度是否能保持考试的标准问题。他们认为，如果统一的 16^+ 岁考试对学习优异者过于简单，就有降低 18^+ 考试标准的危险，因此高校招收学生的质量也会下降。人们对考试通过考试委员会在各地区的考试分支机构的“联邦制”的管理结构也表示担心，认为这样会削弱传统上与大学密切相关的考试委员会的权力，使考试的标准很难得到保障。1977 年，伍道尔委员会对 16^+ 岁统一考试研究进行评估，1978 年提出报告，认为实行统一的 16^+ 岁考试制度是必要的和可行的。委员会建议使用7 点制评分标准与现有的 GCE 和 CSE 考试标准衔接，在现有的 GCE 和 CSE 考试委员会基础上组成联合考试委员会，建立中央协调机构就全国统一学科标准、考试大纲和评价程序进行统一和协调等。委员会把实施考试的时间定在 1985 年。1979 年政党轮替使这一计划一度搁置，1980 年，工党的教育大臣宣布政府将建立统一的 16^+ 岁考试制度，并强调新的单一考试制度不仅面向能力在前 60%的 GCE 和 CSE 的学生，还可能为在不同能力组的学生设计不同难度的试卷。1982 年，教育大臣宣布废除学校委员会，它的职能由 2 个机构取代，即中等考试委员会和学校课程开发委员会，前者负责对 16^+ 考试和 18^+ 考试的协调和监管，后者就课程的相关事宜提供咨询。

（六）普通中等教育证书的设立

经过多年的研究和讨论，历经政党轮替，教育大臣终于在 1984 年议会下院宣布从 1986 年秋季开始学生学习 16^+ 岁统一考试课程，即普通中等教育证书（GCSE）考试课程，并定于 1988 年夏季第一批学生参加 GCSE 考试。同时，英国议会通过的 1988 年《教育改革法》规定：所有公立学校学生在义务教育结束时必须参加 GCSE 考试。

GCSE 考试的目的重在评价义务教育阶段学生的学业成绩和学校的教学

---

① Cambridge University Local Examinations Syndicate, Examinations at 16-plus: Summary of the Syndicate's Comments on the Report to the Schools Council, London: Evans/Methuen, February 1976.

水平，但其功能是多方面的，同时兼顾高一级学校、用人单位、教育部门及家长等利益相关方的要求。它一方面为高等院校选拔优秀学生服务，另一方面也为学生就业时给雇主提供参考。

总之，自从 1951 年普通教育证书（GCE）正式实施以来，英国形成了“证书型”高校招生考试制度。在此之前，英国各高校的入学标准各不相同，1953 年 2 月，大学副校长联合会根据“蒙特福德协议”，设定了招生的最低要求，即① 申请者通过普通教育证书（GCE）5 科～6 科的考试，其中 1 科必须为英语，其他 4 科或 5 科，成绩均需及格；② 其他 4 科或 5 科中，必须包括 1 门外国语，1 科数学或另外被认可的自然科学科目；③ 在上述通过的 5 科～6 科中，必须有 2 科成绩是通过高级水平（A-levels）证书考试；④ 如仅通过 5 科，则其中至少有 2 科必须是通过高级水平证书考试的，另一科是一般水平（O-levels）证书考试，但该科目必须是同一次考试通过的。1966 年，对上述标准又进行了调整，使其更加简化，即申请英国大学，必须有 2 科或 3 科 A-levels 证书考试及格成绩，O-levels（1988 年后改为 GCSE）的成绩也作为录取时的参考。之后又历经了 1988 年用中等教育普通证书（GCSE）取代中等教育证书（CSE）和普通教育证书一般水平证书（GCE O-levels）的改革、资格证书“双轨制”和“三轨制”改革、《2000 年课程》改革等，但是证书型考试制度和高校录取选拔制度没有发生本质性变化，这些将在第三、第四章中详细论述。

第三章　公共与服务：英国高校招生考试制度及其实践

如上一章所述，直到 20 世纪初，英国才设立了中央教育行政管理机构——教育委员会和地方教育局，在此之前，学校特别是大学对招生考试具有巨大的影响力。1917 年中等学校考试委员会（SSEC）的设立是相关各方妥协的结果，通过这个半官方机构的设立，使地方教育局、学校教师和大学在考试中均享有发言权，从而在招生考试领域形成了中央政府、地方政府、大学和中等学校相互合作又相互制约的“伙伴关系”。

随着英国政治和社会经济的发展，政府加强了对招生考试的控制，但政府仍然遵守不直接插手招生考试具体事务的原则，而是通过各机构分工合作，各司其职的方式，建立起高校招生考试公共服务体系。在这个体系中，国家和政府的责任是制定招生考试的法规、政策和标准，非政府的招生考试机构负责招生考试的实施，半官方的监管机构承担招生考试的监督责任。

第一节　英国公共考试认证体系

从 1858 年牛津大学、剑桥大学地方考试委员会分别成立并开展校外公共考试以来，经过 150 年的发展演变，逐步形成国家制定考试标准、考试机构实施考试和监管机构监督的公共考试认证体系（见图 3-1）。

一、政府制定考试标准

最初英国公共考试的权利由大学控制。后来在各方的妥协下，于 1917 年成立了中等学校考试委员会，代表来自大学、地方教育局和教师，但大学仍然具有很大的影响力。现在国家对考试虽然具有很大的控制权，但国家并不直接管理课程与考试，而是通过非政府的公共服务机构对考试进行监管和协调，国家和政府只通过制定法规、政策和标准来进行间接管理。

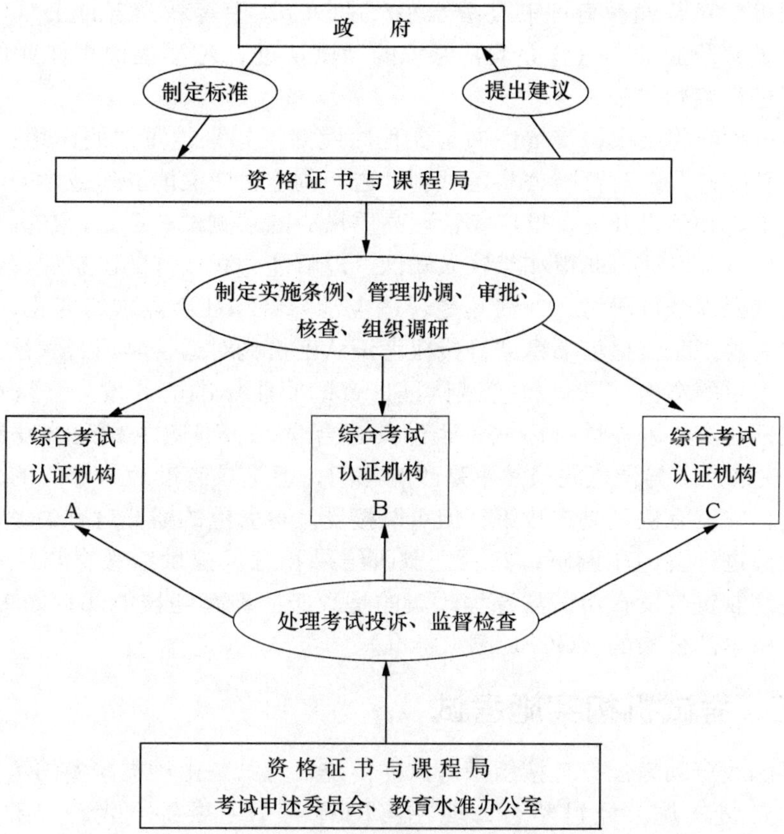

图 3-1　英国公共考试认证体系示意图①

根据英国《1997 年教育法》，政府设立了资格证书与课程的全国管理与协调机构——资格证书与课程局，以此作为教育大臣的主要咨询机构，同时执行中央教育行政部门——教育与技能部门与考试认证和课程相关的政策和标准，并向其提出建议。资格证书与课程局自成立以来，与威尔士资格证书、课程与评价局以及北爱尔兰课程、考试与评价委员会密切合作，在国家资格证书的开发和监管方面发挥了重要作用，包括就国家资格证书政策的制定与实施向教育与技能部提出建议；与各授证机构一道有效

① Monitoring of Examining Authorities in England，Wales and Northern Ireland，http：//www1. worldbank. org/education/exams/governance. asp. 2007-10-27.

地实施了国家资格证书政策；对国家考试认证制度运行进行监管，包括授权考试机构对普通教育证书高级水平(A-levels)、中等教育普证书（GCSE）和普通国家职业证书（GNVQ）课程的考试认证，对学生课程作业的评分与分等进行监督①。

通过政府的授权，资格证书与课程局发挥了越来越重要的作用：第一，在考试制度方面，对英国公共考试制度进行调控，使之能够适应学习者和社会的需求，并负责开发、推广和管理高质量的国家测试；第二，在国家课程方面，负责开发适合儿童和年轻人知识、理解能力和技能的国家课程，并定期对国家课程进行研讨，评估其是否适应学习者和社会需求的变化；第三，构建和完善国家资格证书框架，授权考试认证机构对适合学习者和社会需求的各种水平的资格证书进行考试认证，资助职业标准的开发，支持在职学习，定期对资格证书进行评估，确保其适合学习者、雇主和经济发展的需要②。资格证书与课程局虽然不是政府部门，但是具有准政府部门的公共服务机构，它没有权利制定政策，但可以接受教育大臣的委托对有关考试与课程等政策进行咨询和调研，然后把调研结果和意见提供给教育与技能部参考，最终制定与发布考试与课程政策的是政府的教育与技能部，如1985年教育与科学部公布的《GCSE国家标准》。

二、考试机构实施考试

英国政府向来没有直接组织考试的传统，考试是由种类繁多的考试委员会具体负责实施。经过整合，现在英国有6个主要综合考试认证机构：① 评价与资格证书联盟（AQA)；② 北爱尔兰课程、考试与评价委员会(CCEA)；③ 爱德思国家职业学历与学术考试委员会（EDEXEL)；④ 牛津、剑桥、皇家艺术联合考试委员会（OCR)；⑤ 威尔士联合教育委员会(WJEC)；⑥ 苏格兰资格证书局。

综合考试委员会考试认证的科目既包括普通教育科目，也包括职业教育科目，目的是配合政府解决两种类型的资格证书互不衔接的问题，使两类考试在标准上有更大的可比性，因此，它们在实现教育与技能部的这一目标方

① Mike Tomlinson, Inquiry into A-levels Standards, London: Room124, Caxton House, Tothill Street, 2002, p. 27.

② 资格证书与课程局官方网站：http://www.qca.org.uk/3657.html. 2007-05-08。

面扮演了重要的角色。

其他考试认证机构还有：从事IT产业资格考试认证的计算机专业人员协会（ACP）；鉴定、商业与普通教育考试委员会（ASET）；城市与行业资格证书考试委员会（City and Guilds）；主要从事国家职业资格证书和商业资格证书的考试委员会（LCCI）；剑桥大学英语考试委员会（ESOL）。

学生参加哪个考试委员会的公共考试，一般是由学校决定的。学校既可以为学生选择一个考试委员会，也可以根据不同的考试科目选择不同的考试委员会。例如，某学校的历史考试可以选择AQA；数学、生物选择EDEXEL；现代语言选择OCR。考试机构提供的考试服务都是收费的，如每门GCSE科目每个学生每份试卷的收费为20英镑。

三、监管机构监督考试

对公共考试具有监督功能的机构主要有资格证书与课程局、考试申诉委员会和教育水准办公室。

第一，资格证书与课程局。资格证书与课程局的主要监督职责包括：监督考试相关条例的执行和操作流程的规范化，确保考试的标准统一。例如，对普通教育证书高级水平（A-levels）、中等教育普通证书（GCSEs）和普通国家职业资格证书（GNVQs）考试实施条例执行情况的监督；监督考试认证机构应用国家资格证书框架的情况；审批考试认证机构开展证书考试的申请，包括所有要开展A-levels课程考试的申请；为了确保不同时间和不同考试认证机构的考试标准一致，定期进行评估及采取必要的措施；监督并采取措施确保考试认证制度健康、高效地发展①。总体来说，资格证书与课程局作为考试的监管机构，严格、一致地执行国家考试法规和政策非常重要，但不应该介入涉及考试认证机构职责范围的A-levels和其他资格证书考试的命题、评分等考试的具体管理。

第二，考试申诉委员会（The Examinations Appeals Board，简称EAB）。它是成立于1999年的一个独立机构，其主要职能是对学生就考试改卷结果不满意的案例进行审查，并有权责成有关考试委员会审查其他考试委

---

① Mike Tomlinson，Inquiry into A-levels Standards，London：Room124，Caxton House，Tothill Street，2002，p. 29.

员会的命题和批改的考卷。

第三，教育水准办公室（Office for Standards in Education）。它是半官方的教育督导机构，对各地区的学校进行督导，并就每个学校都作出及时详细的报告。各学校在各种资格证书包括GCSE和A-levels两种资格证书方面的成绩，是该机构考查和评价学校的重要内容。

第二节 英国公共考试的实践

与很多国家不同，英国高校录取学生的主要依据是学生在中学阶段参加校外公共考试所获取的证书。普通教育证书考试自1951年正式实施以来，它一直是高校招生录取的依据。虽然在相当长的一段时间里实施的是普通教育证书（GCE）和中等教育证书（CSE）并存的“双轨制”的证书考试制度，但由于CSE是为学习能力较差的学生设立的，高校一般不把其直接作为招生录取的要求。如前章所述，传统上英国高校招生录取的标准是通过5门普通证书科目考试，其中2门为高级水平A-levels，3门为一般水平O-levels，或者通过4门考试，有3门达到高级水平，1门达到普通水平。1988年，把普通教育证书O-levels和CSE证书进行整合，成为单一的16岁考试，即中等教育普通证书（GCSE）考试，1989年，又在高级水平（A-levels）的基础上增加补充级（AS）证书考试，高校招生的录取要求也作了相应的调整。

进入20世纪80年代后，高校招生的主要依据虽然主要还是A-levels，但随着高等教育的扩张、市场化和结构调整，形势已经发生了某种程度的变化：从20世纪80年代中期到90年代中期，大学在校生人数翻了一番；《1992年延续与高等教育法》颁布后，原多科性技术学院取得大学地位，大学数目剧增；政府鼓励学校通过竞争争取生源；引入新的职业资格证书，如普通国家职业资格证书（GNVQs），以适应新接受16岁后教育的学生升入大学的需要①。

《2000年课程》颁布后，政府希望使用高等院校招生服务处新的高校招生分数转换系统，鼓励学生除参加A-levels外，积极参加《2000年课程》

① Ann Hodgson, Ken Spours, Beyond A-levels Curriculum 2000 and the Reform of 14-19 Qualifications, London: Kogan Page Ltd., 2003, p.139.

改革后的 3 个主要资格证书课程的学习与考试，即普通教育证书补充水平 (AS)、高级职业教育证书（AVCEs）[①] 和关键技能证书；希望大学根据证书累积的分数的高低作为录取新生的依据，以此来鼓励并承认学生拓宽学习广度，因为学习者获取的证书越多，他们累积的分数就越高。

20 世纪后期，政府对当时繁杂的考试委员会进行整合。1997 年，教育与就业部咨询报告《捍卫标准》[②] 发布后，把原来众多的考试委员会整合成 6 个主要的综合考试认证机构，使其从事普通和职业资格证书的考试认证。综合考试认证机构的组建，使传统上考试机构和大学的密切关系发生变化，现在不是大学，而是新的拥有很大监管权力的资格与课程局，对考试认证机构进行指导和监管。

一、考试机构

自从 1858 年牛津大学和剑桥大学分别建立地方考试委员会、从事公共考试以来，公共考试的权力一直掌握在大学手中，后来又陆续建立了伦敦大学考试委员会、北方大学入学考试联合委员会等一批大学考试委员会。与此同时，也出现了由专业学会举办的专业资格证书考试，如皇家艺术学会考试、教师学会考试等。1917 年开始实施学校证书（SC）和高级学校证书考试（HSC）；1951 年普通教育证书考试（GCE）正式取代学校证书；1965 年，为满足现代学校学生的需求，增加了学术性不如 GCE 那么强的中等教育证书（CSE）考试；1988 年，中等教育普通证书取代原来的 O-levels 和 CSE。在这个过程中，英国的考试机构也越来越多，政府一直试图加强对考试的控制。

20 世纪 70 年代中期以后，英国兴起了新职业主义运动，但在学术型证书考试和职业型证书考试并存的“双轨制”考试制度中，职业型证书考试一直处于弱势。为了进一步加强对考试的控制，打破两类证书地位不对等的陈规，增加两类证书在标准上的可比性，政府陆续对众多的考试机构进行整合，组建了 6 个主要的综合考试认证机构，同时开展学术型证书和职业型证书的考试认证工作，并于 1997 年组建了中央考试认证监管机构——资格证

① 高级职业教育证书（AVCE）也被称为职业 A-levels。

② DfEE，Guaranteeing Standards：A Consultation Paper on the Structure of Awarding Bodies，London：DfEE，1997.

书与课程局，取代原来的学校课程与评价局和国家职业资格证书委员会，对考试认证机构进行监管（见表 3-1）。

表 3-1　新旧考试机构对照表①

新考试机构	旧考试机构名称	
评价与资格证书联盟（AQA）	AEB	联合考试委员会
	SEG	南部考试集团
	SEREB	东南地区考试委员会
	SWEXB	西南地区考试委员会
	ALSEB	兰开夏郡学校考试联合委员会
	DURHAM	达拉谟大学考试委员会
	JMB	联合大学入学考试委员会
	NEA	北部考试联合会
	NEAB	北部考试与评价委员会
	NREB	北部地区考试委员会
	NWREB	西北地区考试委员会
	TWYLREB	西约克郡与林德塞地区考试委员会
	YHREB	约克郡与亨伯赛德郡地区考试委员会
北爱尔兰课程、考试与评价委员会（CCEA）	NISEAC	北爱尔兰学校考试与评价委员会
	NISEC	北爱尔兰学校考试委员会
爱德思国家职业与学术考试委员会（EDEXCEL）	BEC	商业教育委员会
	BTEC	商业与技术教育委员会
	JCBSPA	商业与公共管理联合委员会
	LEAG	东伦敦英格兰集团
	LREB	伦敦地区考试委员会
	M&MREB	城市与米德尔塞克斯郡考试委员会
	TEC	技术教育委员会
	UESEC	大学入学与学校考试委员会
	ULEAC	伦敦大学考试与评价委员会
	ULSEB	伦敦大学学校考试委员会

① Examining and Accreditation Bodies，http：//www. hero. ac. uk/uk/reference _ and _ subject _ resources/groups _ and _ organisations/examining _ and _ accreditation _ bo3791. cfm. 2007-10-27.

续表

新考试机构	旧考试机构名称	
OCR/EDEXCEL	EAEB	东英格兰考试委员会
牛津、剑桥、皇家艺术学会联合考试委员会（OCR）	EMREB	东米德兰地区考试委员会
	MEG	米德兰考试集团
	OCEAC	牛津大学与剑桥大学考试与评价委员会
	OCSEB	牛津大学与剑桥大学学校考试委员会
	RSA	皇家艺术学会
	SREB	南部地区考试委员会
	SUJB	南部大学联合学校考试委员会
	UCLES	剑桥大学地方考试联合委员会
	UODLE	牛津大学地方联合考试委员会
	WMEB	西米德兰考试委员会
威尔士联合教育委员会（WJEC）	WJEC	威尔士联合教育委员会
苏格兰资格证书局	SQA	苏格兰资格证书局

（一）牛津大学、剑桥大学、皇家艺术学会联合考试委员会（OCR）

牛津大学、剑桥大学、皇家艺术学会联合考试委员会（OCR）是由剑桥大学地方考试联合委员会（UCLES）和皇家艺术学会考试委员会（RSAEB）合并而成，并于1998年10月开展以下考试委员会的原来的证书考试：米德兰考试集团（MEG）、牛津与剑桥考试与评价委员会（OCEAC）、皇家艺术学会（RSA）。这些证书考试包括MEG的成就证书考试和GCSE证书考试，OCEAC的A-levels/AS证书考试，RSAEB的GNVQ资格证书考试、NVQ资格证书考试及自己开发的职业证书。现在OCR为英国学校、企业和培训机构提供普通考试认证和职业资格考试认证，包括GCSE，GCE，GNVQ和AEA考试证书。

OCR是现在剑桥大学考试院（Cambridge Assessment）的一部分，而剑桥大学考试院又是剑桥大学的一部分。剑桥大学考试院的主要职责是研究开发新的考核方式，并将新技术应用到考试过程中去。它由三部分组成，除OCR外，另外两个部分：一是剑桥大学英语考试部（ESOL），提供以英语作为外语的考试，并且面向全世界对语言教师进行资格评定；二是剑桥大学国际考试委员会（CIE），主要为在校学生提供考试评估，并且颁发国际职业资格证书。除了开展考试与评价工作，剑桥大学考试院（Cambridge Assessment）还不断研究其核心业务，并在其研究评价部（RED）和互动技术评价学习部（ITAL）探讨如何更好地运用新技术来开展考核。

追根溯源，剑桥大学考试院源于1858年成立的剑桥大学地方考试委员会和牛津大学地方考试委员会。1858年成立的两个考试委员会除开展考试工作外，还督导学校的教学，以达到提高教育质量的目的。不过这些考试过去并不是学校课程的一部分。1870年，公立学校在首届校长联席会议上对这一状况作了改变，联席会议要求各大学成立考试委员会。鉴于牛津大学和剑桥大学在这一领域有丰富的经验，1873年两所大学成立了一个服务于所有新建公立学校的考试委员会。1864年，该考试委员会开始在海外开展考试，并得到快速发展。1888年，该委员会被授权进行职业类考试。1913年，熟练英语证书考试作为第一个以英语为外语的考试诞生。与此同时，英国皇家文学制造与科学学会（RSA）也成立了自己的、针对准备进入各行业就业的人员的考试体系，标志着职业考试委员会的成立。

从20世纪80年代中期开始，英国几届政府开始对16岁和18岁学生的教学和考试加大管理力度，英国考试委员会的数量在合并中逐渐减少。在此期间，地方考试联合会合并了牛津地方考试联合会、牛津和剑桥学校考试委员会、皇家文学制造与科学学会考试委员会、南方大学考试联合会以及米德兰考试集团。

1998年，剑桥大学考试院（Cambridge Assessment）重组为三个部门：剑桥大学英语考试部（ESOL）、剑桥大学国际考试委员会（CIE）和OCR考试委员会。剑桥大学考试院通过合并剑桥、牛津和皇家文学制造与科学学会考试委员会以及其他新兴的考试委员会而获得了丰厚的底蕴。

（二）爱德思国家职业与学术考试委员会（Edexcel）

“Edexcel”这个名字是英文“教育”与“优秀”这两个字的字头组合，其发展目标是在激烈的市场竞争中把他们的课程“打造成人们的首选课程”；“提供更多元化、受学生欢迎和广泛认可的资格证书，使证书获得者有更进一步提升的机会”。现在的 Edexcel 提供学术及职业资格两类证书，如 GCSE，GCE，GNVQ 和 AEA 考试证书。

Edexcel 是继 1995 年规范考试标准的《斯坦福报告》发表后，率先成立的英国三家主要考试机构中的第一家，是由英国两大考试认证机构——商业与技术教育委员会（BTEC）和伦敦大学考试与评价委员会（ULEAC）合并而成，BTEC 是英国职业资格考试提供机构的先驱，而 ULEAC 是 GCSEs 和 A-levels 的主要考试机构之一。

这两家教育考试认证机构的历史可以追溯到 1838 年，当时英国皇家特许状授予伦敦大学举办考试并颁发学位的权力和职能。根据《1902 年教育法》，英国进行了教育改革，经过改革，中等教育得到很大的发展，并开始规范中等教育校外证书考试。伦敦大学于 1905 年开始举办学校考试，到 1911 年演变成为普通中学考试，1918 年正式举办学校证书（SC）和高级学校证书（HSC）考试。1930 年建立了入学与教育考试委员会这一新的机构，此机构有权确定入学标准。

1951 年普通教育证书（GCE）开始实施，这一证书分为两个类型：一类是针对 16 岁考生的普通水平，称 O-levels；另一类是针对 18 岁考生的高级水平，称 A-levels。此时，大学录取与教育考试委员会取代了入学与教育考试委员会的职能。1984 年 9 月，该机构又被伦敦大学学校考试委员会（ULSEB）所取代，到 1991 年，伦敦大学考试与评价委员会（ULEAC）正式成立。

在学术教育发展的同时，职业教育也在发展。1973 年，由当时的教育与科学部部长玛格丽特·撒彻尔夫人提出建立了“技术教育委员会”(TEC)，TEC 建立的目的是为技术教育建立一个统一的体系，最终承担确认高等技术教育课程的职能。修读高等技术教育课程可以获得国家正式毕业证书（ONDs）和国家高等文凭证书（HNC/Ds）。此前负责此类课程的是各类职业机构，包括伦敦学院的城市和行会协会（City & Guilds of London Institute）。TEC 所推行的一条原则是，课程的确定和课程的评价都应该遵循实际工作的需求，尽量简化历史沿袭下来的复杂架构。

1974 年商业教育委员会（BEC）成立，其目的是改进职业教育中与工作岗位相关的职业标准并使之合理化，同时在高等院校的成人院系及多科性技术院校实施。仅仅过了 18 个月，BEC 就取代了原本由多家考试委员会负责的 ONCs，ONDs，HNCs，HNDs 等证书工作，并于 1978 年由 HND 正式替代了上述各类证书。BEC 与 TEC 所提供的课程有很多相似之处，但能坚持参加课程考试的学生却比 TEC 的少 60%；BEC 所提供的课程范围比较狭窄，大多是一些与商业相关的课程。

BEC 和 TEC 经过一段时间的合作，开发了计算机专业、数学和统计专业之后，于 1983 年合并成立了商业与技术教育委员会（BTEC）。BTEC 与伦敦考试委员会又于 1996 年合并，成为今天的爱德思国家职业与学术考试委员会（Edexcel）。Edexcel 成立以来发展迅速，1996 年—1997 年拥有大约 600 名全职员工，学生的注册人数已达 1 420 000 人。为将证书领域拓展至健康与护理专业，于 1998 年 9 月争取到了健康护理与发展学会（IHCD）的授权，在此领域进行考试认证。IHCD 是紧急救护和护理人员资格证书的唯一颁发机构，并创设“现场第一人奖”；为开发电信电话领域的课程，2001 年 6 月，Edexcel 收购了“Intellect”，正式成为电信方面资格证书的授予机构；2003 年 6 月，Edexcel 基金会又与培生集团公司合作成立了伦敦资格授予有限公司。培生集团拥有新公司 75%的股份，Edexcel 基金会拥有 25%的股份。Edexcel 基金会的所有原商业活动和员工都转入伦敦资格授予有限公司，亦是培生集团公司的附属公司。Edexcel 基金会作为一个独立机构保留。伦敦资格授予有限公司将继续 Edexcel 现在所开展的工作。目前，爱德思国家职业与学术考试委员会有权颁发的证书和授权开设的教育项目主要包括：普通教育证书、普通中等教育证书、国家初等教育文凭、国家中等教育文凭、国家高等教育文凭、伦敦英语考试和各类短期培训课程证书等（见表 3-2）。

表 3-2　Edexcel 主要考试认证项目一览表①

教育项目类别	教育项目证书名称（英文）	教育项目证书名称（中文）
学术教育类	GCE	普通教育证书
	GCSE	普通中等教育证书
职业教育类	BTEC FIRST	国家初等教育文凭
	BTEC Nationals	国家中等教育文凭
	BTEC High Nationals (BTEC HND)	国家高等教育文凭
短期培训类	SHORT-COURSE	各类短期培训课程证书
语言教育类	LTE	伦敦英语考试

① Qualifications，http：//www. edexcel. org. uk/home/ 2007-10-27.

（三）评价与资格证书联盟（AQA）

评价与资格证书联盟（AQA）是成立于1997年的一个综合考试认证机构，由联合考试委员会（AEB）、南部考试集团（SEG）、城市与行业协会（City & Guilds）、北部考试与评价委员会（NEAB）组成的考试联盟。2000年，联合考试委员会（AEB）和北部考试与评价委员会（NEAB）正式合并，城市与行业协会（City & Guilds）继续以独立的考试认证机构存在，提供各类职业资格证书，但其之前的GNVQ考试证书由AQA接管。现在AQA提供的学术及职业资格证书，包括GCSE，GCE，GNVQ和AEA考试证书等。

1992年，从事GCE考试的联合大学入学考试委员会（JMB）和北部考试联合会（NEA）合并组建了北部考试与评价委员会（NEAB），其中北部考试联合会（NEA）又包括以前从事中等教育证书（CSE）考试的兰开夏郡学校考试联合委员会（ALSEB）、北部地区考试委员会（NREB）、西北地区考试委员会（NWREB）、约克郡与亨伯赛德郡地区考试委员会（YHREB）。

1995年，联合考试委员会（AEB）兼并了南部考试集团（SEG）。原来的南部考试集团（SEG）包括开展GCE考试的联合考试委员会（AEB）、牛津学校考试委员会。而牛津学校考试委员会又包括开展GCE考试的牛津地方考试联合会、南方地区考试委员会（原开展CSE考试）、原东南地区考试委员会、西南地区考试委员会（原开展CSE考试）。

目前AQA开展广泛的考试认证业务，包括GCSE，GCE，GNVQ，AEA，关键技能证书、入门级证书考试和其他证书考试，是英国三大考试认证机构之一。AQA还与威尔士联合教育委员会（WJEC）有密切的合作关系，合作开展了GCSE，GCE科目的证书考试，提供GNVQ、语言模块（包括威尔士语模块）和关键技能的证书考试认证服务。

（四）其他综合考试认证机构

除上述三个最主要的综合考试认证机构外，还有北爱尔兰课程、考试与评价委员会（CCEA）、威尔士联合教育委员会（WJEC）和苏格兰资格证书局。

1994年，北爱尔兰学校考试与评价委员会（NISEAC）和北爱尔兰课程委员会（NICC）合并成立了北爱尔兰课程、考试与评价委员会

(CCEA)。北爱尔兰学校考试委员会(NISEC)则是北爱尔兰学校考试与评价委员会(NISEAC)的前身。北爱尔兰课程、考试与评价委员会(CCEA)就课程与评价事宜向教育部(DC)提出建议,同时也是独立的考试认证机构。由于其GCSE,GCE课程说明是通过资格证书与课程局认证的,所以其证书和其他考试认证机构的证书具有可比性。另外,CCEA还具有监管北爱尔兰地区关键学段一、二、三结束时对学生评价的职责。

威尔士联合教育委员会(WJEC)是威尔士地区唯一提供GCSE,A-levels,AS和教育学业成绩考试证书的考试认证机构。在职业资格证书考试认证方面,它与城市与行业协会(City & Guilds)和评价与资格证书联盟(AQA)有密切的联系。

二、考试类型

高等院校招生服务处的“高校招生分数转换系统”中涵盖了国家资格证书框架体系中的各类三级证书,下面介绍几种与高校招生关系密切的主要证书考试。

(一)中等教育普通证书考试(GCSE)

GCSE于1988年正式取代O-levels和CSE证书考试,成为英国统一的16岁考试制度。随着人们对职业教育的关注,2002年增加了职业GCSE考试(Vocational GCSE)。现在开考大约50门GCSE科目,开考14门职业GCSE科目,以取代普通国家职业资格证书(GNVQs)考试的第一部分内容。GCSE证书有如下几个特点:

1. 统一尺度,国家标准

GCSE证书的课程与考试实行统一的国家标准,即《GCSE考试国家标准》。该标准分为“总标准”和“学科特殊标准”。“总标准”规定了GCSE考试的基本原则和要求,设置考试科目和制定考试大纲所要遵循的标准,审核、平衡、评定校内平时“课程作业”的标准,按照国家课程计划设立GCSE考试的有关规定,各个考试机构相互协作的基本原则和要求等[1]。“学科特殊标准”是对各个考试科目的考试大纲的内容,提出具体详细的特

---

① 于钦波、杨晓:《中外大学入学考试制度比较与中国高考制度改革》,四川教育出版社,2000年,第229页。

殊要求和指导意见。“学科特殊标准”的主要内容包括：“学科特殊标准”编写目的；学科考试的目的和评价目标，主要是运用教育测量学的专业术语对学科所要考查的学生的知识和年龄差别进行描述；学科考试的主要内容，规定各考试机构的考试大纲中必须涵盖的主要内容；考试技术与方法，包括学科考试常用的题型及功能、考试方法等。

2. 利益兼顾，功能多样

GCSE 证书考试是对公立学校学生完成 11 年义务教育后学业成绩的一个综合评定，具有升学、就业、学校评定等多种功能，兼顾了学生、教师、家长、高一级学校、用人单位和教育部门等多方需求。

3. 区分能力，重视激励

GCSE 证书考试设计的目的是证明学生成功的方面，而不是相反。通过考试学生可了解自己的知识和能力水平达到什么层次，以更好地明确自己的发展目标。基于这种指导思想，《GCSE 考试国家标准》规定各学科都要设难度不同的试卷或在同一试卷中设计不同难度的试题，让各种具备不同能力、水平的学生都能在考试中有机会表现出自己的水平。根据“学科特殊标准”的规定，化学、数学、物理、生物、综合理科等都应设能力区分卷，即普通卷和附加卷。数学设三卷，第一、第二卷为普通卷，第三卷为附加卷；物理设四卷，第一、第二、第三为普通卷，第四卷为附加卷。其他科目在报批后也可设普通卷和附加卷。同时，同一份试卷中应有不同难度的试题，一般分为普通题和选作题，选作题彼此难度相当，但涉及的知识内容有所区别。学生可以根据本人的意愿和水平，决定选择何种试卷、试题的考试。另外，试卷要求多种题型，一般有选择题、简答题、论述题、结构化题目等题型。

4. 评价多元，重视能力

GCSE 证书考试全面考核学生的知识、技能和能力，并了解学生平时的学习情况，采用终结性评价和形成性评价相结合，校外考试机构考试和校内评价相结合、知识测试和技能、实践能力测试相结合的考核方式。《GCSE 考试国家标准》规定，凡是要求培养学生技能和实践活动能力的学科课程均应加以考查①。具体考查由学校教师在教学过程中来实施，这部分成绩称为“课程作业”评价，在不同科目所占用的比例各不相同，一般比例占 30%左

① GCSE, The National Criteria, HMSO, 1985.

右。“课程作业”的评价以多种形式进行，如实验报告、录音磁带、论文、调查报告、评论和小测验等。“课程作业”的目的是弥补笔试的不足，全面考核学生的知识、技能和能力，加强对学生实践能力的培养，促进教学方法的改革。“课程作业”的重点是考核学生的研究能力、协作能力、影响感染他人的能力、观察事物并准确记录的能力、操作仪表和机械的能力、口头表达能力、计划和设计能力。“课程作业”的评定虽然由学校教师实施，但测评的题目、评分标准均由校外考试机构确定，最终的成绩也由校外考试机构进行抽查、审核，并根据审核结果对校际学生的“课程作业”成绩加以平衡、最后确定，输入电脑。

5. 成绩分等，单科结业

GCSE 证书考试延续以前证书考试的传统，采用单科结业授证的方式。每个考生一般任选 5 门科目，但学生在选择考试科目时会考虑今后的升学和就业方向。考试成绩采用等第评价体系，分 A，B，C，D，E，F，G 共 7 个等级。其中，A，B，C 相当于原来普通教育证书 O-levels 考试 A，B，C 等级，D，E，F，G 相当于原来 CSE 证书考试第 2，3，4，5 等级（见表 3-3）。

表 3-3 O-levels、CSE、GCSE 证书考试成绩评定对照表①

<table>
<tr><th>O-levels</th><th>CSE</th><th>GCSE</th></tr>
<tr><td>A</td><td rowspan="2">1</td><td>A</td></tr>
<tr><td>B，C</td><td>B，C</td></tr>
<tr><td rowspan="2">D</td><td>2</td><td>D</td></tr>
<tr><td rowspan="2">3</td><td rowspan="2">E</td></tr>
<tr><td rowspan="2">E</td></tr>
<tr><td>4</td><td>F</td></tr>
<tr><td></td><td>5</td><td>G</td></tr>
</table>

6. 统一管理，多种模式

GCSE 的实施有三种模式：第一种模式是由校外考试机构制定各种考试大纲，学校根据考试大纲组织教学，并由考试机构命题、阅卷、评定等第，绝大多数 GCSE 考试科目都采用这种模式；第二种模式是学校根据教

① 于钦波、杨晓：《中外大学入学考试制度比较与中国高考制度改革》，四川教育出版社，2000 年，第 230 页。

学需要自己制定教学大纲，向考试监管机构报批，获准后据此组织教学，但考生仍然参加校外考试机构组织的考试；第三种模式是学校制定大纲，向考试监管机构报批，获准后由学校组织考试，但由校外考试机构监督。虽然政府加强了对考试的统一管理，但通过多种考试模式的设立，使学校在一定程度上仍可选择考试科目和大纲，在教学上保持一定的灵活性和自主性，旨在实现灵活性和稳定性的统一。参加 GCSE 考试的对象主要是 16^{+} 岁完成义务教育的毕业生，但又不限于此，任何年龄的人都可以参加。

（二）普通教育证书高级水平和普通教育证书补充水平

1988 年 GCSE 正式取代普通教育证书补充水平（O-levels）和 CSE 证书考试后，普通教育证书高级水平（A-levels）仍然保留。GCSE 证书考试的主要对象是完成义务教育的 16^{+} 岁学生，A-levels 的考试对象则是完成中六学级2 年学习的 18^{+} 岁学生。以前，学生进入中六学级后往往只专修 3 门 A-levels 课程，各界对学生投入大量精力应考而知识面过窄的情况多有批评。为了解决这个问题，1989 年进行改革，在 A-levels 的基础上增加普通教育证书补充级（AS）证书考试，其目的是在不降低标准的情况下，进一步拓宽 A-levels 考试课程的广度。2000 年，经教育与技能部同意，对普通教育证书补充级（AS）证书考试进行改革，学生可以选择参加普通教育证书补充级考试（AS），也可以在获取 AS 后直接参加完整的 A-levels 考试，考试合格者被授予 A-levels 证书或 A2 证书。这两种证书的具体特点有：

1. 学术倾向，模块结构

A-levels 和 AS 是学术型证书考试课程，参加的对象往往是具有较强学习能力的中六学级学生，其主要目的是使学生掌握与所选修学科相关的知识，培养其与所选修学科相关的理解能力和技能，在 A-levels 和 AS 中取得优异成绩是学生升入高等院校的重要保障。①

A-levels 和 AS 证书考试课程采用模块化结构。每一门完整的 A-levels 课程都包括 6 个模块，课程学习时间为 2 年。AS 课程等同于 A-level 课程的

---

① R. Dearing，Review of 16-19 Qualifications Framework：Interim Report，The Issues for Consideration . London：Central Office of Information，1995.

一半，也就是完整的 6 个模块中的前 3 个，考试合格者被授予 AS 证书。如果学生成功修完 6 个模块，考试合格，将被授予完整的 A-levels 证书或 A2 证书①。不过学生可以选择在 2 年内任何开考季节申请参加考试，称为模块化评价或阶段性评价；也可以在 2 年课程结束时申请参加考试，称为线性评价②。经过改革，AS 逐渐成为 GCSEs 和 A-levels 之间的桥梁。一方面它使那些因各种原因无法完成传统上 2 年才能完成 A-levels 课程的学习者有机会获取 AS 证书；另一方面也能鼓励学生扩大课程学习的广度，有机会学习更多科目，并且学生在申请高校时可持 2 个 AS 证书，2 个 AS 证书等同于 1 个完整的 A-levels 证书。

2. 开科广泛，单科授证

A-levels 证书考试课程开科广泛。主要开考的科目有：会计、古代史、考古、艺术与设计、圣经、生物、商务、化学、公民教育、经典与古代文明、信息传达、计算机、批判性思维、舞蹈、设计与技术、戏剧、家具、电子、工程、英语语言、英语语言与文学、英语文学、环境科学、欧洲研究、电影、综合、地理、地质、政府与政治、制图设计、希腊语（古代）、健康与社会保障、历史、艺术史、家政、人类生物学、信息与计算机技术、拉丁语、法律、休闲娱乐、数学、数学（应用）、传媒、现代外语（包括多种语言）、音乐、音乐技术、表演艺术、哲学、摄影、体育与运动、物理、心理学、宗教、科学、公共传达科学、社会政策、社会学、统计学、纺织、观光与旅游、威尔士语、世界发展等。

A-levels 证书考试课程和 GCSEs 一样采用单科结业，授予单科证书③。所有 A-levels 科目的考试说明都包括 AS 科目的说明，但目前也有 5 门科目只开设 AS 课程，不能取得完整的 A-levels 证书，这些科目是批判性思维、欧洲研究、公共传达科学、社会科学、公民与世界发展。

---

① N. Pyke, Third Time Lucky on A-level Reform, Times Educ. Suppl., 11 September, 1998.

② S. Cassidy, Ministers under Fair for A-levels Reforms, Times Educ. Suppl., 19 March, 1999.

③ QCA, A Brief Guide to Qualifications at Level 3: Advanced Level, London: QCA, 2000.

3. 内外结合，等第评定

A-levels 和 AS 证书考试课程的评价也采用校内教师评价与考试机构外部评价相结合的方式。主要由校内教师实施“课程作业”的评定。课程性质不同，所占的分数比例也不同，一般为 25%～30%（大部分科目最高限为 30%），但“课程作业”评定还包括在课程结束时对学生进行的综合测评，其目的是测评考生完整掌握一门学科的情况，亦即测试考生能否综合运用和理解所学科目的知识①。

A-levels 和 AS 证书考试成绩采用等第评定方式。最终成绩分及格与不及格，及格分 A，B，C，D，E5 个等级；不及格用字母 U（不分等）表明。

4. 标准参照，利害攸关

A-levels 和 AS 证书考试属于“标准参照考试”，同时也是高利害考试。学校、教师、家长和学生往往根据考试的要求来指导日常的教育、教学和学习，考试的结果对利害相关方都会产生很大的影响②。

A-levels 和 AS 证书考试成绩的每个等级之间都有明确的标准和界限，并在不同时期和不同考试机构间保持一致。也就是说，如果达到某一等级标准的考试越多，那么被授予该等级证书的考生数也就越多，反之亦然。但在 20 世纪80 年代中期之前，采用的则是“常模参照考试”，每年获得某个等级证书的比例基本上是没有变化的。与“常模参照考试”相比，采用“标准参照考试”后，使整个考试更为公平，它评定的是有多少考生达到何等标准，而不是把获得某一等级证书的人数固定在一定的比例上；并可以通过考生成绩的优劣评定学校教学水平提高的程度；评定国家在不同时期教学质量的改进情况。

A-levels 和 AS 证书考试是高利害考试。对于学生来说，通过考试就可以获取上面载有成绩等级的证书，这对其升学、就业利害攸关；对学校来说，教育与技能部定期发布报告，公布学校学生考试情况，学生成绩是政府判断其办学水平高低的重要指标；对家长来说，教育部公布的数据是作为孩子择校的重要参考；对政府而言，可通过考试来判断整个国家教育的运行和

① DfEE，A-levels Curriculum Will Guarantee Standards，Blackstone（DfEE News 125/99）. London：DfEE，1999.

② W. James Popham：《测验的反思——对高利害测验的建议》，中国轻工业出版社，2005 年，第 8 页。

进步情况。

（三）普通教育应用学科证书高级水平考试（原来的高级职业教育证书）

经过对高级职业教育证书考试（AVCEs）的改造，于 2005 年引入新的普通教育应用学科证书高级水平考试（GCEs/A-levels in applied subjects）。①

从 20 世纪 70 年代中期新职业主义在英国兴起的时候开始，人们就对学术型证书考试和职业型证书考试并存的“双轨制”考试制度争论不休。在 1992 年前，没有任何一个能受到广泛承认的全日制普通职业资格证书考试课程可以在学校有效实施，并使学生顺利升入高校或就业。普通国家职业资格证书（GNVQ）开创了第一个这类证书考试课程，GNVQ 是在 20 世纪 80 年代末针对学校全日制在校生不断增加的状况而引入的，其设计意图是为那些学习能力较差，无法完成难度大、要求严格的 A-levels 课程，而又希望继续在学校全日制学习的学生提供一种适合他们学习的资格证书考试课程。后虽经改革完善，但由于多种原因，其声誉一直不令人满意。2000 年 9 月，引入高级职业教育证书（AVCEs），也称职业 A-levels，政府决定为了提高其地位，评价的方法按照完整的 A-levels 方式进行。

普通教育应用学科证书高级水平考试（简称 A-levels 应用学科证书考试）比照 A-levels 证书考试课程的结构，分 AS 和 A2。开设课程涉及广泛的职业领域，并鼓励开设能在与工作相关的环境中实施的课程，使用有特色的教学和评价方法②。A-levels 应用学科证书考试目前开考的有 10 个学科领域，它们是应用艺术与设计、应用商务、应用信息与电脑技术、应用科学、工程、健康与社会保障、休闲、传媒——通信与产品、表演艺术、旅游观光③。

---

① QCA，New A-levels：Successors to VCEs，London：QCA，2004，http：//www. qca. org. uk/11997. html. 2007-10-28.

② QCA，New A-levels：Successors to VCEs，London：QCA，2004，http：//www. qca. org. uk/11997. html. 2007-10-28.

③ QCA，New A-levels：Successors to VCEs，London：QCA，2004，http：//www. qca. org. uk/11997. html. 2007-10-28.

A-levels 应用学科证书考试成绩的评定方式是外部测试与学校教师内部评价相结合，成绩采用等第评定，分 A，B，C，D，E 5 等。AS 应用学科证书考试有 3 个模块，其中 1 个模块采用校外测试，其他 2 个模块由学校教师实施内部评价，等级分 A，B，C，D，E5 等；AS 应用学科证书考试（双认证），6 个模块，一般来说，其中 2 个模块由外部进行测评，其他模块实行内部评价，等级分 AA，AB，BB，BC，CC，CD，DD，DE，EE；一个完整的 A-levels 应用学科证书考试课程包括 6 个模块（3 个 AS，3 个 A2），一般 2 个模块采用外部测试，其他采用内部评价，等级分 A，B，C，D，E5 等；A-levels 应用学科证书考试（双认证）包括 12 个模块（6 个 AS，6 个 A2），一般 4 个模块实施外部测试，其他实行内部评价，等级分 AA，AB，BB，BC，CC，CD，DD，DE，EE①。

三、考试管理

在英国与高校招生录取相关的证书考试是高利害的公共考试，考试管理也是公共管理的一部分。有效的考试管理、确保考试安全是保障考试公平的重要部分。考试管理是一个系统工程，只有政府、考试监管机构、考试授证机构、考试申诉委员会等部门各司其职，密切配合，才能实现考试的有效管理。

经过整合后，开展 GCSE，GCE，GNVQ 和 AEA 证书考试的是综合考试认证机构。它们在开展证书考试之前，先要将证书考试课程报到考试监管机构审批，通过监管机构审查，确保证书考试的标准。考试监管机构每年发布《考试实施细则》，规定证书考试评价和质量保障的原则和操作规程；考试机构与考点的地位与职责；对考试过程顺利进行的要求，以确保证书考试在不同考试大纲和不同考试机构之间能够做到优质、一致、准确和公正（见图 3-2）②。

---

① QCA，New A-levels：Successors to VCEs，London：QCA，2004，http：//www.qca.org.uk/11997.html. 2007-11-04.

② QCA，GCSE，GCE，GNVQ，and AEA Code of practice（2007/2008），London：QCA，2007，http：//www.qca.org.uk/ 2007-03-10.

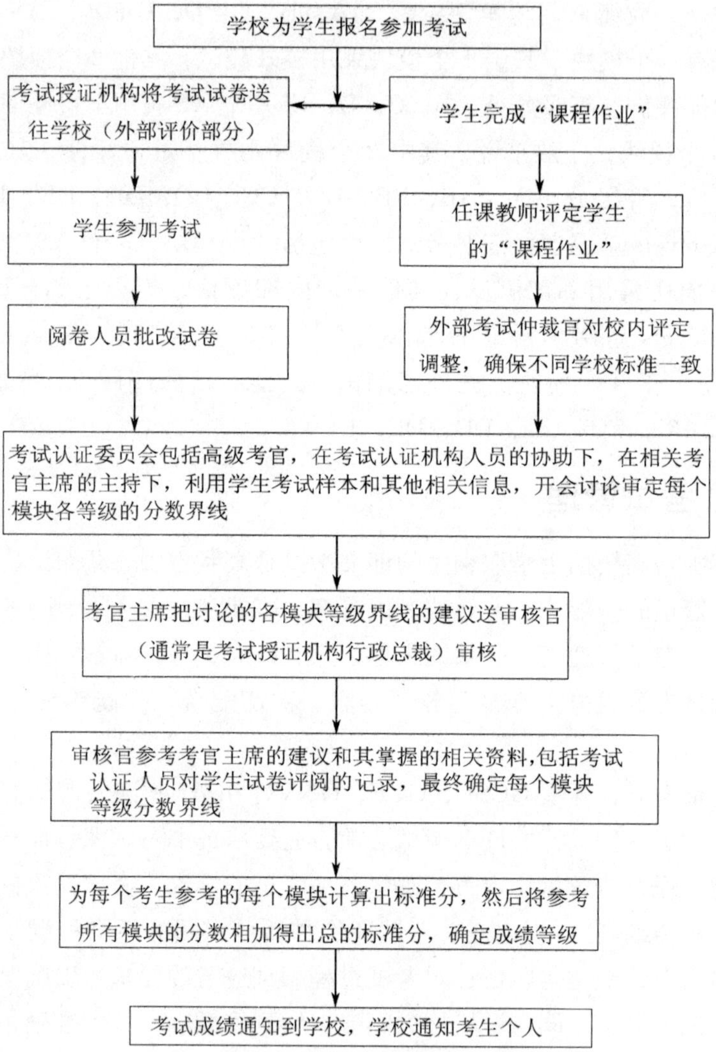

图 3-2　英国考试与认证系统运行示意图①

---

① 《GCSE，GCE，GNVQ 和 AEA 考试实施细则》（2007/2008），http：//www. qca. org. uk/ 2007-10-27。

（一）报名注册

考生报名注册阶段的工作为考试管理后续过程奠定基础，但又是一项工作量很大、精确度要求高的工作。考生的报名表通常在学校填写，错误率较高，包括个人资料错误（如姓名拼写错误）和报考科目有误，考试认证机构往往有专人负责审核，并录入资料库，为以后的成绩处理、证书打印做准备(见图 3-3)。

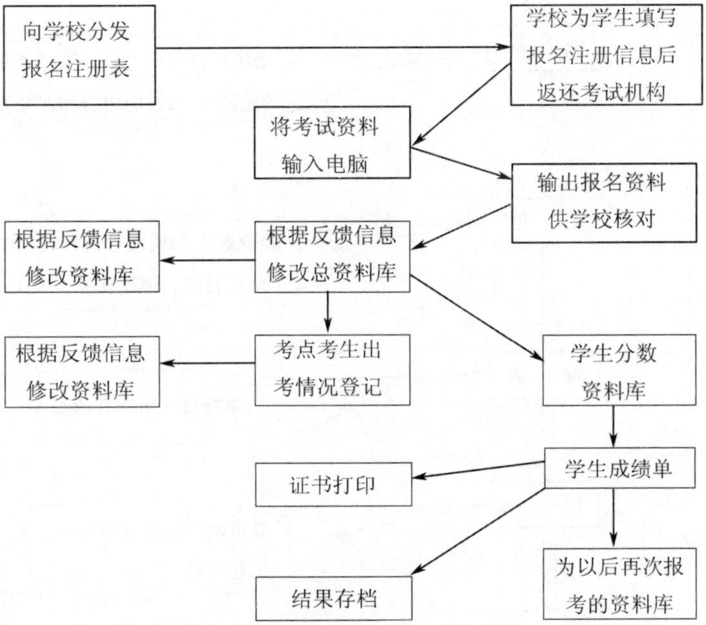

图 3-3　考试注册流程及对后续考试管理的影响[①]

（二）试题命制

试题的命制是一个非常专业的过程。按照资格证书与课程局制定的《GCSE，GCE，GNVQ 和 AEA 考试实施细则》（2007/2008）的规定，试题命制包括出卷、制定评分实施方案、试卷印制等，由考试机构负责。各类考试专业人员分工明确，有主席考官、总考官、首席考官、监察官、审阅

① 《GCSE，GCE，GNVQ 和 AEA 考试实施细则》（2007/2008），http：//www.qca.org.uk/ 2007-10-27。

官、考官、校准官和考试行政管理官等。考试机构有责任确保考卷安全，在考试之前，一旦出现试卷泄密等偶发事件，应能立即启动应急机制（见图 3-4）。

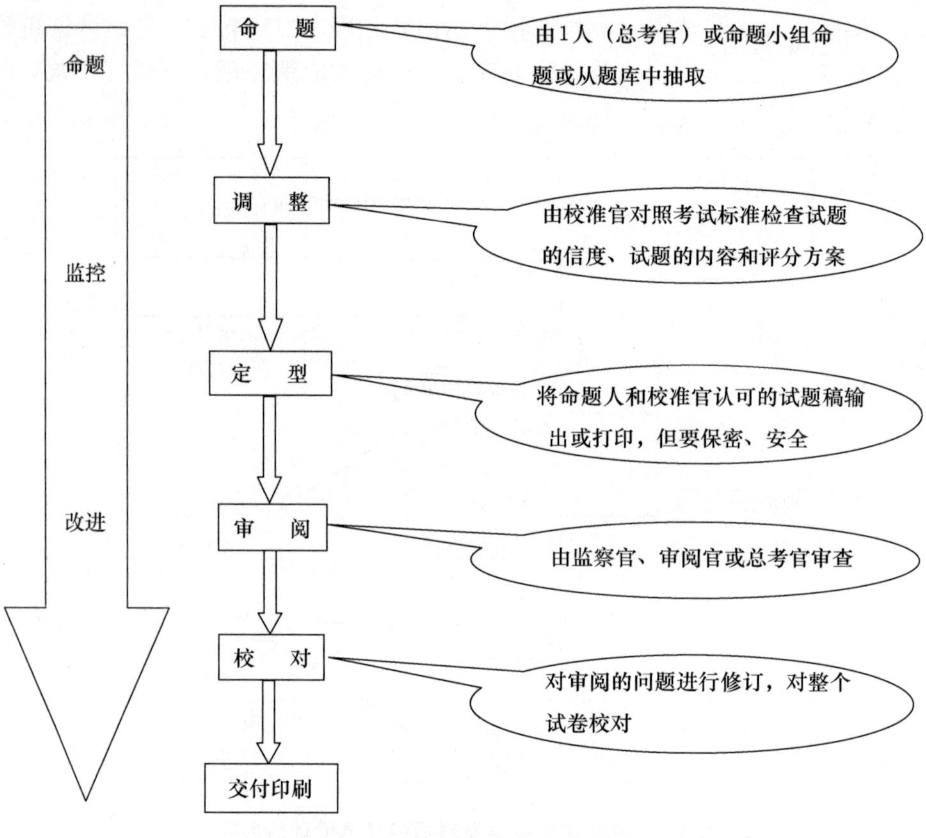

图 3-4　试题命制管理过程①

（三）组织考试

组织考试是安排学生进行考试的过程，在这个过程中，需要学校、考试中心和考试认证机构的密切合作。英国的学校一般都设有考试部，负责校内外考试的相关事宜。GCSE，GCE，GNVQ 和 AEA 考试允许学生在自己的

① 《GCSE，GCE，GNVQ 和 AEA 考试实施细则》（2007/2008），http：//www.qca.org.uk/ 2007-10-27。

学校参加考试，但考试认证机构要求学校事先提出申请，经审查认为该学校具备国家考试监管机构规定的协助组织考试的专业能力，并能确保考试公平，会将该学校注册为考点。之后，考试认证机构会就组织考试规范等为其提供相关信息和培训。

组织考试时，考点要承担重要责任。考点要按照相关规定，履行以下主要职责：遵守考试认证机构的管理要求；遵守外部考试有关安全和保密制度；按照考试认证机构有关考试认证标准和程序组织考试；负责校内"课程作业"评定的教师应该对评价的领域具有相应的知识、专业技能，并根据课程说明的要求对学生上交的评价资料进行评定；要实现校内评价的标准化，要有 2 个以上的教师对学生的内部评价成绩作出评定，以确保评价标准一致；教师要接受考试认证机构的培训和指导，以便更好地理解课程说明，包括必须参加内部评价成绩审定的教师培训会；妥善保存考生内部评价的资料，以备查询或学生提出申诉时使用，如果由于"课程作业"的特点，使课程档案袋和手工作品很难保存时，内部评价教师应保存足够的证据，如纪录片、照片、录音录像带；公布与内部成绩评定相关的申述程序，方便考生对内部评价成绩有异议时，提出申诉；按考试认证机构要求，提供相关资料，方便考试认证机构校正评分标准和质量监控；遵照考试认证机构的相关规定，恰当处理考试中的舞弊行为，并提出报告①。

(四) 成绩评定

GCSE，GCE，GNVQ 和 AEA 证书考试成绩评定皆采用考试认证机构的外部考试与学校内部教师评价结合的方式进行，然后由考试认证机构综合，给考生一个总成绩。

1. 外部评价

GCSE，GCE，GNVQ 和 AEA 证书考试外部评价部分，采用的往往是正式的书面考试，它也是终结性的标准参照考试，因此，确定标准，并使标准始终一致是其重点。考试认证机构为了确保考官在整个改卷过程中能够按照确定的标准准确而一致地评阅考卷，往往注重如下几项工作：

第一，完善组织架构，组成阅卷团队。要有一个总考官负责阅卷的全面工

① Qualifications and Curriculum Authority (QCA), GCSE, GCE, GNVQ and AEA Code of Practice (2007/8), London: QCA, 2007.

作；每一考试模块要有一个首席考官从具体专业的角度对评分标准的一致性进行把握；行政官对阅卷的全过程进行监督、检查，确保阅卷标准始终一致。除特殊情况外，一般会组成阅卷小组，把新、老考官进行搭配，并进行相应的培训。

第二，试阅样卷，校正标准。首席考官、助理首席考官、阅卷组成员首先试阅一定量的考卷，取得考生答题情况和评分标准适用情况以掌握第一手资料，首席考官和助理首席考官会试阅不同考点的考卷，感受考试的总体答题情况。试阅卷的过程也是校正标准的过程，确立共同的评分标准，确保所有阅卷考官都能自始至终保持评分准确、一致。

第三，监督检查，确保质量。考试认证机构对考官的改卷工作进行全程监督、检查，确保阅卷质量。如发现考官没有按照标准和说明评阅考卷，要立即采取措施进行纠正，并对考官的工作表现进行评价。

2. 内部评价

对于竞争异常激烈的考试，往往采用外部评价形式，因为外部考试更客观，成绩可比性更强。但也有人认为从有利于教育的角度出发，采用过程性的校内评价可以使任课教师把评价和课程教学及对学生的个别指导融为一体。GCSE，GCE，GNVQ 和 AEA 证书考试正是这两种意见的妥协，采用校外考试与校内评价结合，校内评价所占的比例在不同学科各不相同，但一般以 30%为限。校内评价的难点是对标准的把握和评定的客观性，为确保“课程作业”评定的准确性和一致性，如下几点特别关键：

第一，考试认证机构提供培训指导方案，学校（考点）具体实施。考试认证机构对学校（考点）负责评定“课程作业”的内审员（internal assessor）提供有效的指导，要求学校（考点）和内审员定期反馈，以确认其对内部评价实施细则充分理解；当发布新的内部评价实施细则或对细则进行修改时，就“课程作业”如何布置、评分、校准（standardization）为内审员提供培训；对内审员的工作进行监控、检查和评价，促进他们评价专业水平的提高。学校（考点）具体实施内部评价细则，在此过程中，考试认证机构对内部评价的管理工作进行指导，包括如何具体记录、转录、核对考生的分数。

第二，学校（考点）评定考生“课程作业”，考试授证机构进行校准。学校（考点）按照考试授证机构下发的内部评价实施细则、评价标准、评价参数等对学生进行“课程作业”的布置和评价，最后对学生成绩作出评定。为保证考点内部和不同考点之间标准一致，考试认证机构会对不同考点上交的内部评价成绩，对照具体评价标准对其进行校准。如果发现出现标准不一致或者没有按照内部评价实施细则进行评价的，考试认证机构会对分数进行调整，使其与要求的标准一致。

（五）考试申诉

如果考点（学校）和考生认为他们的考试分数有误，可以提出申诉。考点（学校）和考生一般先向考试认证机构申诉，考试认证机构接到申诉后，一般的处理方式是：先检查分数有无计算错误、转录错误或试题漏改，如没有上述情况，则由首席考官对相关试卷进行重改。试卷重改通常是收费的，但如发现错误，所收费用返还考生。如果申诉者对于申诉结果不满意，可以再向考试认证监管机构提出申诉，也可以诉诸法律。

第三节　高校招生录取的实践

在英国，越来越多的人认同高等教育是极具价值的商品的观念，认为考试会影响一个人未来的工资待遇、工作的稳定性和对社会的影响力。因此，接受高等教育的人数快速增长，到 2004 年，在英国高等院校就读的学生已经超过 200 多万，其中，全日制攻读第一学位的人数达 1 092 300 人[①]。政府计划到 2010 年，实现 18 岁至 30 岁青年人中首次进入高等教育的学习者的比例提高到 50%的目标。越来越多的人将从高等教育中受益，但由于不同院校和专业间还存在着很大的差异，选择不同的院校和不同的专业对申请人未来的发展也会产生重大影响。因此，建立公正、透明的高等院校招生录取制度比以往任何时候都显得重要，以确保与高校招生录取过程有利益相关的人——申请人、父母、学校、教师和招生辅导教师对高校招生录取制度的公正性有充分的信心。

一、全国招生机构

英国统一的高校招生机构是高等院校招生服务处（简称 UCAS），是采用公司化运作方式的非营利机构。它的主要功能是提供高等院校入学申请服

① Higher Education Funding Council for England (HEFCE), Higher Education in the UK, Bristol: HEFCE, 2005.

务。它不接受政府的任何直接资助，收入来源有以下几个方面：一是学生的申请费；二是高等院校按其招生人数所付的费用；三是与申请过程相关的或提供支持服务获取的商业活动收入。

（一）历史演变

传统上，英国高等院校的招生录取权主要在高等院校。1961 年以前，各大学是单独招生的，学生直接向大学提出申请。这样做增加了申请人和大学双方的负担，并带来一些其他问题。随着高等教育规模的不断扩大，高校招生人数不断增加，需要有一个专门的机构负责招生协调工作。为此，于 1961 年成立了全国大学招生委员会（Universities Central Council on Admission，简称 UCCA），具体协调各大学的招生录取工作①。全国大学招生委员会印制全国大学情况介绍，提供有关各大学的招生名额等招生信息。UCCA 产生于英国精英高等教育制度，服务于精英大学的招生录取制度，即"标准化、集中化"的招生录取制度，并承担招生监督、提供有关大学招生的基础数据的责任，以掌握高等教育的发展变化趋势，协助政府和大学制定政策和计划招生规模②。随着多科性技术学院的建立和发展，1985 年，又建立了全国多科性技术学院招生委员会（Polytechnics Central Admissions System，简称 PCAS），负责协调多科性技术学院的招生录取工作。

1992 年，多科性技术学院升格为大学，英国"双元制"的高等教育制度转变为"一元制"的高等教育制度。在此背景下，1993 年将两个招生委员会合并建立了英国高等院校招生服务处（Universities and Colleges Admissions Service，简称 UCAS）③。经过 40 多年的发展，它已从服务于精英高等教育招生制度的机构转变为服务于大众化高等教育招生录取制度的公共服务机构。除处理学生入学申请外，它还提供与高校招生相关的广泛的服务，如收集、处理、公布有关高校招生的信息和数据，为申请人提供尽可能充分的信息，供其作决定时加以参考，使申请人能够利用自己所需要的信

---

① 于钦波、杨晓：《中外大学入学考试制度比较与中国高考制度改革》，四川教育出版社，2000 年，第 236 页。

② D. Bligh, H. Thomas, J. McNay, Understanding Higher Education: An Introduction for Parents, Staff, Employers and Students, Bristol: Intellect Books, 1999.

③ David Warner, David Palfreyman, The State of UK Higher Education: Managing Change and Diversity, Backingham: Open University Press, 2001, p. 115.

息，成功地申请进入高校学习①。UCAS 的发展过程反映了 20 世纪中期以来英国高等教育发展的变化过程。

（二）组织管理

1. 机构成员

UCAS 是正式注册的财团法人，性质是非营利机构，其成员是通过 UCAS 进行招生录取的高等院校。

高等院校要成为 UCAS 的成员，至少要开设 1 门高等教育第一学位课程。成员院校要承诺其所有的全日制本科、基础学位、高等教育国家文凭、高等教育国家证书课程的招生必须通过 UCAS 进行。但也考虑吸纳至少开设 1 门全日制高等教育国家文凭或高等教育国家证书的院校为成员院校。目前，除开放大学和少数高等教育学院外，几乎所有的英国高等院校都是 UCAS 的成员②。

2. 组织架构

UCAS 是世界上规模最大的全国性高等院校招生服务机构之一。每年要受理 50 多万份来自世界各地申请进入英国高等院校学习各类课程的入学申请，除受理全日制大学部的课程入学申请外，还受理教师培训研究生课程（GTTR）、护士与助产士课程（NMAS）、音乐艺术课程（CUKAS）的入学申请。

申请人选择就读的大学和课程可能会影响其一生。所以 UCAS 的目标之一就是为申请人提供全面、一致、准确、及时、充分的信息，确保他们做出正确的决定，为他们以后的成功奠定基础③。除为申请人提供服务外，UCAS 还致力于为高校招生咨询人员、中等学校和提供高等教育课程的院校提供服务，使高等院校能在平等、公平的基础上，顺利、高效地做好录取工作，为他们能按照自己的招生政策实现录取目标提供支持服务。还与教育领域合作伙伴密切协作、提供服务，使学生和成员院校受益。

---

① Annette Hayton，Anna Paczuska，Access，Participation and Higher Education，London：Kogan Page Limited，2002，pp. 138-139.

② Christopher Price，University Admissions：Empowering the Applicant，Higher Education Quarterly，2002（2），pp. 178-167.

③ UCAS，UCAS Corporate Business Plan（August 2006-July 2009），http：//www. ucas. com/higher/about/ CBP _ 2006-9. doc. 2007-03-12.

为了实现上述目标，UCAS注重建立高效、专业的高校入学申请制度，有很强的经营意识，不断进行制度创新，以使学生公平入学。这些从其组织管理架构中可见一斑，UCAS实行的是董事会领导下的首席执行官负责制，内部机构有客户与申请服务部、数字服务部、业务发展部、政策与公关部和资源部（见图3-5）。

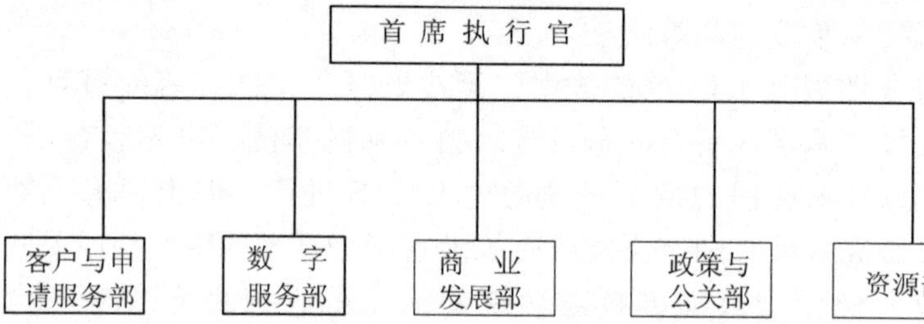

图3-5 组织结构图[①]

客户与申请服务部（简称CASD）负责所有高校招生服务，从最初接收申请人的申请，一直到为申请人确定拟录取的高校。其他的职能还包括：和考试认证机构联系，核对申请人参加的证书考试情况，再把结果转往UCAS的成员院校；设客户服务组，负责处理申请人、高等院校就UCAS提供的申请服务的咨询电话；负责对申请中存在的欺诈行为的核查、确认。

数字服务部负责提供所有的计算机软件开发和技术支持服务。数字服务部下设项目管理科、业务系统分析科、开发科、技术支持服务科、信息计算机技术科。项目管理科负责管理和协调整个公司的项目；业务系统分析科负责把要求和业务需要转变成解决方案；开发科负责把解决方案转化成现实中可以应用的系统；技术支持服务科负责质量保障、测试和提供支持服务；信息计算机技术科负责计算机技术系统策略开发。

商业开发部负责寻求合适的商机、做好招投标的准备、促进和保存与已有客户和未来客户的良好工作关系。同时，商业开发部负责管理UCAS媒体。UCAS媒体一方面肩负着为公司创收的任务，另一方面设法提升UCAS的社会形象，使人们认识到UCAS是能够提供高校招生优质服务的机构。

① UCAS，UCAS Corporate Business Plan（August 2006-July 2009），http：//www.ucas.com/higher/about/CBP _ 2006-9.doc.2007-10-27.

UCAS 的媒体业务分为 7 项，分别负责 UCAS 的大事报道、出版物发行和特殊项目开发；通过履行与教育和商业部门、成员高校、政府和其他机构的服务合同，开发、提供准确有效的数据和产品等方式为公司创收。

政策与公关部负责向客户和利益相关者宣传 UCAS 的政策，并对他们关心的问题作出回应。政策与公关部设有 3 个科，即外部关系和开发科、数据和情报科及公共科。

资源部是管理调度公司所有资源的部门，为公司的发展服务，也为其他部门提供资源管理方面的咨询服务，确保当公司需要时能够提供相关的物资资源和资金。资源部的服务项目有财务服务、人力资源服务、秘书服务、设备服务等。

3. 管理运作

UCAS 作为独立的组织和非营利的财团法人，所有权属于全体成员单位。这种密切的关系使 UCAS 的运作独具特色，它能够尽力满足成员单位的需要，帮助他们顺利、高效地录取新生；同时，又在选拔录取学生方面充分尊重高校的自主权。除履行上述义务外，UCAS 还设法满足学生客户的需求，不仅为他们提供高校入学服务，还为他们提供所需的信息，以利他们在信息充分的情况下对高等教育做出适当的选择。

公司的管理实行董事会领导下的首席执行官负责制，首席执行官对董事会负责。首席执行官负责公司的日常行政管理，为了使管理有效进行，还成立了以下委员会：

第一，管理委员会。管理委员会定期对董事会的结构、规模、组成进行研讨，并对审核、薪酬及财政执行委员的人事任命提出建议。

第二，审核委员会。对公司年度财务报告进行讨论，对内部和外部审核员的任命提出建议。

第三，薪酬委员会。制定高级雇员的薪酬和全体职员的薪酬政策。

第四，财政执行委员会。协助董事会对公司的财政管理的有效性进行监督。

二、招生录取要求

20 世纪 50 年代之前，英国高校录取学生没有统一的要求，各个大学的要求各不相同。1949 年在英国副校长委员会的会议上达成了《蒙特福德协议》，规定了高校入学的最低要求，但对各大学并没有强制性，1966 年对高校入学的规定又作了一些调整①。概括起来，经1966年调整后的高校入学要求是：至少有5科普通教育证书：第一种情况是2科必须达到高级水平A-levels（成绩为A等～E等），3科通过O-levels（CSE一等，后来为GCSE成绩C等以上）；第二种情况是3科达到高级水平A-levels（成绩为A等～E等），2科通过O-levels（CSE一等，后来为GCSE成绩C等以上）。由于高等院校入学竞争激烈，学生达到这些要求也未必一定能被录取。在之后相当长的一段时间内，高等院校的最低入学要求变化并不大。

2003年开始，高等院校招生服务处（UCAS）正式将一种新的学生学业成绩换算体系（UCAS Tariff）用于高等院校入学申请，对不同路径学生的学业成绩进行评价，并换算成有可比性的分值，协助高校在招生录取时平等地对待不同路径的入学申请者，到2004年底，英国已经有78%的高校自愿选择完全或部分利用这个体系②。

2004年9月英国实施《国家资格证书框架》后，把所有的证书分为8级（不包括入门级），每一个等级的证书都代表持证者的知识、理解力、技能、分析和创造性思维能力所达到的水平。高等院校招生通常要求的是国家资格证书框架第三级证书。现在，UCAS学业成绩换算体系已经涵盖了各类第三级证书和与高校招生相关的其他证书，包括普通教育证书高级水平（A-levels）、补充水平（AS-levels）、反映过去学习经历的中等教育普通证书（GCSE）、各种职业教育证书及文凭、学业证书、学业证明等。这些证书不仅包括英格兰、威尔士和北爱尔兰的，还包括苏格兰的；既有资格证书与课程局监管下的考试认证机构颁发的各种资格证书，也有英国商务及技术教育委员会（BTEC）、皇家艺术教育委员会（OCR）、幼儿关怀及教育委员会（CACHE）的文凭及证书，以及金融服务学院颁发的金融研究证书，还有艺术与设计方面的基础研究文凭和音乐考试证书等。其发展目标是在不久的将来覆盖国家资格证书框架体系中的各种证书。除此之外，社会上的任何合法考试认证机构只要提出申请，提供其证书的必要资料，专家小组也可以通过将其与现有各种证书的对比，设定相应的分值，将其纳入学业分换算体系之中。

---

① 于钦波、杨晓：《中外大学入学考试制度比较与中国高考制度改革》，四川教育出版社，2000年，第133页。

② 樊大跃：《融会贯通普职教育的“工具”——英国学业分换算体系简介》，《中国职业技术教育》2006年第5期，第51～53页。

英国的高校历来享有很大的自主权，招生录取也不例外。除统一的最低要求外，不同的高校、不同的课程专业还有特殊要求。下面以曼彻斯特大学2007年的入学要求为例说明英国高等院校的入学要求。

（一）总体要求

到入学时，须年满17岁。必须符合第一学位课程的一般要求和所申请的专业的特殊要求；必须具备必要的语言水平，一般要达到中等教育普通证书（GCSE）C等水平。有些专业也可能要求申请者具有C等以上的GCSE数学学科证书。

（二）学业成绩要求

曼彻斯特大学希望申请者一般已经修完A-levels证书课程的21个模块。尽管接收A-levels、AS-levels、职业教育证书（VCE ）或者商业技术教育证书(BTEC) 的混合成绩，但在某些情况下，优先招收总学习课程模块为18个的申请者。对持有混合型证书的申请者来说，不同的专业有不同的要求，有些专业，对申请者有必考科目的要求（见表3-4)。《2000年课程》改革前，一般可以用2个AS-levels代替第三等A-levels；大部分专业招收具有国家普通职业资格证书(GNVQ) 的申请者，一般要求成绩良好，另加一门A-levels。

表3-4　曼彻斯特大学第一学位申请者学业成绩模块组合①

			总模块	
1	1个A-level＝6模块	1个A-levels＝6模块	1个A-levels＝6模块	18
2	2个A-levels＝12模块	1个AS-levels＝3模块	1个AS-levels＝3模块	18
3	2个A-levels＝12模块	1个VCE A-levels＝6模块		18
4	1个A-levels＝6模块	VCE（双认证）＝12模块		18
5	BTEC证书＝12模块	1个AS-levels＝3模块	1个AS-levels＝3模块	18

曼彻斯特大学接受的证书还包括：第一，2005年后的商业技术教育文凭、证书和荣誉级证书（BTEC Diplomas，Certificates and Awards)。国家文凭一般要求的级别是DDD-DMM；国家证书要求的级别是DD-DM；荣誉级证书要求的级别为D，但申请者还须有相关的A-levels证书，一共要有18个模块。第二，2005年前的商业技术教育国家文凭（证书)、高级国家文

① The University of Manchester，General Entry Requirements，http：//www.manchester.ac.uk /undergraduate/howtoapply/generalentryrequirements/2007-10-27.

凭（证书）。申请人至少有5个优秀等级的国家文凭（证书），但不同的专业对入学的要求是不同的，某些专业可能在具体的模块方面接收良好等级的证书。一般要求高级国家文凭（HNDs）和高级国家证书（HNCs）成绩及格即可。第三，苏格兰高等课程证书。曼彻斯特大学接收苏格兰高等课程证书，但一些专业可能要求申请人具有苏格兰高级高等课程证书。第四，爱尔兰离校证书。申请人至少具有指定的6门科目的高等水平证书，另外加上D等及以上等级的英语科目高等水平证书，或者C等以上的O-levels证书。第五，通识科和关键技能。欢迎持有通识科和关键技能证书的申请人，但如果所读专业没有特别要求，这些证书一般并不作为录取的标准。

三、申请录取程序

申请英国高等院校全日制大学部课程几乎都是通过英国高等院校招生服务处（UCAS）进行，既可以填写UCAS的纸制表格后寄送，也可以通过UCAS网上申请系统在线申请。申请录取的主要程序如下（图3-6）：

（一）提交申请

申请人从UCAS处索取申请表或从其网站上直接下载，也可以在线通过UCAS网上填报系统填报申请表。一般来说，申请表涵盖了高等院校在考虑是否录取的学生的个人资料。在申请表中提供的3种重要的个人资料是考试成绩、申请的专业和个人陈述[①]。每年从9月1日开始提交申请表，次年1月15日截止，医药类专业和剑桥大学、牛津大学的申请表的提交截止时间提前1个月。

考试成绩一栏既要填写曾经参加过的考试，也包括要准备参加的考试。现在高校招生录取采用的是估分的办法，尚未参加的考试可以估分。填写成绩时要准确、客观，提交申请表时要将考试成绩资料、毕业学校校长或教师的推荐信寄到UCAS，供高校录取时参考，推荐信对申请人的平时成绩以及对准备参加的考试成绩进行预测。如果参加的不是英国的考试，申请人的考试成绩需要经过英国国家学术认证信息中心（NARIC）认证，将国外考试成绩转化成英国考试的相应成绩。

在高校及专业的选择上，申请人最多可以填写6个志愿，也可以少于

① UCAS，Apply Information，http：//www. ucas. ac. uk/aply/info. html. 2007-03-14.

6 个。如果申请医学专业、牙科、兽医只能填 4 个志愿。

个人陈述是申请表非常重要的部分，目的是提供更多的相关信息，供所申报的高校录取时作重要参考。个人陈述内容主要包括：选择所报专业的原因；陈述与所报专业相关的经历和优势；说明与申请专业相关的工作经历和从事的义务工作；未来职业规划；招生辅导教师感兴趣的其他方面的成绩。如果有特殊要求，也可在个人陈述中反映出来，如希望推迟 1 年入学等。

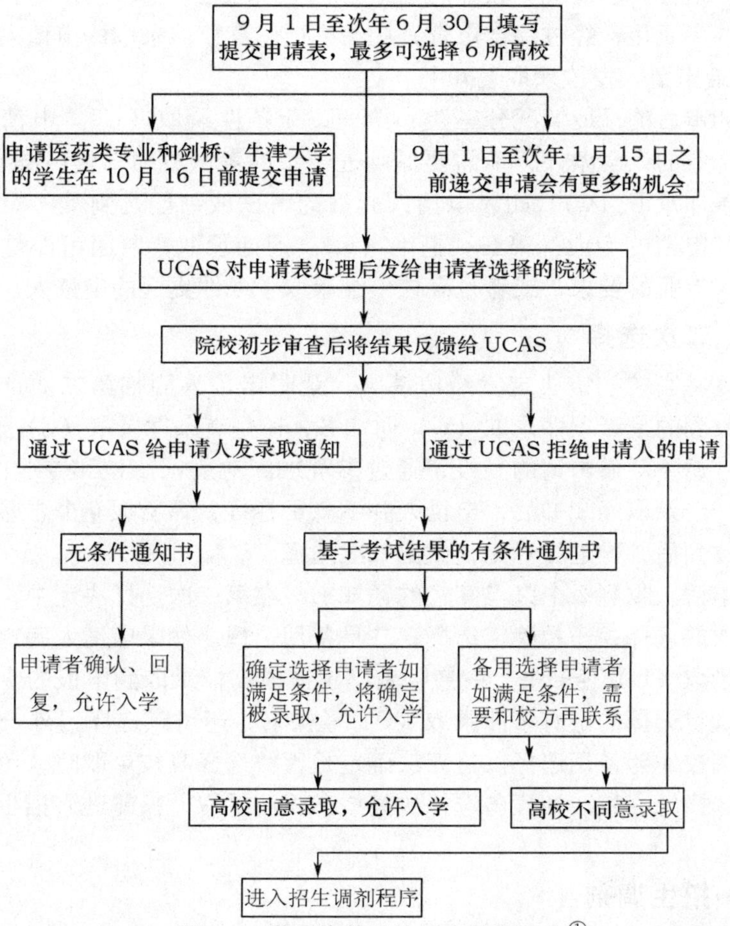

图 3-6　英国高等院校招生录取程序[①]

① UCAS, Apply Information, http: //www. ucas. ac. uk/apply/info. html. 2007-03-14.

UCAS收到申请材料后，进行分组、编号、核对、将资料输入资料库，然后复印5份，分别寄到有关大学。通过网上系统申报的申请者，完成申报后UCAS会给申请人发送申请编号、选择的专业和高校。

（二）高校初审

高校收到UCAS转来的申请人的资料后，按照学校的录取要求和招生政策，核对申请人在申请表中填写的信息，分析申请人的学业成绩、技能、学习潜力，结合中学情况、教师的推荐信、个人陈述中反映的信息，并考虑学生来源的多元化，经过综合审查，初步挑选出高校拟录取的申请人，并通过UCAS给申请人发放录取通知书。

高校初审后的录取情况分三类：第一，无条件录取（U）。申请人已经符合申请专业的入学条件，不需要提供进一步的考试成绩，就可准予入学。第二，有条件录取（C）。如果申请人此后的考试成绩能达到某些等级才能被录取到其申请的专业。第三，拒绝（R）。拒绝录取，原因可能是申请人不符合所报专业的要求，或者是高校已经录取了条件更好的申请人。

（三）二次选择

UCAS将高校初审决定发给申请人，此时申请人面临第二次选择。无论申请人收到的是无条件录取（U）通知书，还是有条件录取（C）通知书，都有可能应邀参观所申请的高校，通过参观加深对所报高校和专业的了解。一般收到一个录取通知书后，申请人并不急于答复，等所报6个志愿的高校的决定都收到后，再进行对比，做出二次选择。

如果申请人收到2个以上高校的通知书，在第二次选择决定中，可以做出2个层次的选择：一是确定选择；二是备用选择。如果申请人确定选择的是无条件录取（U）通知书，就意味着确定被该高校录取到申报的专业；如果申请人确定选择的是有条件录取（C）通知书，还可以选择另外一个提供通知书的高校作为备用选择。当无法确定是否被选择高校录取时，可以尽快联系预备选择的高校。如预备选择的高校还无法录取，只能进入招生调剂录取环节。

（四）招生调剂

招生调剂是高校招生录取的补救环节。在英国，高校招生调剂过程可以分为附加申请（UCAS Extra）和清档阶段（Clearing）两个环节。

1. 附加申请（UCAS Extra）

附加申请（UCAS Extra）一般在每年3月份开始，6月30日截止。那些未被所申请的6个志愿的院校录取的申请人，无需等到清档阶段就可以通过附加申请功能再次申请院校。附加申请是申请人自愿选择的服务，申请人可以直接与高校联系，或者浏览UCAS网站，了解哪些课程可以通过附加服务申请。具备下列条件之一的申请人有资格通过UCAS附加申请功能申请院校：未被所申请的6个志愿中的院校录取，或者取消了所有6个志愿中的院校的申请；取消了尚未有结果的志愿中的院校的录取①。根据相关规定，如果申请人先前对高校的录取通知函已经确认，不得再次申请。

2. 清档阶段（Clearing）

清档阶段（Clearing）是指在考试结果发榜后，主要招生录取工作基本完成，一些高校的某些专业仍然没有完成招生计划，可为落榜的申请人再次提供申请的机会。高等院校会把招生空缺的情况公布在学校的网站上，UCAS的网站和相关报纸也会发布招生空缺信息。这一过程在每年的7月至9月底进行，但一般来说空缺名额到8月中旬才能公布。下列申请人可以参加最后的清档阶段：由于没有达到录取标准，有条件录取通知书均未得到确认；通过UCAS进行了申请，但未被任何高校录取，也没有取消录取；由于最初申请之后课程内容、开课日期或录取要求发生了变化，所以决定拒绝学校的录取。但是如果因为个人主观原因拒绝了院校的录取，那么申请人不得在这个学年再通过UCAS申请院校。

四、招生录取监督

英国高校的招生录取工作一直属于高校自主权的范围。大部分高校是依国家法令建立的公共高等教育机构，还有一些是依照皇家特许状设立的自治大学，但现在同样接受国家资助，真正意义上的私立大学只有白金汉大学。近年来，大众对这些公共教育机构如何能够保证在招生录取时做到公正、透明越来越关注，呼吁政府加强对高等院校招生录取工作的监督。

2004年，由施瓦兹教授领导的调研组发布了《高等教育公平入学：有

---

① 英国驻华大使馆文化教育处：《英国留学指南》，中国大百科全书出版社，2005年，第78页。

效实施的建议》的报告，对当前英国高校招生制度进行调研，提出保障高校公平入学的一系列措施，其中提出废除估分填报志愿的制度①。依据《2004 年教育法》，设立了独立的公共机构——公平入学办公室，目的是通过和相关部门合作，促进高等教育公平入学制度的建立，特别是促进来自低收入家庭和其他弱势群体家庭学生进入高等院校学习，并对高等院校招生政策进行审批，对政策执行情况进行监督。同时，建立高校招生巡视员制度，具体处理高校招生录取中的投诉。

第四节　英国高等教育国际化及其留学生政策的实施

英国高等教育国际化程度较高，留学生数量仅次于美国，在世界名列第二。根据 2005 年 4 月英国高等教育拨款委员会发布的《英国的高等教育》的统计，在英国学习的留学生达到 275 500 人，占英国高校在校学生人数的 13%，他们来自世界上 200 多个国家和地区②。留学生政策从力图扩大政治与文化影响、追求经济利益发展到现在的由政府推动、高校参与的市场导向型留学政策，日臻完善。

一、英国高等教育国际化的演进

提到英国高等教育的国际化，可能人们首先想到的是在英国学习的留学生的快速增长。人们之所以对英国高等教育国际化有这样的印象，有其历史和现实的原因。

从历史上看，英国高等教育的国际化是从向海外招收留学生开始的，走过了一个从寻求政治影响到追求经济利益的历史过程。正如一些英国学者所说的那样，大英帝国时期招收欧洲以外的留学生主要是推销帝国经验的产物。英国为实现培养忠于帝国的殖民地管理精英的战略，确立了为每一个殖民地培养一批大学教师、创建一所大学的目标。此后在寻求政治影响的前提

---

① Fair Admission to Higher Education: Recommendations for Good Practice, Admissions to Higher Education Steering Group, 2004.

② HEFCE Publications, Higher Education in the United Kingdom, 2005, http://www.hefce.ac.uk/pubs/hefce/ 2007-10-26.

下，走过了很长一段的“慷慨援助”的历史，向发展中国家的学生提供奖学金，以吸引发展中国家的留学生，甚至由政府派遣专家去发展中国家帮助兴办大学、培训教师。1963年发布的《罗宾斯报告》指出，“每年为资助外国留学生花费900万英镑”，这种手段的主要目的是提高英国在第三世界的影响力。政府的决策者认为，外国留学生不仅学到了所留学国家的科学技术的“明确知识”，更重要的是学到了思维方法、行为方式、价值观念等“默会知识”。这些知识在他们身上涂抹了想洗也洗不掉的油彩，打上了永远也消除不了的烙印，其深远的文化影响是难以估量的①。

从现实看，随着英国高等教育的扩张和投入高等教育的公共财政的压缩，高等教育经费短缺，政府开始把扩大留学生的招生作为解决高等教育财政危机的手段。1978年，先由学者提出可以通过招收交费留学生的办法克服政府面临的经济危机和高等院校财政危机的建议。1979年工党上台后，撒切尔夫人就宣布了从1980年开始实行的两项政策：一是缩减20％的中央政府高等教育拨款；二是向外国留学生收取“全额成本学费”，即按照本国学生学费（由政府支付给大学）的4倍向外国留学生收费。该政策实施后的最初几年对英国留学生的增加确实造成一定影响，但到20世纪80年代中期，留学生人数开始恢复并快速增长，1990年和1992年，英国在校留学生的人数分别达到1980年的1．5倍和1．8倍，处于世界领先地位。自撒切尔夫人实行高等教育财政新政策以来，历经10年，英国高校走出了因政府经费削减造成的困境，仅从海外学生收取的学费就高达7亿英镑。从1979—1980学年度至1988—1989学年度，留学生的学费收入从0.46亿英镑增加到1.02亿英镑。1990年的高校总收入中，留学生学费所占的比例在4％以上。2004年留学生人数占英国所有高校学生人数的13％，不计算校外消费给英国经济带来的收入，仅学费收入就高达1亿英镑以上②。

高等教育国际化是把世界上不同国家、不同文化贯穿于高等教育的教

① 崔庆玲：《在高等教育国际化中美、英两国留学生教育思考》，《理工高教研究》2004年第5期，第52～57页。

② HESA，Students in Higher Education Institutions 2002-03 Re-issue，Cheltenham：Higher Education Statistics Agency，2004.

育、科研和社会服务等方面的过程①。如果从国家、部门和高校三个层面来说，高等教育国际化可以被看作是将国际的、跨文化的和全球化的理念贯穿于中学后教育的教育目的、教育功能和教育实践的过程②。发展和竞争要求各国齐心协力、紧密合作，才能解决培养大批高水平专业人才的问题和有效开展解决人类发展共同面临的问题。英国和其他发达国家一样，其高等教育国际化也是面对经济、社会、文化的全球化浪潮的必然选择，是世界经济和文化发展的结果，也是社会经济发展的需要。

二、英国高等教育国际化的发展与趋势

进入 21 世纪后，英国加快了高等教育国际化的发展步伐，其发展趋势主要体现在以下几个方面：

第一，留学生数量一直增加，并将继续增加。但留学生的来源国的分布不平衡，特别是来自亚洲的少数几个国家的留学生增长快速。留学的专业近几年增长比较快的是专业性课程和信息技术课程，高校的留学生课程主要是围绕这类专业设置的。

第二，人员流动的速度加快。出现这种情况的部分原因是从事研究的学生的流动量增加，现在越来越多的发展中国家认识到人才到像英国这样的发达国家从事学习和研究工作，不能仅仅看作“人才流失”，因为很多学有所成的人才通常还会回国，并把自己所学到的先进知识和技术带回来源国，有的甚至可以引进产业合作项目，促进来源国的发展。

第三，跨国教育的步伐加快。英国政府和高校在推进跨国高等教育方面态度积极，组织形式多样，主要形式有公立大学间的跨国合作，公立大学间教学计划的跨国“特许”，公立大学与私立大学间的跨国合作，公立大学与企业大学间的跨国合作③。跨国教育的模式一般分三类：第一，英国大学与

---

① J. Knight, Internationalisation of Higher Education in Programme on Institutional Management in Higher Education, Quality and Internationalisation in Higher Education, Paris: OECD, 1999.

② J. Knight, Updating the Definition of Internationalization, International Higher Education, Vol. 33, Fall 2003.

③ 李振全、陈霞：《英德法三国高等教育国际化政策比较研究》，《科技进步与对策》2004 年第 11 期，第 31～33 页。

他国大学共建一所新大学或分校，合作开展教学和科研工作，如诺丁汉大学与我国浙江万里学院合作创办诺丁汉大学中国分校。第二，英国大学与外国大学联合培养学生，授课的方式有两种：一种是在境外实施教学的全过程；另一种是学生在当地读完两年或大部分课程，最后一年或最后一阶段转入英国大学就读。第三，向国外提供远程高等教育课程。如英国开放大学通过现代教学手段给国外学生提供认可的课程，学生读完规定的课程而且成绩合格，可获得大学颁发的学位或其他资格证书。英国高校积极地以不同的方式在国外建立分校或合作办学机构，加快提高远程教育课程水平的步伐，成为仅次于美国的教育输出国。

第四，国际合作研究项目增加。研究一直是国际合作的重要领域，最近国际合作研究的项目不断增加，但是有一个发展趋势令人担忧：在英国留学生中学习研究性课程的和学习非研究类课程的相比，前者人数的增长速度较慢。

第五，参与“博洛尼亚进程”(Bologna Process)①，融入欧洲高等教育一体化框架。英国是最早签署“博洛尼亚进程”的签约国，并对此做出政治承诺。在英国政府的推动下，英国的高校和学生组织给予了积极的回应并参与了该进程。他们在促进欧洲学分转移制度、组织进程研讨会、开发联合学位计划等方面发挥着积极的作用，成为进程的积极推动者。40 多个签约国于 2007 年 5 月在伦敦召开会议，研讨在全球化背景下，为顺利实现到 2010 年欧洲高等教育与科技一体化的目标所应采取的措施和优先发展事宜，并发布会议公报，勾勒 2010 年后欧洲高等教育的发展蓝图。

这些发展趋势背后的原因是政府、高校和学生在面对全球化的竞争与市场时，对各自利益的不同考量。政府对高等教育的发展有各种政治和经济考虑，这对高等教育的国际化产生了重要影响。比如，英国政府在开始削减高等教育公共财政拨款后，为了弥补高校办学经费不足，开始实行向留学生全额收费制度；对于高等院校来说，它们希望在国际化的进程中一方面能够提高自身的知名度和声誉，另一方面为了追求经济利益、增加学校收入；从个

① 最早由 29 个欧洲国家于 1999 年在意大利博洛尼亚提出的欧洲高等教育改革计划，该计划的目标是整合欧盟的高教资源，在2010 年以前实现欧洲高教和科技一体化。这也是欧洲一体化的具体内容之一。

人来说，学生把出国学习看作是通向就业的途径，同时他们的决定还受到自身支出和收益是否对等的影响。政府、高校和学生三方中有一方的利益考量发生变化时，就会影响其他两方想法的改变与否，结果是通过市场导向的方法以调节各方利益，正因为如此，市场导向成了英国高等教育国际化发展的新动力。

三、英国现行留学生政策与实施

英国的留学生政策经历了由力图扩大政治与文化影响、追求经济利益转向现在的由政府推动、高校参与的市场导向型留学政策。在这种新的留学生政策下，一方面，政府着力提高本国高等教育在国际留学生市场上的竞争力，吸引更多的留学生，以弥补高校办学经费的不足；另一方面，政府通过提供奖学金，吸引少数出类拔萃的精英到英国高校就读。在这个过程中除了扩大英国的政治文化影响、获取经济利益外，同时也是国家争夺国际人才战略的一部分。上述两种情况的竞争都是通过市场手段来进行调节的，具体体现在以下几个方面：

（一）政府推动扩大留学生招生的政策

布莱尔政府在 1999 年第一个任期内为吸引更多的海外学生到英国学习，鼓励英国高校和国外高校建立合作，发起“首相国际教育行动计划”，以确保英国在留学生教育方面处于世界领先地位。“行动计划”涉及简化留学生入学程序、对英国的教育品牌和市场开发进行投资以及提高“志奋领”奖学金的获奖人数等方面。“行动计划”分两个阶段：第一阶段（1999 年—2005 年）制定的目标是到 2005 年来自欧盟之外的留学生增加 75 000 人（高等教育50 000 人,延续教育 25 000 人）。这个目标已提前超额完成，2005 年高等教育的留学生比 1999 年增加了 93 000 人，延续教育的留学生增加了 23 300 人。第二阶段于 2006 年 4 月 18 日启动，在第一阶段任务顺利完成的基础上，第二个五年的计划目标更加宏伟，计划在延续与高等教育院校就学的留学生增加 100 000 人，同时制定了一个广泛的国际教育项目议程，重点是集中协助英国高校与国外同等高校建立持久的合作关系，旨在保持英国在国际教育方面的世界领先地位。议程还包括增加英国接受留学生的数量，确保留学生的培养质量，建立战略合作与联盟，通过吸引世界众多国家的学生到英国留学的数量的普遍增长，从而保持英国在世界教育市场的优势地位。

（二）英国留学生奖学金政策

英国现行的奖学金制度主要包括以下三个部分：

第一，政府奖学金。政府奖学金包括除政府间双边文化教育交流奖学金项目（由英国文化委员会、外交部文化关系司负责，经费由财政部下拨）外，外交部和英国文化委员会也与外国（含地区）政府签订奖学金双边协议，以资助海外学生和研究人员赴英进修。例如，2007 年由苏格兰设立的国际奖学金数额高达 54 万英镑，包括学费、一次国际往返机票和生活费。第二，学术团体奖学金。第三，高校奖学金。

（三）高等院校的留学生政策

在政府开拓留学生市场的驱动下，高等院校积极参与，除力争能够提高本校研究生人数的比例外，还尽力招收高层次的优秀研究生。

第一，建立留学生招生和服务机构。大部分高校都设有国际事务办公室，负责留学生的招生和相关事宜。

第二，积极参加海外的宣传和推介活动。一方面参加英国文化委员会等机构举办的高等教育推介活动，并委托其开展留学生教育咨询活动；另一方面，有些高校直接派人到国外参加或举办相关宣传活动。

第三，开发适合留学生学习的课程，提高留学生教学质量。为吸引留学生，高校尽力提供多层次、多形式的学习课程，如学位课程、基础学位课程、文凭与证书课程以及语言课程等。2007 年开始，“部分高校进行，本科 3 年浓缩为 2 年的试验”，参加二年制本科试验的高校有德比大学、利兹城市大学、北安普敦大学、斯特福德郡大学和米德维大学联合体（Midway Partnership）① 等，学生将用 2 年时间完成 3 年的课程，以减少留学时间和费用。同时，很多高校还针对留学生的情况，改革课程结构，提高教学质量。

第四，提高留学生服务质量。每个高校对于留学生的服务都有自己的操作流程，学生进入学校首先就有新生培训课程，以介绍学校情况、设施设备的使用、课程的开设和要求、求助方式等。给有特殊需要的学生提供服务，

① 由肯特大学、格林威治大学和肯特伯雷基督教大学合作组成。

如提供选课咨询等。

（四）留学生工作与就业的政策

为了减缓留学生的经济压力，英国对留学生放宽了打工的限制，如学生在留学期间每周可以进行 20 小时的打工。在学校放假期间则可以享受与英国学生同等待遇——打全工。硕士学生毕业后只要有公司雇佣，可以在英国工作1 年～2 年。

综上所述，英国高校招生考试制度是一个复杂的体系，但运作有序。政府、非政府考试机构和半官方的监管机构分工合作，各司其职，共同完成高校招生考试这一系统工程。

第四章　传承与超越：英国高校招生考试制度的改革

随着英国高等教育从精英走向大众，让每一个有能力从高等教育中受益的学习者都能接受高等教育的“罗宾斯原则”就成为现代版的“英国梦”。然而，高等教育规模的不断扩大，并没有改变入学机会不公的现象，高校招生考试制度便成为“代罪羔羊”。英国教育的“黄金标准”——普通教育证书高级水平（A-levels）受到了前所未有的挑战，改革步履维艰，从考试制度的“单轨制”、“双轨制”、“三轨制”，再到国家《2000 年课程》改革、《国家资格证书框架》的构建，每一次改革无不在“传承”与“超越”间挣扎；招生制度历经了“一元制”（UCCA）到“二元制”（UCCA 和 PCAS），再到“一元制”（UCAS）的过程；录取标准从单一学术型证书成绩到各类证书的综合转换成绩；录取评价从以证书考评为主到证书与综合考评相结合，这个过程反映了英国高等教育从精英向大众转型的阵痛。改革所面临的困境正反映了英国高等教育“大众化教育的规模，精英教育的理念”的矛盾现象。

第一节　考试制度的改革

50 多年来，英国人一提到高校招生，就会自然联想到被其视为“黄金标准”的普通教育证书高级水平考试（A-levels），因为，一般的高校招生录取都要求申请人至少具有 2 科 A-levels 证书或同等证书。尽管在 20 世纪 70 年代中期以后，陆续出现了与参加 A-levels 证书考试的学生年龄相仿的学生参加的职业资格证书，政府试图消除职业型证书和学术型证书（A-levels）地位的差异，让有不同学习背景的学生可以通过不同的途径进入高等院校学习，但人们对职业型证书的标准一直持怀疑态度。

英国复杂的证书考试体系，往往令人望而生畏。政府一直试图对其进行改革，希望建立义务教育之后的统一的证书考试制度，使学术型课程和职业型课程能够更加融合，并对此进行了不懈的努力，如探讨如何在增加课程灵活性的同时，不至于使学生考试的负担过重；如何在力图提高职业资格证书考试地位的同时，不至于使其被学术型课程的价值和文化所同化；如何评价学生进入社会所需要的关键技能等。

从 A-levels 产生的那一天起，人们就一直试图对其进行改革。近年来，很多人主张对考试制度的改革要超越 A-levels，并进行改革试点，用其他考试来代替 A-levels 高校入学考试的功能，如国际业士文凭、英国业士文凭和大学前考试。与此相适应，从 2002 年开始，政府推行在招生中使用涵盖 20 多项证书的“高校招生分数转换系统”（UCAS Tariff）的政策，对高等院校招生录取时使用的各类资格证书进行分值设定，从而计算出申请人所得的学业成绩总分，以方便高等院校招生录取时对申请人综合学业成绩进行评定。

一、改革历程

自 20 世纪 70 年代后期起，英国经济繁荣景象不再，开始陷入严重的经济危机，不能就业的年轻人越来越多。政府试图让教育更能适应产业的需求，在教育与产业间建立更密切的关系。由此，政府着手推动 14 岁～19 岁课程与考试的综合改革，到现在大致经历了以下几个阶段：

（一）新职业主义与职业资格证书考试的萌芽（1976—1986）

在 20 世纪 70 年代中期，新职业主义运动（New Vocationalism）在英国兴起，并一直持续到 20 世纪 80 年代中期①。这一时期的证书考试改革成果主要体现在已经开始从终结性考试转向将一定的过程性评价和绩效评价用于考试之中。随着 16 岁～19 岁教育的大众化，学术型的 A-levels 证书考试无法适应很多学生的学习需求，职业资格证书考试开始在这一时期孕育、萌芽。

在这一时期，英国政府为无法就业的年轻人推出了一系列的教育培训项目，如“青年机会项目”和“青年培训计划”。与此同时，引入一些职前职

① Ann Hodgson，Ken Spours，Beyond A-levels Curriculum 2000 and the Reform of 14-19 Qualifications，London：Kogan Page Ltd.，2003，p. 10.

业资格证书和培训证书，如拓展教育证书（CEE）、职前教育证书（CPVE）和城市与行业协会 365 证书。另外政府也开始实施技术和职业教育行动计划，鼓励学校把更多的职业性、应用性、技术性的内容纳入全日制 14 岁～19 岁教育的课程之中。新职业主义运动中出台了两个标志性的政策性文件：一是《选择的基础》①。建议把当时不同的“无业青年教育行动计划”合理纳入统一的“就业前教育与培训框架”，据此，推出了职前教育证书（CPVE）。二是《新培训行动计划》（NTI）②。据此，政府推出了“青年培训计划”，对 20 世纪 80 年代后期国家职业资格证书（NVQs）的开发具有直接的影响。

（二）“双轨制”国家证书考试制度（1986—1991）

“双轨制”国家证书考试制度指的是学术型证书考试（A-levels）和职业型证书考试（NVQs）并存的统一的国家证书考试制度。

1986 年，国家职业资格证书委员会（NCVQ）的建立标志着“双轨制”国家证书考试制度的形成。概括地讲，“双轨制”国家考试制度的建立是用“一个制度，双轨运行”来取代原来互不衔接的两个证书考试制度，即学术型考试制度和职业型考试制度，将原来互不衔接的职业资格证书和职业行动计划纳入统一的国家证书考试框架，强化了中央政府对课程与考试的控制，向建立更加集权的考试制度迈出了重要一步。

在这一时期，国家证书考试制度发生了四个方面的变化。第一，建立统一的 16^{+} 岁考试制度，即中等教育普通证书（GCSE）考试制度，取代了原来的普通教育证书一般水平考试（O-levels）和中等教育证书考试（CSE）；第二，颁布 5 岁～16 岁的国家课程，并对 7 岁、11 岁、14 岁的学生进行标准学业测试（SATS），让 14 岁～16 岁的学生学习 GCSE 证书考试课程；第三，1986 年开始实施注重实际能力考核的国家职业资格证书（NVQs）制度，NVQs 主要依据的是行业标准；第四，发布了一系列关于建议培养学生核心技能的报告，既涉及职业资格证书的核心技能的考核，也涉及 A-levels

① Further Education Unit（FEU），A Basis for Choice：Report of a Study Group on Post-16 Pre-employment Courses，London：FEU，1979M.

② Manpower Services Commission（MSC），A New Training Initiative-A Consultative Document，London：MSC，1981.

证书考试的核心技能的考核①。

(三)“三轨制”国家证书考试制度(1991—2000)

1991年,《21世纪教育与培训》② 白皮书的颁布,标志着“三轨制”国家证书考试制度的开始。“三轨制”国家证书考试制度是在原来“双轨制”国家证书考试制度的基础上,又引入国家普通职业资格证书(GNVQs),其目的是试图在16岁~19岁全日制在校生人数不断增加的情况下,降低学术型A-levels证书考试的影响,提高职业资格证书的地位。“三轨制”国家证书考试制度一直延续到工党政府的《2000年课程》改革,此改革强调的是三类证书课程的“链接”,而不是区别。

国家普通职业资格证书(GNVQs)课程设计保留了国家职业资格证书(NVQs)的特点,但它的对象是16岁~19岁的全日制在校生,这些学生要么从学业能力上无法完成A-levels证书考试课程的学习,要么无意参加A-levels证书考试课程的学习。同时,由于学术型GSSE的证书和A-levels证书考试难度较大,并对“课程作业”评定有诸多的限制,很多学生被拒之门外③。政府采取了很多措施提高14岁后的在校生人数,但在不同的课程和考试之间仍然保持其特点和区别,对不同学习路径的区别的主要方法是不同的评价方式,走学术型路子的学生主要参加的是考试认证机构举行的校外考试,而走课程更宽泛的职业路子的学生主要参加的是“课程作业”评定。对参加国家职业资格证书(NVQs)课程学习的学生,还会在工作现场观察其实际动手能力。

经过这一阶段的改革,政府进一步加强了对14岁以后的学生的证书考试和评价的控制,通过课程和考试制度的改革,使16岁~19岁的在校生人数进一步增加,并通过政策导向以较低的单位成本,扩大了教育和培训的规模。《1992年延续与高等教育法》把1991年白皮书的一些建议法制化,让

① Her Majesty's Inspectorate(HMI), Post-16 Education and Training, Core Skills: An HMI Paper, Norwich: Stationery Office.

② Department for Education and Science/Employment/Welsh Office(DfE/. ED/WO), Education and Training for the 21st Century, Norwich: Stationery Office, 1991.

③ K. Spours, The Reform of Qualifications within a Divided System, in eds W. Richardson, J. Woolhouse, D. Finegold, The Reform of post-16 Education and Training in England and Wales, Harlow: Longman, 1993.

一些延续教育学院（further education colleges）进行合并，扩大 16 岁后延续教育的规模，并建立延续教育拨款委员会（FEFC）。至此，延续教育学院脱离了地方教育局的管辖，但仍承担中六学级教育的职责，造成了提供中六学级教育的学校和新的延续教育学院的激烈竞争，竞争的焦点是争夺 A-levels 课程和国家普通职业资格证书（GNVQs）课程的生源。国家普通职业资格证书(GNVQs)与国家职业资格证书（NVQs）的不同在于：前者的学习者是中六学校和延续教育学院的全日制学生。实行的结果是大部分学生把国家普通职业资格证书（GNVQs）高级水平看成是进入大学学习的手段，而不是就业[①]。

《1992 年延续与高等教育法》废除了高等教育的“双元制”，原来的多科性技术学院都先后取得大学地位，此时所有高校都有机会重新思考其办学定位和招生对象。这一时期，高校大学部积极招收在学校全日制学习的 16 岁～19 岁的学生，所以国家普通职业资格证书（GNVQs）很快被 1992 年后的大学接受为学位课程的入学资格证书。

（四）资格证书的“标准链接”[②]（1996—2002）

这个改革阶段的起点是 1996 年迪英尔的《16 岁～19 岁资格证书检讨》[③] 报告，一直持续到 2002 年政府发布《14 岁～19 岁教育：提供机会，提高标准》的报告[④]。资格证书的“标准链接”是用统一标准在不同的资格证书之间建立链接，强调要在国家证书考试的“三轨”之间建立“立交桥”，以鼓励更多学生在义务教育后继续在校学习、提高，并鼓励他们更多地学习既有普通课程也有职业课程的“混合型课程”[⑤]。

---

① FEDA/IoE/Nuffield Foundation，GNVQs 1993—1997：A National Survey Report，London：FEDA，1997.

② “标准链接”（standards-base linkages）来自之前一项研究里提出的“互相衔接的制度”的概念，这项研究是 20 世纪 90 年代后期关于在英格兰和苏格兰建立统一的教育和培训制度研究的一部分（Rafle et al）。

③ Dearing，Sir Ron，Review of Qualifications for 16-19 Year Olds，London：SCAA，1996.

④ DfES，14-19 Education：Extending Opportunities，Raising Standards，London：DfES，2002.

⑤ Ann Hodgson，Ken Spours，Beyond A-levels Curriculum 2000 and the Reform of 14-19 Qualifications，London：Kogan Page Ltd.，2003，p. 16.

1996年，迪英尔在《16岁～19岁资格证书检讨》中总共提出198条建议，对后来产生重大影响的建议主要有：建立普通教育证书补充水平（AS）作为完整A-levels的中间阶段；对国家普通职业资格证书（GNVQs）高级水平进行改革，缩小其过于宽泛的课程，使其更便于管理，让课程设置和评价方法更靠近A-levels；设立通信、应用算术和信息技术三个关键技能的AS证书考试；考虑设立高级水平的证书和文凭，以拓宽学生的学习领域；建立国家资格证书框架，明确不同水平之间的证书如何"进阶"，并在A-levels和职业资格证书之间建立分数互换体系。

迪英尔（Dearing）对国家证书考试的改革思路是"一个制度，不同路径"，即在统一的国家证书考试制度下，学生可以选择不同途径。选择不同途径的学生，虽然学习的课程之间有明显不同，但会给学生提供在学术途径和职业途径之间"转轨"和"并轨"的机会，亦即学生有机会改变学习途径或者学习学术和职业的"混合型课程"。为了实现上述设想，迪英尔还建议将学校课程与评价局（SCAA）与国家职业资格证书委员会（NCVQ）合并，设立统一的国家证书考试监管机构，对相互链接的证书考试制度进行监管，并整合众多的公共考试认证机构。

1997年工党执政后，准备接受迪英尔的很多改革建议。随后，工党政府根据自己的政策文件《拥有成功的资格》①，对证书考试制度进行了新一轮的调研，最后形成政府关于证书考试改革的文件——《2000年课程》。改革强调三类证书之间的"链接"，而不再强调它们之间的区别。虽然这些改革还不能完全令人满意，但它在旧制度和未来理想的一体化证书考试制度之间搭建了一座桥梁，对16岁～19岁教育阶段的证书考试制度产生了重大影响。

二、改革焦点

英国人长期以来对A-levels存在又爱又恨的矛盾心理。毕竟50多年来，它在英国这个以证书考试为导向的教育和培训制度下，一直占有绝对的优势地位。同时，对它的改革已成为高度政治化的敏感议题，因为英国的历届政

① Department for Education and Employment/Department of Education Northern Ireland/Welsh Office（DfEE/DENI/WO），Qualifying for Success：A Consultation Paper on the Future of Post-16 Qualifications，London：DfEE，1997.

府都把它看作是英国教育的“黄金标准”①。

《2000 年课程》是 16 岁～19 岁教育阶段证书考试改革的重要文件，对于长期以来人们关注的焦点问题作了回应，改革的主题是拓宽中等教育高级阶段的学习范围；在不同类型证书之间及同一类型证书内部之间保持一致的标准；颁布适量科目的高级水平证书考试课程说明；提高普通证书和普通职业资格证书之间的一致性。《2000 年课程》的改革触及 A-levels 改革的焦点问题。

1. 焦点之一：考试的广度和深度

一直以来，人们批评普通教育证书高级水平（A-levels）课程缺乏灵活性，学习的科目过窄，学生一般只选择 2 门～3 门的学习科目。为了改变这种状况，进行了一些改革尝试，以拓宽学生的学习范围。

1989 年开始在 A-levels 的基础上，增加了普通教育证书补充水平（AS)，以拓宽学生学习的科目，但实施的效果并不理想。1996 年，迪英尔在《16 岁～19 岁资格证书检讨》中指出，选择 AS 证书考试的比例非常低，每 15 科A-levels考试中，只有 1 科是补充水平（AS)②。当然，不成功的原因是多方面的。首先，高等院校对于补充水平证书的认可度不高，在招生时要求的仍然是 A-levels；其次，对于学生来说，学习 AS 课程并不轻松，他们要学习A-levels课程中绝大部分的核心内容，学生感到学习的内容是完整 A-levels 的三分之二，而不是一半；再次，对于中学来说，安排 AS 课程的难度很大，因为，选择 AS 课程超过 2 科的学校寥寥无几；最后，AS 也受到 A-levels 本身改变的影响。其实可以把所有的原因归结为一个，即和地位牢不可破的A-levels共存，并与之竞争，补充水平不可能完成其拓宽学生课程和学习广度的目标。

20 世纪 80 年代后期至 90 年代早期，学习 A-levels 考试课程的人数快速增加，到 1995 年，义务教育后有三分之一的学生学习 A-levels 考试课程。很多学生学习 A-levels 考试课程的新科目，模块教学的方式越来越受到学生欢迎。同时，政府雄心勃勃地实施国家教育目标，其中之一就是到 2001 年

① Ann Hodgson, Ken Spours, Beyond A Levels Curriculum 2000 and the Reform of 14-19 Qualifications, London: Kogan Page Ltd., 2003, p. 81.

② Dearing, Sir Ron, Review of Qualifications for 16-19 Year Olds, London: SCAA, 1996.

在21岁青年人中，有60%能够达到国家第三级证书的水平[①]。随着学习A-levels考试课程人数的增加，考试的失败率，或者说人力资源的浪费率也在增加。在审核委员会的报告“未竟的事业”（Unfinished Business）中，首次严肃地指出了这些问题[②]。

在这种背景下，迪英尔公布了《16岁～19岁资格证书检讨》报告，对A-levels和当时的其他证书考试进行讨论。他注意到，越来越多学习A-levels考试课程的学生没有能力顺利通过要求严格的A-levels证书考试，而政府推出国家普通职业教育证书（GNVQs），旨在适应在中等教育普通证书（GCSE）考试中成绩一般的学生学习，但并没有达到政府预期的目标，参加GNVQs课程学习的学生并不多。所以迪英尔在中期报告[③]中指出越来越多的人支持在GCSE和A-levels之间设立一种证书考试。

《2000年课程》中采纳了迪英尔报告及《拥有成功的资格》咨询报告的建议，对A-levels进行较为系统的改革，特别是在增加A-levels的灵活性、拓宽学生学习范围方面进行了一系列改革。

第一，把完整6个模块的A-levels课程分成两个阶段，第一阶段的3个模块为补充水平（AS），第二阶段的3个模块为A2。根据这样的安排，学生在第一年可以取得包含3个模块课程的AS证书，第二年完成另3个模块课程A2，通过考试取得完整的A-levels证书。其目的有两个：其一，鼓励学生选择更广的学习科目，与原来学习A-levels的学生只选2门～3门科目相比，引入AS后，学生可以选4门～5门科目；其二，在GCSE和A-levels之间，建立一个“进阶”的台阶，即使学生只在中六学级学习1年也能获取和A-levels地位平等的AS证书。

第二，对国家普通职业资格证书（GNVQs）进行改革，使它和新的AS、A-levels保持一致。把改革后的GNVQs称为高级职业教育证书（AVCEs）或职业A-levels。AVCEs共有6个模块，分A-levels

---

① National Advisory Council for Education and Training Targets (NACETT), Report on Progress, London: NACETT, 1994.

② Audit Commission/OFSTED, Unfinished Business: Full-time Education Courses for 16-19 year olds, Norwich: Stationery Office, 1993.

③ Dearing, Sir Ron, Review of 16-19 Qualifications: Interim Report, London: SCAA, 1995.

和 AS（3 个模块），职业A-levels的等级分为 A，B，C，D，E 等。与学术 A-levels 不同的是，学生可以选择 1 2 个模块的 AVCEs（双认证），相当于 2 个 A-levels，这一点延续了国家普通职业资格证书（GNVQs）的做法。这项改革的目的是提高职业资格证书的地位，使职业型的 AVCEs 证书和学术型的 A-levels 享有同等的声誉，鼓励广大学生在他们选修的科目中，更多地选择“混合型课程”。

第三，引入新的关键技能证书考试。2000 年 9 月，开始实施新的关键技能证书考试制度，政府承认通讯、应用算术和信息技术 3 项关键技能证书。在国家资格证书框架内，学生可以选择参加三个级别的关键技能证书考试。为了鼓励学生参加关键技能证书考试，学习与技能发展处（LSDA）对开展关键技能推广的项目进行资助，而中六学级学院和延续教育学院出于经济利益的考虑，纷纷提供关键技能证书考试课程。

第四，增加新的拓展型科目。增设了新的拓展性 AS 证书考试科目，包括批判性思维、公众理解科学、公民、世界发展、科学与技术、欧洲研究。

第五，引入高级拓展证书考试（AEAs）。在进行 A-levels、GNVQ 改革和开发关键技能证书的同时，作为《2000 年课程》改革的一部分，受教育与技能部委托，资格证书与课程局开始设计高级拓展证书考试（AEAs）说明，以此取代原来属于普通教育证书奖学金水平（S-level）和各大学的入学测试。高级拓展证书考试（AEAs）开始是比照普通教育证书科目标准进行设计的，涉及 13 个专业领域，目的是为学习拔尖的学生拓展学习领域，特别是为大学选拔出“顶尖学生”。

在保持 A-levels 证书考试课程深度的基础上拓展 A-levels 广度的改革，是一项复杂的系统工程，虽然取得了一定进展，但远没有达到考试深度和广度的平衡。经过改革，在第一年与旧的 A-levels 课程相比开设了更多的科目，教学的时数比以前也有所增加，总体来说，学生选择的科目数有明显的提高（见表 4-1）①。

① Ann Hodgson，Ken Spours，Beyond A Levels Curriculum 2000 and the Reform of 14-19 Qualifications，London：Kogan Page Ltd.，2003，p. 63.

表 4-1 《2000 年课程》前后 A-levels 证书考试课程广度变化情况①

项目	原来 A-levels 课程	2000 年课程
学习时间	与欧洲其他国家比相对较低	与欧洲其他国家比大致相当
学习科目	2 门～3 门	3 门～4 门
科目范围	同质科目多；异质科目少	同质科目多；异质科目少
混合型学习	很少	比较少
关键技能	主要认证对象是职业课程学生	大约一半学习高级水平课程的学生参加认证
课外活动	在一些学校的重要教学活动	在大部分学校地位明显下降
学习方式和评价	形式多样：线性课程与模块课程结合；内部和外部评价结合	更标准化的模块课程；更多的外部考试

2. 焦点之二：学术型考试和职业型考试

英国教育与技能部的统计资料表明，在 20 世纪 90 年代晚期，所有英格兰、威尔士和北爱尔兰的全日制 17 岁在校生中，有 40%的学生参加高级证书课程的学习，其中，大部分是学习 A-levels 证书考试课程的学生②。

1999 年英国教育与就业部和伦敦大学教育学院共同做了一个全国性调查，较全面地反映了在 2000 年课程改革之前，参加高级水平课程学习的学生的分布情况③。从表 4-2 中可以看出，在学习高级水平课程的全日制学生中，大部分人选择了学术型的 A-levels 证书考试，只有少部分选择职业型的证书考试。在参加 A-levels 证书考试的学生中，不包括通识科（General Studies），大部分人选择学习 3 个科目，高于或低于 3 科的是少数。和欧洲其他国家相比，学生学习的课程量是比较低的。

① Ann Hodgson，Ken Spours，Beyond A-levels Curriculum 2000 and the Reform of 14-19 Qualifications，London：Kogan Page Ltd.，2003，p. 78.

② DfES（2001b），Statistical Release SR30/2001，London：DfES，2001.

③ DfEE/IoE，Survey on the Qualifying for Success Reforms，London：DfEE，2000.

表 4-2　攻读不同类型高级水平资格证书的全日制学生分布表[①]

证书名称	A-levels			GNVQs	NVQs 及其他
	3 科证书	超过 3 科	少于 3 科		
所占比例	48%	10%	7%	20%	15%
合计	65%			20%	15%

可以这么说，在英国整个 20 世纪 90 年代全日制职业资格证书始终处于“学术漂移”的过程，使其逐渐远离了车间和职业实习，一步步向学校校园的普通教育靠近。高级职业教育证书考试（AVCEs）的推出是用来扩大全日制16 岁～19 岁教育参与的措施。政府致力于提升应用型、职业型资格证书的地位，目的是使它们能与学术型的 A-levels 证书“并驾齐驱”，这方面的努力有某种程度的进展，但由于没有对学术型的 A-levels 证书作重大改革，用人单位也没有真正参与高级职业教育证书的开发，因此，上述目标实现起来难度很大。

高级职业教育证书（AVCEs）不仅经历了“学术漂移”的过程，使其缺少职业性，而且很难实施，即使在 20 世纪 90 年代，它的前身——国家普通职业资格证书（GNVQs）的课程群体，也远离了职业性，AVCEs 的通过率甚至比 A-levels 还要低。由于 AVCEs 的目的、设计和地位较低等问题，所以，很快就于 2005 年被新的证书考试——普通教育应用学科证书高级水平考试（GCE /A-levels in applied subjects）取代。

3. 焦点之三：考试标准问题

普通教育证书高级水平（A-levels）考试自设立之日起，就与高校招生相联系。直到现在，A-levels 证书考试的成绩仍然是高校招生选拔的主要指标。但多年来，它不仅在高校招生中扮演重要角色，同时在就业市场也有良好的声誉。2004 年实行统一的国家资格证书框架后，它是国家资格证书框架里的重要证书系列，属于第三等级证书。经过多次改革，它已从纯学术型、理论型的证书考试转变成兼顾理论和实践、注重对与具体工作相联系的知识和技能考查的证书考试。这种趋势在 2000 年课程改革中得到充分体现，A-levels 灵活性更强、科目的范围更广、学习的方式更加多样。2005 年

① DfEE/IoE, Survey on the Qualifying for Success Reforms, London: DfEE, 2000.

9月，用A-levels应用科目证书考试（GCEs A-levels in applied subjects）代替原来的高级职业教育证书考试（AVCEs），使传统的普通职业资格证书考试方式向A-levels靠拢。

伴随着A-levels的改革，越来越多的人对其标准提出质疑。有人认为没有能够实现它的3个主要目标：促进教育质量的提高；考查学生对知识、技能的掌握；为高等院校选拔优秀学生，为用人单位挑选员工①。也有人认为现在的A-levels通过率太高，学生成绩缺乏区分度。英国一家独立机构所做的一项研究指出，2005年，A-levels的通过率为97%，而1982年的通过率才68%，提高了31个百分点；还认为2004年的数学B等成绩只相当于1988年数学的E等成绩②。在反对的声浪中，研究性大学和选拔性的私立中等学校的声音最大，反对的主要理由还是与高等学校招生选拔有关。

或许对A-levels进行公平评价的方式还是要回归到政府为其改革制定的标准上。有三个重要文件反映了政府为A-levels及同等证书改革设定的目标。

第一，政府咨询报告《拥有成功的资格》③。报告提出改革高级水平考试的目标是，坚持所有高级证书的高标准，并始终保持一致。这些证书包括普通（学术）证书、普通职业证书和职业证书；确保这些证书等值、地位平等，学生可以把普通课程、普通职业课程和职业课程结合在一起学习；建立清晰、连贯和易懂的资格证书框架，在这个框架内，学生可以选择符合他们需要的课程，并可以积累学分；提供一定专业领域的课程学习，以利学生继续深造，同时，鼓励学生拓宽知识视野，提高技能和理解力；鼓励学习者获取高级水平的关键技能证书；树立学生对终身学习的正确态度，并为他们创造终身学习的机会，随时为他们提供回归学校的机会；为学生开辟通向高等院校、职业和培训之路；提高各种水平学生的入学率，减少辍学率，提高其

---

① Warwick Mansell, Exams System Faces its Waterloo, TES. 2006-06-30.

② Reform, Standards of Public Examinations in England and Wales, http://www.reform.co.uk/filestore/pdf/Standards%20of%20Public%20Examinations%20in%20England%20and%20Wales.pdf. 2007-03-17.

③ Office (DfEE/DENI/WO), Qualifying for Success: A Consultation Paper on the Future of Post-16 Qualifications, London: DfEE, 1997.

学业成绩。

第二，教育部长泰萨·布莱克斯通给资格证书与课程局关于《拥有成功的资格》咨询过程建议的回复函①。其中一段话反映了对证书考试改革的要求。“政府大力支持拓宽 A-levels 课程的广度，提升职业资格证书的水平，这些应该建立在严格的标准和掌握关键技能的基础之上。咨询的目的就是考虑我们如何向国家资格证书框架的方向再迈进一步，在这个框架内，确保各类证书始终具有高标准；在提高适当专业性课程的同时，促进学生学习的广度，并为学生终身学习开辟宽阔的道路。”

第三，1999 年 3 月，教育部长泰萨·布莱克斯通关于 16^{+} 岁教育课程改革的新闻稿。新闻稿在强调要增加高级水平的学习课程外，也强调有必要保持传统的严格标准：“A-levels 在过去 50 年的英国教育中扮演了重要的角色，并以其严格标准，一如既往地起重要作用。我们准备推出新的职业资格证书，使青年人能够把对学术课程和职业课程的学习结合起来。这就是我们为什么在广泛试点的基础上推出新的普通职业资格证书的原因，它的要求将更加严格，使得教师操作起来也更简便。”②

概括起来，这些目标可归结为四类：第一，实现学术型证书考试和职业型证书考试同等地位；第二，在课程上，要求达到广度和深度的平衡；第三，满足有关核心技能的要求；第四，在终身学习体系中，鼓励学生参与学习、不断提高、取得良好的学业成绩。

根据伦敦大学教育学院霍奇森和斯巴斯两位学者的研究，认为 2000 年课程改革后，新的 A-levels 向上述的四类目标迈出了重要一步，同时认为在建立英国“高级证书考试大厦”中只完成了部分工程（a halfway house），但为未来的改革搭建了稳固的平台③。

引入 AS，使 2 年的 A-levels 考试可以分阶段进行，一轮考试成绩不理想，还可以再考，提高学生证书考试成绩；课程教学内容划分成若干

---

① T. Blackstone，Qualifying for Success：The Response to the Qualifications and Curriculum Authority Advice，London：DfEE，3 April，1998.

② T. Blackstone，A-levels Curriculum Will Guarantee Standards，Blackstone，DFEE Press Release 125/99，19 March.

③ Ann Hodgson，Ken Spours，Beyond A Levels Curriculum 2000 and the Reform of 14-19 Qualifications，London：Kogan Page Ltd.，2003，pp. 81-99.

模块①，考试分四轮进行，考试次数增加，考试内容的取样点和知识覆盖面也增加了，使考试的效度提高，能较有效地测量学生的学科知识能力；AS的引入，是在中级考试和高级考试之间另设的一级考试，目的在于既保持A-levels的深度，也增加它的广度。这也符合A-levels的一贯传统：专业性和选择性。

三、改革动向

进入21世纪后，一直让英国人引以为自豪的教育"黄金标准"的A-levels证书考试，正面临大众对它的信心危机，有人形容A-levels正遭遇滑铁卢②，"黄金标准"正在失去其耀眼的光芒。

政府、教育部门、社会各界对如何改革A-levels的意见不一，概括起来有两种观点：第一，保持英国A-levels证书考试传统，对其进行改革；第二，用新的考试制度代替A-levels，如国际业士文凭（IB）、大学前考试（Cambridge Pre-U）和英国业士文凭（English Baccalaureate）。

无论采取渐进式的还是激进式的改革方法，首先要明确在现有的英国教育和培训制度框架下，什么样的证书考试制度才能扩大入学率、提高学业成绩、提升学生能力水平。在20世纪90年代，人们认为14岁后教育的课程与证书考试应该采用分级方式设计，讨论在16岁～19岁教育阶段，甚至义务教育阶段，应该引入英国业士文凭制度，并提出对A-levels和GCSE改革的多项设计和实施方案。10多年来，人们提出的改革英国证书考试制度的方法，可以概括为规定性或学科分组式设计方法、弹性或开放性设计方法以及综合设计方法三种。

第一，规定性或学科分组式方法。规定性或学科分组式的证书考试设计方法强调学习科目的广泛性和科目的组合规则。这种方法无意利用英国现有的证书考试模式，而是运用具体的要素支撑总体的课程与证书包。主张用这种方法的人，往往把目光投向国际业士文凭（IB）。规定性或学科分组式的证书考试设计方法强调学科的组合，尤其是在高级水平阶段。这种设计可能适合一些学生，但不一定对所有的学生都合适。

---

① 一门A-levels课程分为6个模块，每个模块的考试时间为75分钟至90分钟，一门课程考试的总时间为7个小时至9个小时之间。

② Warwick Mansell, Exams System Faces its Waterloo, TES, 2006-06-30.

第二，弹性或开放性设计方法。用弹性或开放性的方法设计 14 岁～19 岁教育阶段的课程与考试，强调提升水平、学生选择、模块设计、学分累积、关键技能、与现有证书衔接。持这种观点的人认为如果实行业士文凭制度，学科分组的方法将会使一些学生的学业成绩得不到承认，同时，不利于扩大学习课程的人数。开放性设计方法多少带有一定的激进性。使用这种方法的例子有两个：一个例子是比较谨慎的改革方案，就是 14 岁～19 岁教育绿皮书提出的“大学入学文凭”；另一个比较激进一点的例子是学院协会提出的“学习与技能文凭”①。

第三，综合设计方法。结合上述两种方法的特点，强调扩大参与和不断提升水平的同时，还要确保课程的连贯性。达到上述设计目标的方式是利用共同核心课程和规定一定的课程范围。限定课程范围的方法是使用多级证书、使用有限的模块课程和学分积累、给学生提供一定的选科自由。在利用现有的证书考试（如 A2）的同时，强调有必要对现有的证书考试进行重新设计，并设计新的证书考试，以适应规划中的新的文凭授予制度。这种方法融合了其他方法的特点，使新设计的证书考试制度吸收了英国考试制度的优点，避免其弱点，如伦敦大学教育学院学者设计的“英国业士文凭”制度。

下面介绍英国当前 16 岁～19 岁考试改革的最新动向。

（一）国际业士文凭

1. 概况

国际业士文凭课程（International Baccalaureate Diploma，简称 IBD）是由国际文凭组织（International Baccalaureate Organization）组织实施的一个为期 2 年的课程。它在很多国家都可以作为高等院校入学的资格证书。

国际文凭组织（IBO）正式成立于 1968 年，在联合国教科文组织拥有“教育咨询伙伴”的地位。总部设在瑞士日内瓦，课程与考试中心在英国卡地夫，在亚太地区、北美地区、欧洲地区、拉丁美洲地区分别设有办事处，管理、组织各区内学校。

国际文凭组织（IBO）成立的最初目的是服务于国际学校，便于在国际移动的家庭的子女入学。20 世纪 80 代提供的国际业士文凭课程（即高中

① AoC. A Proposal for a Learning and Skills Diploma，London：AoC，2002.

2 年教育）被全球教育界认为是具有较高学业水准的教育项目，更广泛地被大学所接受，在全球范围内迅速发展，目前已有 1 000 多所大学认可国际文凭，其成员学校遍布 125 个国家，共有 1 895 所学校①。

国际文凭组织（IBO）提供的课程分初、中、高三个阶段（见图 4-1），学生年龄在 3 岁～19 岁之间，从幼儿园到大学前教育，学生可以连续学习三个阶段的课程，也可以单独学习其中一段的课程。初级课程的对象是 3 岁～12 岁的儿童，强调通过在校学习和参加校外活动，促进儿童的全面发展；中级阶段课程的对象是11 岁～16 岁的学生，在这一阶段，学校为学生提供富有挑战性的课程学习和技能培养框架，学习的科目既包含又超越了传统科目；第三阶段是业士文凭课程阶段，对象是 16 岁～19 岁的学生，学习课程年限为 2 年，通过考试后，授予国际业士文凭，作为大学入学的重要资格证书。

图 4-1

2. 课程内容

IB 文凭是按照规定性或学科分组式方法设计的，共分 6 个学科组（见图 4-2）。作为国际性的课程与证书，IB 开设不同水平的现代语言和古希腊及古拉丁语，所有的学生至少要学习 2 门语言，其中 1 门语言为第一组里的语言 A1，对于英国学生来说就是英语，内容以文学为主；另外 1 门可以从第二组，即语言 A2、语言 B 和初级语言中选择；第三组是个人与社会（人文学科），学生可以选择的科目有：地理、历史、世界社会信息技术、哲学、心理学等；第四组是试验科学，可选择的科目有：生物、化学、设计与技术、物理等；第五组是数学，分不同水平：数学学校标准水平、数学标准水平、数学高级水平、拓展数学水平（高级数学水平＋拓展数学标准水平）；

① International Baccalaureate Organization（IBO），The IBO at a glance：Geneva：IBO，http：//www. ibo. org/who/ 2007-03-18.

第六组是选修科目组，IB 除了执行统一的课程教学大纲以外，也给学校一定的自主权，学校根据所在国的情况和学生的兴趣开设校本课程，这些课程被归入第六组选修科目组。

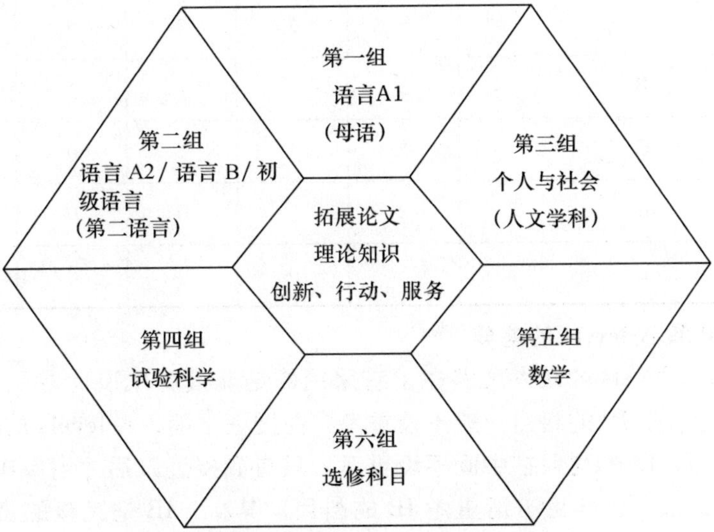

图 4-2　国际业士文凭课程科目分组情况①

获得完整的文凭，学生需要学完 6 门科目，其中至少 3 门（最多 4 门）为高级水平（HL），其他 2 门～3 门为标准水平（SL）。同时，学生还要参加为期 2 年的理论知识课程的学习，最后，完成拓展论文，选题可以来自学生选修的任何一门科目。之后还要参与为期 2 年的“创新、行动、服务”的项目活动。

3. 评价和记分方式

每个科目计分为 1 分～7 分，6 科满分为 42 分。另外，国际文凭设核心课程，包括 3 部分：“创新、行动、服务”的项目活动必须完成，但不计分；理论知识和拓展论文分 A，B，C，D，E 等，并按表 4-3 的方法转换成分数，最高可得 3 分，所以 IB 满分为 45 分。

① International Baccalaureate Organization（IBO），The IBO at a Glance：Geneva：IBO，http：//www.ibo.org/ 2007-03-18.

表 4-3 核心课程记分方法①

理论知识的分数 / 拓展论文的分数	A	B	C	D	E
A	3	3	2	2	1
B	3	2	1	1	0
C	2	1	1	0	0
D	2	1	0	0	0
E	1	0	0	0	不及格

4. IB 和 A-levels 的差异

IB 和 A-levels 的最大区别在于它采用的是非模块化设计方法。具体区别如下：首先，IB 的科目一般不设重考。在授证之前，A-levels 的不同模块都可以重考，IB 的科目在中间不设重考，只有到授证以后才可以申请重考，一般来说，很少有学生申请重考 IB 的科目。其次，IB 是完整的资格证书。A-levels 分数的一半为 AS，它的标准介于 GCSE 和 A2 之间，而所有的 IB 科目的考试都是完整的。再次，IB 科目考试有高级水平和标准水平之分。不同的科目试卷的设计方法有所不同，一些科目采用同一试卷，其中，专门有一部分只要求选择高级水平考试的学生完成。例如，地理科课程大纲中有一部分内容是高级水平和标准水平的学生共同学习的核心内容，但在 11 个单元的选学内容中，高级水平的学生要选 4 个单元，而标准水平的学生只选 2 个单元。

5. IB 在英国实施的情况

到 2006 年，在英格兰有 76 所学校开设 IB 课程，其中包括 46 所公立学校②。目前，英国高等院校招生服务处（UCAS）已将国际业士文凭（IB）

① International Baccalaureate Organization（IBO），The IBO at a Glance：Geneva：IBO，http：//www. ibo. org/ 2007-03-18.

② Department for Education and Skills（DfES），More Choice for Pupils：International Baccalaureate to be Available in all Local Authority Areas，30 November，2006，http：//www. dfes. gov. uk/pns/DisplayPN. cgi? pn _ id=2006 _ 0180. 2007-05-20.

列入“高校招生分数换算系统（UCAS Tariff）”，越来越多的英国高校把它作为招生录取的依据①。

2006 年 11 月 30 日，英国首相布莱尔和教育大臣约翰逊宣布学校可针对 16 岁后教育给学生提供更多选择，为那些愿意学习国际业士文凭（IB）课程的学生提供更多的学习这种课程的机会②。政府将拨款 250 万英镑资助到现在还没有开设 IB 课程的地区，使每个地区至少有一所学校开设 IB 课程。计划到 2010 年，开设 IB 课程的学校将增加 100 所，新增的学校主要是中六学院和一些延续教育学院。

（二）大学前考试

1. 概况

现在，英国剑桥大学推出了新的考试办法——剑桥大学前考试（Cambridge Pre-U），由剑桥大学国际考试委员会（Cambridge University of International Examinations），即 CIE 设计推行，学生在完成 16 岁义务教育后，通过 2 年的学习获取必要的技能和知识，以便能在以后的大学学习中取得成功。

剑桥大学前考试在设计时充分考虑了中学教学和高校选拔人才的需要。中学希望在学生完成 16 岁义务教育后，能够有一种能有效调动学生学习积极性和激发教师教学热情的课程，为学生在今后的大学学习打下良好的基础。大学希望招收具有独立和自我学习管理能力、能够顺利完成大学学业的学生。剑桥大学前考试试图在中学和大学的需求中取得平衡，达到以下目的：第一，通过课程考试一体化设计，既能激发学生学习的热情和兴趣，同时又对他们富有挑战性，目标就是为他们升入大学做好充分准备；第二，对学生学业成绩评价的方法有助于大学选拔新生；第三，重新激发起教师对学科教学的热情。

《剑桥大学前考试课程大纲》（第一稿）于 2005 年底开始在中学校长、教师、大学代表和考试政策的制定者中间征求意见，2008 年 9 月开始在一些学校试行。

---

① System is Unfair to Bac Students，Times Educational Suplementary（TES），2006-06-21.

② Available in all Local Authority Areas，30 November 2006，http：//www. dfes. gov. uk/pns/DisplayPN. cgi? pn _ id=2006 _ 0180. 2007-05-20.

2. 课程内容

大学前考试课程注重课程学习的深度。课程设计采用的不是模块设计而是线性设计方法，强调课程的连贯性，从质和量两方面为教师的教学和学生的学习提供更大的发挥空间，同时，设想把现在英国学校浪费在复习和考试上的一个学期的时间充分利用起来。要求学生至少必修 3 门首要科目（Principal subjects），学生可以从开设的首要科目中任选（见表 4-4），另外加一个独立研究报告①。一些学习特别优异的学生，也可以选择学习 3 门以上的首要科目，但大学考试前文凭对此并不作要求，对于那些经过 1 年学习后，不想再修某一门科目者，会有一个短课程的评价。

表 4-4　2008 年首批开设的剑桥大学入学前文凭课程首要科目②

数学	历史	体育科学
进阶数学	法语	希腊语
物理	德语	拉丁语
化学	西班牙语	艺术与设计
生物	汉语	比较政府与政治
经济	意大利语	音乐
商业与管理	俄语	哲学与神学
地理	艺术史	心理学
英语	历史遗产	设计与技术；戏剧与剧场艺术（待定）

3. 评价方式

剑桥大学前文凭满分 45 分，包括首要课程每科满分 10 分，3 门科目满分 30 分，经过 2 年学习后进行评价；短课程满分 5 分，短课程只学习 1 年，可以在 1 年或者 2 年后进行评价；全球视野记录（Global Perspectives Portfolio）最高分 5 分；独立研究报告总分 5 分。大部分课程包括学校的内部评价和考试机构的外部考试，几乎都没有“课程作业”评价。

剑桥大学前文凭的首要课程构成了文凭课程的核心，但是，单科课程通过以下三个方面来促进课程间的衔接和互相弥补。

---

① University of Cambridge International Examinations（CIE），Cambridge Pre-U Diploma Phase Ⅱ Consultation Paper，Cambridge：CIE，2007.

② University of Cambridge International Examinations（CIE），Cambridge Pre-U Diploma Phase Ⅱ Consultation Paper，Cambridge：CIE，2007.

第一，研究能力。通过提交独立研究报告，鼓励学生发展探索研究能力，并对学生的研究方法进行评价。研究的课题由学生自己选择，评价时考虑学生的研究步骤，包括文献综述、网络检索、资料收集、读书与研究笔记以及在所在班级所做的研究成果展示。学生的研究记录可以以网络日志的形式呈现。学生的主要成果和考官要评价的项目就是学生提交的详细的研究历程（见表 4-5）。

表 4-5　研究课题主体和论证的题目举例①

主体	主要论证的题目
应用伦理学	遗传工程
	生命与死亡：医学的抉择
	生活水平与生活质量
经济学	经济活动的全球化
	互联网的影响
	移民和就业
环境	全球气候变化
	工业污染
	世界自然遗产受到的威胁
技术	石油的替代品
	互联网的未来展望
	人工智能
政治与文化	超级大国的角色分析
	作为全球语言的英语
	濒临灭绝的文化

第二，国际视野。这项课程内容培养学生用全球视野探索和面对这个联系越来越紧密的世界中的挑战，让学生明确作为公民应如何应对挑战。

第三，跨学科的探究能力。因为在现实世界中面对的问题事实上都是需

① University of Cambridge International Examinations（CIE），Cambridge Pre-U Diploma Phase Ⅱ Consultation Paper，Cambridge：CIE，2007.

要跨学科来解决的，因此，培养学生跨学科的探究能力至关重要。

4. 剑桥大学前文凭和 A-levels 的差异

两者的主要区别是剑桥大学前文凭课程采用的是线性结构，而 A-levels 课程采用的是模块结构。剑桥大学前文凭课程的科目采用的是完整的考试，对部分课程内容的考试不设重考。另外，在证书的功能定位上也有所不同，前者的功能很明确，就是用于高等院校入学，而后者兼有升学和就业的功能。

（三）英国业士文凭

1. 概况

对很多人来说，在英国完全实施国际业士文凭制度（IB）总是很难被接受。从 20 世纪 90 年代就有人主张吸取英国考试好的传统，克服它的局限性，设计出更为系统、全面的 14 岁后教育的证书考试制度，采用英国业士文凭制度（English Baccalaureate），以示与国际业士文凭制度（International Baccalaureate）的不同。在《超越 A-levels：2000 年课程和 14 岁～19 岁证书制度改革》一书中，英国伦敦大学教育学院的两位学者提出了对英国业士文凭制度的构想。这里我们着重论述与高等院校招生直接有关的 16 岁～19 岁阶段的英国业士文凭制度①。

2. 设计原则和目的

英国业士文凭制度设计的基本原则是继承英国传统证书考试制度的选择性、灵活性、专业性和创新性的优点，克服长期以来在证书考试方面“重学术，轻职业”的痼疾和由此而产生的课程缺乏多样性、学习范围过窄、进阶②的路径不够通畅的问题，希望建立起明晰、灵活、严格、适应所有 16 岁～19 岁学生需求的证书考试制度。

从表 4-6 可以看出，英国业士文凭制度旨在建立统一的16 岁～19 岁课程与证书考试制度，包括各类课程的学习：从普通全日制教育到有明确工作指向的现代学徒制。强调把各类学习的考试认证纳入单一的国家资格证书框架之内，为了提升职业教育的地位，承认不同形式的专业资格证书，并把业士制度与义务教育对接。

---

① Ann Hodgson，Ken Spours，Beyond A-levels Curriculum 2000 and the Reform of 14-19 Qualifications，London：Kogan Page Ltd.，2003，pp. 170-174.

② 相当于英语的“step by step”，“further”等意义，即分级编排，逐渐增加难度，如“Further Mathematics”译为“进阶数学”。

3. 课程结构及功能

英国业士文凭制度建立在统一的16岁～19岁教育制度基础之上。统一的16岁～19岁教育制度包括普通教育、职业教育Ⅰ（以领域为基础）、职业教育Ⅱ（广义的职业教育）、职业教育Ⅲ（指向具体工作的现代学徒制）。共有四种不同级别的文凭：入门文凭、基础文凭、中等文凭、高级文凭（毕业文凭）（见表4-6）。

表4-6　统一英国文凭制度①

高级Ⅱ	普通高级	职业高级Ⅰ	职业高级Ⅱ	职业高级Ⅲ	高级文凭（毕业文凭）
高级Ⅰ					
中级	普通中级（16岁前后）	职业中级Ⅰ	职业中级Ⅱ	职业中级Ⅲ	中等文凭
基础	普通基础级		职业基础		基础文凭
入门	入门预备级（16岁前后）				入门文凭

英国业士制度中，高级文凭的主要职能是在加强学生专业学习的同时，拓宽学生学习课程的广度，为进入高等院校学习或进入需要高技能人才的用人单位就业做好准备。中级和基础级文凭的作用是表明大部分学生的发展达到一定阶段，对于少数退出者，也能起到学业证明的作用。入门级文凭主要是激励学生进一步学习，取得更高的文凭。

所有级别的文凭都规定必要的核心学习内容，都设有不同级别的资格证书考试，并计入学分。通过对核心学习内容的规定，确保对每个级别文凭课程学习的广度。

英国业士制度并不主张所有的学生都以同样的方法和同样的步调不断进阶，学生进阶的方向可以是纵向的，也可以是横向的，在某一级别学习的学生，如果有意愿和兴趣，也可以学习高一级的内容。超过16岁的学生，对学习的课程有很大的自由选择度，可以在普通文凭的框架下选择普通教育课程；可以选择学习一组科目组合（如自然科学、人文学科等），取得职业文凭Ⅰ；可以选择广义上的职业课程（如商业、休闲与旅游等），取得职业文凭Ⅱ；也可以作为现代学徒，进入工作场所，取得职业文凭Ⅲ。

---

① Ann Hodgson，Ken Spours，Beyond A-levels Curriculum 2000 and the Reform of 14-19 Qualifications，London：Kogan Page Ltd.，2003，p. 170.

总之，英国业士制度的设计者试图在统一的制度下，为学生开辟多条学业前进之路，学生从中可以选择一条适合自己的个人学业前进之路。一方面，每个人学业前进的路径要在学习兴趣、学习连贯性和学习的结果之间取得平衡；另一方面，此制度继承了英国课程与证书考试制度的传统特质——个人课程学习的灵活性和选择性。

第二节 招生制度的改革

英国现行招生录取的依据主要是学生通过各种类型的学习和考核获得的资格证书。从高校招生考试制度内部来说，当高等院校招生录取要求有所调整时，考试也随之发生变化；同样的道理，考试制度的改革，也会影响高等院校招生录取制度的改革。从外部来说，高校招生考试制度的改革受到政治、社会经济、文化传统等因素的影响。二战后英国高等教育得到快速发展，特别是在 20 世纪 60 年代至 90 年代，英国高等教育完成了从精英向大众的转变，但是无论哪一届政府都把高等教育的扩招看作是促进经济发展的工具。所以，高等教育规模的不断扩大，并没有改变学生入学机会不公的现象。改革招生制度、实现高等教育的机会平等的目标就成为时代的主旋律。

一、改革历程

从二战后到现在，从宏观层面来看，英国高校招生制度改革的标志性文件有《罗宾斯报告》、《迪英尔报告》和《2004 年高等教育法》，以此为线索改革经历了以下三个阶段：

（一）第二次世界大战后至《罗宾斯报告》

1. 第二次世界大战后招生制度改革与第一次高校大扩招

第二次世界大战结束后，大学很快开始扩招。政府对那些因战争耽误了入学的退伍军人作了一些特别安置，要求大学录取他们入学，并提供经济资助。还在招生政策上作了一些灵活调整，对那些为社会作出贡献和具备其他特长的学生，也将其贡献与特长作为入学的衡量标准①；对社会弱势群体家

① A. Barlow, Scientific Manpower, The Barlow Committee, Ministry of Education, Cmnd 6824, London: HMSO, 1946, p. 35.

庭的学生给予扶持，大学招收的来自贫困家庭的学生人数在第二次世界大战期间开始快速增长，第二次世界大战结束后，继续加速增长[①]。二战后，接受助学金资助的学生的比例快速增长，由1938年的38%增长到1951年的73.8%。根据大学拨款委员会（UGC）的统计，二战前的英国每60人中只有1个人能够接受高等教育，到20世纪50年代早期每30人中就有1个人可以接受高等教育[②]。

经过第二次世界大战结束后不久的高等院校扩招，到1951年保守党重新执政后，大学的扩招趋于保守。1952年，大学拨款委员会（UGC）的中期报告中指出，为了不影响高等教育的标准，高校的招生数量不会有大的增加[③]。在第二年完整的报告中又重申“大学不再扩招”这一主张，并指出大学扩招将会造成毕业生就业困难、降低大学标准等不良后果[④]。

2. 20世纪50年代后期高校第二次扩招

在高等院校为扩招降温之时，他们并没有意识到整个教育制度的改革对高等教育需求产生的压力。根据英国《1944年教育法》，英国中等教育实行“三轨制”，学生在经过11岁考试后进行分流，分别进入文法学校、技术学校和现代学校。经过筛选进入文法学校学习的学生数量大幅增加，那时很多学生到了18岁，对高等教育的需求也大幅增加。社会对大学的精英招生政策提出严厉批评，认为大学剥夺了社会弱势群体家庭的学生接受高等教育的权利。于是，大学副校长委员会被迫对大学招生政策进行调查，发现英国所有成年人中有72%的人口属于劳动阶层，剑桥大学招收的学生中只有9%的学生来自劳动阶层，在牛津大学这个比例是13%，不过在地方大学来自劳动阶层背景的学生占31%。调查认为很多学生受到家庭背景的影响而无法完全从高等教育中受益，高等院校扩招在所难免[⑤]。随着20世纪50年代中

---

① UGC, Report on University Development 1935-1947, London: HMSO, 1948.

② UGC, Report on University Development 1947-1952, Cmnd 8875, London: HMSO, 1953.

③ UGC, Report on University Development 1947-1951, Cmnd 8473, London: HMSO, 1952.

④ UGC, Report on University Development 1947-1952, Cmnd 8875, London: HMSO, 1953.

⑤ UGC, Report on University Development 1952-1957, Cmnd 534, London: HMSO, 1958.

期新大学的建立，揭开了高等院校第二次扩招的序幕。

3.《罗宾斯报告》与招生制度改革

招生制度改革迈出的第一步是改革学生收费制度和生活费补助制度。1956年—1957年，大约有75%的大学生享受助学金和生活补贴①。1960年，以安德森（Anderson）爵士为主席的委员会提出报告，主张建立根据父母收入的平均数来确定大学生学费和生活费补助多少的制度，原则是使每一个需要资助的学生都能得到资助，完成大学学业。安德森认为通过这个制度的实施可以使所有符合大学录取条件、并希望进入大学学习的学生都可以实现自己的愿望；实施这个制度后，学生的总数逐渐增加到175 000人。安德森提出的学生资助制度惠及所有大学生，包括海外留学生，这一制度对本国学生根据当地的生活费和学生学习年限提供数额不等的生活补助。人们对这一改革建议普遍表示欢迎，认为这真正体现了学生接受高等教育的机会均等原则②。但也有人对于向留学生提供资助提出异议，认为这可能对来自世界任何地方的纨绔子弟都给予补贴。

两党在扩大高等教育规模方面达成共识。两党均同意组成以罗宾斯为首的委员会对高等教育的招生制度及其他方面的改革开展调研，并对高等教育长期发展的原则提出意见③。1963年公布了《罗宾斯报告》，共提出178项建议（见表4-7），很多建议都与高等院校招生问题密切相关。

（二）《罗宾斯报告》后至《迪英尔报告》

1.“双元制”高等教育制度及其对高校招生的影响

1964年工党执政后，托尼·克劳斯兰（Tony Crosland）成为教育大臣，他综合了教育与科学部的一位官员和技术学院教师协会的建议，于1965年在伍尔维奇多科技术学院的一次演讲中，第一次提出建立与原来大学不同的高等教育机构。此后，开始着手推行“双元制”高等教育制度。1966年的教育白皮书建议从大约70个技术、艺术和商业学院中遴选30个

---

① Louise Archer, Merryn Hutchings, Alistair Ross, Higher Education and Social Class, London: Routledge Falmer, 2003, p. 36.

② A. R. Prest, Financing University Education: Occasional Paper of the Institute for Economic Affairs, London: Institute for Economic Affairs, 1963.

③ L. Robbins, Higher Education: Report of a Committee, Cmnd 2154, London: HMSO, 1963.

成为高等教育机构，由新成立的全国学术认证委员会（CNAA）对这些新型高校的学生进行学位认证①。政府通过建立与技术和产业有密切联系的多科性技术学院，意在打破传统大学对高等教育的垄断，使高等教育适应英国当时社会经济的发展。与传统大学相比，多科性技术学院的办学具有更大的灵活性，可提供多层次、多形式的高等教育课程，有全日制、非全日制、三明治式课程，有学位课程和非学位课程，以满足不同对象对高等教育的需求。教育大臣克劳斯兰认为，多科性技术学院与传统大学是不同的高等教育机构，但没有孰轻孰重的问题②。

“双元制”高等教育制度对高等院校的招生进程产生了重要影响，具体表现有以下几个方面：

第一，使英国整个高等教育的规模进一步扩张，在程度上远比先前罗宾斯委员会预期的要高（见表 4-7）。

表 4-7　《罗宾斯报告》关于高校招生及相关改革建议概述③

领域	主要建议	所在段落
扩招目标	全日制学生数从 1962 年—1963 年的 216 000 人增加到 1980 年—1981 年的 560 000 人[1]	179
政府投资	对除了牛津大学、剑桥大学外的大学进一步投资	216
招生选拔	拓宽学校和家长有关招生的信息渠道	225
	加强全国大学招生委员会的工作[2]	227
	在 A-levels 证书考试中增加能力测试的内容	232
教育衔接	就教育的衔接，大学与中学应建立密切联系	236-40
学位课程（第一学位）	开发包含更加广泛的课程	262
	增加课程的灵活性，放宽对学生改变志愿的限制	264/271-2
研究生课程	研究生的比例提高到 30％	301

① J. Hall, The CNAA and the philosophy of polytechnic education, in The Development of the New Polytechnics (Coombe Lodge Study Conference Report), London: EES, 1969.

② S. Crossland, Tony Crosland, London: Jonathan Cape, 1982, p. 159.

③ L. Robbins, Higher Education: Report of a Committee, Cmnd 2154, London: HMSO, 1963.

续表

领域	主要建议	所在段落
教师教育与培训	教师培训学院改名为教育学院；扩大教育学院的规模；开设四年制的教育专业学士学位；将教育学院由地方收归中央；地方大学教育系从学术上支持教育学院	351/319 329/354-6 351-2
大学的技术教育	招收更多的科学技术方面的学生；对学生进行适当的技术方面的教育；鼓励扩大系的规模	380/381 382
科技和会计技术员特色院校	指定帝国学院、曼彻斯特理工学院、格拉斯哥大学为从事科技教育与研究的特色院校，大力资助注册会计师课程；在大学开设全日制学位注册会计师课程	383-8 393-7
区域和地方学院	鼓励地方技术学院招收更多全日制高层次学生；学院仍由地方控制	422-4 422
学术认证	建议国家学术认证委员会对所有非大学的学位课程进行认证，对于所有没有大学地位的学院的课程、教学和考试的质量进行监控	433-5
高等教育类型、规划和院校	高等教育规划应该以10年为一个周期；高等教育的指导方针是：应为凡愿意接受高等教育，并且学习能力和学业成绩合格者提供接受高等教育的机会；目前的大学应该扩大到可以容纳8 000学生～10 000学生的规模；成立6所新的大学	457 465/491 471
学习领域	适度扩大科技专业方面的招生数量；鼓励扩大成人教育；对成人女性接受高等教育设专项资助	507/513-14 515
财政资助	学生生活费贷款制度欠合理；应该向学生收取目前院校培养学生费用的20%	647 654
内部管理	大学应该扩大其管理的参与面，增加教工代表；地方教育局所属学院管理委员会应该有广泛代表性，应有学术方面代表	665-75 679
国家管理	设立自治大学统一拨款委员会；设立艺术与科学管理部门协调拨款委员会和研究委员会对艺术和科学的资助；设立管理地方教育局所辖学院的部门	744 784 783

注：1. 尽管这是作为目标提出来的，但后来实际接受高等教育的人数远远超过这个数字。2. 1961年，成立全国大学招生委员会（Universities Central Council on Admission，简称UCCA），1993年后，改为高等院校招生服务处（UCAS）。

第二，高校招收学生的来源范围更加广泛，特别是招收女生的比例有大幅度提高，因为在义务教育后进入中六学级学习的女生，只要取得 2 科以上 A-levels 证书的都能被录取。但是，在此后的 20 多年，来自劳动阶层的学生所占的比例并没有太大的变化。

第三，公共高等教育部门，特别是多科性技术学院在快速扩张的同时，很快就偏离了此前确立的发展方向和培养目标，出现了快速的"学术漂移"现象。其结果是多科性技术学院招收的学生所学习的课程与传统大学的学生所学习的课程趋同，失去了应有的特色。

2. 高校第三次扩招

根据罗宾斯的预测，高等教育的规模会由 1962—1963 学年度的全日制学生数 216 000 人增加到 1973—1974 学年度的 390 000 人，到 1980—1981 学年度达到 560 000 人，但这两个年度的实际学生数分别是 575 000 人和 620 000 人。1960 年—1994 年英国全日制学生人数有大幅增长，第一个时间段是 1963 年—1970 年，就是上面提到的第二次高校扩招，第二个时间段是 1988 年—1993 年的第三次高校扩招。1972 年发布的教育白皮书《教育：扩张的框架》中，预测 1982 年高校所有在校生数将达到 750 000 人，但实际人数是877 000 人①。1985 年公布的教育白皮书《20 世纪 90 年代高等教育的发展》对首次进入大学部的全日制学位课程的学生数做了两套预测数据(见表 4-8)，但实际人数远高于预测。

表 4-8　高等教育全日制首次进入大学部学习的学生发展规模预测　（单位：千人）②

基　数	预　测			
1983—1984 学年度	1989—1990 学年度		1996—1997 学年度	
	预测一	预测二	预测一	预测二
565	612	566	525	492
实际人数	739		1 024	

① Department for Education and Science (DES), Education: A Framework for Expansion (White Paper), Cmnd 5174, London: HMSO, 1972.

② Department for Education and Science (DES), Education: A Framework for Expansion (White Paper), Cmnd 5174, London: HMSO, 1972，以及英国教育与科学部其他的统计材料。

3. 扩大高校招生途径

自从 20 世纪 50 年代大学副校长委员会定下大学的最低入学标准以来，高校入学的一般要求为 2 门科目的普通教育证书高级水平（A-levels）证书或者同等证书，但由于竞争激烈，对高校招生录取学位课程的学生要求往往高于这个最低要求，其他大学部的高等教育课程的入学要求会低一些。很多考生，特别是年龄较大的申请人，则以其经历而不是通过考试被录取攻读学位课程或非学位高等教育课程。历届政府都是让各高等院校来决定其录取标准，政府既没有规定一个正式学业成绩的最低标准，也不会确保所有达到一定标准的学生就一定能够被高校录取。

1963 年公布的《罗宾斯报告》确定的高等教育原则为“应为凡愿意接受高等教育，并且学习能力和学业成绩合格者提供接受高等教育的机会”。实施高等教育“双元制”后，多科性技术学院招生数快速增长，尽管在 1973 年—1983 年期间，大学入学率略有下降，但公共高等教育院校的入学率增加了约 30%①。在这种情况下，原来的入学标准不能完全适应高等教育发展的新要求。于是，大学拨款委员会与“英格兰高教咨询组”建议，应给予高等教育入学资格尽可能广义的解释，确保“高等教育应向所有能够从中受益并希望接受高等教育者提供学习的机会”②。一方面，要求学生的智能、学习动机和成熟程度应与所学课程相适应；另一方面，课程本身也不必按照原来的标准。高等院校选拔录取新生的手续必须是严格的，不管申请人是否具有正式的资格证书，都必须进行同样严格的考查，以评价其是否具有从高等教育中受益的能力。1985 年教育与科学、苏格兰、威尔士及北爱尔兰事务等国务大臣在联合向议会提出的绿皮书《20 世纪 90 年代英国高等教育的发展》中指出，政府接受大学拨款委员会和“英格兰高教咨询组”对“罗宾斯原则”的解释，为以后高等院校招收录取新生工作提供了指导方针③。

1987 年公布的教育白皮书《高等教育——应付新的挑战》重申了任何

---

① 吕达、周满生：《当代外国教育改革著名文献（英国卷·第一册）》，人民教育出版社，2004 年，第 33 页。

② L. Robbins，Higher Education：Report of a Committee，Cmnd 2154，London：HMSO，1963.

③ Department for Education and Science（DES），The Development of Higher Education into the 1990s（Green Paper），Cmnd 9524，London：HMSO，1985.

具有能从高等教育受益的具备必要才智的人都可进入高等院校的“罗宾斯原则”；政府尊重把录取新生的决定权交给学校的这个既定政策，但政府督促所有有关责任者应仔细考虑为使更多的青年以及年龄较大者进入高等院校所必须采取的措施，并付诸行动；为适应社会经济发展、调整现行的教育结构、改革高校招生制度，应更多地招收那些虽没有传统入学资格证书，但较以前的学生具有更广泛的学术知识和实际经验的学生；高等院校不仅需要改革入学条件与程序，也需要改革教学方法与课程设计，以适应这些新型学生；政府强调在扩大高校招生的同时，重视推行保持和提高标准的教育政策，确保扩招不以牺牲学术标准为代价①。

通过改革，拓宽了高校招生的途径，出现了三条公认的通向高等教育的途径：第一，取得传统的中六学级毕业的资格，即获得普通教育证书高级水平（A-levels）、后来增设的普通教育证书补充水平（AS）和苏格兰高等证书；第二，获得职业教育证书或文凭；第三，修完“大学入学课程”(Access Course)。此外，高等院校还可能招收一些具备必要才智的学生攻读某些特定的课程②。

4.《迪英尔报告》与高校招生制度改革

1996 年，以迪英尔为主席的调查委员会对人们广泛关注的高等教育资助经费和其他问题展开调查③，并于 1997 年大选前发布了《迪英尔报告》，得到了保守党和工党的支持④。《迪英尔报告》提出的建议集中在如何扩大高等教育的参与，同时保持英国高等教育的多样性和公平性，加强高等教育教学工作；建议建立公正、透明的学生资助体系。表 4-9 概述了《迪英尔报

---

① Department for Education and Science (DES), Higher Education: Meeting the Challenge (White Paper), Cmnd 113, London: HMSO, 1987.

② 吕达、周满生：《当代外国教育改革著名文献（英国卷·第一册）》，人民教育出版社，2004 年，第 97 页。

③ D. Robertson, Social Justice in a Learning Market. In F. Coffield, R. Williamson (eds), Repositioning Higher Education, Buckingham: Society for Research into Higher Education/Open University Press, 1997, pp. 74-99.

④ G. Parry, H. Fry, Widening Participation in Pursuit of the Learning Society: Kennedy, Dearing and 'The Learning Age', In A. Hayton (ed), Tackling Disaffection and Social Exclusion: Education Perspectives and Policies, London: Kogan Page, 1999, p. 56.

告》对高校招生及相关改革的建议。

表 4-9　《迪英尔报告》关于高校招生及相关改革建议概述[①]

领域	主要建议	所在章节
长期战略	对与日俱增的高等教育需求做出回应；扩大基础学位课程的规模，立即提高基础学位课程的招生能力；在2年—3年内，提高全日制学位课程学生的容纳量	6:1
扩大参与	优先资助扩大高等教育的参与的活动；对学生升入高校后存在的学习意愿不高、学业成绩不理想的问题展开调查；开展对弱势地区进行招生改革的试点项目	7:2 7:3 7:4
学生资助	允许学生能够从社会保障体系中受益；对扩大高等教育参与的资助金额翻一番；资助高校招收残疾学生	7:5 7:6
高校教学	重视采用能够促进学生学习的教学策略；对教职工利用信息计算机技术的情况进行检查	8:8 8:9
教师发展	加强对教学人员的培训；建立帮助教师职业发展的教学培训机构	8:13 8:14
课程开发 学生监管	对课程进行检讨，确保其在深度和广度两者间取得平衡；增加学生对工作体验的机会；制定学生学业成绩进步的计划；建立高等教育证书框架	9:16 9:17/18 8:19/10:22
质量保障	设立质量保障局（QAA）对高等教育质量进行监管；QAA要出台质量保障的实施条例；QAA要为高等教育证书设立基准	10:23 10:24 10:25
地方联系	高等院校应该与地区企业建立联系	12:36-12:40
大学称号	保持取得大学地位的现有标准；控制使用“大学学院”称号；优先发展延续教育学院的基础学位课程	16:63/16:65 16:67
生活补贴 学费资助	对与物价和收入相关的年度学生资助标准进行检讨；改变过去对高校拨款实行经费切块的做法，改为资助经费跟着学生走；高校对于正在待业或照顾家庭的学生不收取学费；实行工作后按收入比例偿还学费和生活费资助的政策；学生应该按收入的25%的比例还款；设立学生资助服务局，负责对学生进行评估、经济状况核查、提供资助和调整学生缴费数额	17:70 19:72 20:76 20:78 20:79 21:83

① R. Dearing, Higher Education in the Learning Society: the Report of the National Committee of Inquiry into Higher Education (The Dearing Report), London: The Stationery Office, 1997.

（三）《迪英尔报告》后至《2004年高等教育法》

1. 迪英尔有关高校招生制度改革建议的实施

《迪英尔报告》公布之日就是工党政府即将上台之时。在1997年的竞选中，工党对自己进行了重新包装，成为新工党，宣称要对代表工人阶级、实行国有化、实现再分配政策的传统工党的核心价值进行调整[①]。所以，在对高校招生中存在的不同社会阶层间机会不平等的问题采用较保守的态度，强调"机会均等"而不是"结果平等"[②]。新工党强调个人的选择和责任要建立在这样的理念之上，即人们在追求成为社会精英的机会时，也应愿意承担由此而带来的风险[③]。

政府对于调查委员会的建议，总是有选择地作为自己的政策，并加以实施。新工党政府对于《迪英尔报告》的建议也不例外，其中，作为其主要政策加以实施的就是扩大高等教育参与，主要体现在以下方面：

第一，激励学生追求高等教育的热情，帮助他们做出教育选择。《迪英尔报告》建议高等院校要采取措施激励学生追求高等教育的热情，并帮助提高学生特别是社会弱势群体背景的学生做出对高等教育选择的能力。政府建议高等教育拨款委员会对扩大高等教育参与的项目进行资助，这些项目旨在提高学生对高等教育的期望、帮助提高学生的学业成绩、促进学生升入高等院校[④]。

第二，鼓励不同教育部门间的合作，做好中等教育和高等教育的衔接，扩大高等教育的参与。《迪英尔报告》强调不同教育部门间密切合作的重要性。政府对这项建议表示赞同，建议高等教育拨款委员会对一些通过与中等学校建立联系，鼓励和资助那些处于不利地区的、家庭中没有人接受过高等教育的学生的活动进行资助。于是，高等教育拨款委员会对旨在扩大高等教育参与的合作

---

① S. Gewitz, M. Meckson, S. Oower, Unravelling a "Spun" Policy: a Case Study of the Constitutive Role of "Spin" in the Education Policy Process, Journal of Education Policy, 2004, 19 (3), pp. 321-324.

② M. Laffin, A. Thomas, New Labour and Government in Britain: Change or Continuity? Australian Journal of Public Administration, 1997, 54 (4), pp. 117-127.

③ J. Burke, Accessing Education-Effectively Widening Participation, Stoke-on-Trent: Trentham Books, 2002, p. 22.

④ DfEE, Higher Education for the 21st Century: Response to the Dearing Report, London: Department for Education and Employment, 1998, Recommendation 3, p. 12.

项目进行专项资助①。政府还鼓励在提供基础学位课程方面的合作。

第三，大力发展基础学位课程。《迪英尔报告》认为高等教育扩张的主要增长点在基础学位课程这个层次。在开始的时候政府只表明会考虑在将来提供这类课程②。直到2000年，政府才决定提供经费支持引进准学位课程而不是扩大发展，这种准学位课程的名称叫基础学位（Foundation Degree)③。基础学位从2001—2002学年度正式实施，目的是提供短期技术和职业课程以及灵活、方便的学习方式。基础学位课程的实施，满足了劳动市场对高技能人才的需求，并使更多来自不同背景的学生能够承担起教育费用进入高等院校学习，从而扩大了高等教育的参与。

第四，要求高等院校制定扩大高等教育参与的战略规划。迪英尔主张高等院校使用战略规划的方法来制定扩大高等教育参与的战略目标和规划。这项建议得到政府和英格兰大学拨款委员会的大力支持，从20世纪末开始，把高等院校在扩大高等教育参与方面取得的成绩与拨款挂钩，要求高等院校提交2001年和2003年扩大高等教育参与的说明、措施、行动计划；要求高等院校制定目标，并将目标作为战略规划过程不可分割的组成部分。通过公布国家和院校在扩大高等教育参与方面的表现数据，有力地促进了这些政策的实施，公布的数据包括来自少数族裔、接受高等教育人数较少的地区的学生所占比例的数据④。

第五，学费和学生财政资助。从20世纪70年代末到80年代中期，学生接受的资助包括由地方政府支付的学费、根据家庭生活状况而获得的生活补贴和从社会保障体系中接受的资助⑤。从1989—1990学年度，开始以贷

① HEFCE，Funding for Widening Participation in Higher Education，Accessed through the Higher Education Funding Council for England Website（00/50），http：//www.hefce.ac.uk/pubs. 2007-03-26.

② DfEE，Higher Education for the 21st Century：Response to the Dearing Report，London：Department for Education and Employment，1998，pp. 1-2.

③ HEFCE，Foundation Degree Prospectus，2000，http：//www.hefce.ac.uk/pubs. 2007-03-26.

④ HEFCE，Performance Indicators in Higher Education 2002，http：//www.hefce.ac.uk/learning/perfind. 2007-03-26.

⑤ J. Blanden，Machin，Educational Inequality and the Expansion of UK Higher Education，Scottish Journal of Political Economy，2004，52（2），pp. 230-249.

款和资助相结合的方式对学生进行财政支持，但是资助的数额逐年减少，其他的福利如假期期间的补贴则逐渐取消。政府接受迪英尔的建议向学生收取学费，但拒绝接受继续保持根据家庭收入状况对学生的生活费进行补贴的建议。因此，从 1998—1999 学年度开始，不分院校和课程，政府对学生提供无息贷款①。低收入家庭学生的学费可以减免，但除提供要在工作后根据收入情况还款的贷款来维持日常生活外，不再提高额外的财政资助②。

2. 扩大高等教育参与政策的发展——“学生生活周期模式”

《迪英尔报告》是英国扩大高等教育参与政策的起点，在实施过程中，政府对此政策不断完善，其中的突出成就是构建了“学生生活周期模式”的政策框架。在表 4-10 中，对这个模式的主要内容进行了概述，它强调有必要通过使用新的“一体化”的方法，有效地实施扩大高等教育参与的政策，高等院校通过对学生接受高等教育前后及全过程的介入，协助学生入学、进阶、顺利完成学业和就业。

《迪英尔报告》强调的只是学生追求高等教育过程中的前几个阶段，对后几个阶段则不予关注，特别是第 4 到第 6 阶段。和《迪英尔报告》不同，“学生生活周期模式”的扩大高等教育参与政策考虑到学生大学生活前后及全过程的方方面面，这样政府在给高等院校拨款时就可以清楚了解到高校实施其扩大参与政策的整体情况，从中发现一些好的做法和不足之处。

表 4-10 学生生活周期模式③

阶段	名称	内容
1	激发热情	消除对高等教育的神秘感，增强学生对高等教育可以促进个人发展的认识；增强在小学、中等学校和延续教育学院学习的学生及其家长对高等教育的向往。如开展大学生活体验日活动；实施家长、学校和大学伙伴计划；学校组织学生及家长参观高等院校等

① P. Robinson，How Do We Pay? Funding Public Services in Europe，London：The Institute for Public Policy Research，2004.

② D. Greenaway，M. Haynes，Funding Universities to Meet National and International Challenges，School of Economics Policy Report，Nottingham：University of Nottingham，2004.

③ HEFCE，HEFCE Strategic Plan 2003-2008，2003，http：//www.hefce.ac.uk/pubs. 2007-03-27.

续表

阶段	名称	内容
2	大学前准备	通过高等院校和学校、延续教育学院的伙伴计划，帮助学生准备和申请高等院校，比如，开设大学入学课程和举办暑期学校
3	协助入学	通过对第 2 阶段修完大学入学课程和暑期学校课程者授予学分或确保录取的方式，实现扩大高等教育参与；也可以通过特定学校、延续教育学院和高等院校“一体化计划”以及通过大学课程试听等方法来消除入学障碍，扩大高校招生面
4	大学前期适应	在第 3 阶段的基础上，拓展旨在帮助学生适应高等院校教学方法的入学培训课程。通过入学培训，能够使学生认识到自己存在的技能和知识的缺陷，并加以克服。入学培训的方法包括：诊断性测试、小组讨论、导师辅导、同学帮助等
5	支持服务	在第 4 阶段的基础上，继续对学生提供支持服务，使他们的知识和技能得到进一步提高，顺利完成学业。这一阶段可能会涉及学生选择不同的学业进阶之路
6	指导就业	在学生处于即将走出高校踏入就业之路的转型期，给学生提供支持服务。方法包括开设职业生涯设计能力培养课程、个人发展规划课程；将关键技能培养融入学生专业学习之中、增强学生的工作体验等

3.《2004 年高等教育法》与高校招生制度改革

由英国议会通过的《2004 年高等教育法》的主要目的是扩大高等教育参与，帮助高等院校在世界经济发展的过程中保持竞争力。它将 2003 年的教育白皮书《高等教育的未来》中的建议纳入法律的内容。这项法律虽然适用于英格兰和威尔士，但法律的一些条款也涉及其他地区①。

《2004 年高等教育法》对高校招生制度的改革主要体现在高等教育收费和对学生资助方式的改变，以及加强国家对高等院校招生的监管，具体体现在以下几个方面：

第一，实行不同的收费制度。从 2006 年起至少到 2010 年，高等院校可

① Higher Education Funding Council for England（HEFCE），Higher Education in the United Kingdom（revised October 2005），Bristol：HEFCE，2005，p. 17.

以根据自己的情况对不同专业的学生收取不同学费，最高每学年可收3 000英镑。学生学习期间不需要每年缴学费，由政府统一把学生的学费划拨给高校，等学生毕业后年收入超过15 000英镑时，政府才会从毕业生的工资中逐年扣除。

第二，学生资助。作为收费制度系列改革的一部分，提高政府资助和高校对学生补贴的数额，政府对贫困家庭的学生补贴最高可达2 700英镑，同时，高校对来自弱势群体家庭的学生提供补助。

第三，成立公平入学办公室（OFFA），对高等院校的相关招生政策和收费标准进行审批和监管。如高校的收费超过每年1 125英镑，必须报公平入学办公室审批。

第四，成立高等教育独立仲裁办公室（OIA），负责处理高校学生的投诉，并就如何处理投诉提出建议。如处理关于教学与设备、学生住宿、福利、种族歧视、欺负和虐待、纪律等方面的投诉。

二、改革焦点

综观英国高等院校招生制度的整个改革过程，虽然涉及的问题很多，但主要聚焦在入学途径、入学公平和财政资助三个方面。入学途径解决的是谁能够接受高等教育的问题；入学公平主要解决的是谁上什么样的大学和学什么专业的问题；对学生的财政资助是解决前面两个问题的保障。

（一）改革焦点之一：入学途径

在二战之前，英国的高等教育只是规模很小的精英高等教育。1938年，适龄青年中只有2%的人能够接受高等教育①。1948年，18岁青年中能进入大学学习的也只有3.7%②。随着招生政策的改变，高等教育快速扩张，适龄青年接受高等教育的比例从1962年的6%快速增长到20世纪80年代中期的15%左右③。第二波的扩张发生在20世纪80年代末到90年代，到

① R. Blackburn, J. Jarman, Changing Inequalities in Access to British Universities, Oxford Review of Education, 1993, 19 (2), pp. 197-215.

② M. Arnot, M. E. David, G. Weiner, Closing the Gender Gap: Post War Education and Social Change, Cambridge: Polity Press, 1999, p. 67.

③ Bruce A. MacFarlane, Teaching with Integrity: the Ethics of Higher Education, London: Routledge, 2003, p. 10.

1996 年，英国首次进入高校接受高等教育的学生的比例已超过 33%，到 2005 年，这一比例达到 44%，直逼 2010 年 50%的目标①。

伴随着英国高等教育的大众化和迈向普及化的过程，学生进入高等院校的途径也出现多样化。50 多年前引入普通教育证书高级水平（A-levels）后，在相当长的一段时间内学生通过 2 门以上 A-levels 证书考试几乎是进入高等院校接受高等教育的唯一途径。到了 20 世纪 80 年代中期，适龄青年接受高等教育的比例达到 15%，也就是世界公认的高等教育大众化的标准，学生的来源也开始多样化，进入大学学习的目的也各不相同，很多学生在进入高等院校时，持有的不是传统的学术型 A-levels 证书，并没有很强的学术背景，他们持的是适用主义而不是理想主义态度，接受高等教育的目的就是使自己有好的就业前景或改变现有的工作状态。

1987 年公布的教育白皮书《高等教育——应付新的挑战》，明确了通向高等教育的途径有三条，即 A-levels、职业教育证书或文凭、"大学入门课程"（Access Course）。虽然 A-levels 仍然处于优势地位，但越来越多的学生将沿着第二条或第三条途径升入高等院校。20 世纪 80 年代末，大约有六分之一申请高等院校就读的学生持有职业教育证书或文凭②。2000 年，在国家资格证书框架下的第三级证书中，全日制学生参加 A-levels /AS 证书考试的占 65%，参加国家普通职业资格证书（GNVQs）和其他职业资格证书考试的占 35%③。政府一直试图提高职业资格证书的地位，让它和 A-levels 具有同样的地位，同时，使其成为学生通向高校的重要途径。但是，也有一部分年龄偏大的青年，由于各种原因，他们既没有 A-levels /AS 证书，也没有职业教育证书或文凭，对于这部分人还有第三条途径，就是先修"大学入门课程"。"大学入门课程"（Access Course）最早是为从事教师培训和社会工作者培训的人员设计的课程，但从 20 世纪 80 年代开始，这类课程得到了很大的发展，特别是自然科学和技术性学科的课程日益增多，功能也发生了很大变化，成为不少人进入高等院校学习的重要途径。一些"大学入门课

---

① Diane Ready, Miriam E. David, Stephen Ball, Degrees of Choice: Social Class Race and Gender in Higher Education, Stoke-on-Trent: Trentham Books, 2005, p. 2.

② 吕达、周满生：《当代外国教育改革著名文献（英国卷·第一册）》，人民教育出版社，2004 年，第 98 页。

③ DfEE/IoE, Survey on the Qualifying for Success Reforms, London: DfEE, 2000.

程”是专门与某些高等院校对口的，也有一些“大学入门课程”的范围比较广泛。

到 2008 年，在英国高等院校招生服务处的“高校招生分数换算系统”中列入的证书数目达到 23 个①。可以说，通向大学的路越来越多，也越来越宽阔。虽然作为高等院校入学要求的资格证书越来越多，但概括起来，通向高校的途径主要有两条，即学术型途径和职业型途径。长期以来，英国社会存在着重学术轻职业的现象，有些人担心通过其他途径进入高等院校会降低英国高校的学术标准。因此，高校入学途径问题一直是人们争论的焦点。

学术型证书普通教育证书高级水平 A-levels 被认为是英国教育的“黄金标准”，一直处于优势地位。为适应经济发展的需要，20 世纪 80 年代中期引入国家职业资格证书（NVQs），实行“双轨制”证书考试制度；到 20 世纪90 年代，政府为了降低 A-levels 的影响力，引入国家普通职业资格证书（GNVQs），“双轨制”变成“三轨制”。全日制职业资格证书经历了 20 世纪 90 年代的“学术漂移”后，越来越向 A-levels 靠拢，当被称为职业 A-levels 的高级职业教育证书（AVCEs）替代了 GNVQs 后，很快发现 AVCEs 在学生中缺乏吸引力，到 2005 年被新的证书考试——普通教育应用学科证书高级水平考试（GCE /A-levels in applied subjects）所取代。

由此看来，要真正使两条路径具有同样的地位，还有很长的一段路要走。但从普通教育应用学科证书高级水平的实施可以看出，英国政府试图在全日制高级证书方面，把学术型证书和职业型证书融为一体。

（二）改革焦点之二：公平入学

如果说有关入学途径的争论是说明谁通过什么样的途径走进高等教育，那么有关公平入学的争论则主要集中在是否不分出身、不分种族都能平等地选择自己想要就读的高校和专业。对处于高等教育大众化并正在走向高等教育普及化的英国来说，高等教育的公平入学问题显得更加突出。有学者认为，虽然 21 世纪的英国高等教育处于大众化阶段，但整体来说既不公平也不大众。也有人的批评更加尖锐，认为英国的“高等教育具有大众化的规

① UCAS，The UCSS Tariff，2007，http：//www. ucas. com/candq/tariff/index. html. 2007-03-27.

模，拥挤而经费不足，但还是精英高等教育的观念”[①]。

高等院校入学的不公平源自英国分化的教育制度。从小学起学生就开始被分流，中上层阶级家庭的孩子上私立学校（公学），他们学习学术性的课程，不需要学习国家课程，与公立学校的学生相比，他们的优势一直保持到进入大学；学生就读的学校既造成了也反映了英国教育的不平等。工人阶层家庭的子女一般在公立学校就读，并且在相对贫穷的社区学校就读，他们所具有的教育资源远少于与他们同龄的中上层家庭的子女。义务教育完成后，最有可能离开学校的也是这个群体的学生，即使留在学校继续学习，也是进入延续教育学院而非中六学院学习。延续教育学院学生与中六学院学生相比，所取得资格证书水平较低、数目较少，而中六学院学生的 A-levels、GCSE 等学业成绩又比不上选拔性学校或者私立学校的学生[②]。

分化的教育制度使不同背景的学生在人生的起跑线上就已经开始拉开了距离，到大学入学时，来自不同家庭背景的学生上什么样的大学、读什么样的专业，往往泾渭分明。像伊顿公学这样著名的私立学校的学生目标就是牛津大学和剑桥大学；一般中上阶层家庭的子女往往把目标放在传统大学；一般工人阶层家庭的子女则就读于 1992 年由多科性技术学院升格的新大学。

（三）改革焦点之三：财政资助

经费问题通常被认为是学生接受高等教育、扩大高等教育参与的最大障碍[③]。自从政府接受教育是国家的公共事业后，解决学生经费资助问题的主要责任在政府。当然，中学和大学可以通过向学生提供更多信息、设法提高学生的学业成绩，使他们具备进入高等院校的资格，但靠这种方式无法消除经费障碍。

从 1962 年到 20 世纪 80 年代末，对高校全日制大学部学生的财政资助

---

① Diane Ready，Miriam E. David，Stephen Ball，Degrees of Choice：Social Class，Race and Gender in Higher Education，Stoke-on-Trent：Trentham Books，2005，p. 7.

② Department for Education and Skills（DfES），GCE/VCE A/AS and Equivalent Examination Results in England，2005/06（Revised），http：//www. dfes. gov. uk/rsgateway/DB/SFR/s000703/index. shtml.

③ M. Woodrow，Student Finance：Access Opportunity，Paper for the Independent Committee of Inquiry into Student Finance，Edinburgh：Scottish Executive，1999.

几乎没有什么变化，学费全部由国家支付，生活费根据家庭收入状况由政府补贴，必要时还可以通过社会保障体系解决①。但是，随着高等教育规模的扩张，政府支付的费用越来越多，政府财政负担过重。1979 年保守党执政后，认为既然学生是高等教育的受益者，他们就应该支付一定的费用，这也充分反映了首相撒切尔夫人的个人主义和国家不干预主义的思想。政府主张应该减轻父母和纳税人的经济负担，因为当学生毕业后，纳税人并不能分享高等教育给毕业生带来的好处②。从 1990 年开始，对学生的生活费补贴数额不再增加，对所有全日制大学生的学费提供贷款，在 1990 年—1998 年期间，政府贷款的利率逐年增高。当学生毕业后收入达到全国平均收入的 85%时才开始还款，必须在 5 年内还清贷款③。

如前所述，1997 年的《迪英尔报告》建议向学生收取学费，政府提供无息贷款，同时保留对贫困学生的生活费补贴。但新工党政府在《1998 年教学与高等教育法》中提出自己的政策，只接受迪英尔建议的一部分，即向学生收取学费，学费的标准是 0～1 250 英镑（每年会根据物价变化作相应调整），学生所交学费的具体数额是根据家庭在上一个税收年度核定的收入而定，交费的时间是每个学年之前。另外，学生最高的贷款额度可以达到大约6 000英镑。贷款和学费是分开的，学生毕业后年收入超过 15 000 英镑时，开始以占收入 9% 的比例还款，贷款利息收取的时间是每年的 9 月 1 日，利率根据上一年 4 月份的全国零售物价水平来确定。从 1999 年开始，生活补贴完全被贷款取代。

针对高等教育收费有两种不同的观点。第一种观点以当时的教育大臣大卫·布兰凯特为代表，认为高等教育收费制度是解决高等教育危机的有效办法，对高校学生资助的做法也要与时俱进，无论对于家庭还是学生个人都是公平的。实行高等教育收费制度的主要理由是“高等教育的受益者应当承担

---

① C. Callender, Changing Student Finances in Higher Education: Policy Contradictions under New Labour, Widening Participation and Lifelong Learning, 2001, 2 (2), pp. 5-15.

② Department for Education and Science (DES), Top -Up Loans for Students (White Paper), Cmnd 520, London: HMSO, 1988.

③ J. Payne, C. Callender, Student Loans: Who Borrows and Why? London: Policy Studies Institute, 1997.

由此而支付的成本"①。大学副校长委员会（CVCP）认为新的制度使低收入家庭的学生受益，具体表现在两个方面：国家会全额支付其学费；同时，又可以贷到足够的款项支付生活开销②。第二种观点以研究学生资助的专家克莱尔·克琳达为代表，认为这些改革对"处境不利的学生的影响是极其负面的"③。她也认为过去的学生资助制度受益者主要是中产阶级家庭学生，因为绝大部分大学生来自中产阶级家庭；新的制度对降低来自富有家庭学生的补贴方面有所进步，她指出虽然接受高等教育的人数不断提高，但是来自社会低阶层的学生比例几乎没有提高，尽管政府直接把资助款项转移给学生，但结果是中产阶级家庭学生所受到资助的比例仍然很高。最突出的问题是政府的政策给低收入家庭学生带来的财政负担远大于高收入家庭的学生。因此，她认为这些改革是一种倒退，因为学生越穷受益越少。

尽管很多人反对高等教育收费制度，认为教育应该是公共事务，而收费制度使年轻人没有参加工作就已负债累累，但是政府仍然坚持认为收费是为高等院校提供经费的有效途径。与此同时，政府定下了到 2010 年进入高等院校接受高等教育的学生的比例达到 50%的目标。政府预算远远满足不了高等教育发展的需求，2003 年教育白皮书《高等教育的未来》提出提高高等教育收费，实行新的收费和学生资助制度的建议，并把这些建议纳入《2004 年高等教育法》，在议会上围绕收费问题进行了激烈辩论，第一轮投票以微弱多数通过，为此，首相布莱尔差一点辞职。

《2004 年高等教育法》中有关高等教育收费制度改革的争议主要有：第一，交费的时间问题。将原来先交费后就读的建议改为等学生工作后从其收入中扣除的方式。学习期间学生不需要每年缴费，政府统一为学生向高等院校支付学费，当学生毕业收入达到每年 15 000 英镑以上时，政府开始从其工资中扣除政府提供的贷款；第二，统一标准收费还是区别收费。结果是用区别收费制（0～3 000 英镑）代替原来的统一标准收费制（1 125 英镑）。

① Department for Education and Employment (DfEE), Higher Education for the 21st Century: Response to the Dearing Report, London: DfEE, 1998.

② CVCP, Briefing Note: Widening Participation, London: Committee of Vice-Chancellors and Principals of the Universities of the UK, 1999.

③ C. Callender, Changing Student Finances in Higher Education: Policy Contradictions under New Labour, Widening Participation and Lifelong Learning, 2001, 2 (2), pp. 5-15.

由于不同专业的教学成本各不相同，所以学生付费的标准也有所不同。在新的制度下，大学可以对不同的专业制定不同的收费标准，但是如果超过目前的固定标准(1 125 英镑)，高等院校必须制定合理的计划，包括鼓励低收入家庭学生申请入学的措施，并将计划报公平入学办公室审批；第三，提高对学生财政资助的标准。作为配套改革的一部分，提高政府对学生的资助标准，提高学校对学生的奖学金标准，资助的最高标准可以相当于学费的数额，如某专业每年收费3 000 英镑，家庭贫困的学生每学年得到的最高补助也可以是 3 000 英镑。

《2004 年高等教育法》对高等教育收费制度和学生资助制度的改革会产生什么样的影响呢？新的制度从 2006—2007 年度开始实施，目前还没有充分的证据对其影响进行判断。对新的制度将会造成的影响，人们持正面和负面两种观点：第一种观点认为这种制度的影响是负面的，不利于扩大高等教育参与。他们认为新的制度提高了收费，使更多的学生面临财政困难，增加了他们的债务负担。英国政府资助的一项研究表明，财政困难与学生是否申请入学、入学后能否坚持学习有直接的关系，也是学生辍学的主要原因①。同时研究也表明，“更完善的财政资助”是学生可以坚持继续学习的主要因素。另外，为了解决财政困难，学生不得不用更多的时间去打工，从而对他们的学业造成一定影响。第二种观点认为新的制度的影响是正面的。他们认为作为改革配套措施的低收入家庭学生财政资助政策（政府最高资助 2 700 英镑，高校最高资助 300 英镑，总计最高资助额 3 000 英镑）能够帮助学生摆脱经济困难，不会对扩大高等教育参与造成不利影响。他们还认为通过提高收费，改善高校办学条件，可以为年轻人提供更好的高等教育。特别是传统大学非常欢迎区别收费制度，认为通过收费的不同可使其与规模较小的新大学相区别。

三、改革动向

改革的最终目标是建立公平的高等院校招生制度，要做到这一点还有很多方面需要改革，这里只介绍英国高等院校招生制度改革的两项新动向。

---

① R. Davies，P. Elias，Droping out：A Study of Early Leavers from Higher Education，Research Brief 386，London：EfES，2003.

(一) 考试认证后申请制度 (PQA)

当前申请人申请高等院校凭借的是证书考试的预估成绩，但高等院校的历年招生统计数据表明，有一半以上的学生估分不准确，而那些社会经济处于不利地位家庭的学生估分出现偏差的比例远高于平均值①。差不多在10年前，在英国副校长委员会牵头做的一项英国全国高等院校申请/入学制度（1994年—1996年）检讨报告中就提出实行考试认证后申请制度（PQA）的建议，但建议没有被采纳。1996年，把此建议转给迪英尔委员会②。以布鲁内尔大学副校长史蒂文·施瓦兹为主席的高等教育入学调查组经过调研，于2004年公布了调查报告《高等教育公平入学：有效实施的建议》，该报告认为在高等院校招生过程中，学生提出申请和高校做出录取承诺依据的均是不准确的信息，而且缺乏透明度，对于那些信心不足的申请者，尤其是对社会经济处境不利群体家庭的学生造成很大思想障碍，建议在高等院校招生过程中实施考后申请制度，认为这种制度和现有制度相比更加公平。另外，考试认证后申请制度效率更高，也更为经济。

《高等教育公平入学：有效实施的建议》公布后，政府很快对是否实施该建议进行全国性的咨询，民众提出反馈意见，认为此建议从2008—2009学年度开始试点，到2012年能够正式实施。当时的教育大臣查尔斯·克拉克认为到了实施申请制度改革的时候了，并成立了以教育与技能部高等教育司主任艾伦·威尔逊为首的特别任务组负责提出实施方案。艾伦·威尔逊提出了两个实施方案：一是彻底改革方案。考试成绩发榜之前，不得录取；二是折中改革方案。在考试成绩发榜之前，高校仍然可以发有条件录取通知书，但录取审查的依据不是预估的考试成绩，而是以前的学业成绩。高校应留出一定的名额供学生在考试成绩发榜后申请，建议预留招生名额的比例为15%③。

政府向有关各方进行了咨询，从反馈的信息看，原则上考试认证后申请

---

① Steven Schwartz, Fair Admissions to Higher Education: Recommendations for Good Rractice, London: Admissions to Higher Education Steering Group, 2004, p. 44.

② R. Dearing, Review of Qualifications for 16-19 Year Olds: Full Report, London: School Curriculum and Assessment Authority, 1996.

③ Mike Baker, The holy Grail of Admissions, The Times Educational Suplement (TES), 3 March, 2006.

制度得到广泛的支持。教育与技能部建议分两个阶段实施：第一阶段到2008年，允许收到有条件录取通知书、发榜后的考试成绩高于高校招生要求的学生有再次选择的机会，这种机会也适用于以微弱的差距没有满足录取条件的申请人，这些选择过程必须在清档之前完成。第二个阶段到2012年，正式实施新的申请/入学制度。政府建议公布成绩时间应比现在至少提前一周，以适应新的制度。

当然，对于是否实行考试认证后申请制度，各方的看法还不一致。不同的大学对此意见分歧较大，新大学大多希望能够实行彻底的改革，完全实行考试认证后申请，而传统的精英大学对此持保留态度。看来实施该制度仍然要面临诸多的挑战，但政府决心已定，正如英格兰高等教育部长比尔·赖默尔所说："没有人会低估实施新制度的难度，但是我们会在接下去几个月的时间里再接再厉，争取不同的教育部门能够达成共识，推行这些改革。到2012年开始实施新的高校申请制度，我们有足够的动力推动这项改革。"①

（二）高校招生分数转换系统（UCAS Tariff）

英国"高校招生分数转换系统"（UCAS Tariff）是对用于高等院校招生录取的各类资格证书进行分值设定，从而计算出申请人所得学业成绩总分的计分体系，以方便高等院校招生录取时对申请人的综合学业成绩进行评定。

"高校招生分数转换系统"于2002年9月正式使用，代替了此前只涉及普通教育证书补充水平（AS）和普通教育证书高级水平（A-levels）的计分体系，现在分数转换已成为整个高校招生录取的重要一环。引入该系统的目的在于：第一，通过对用于高等院校招生录取的各类资格证书进行分值量化，综合反映申请人的学业成绩；第二，在各种资格证书之间建立等值互换体系；第三，对持有不同证书的申请人之间的学业成绩进行比较②。

1. 背景

与很多国家不同的是，英国的第一学位，特别是荣誉学位，传统上就是以单科学习为基础的三年制课程，比其他国家的学位课程学习范围窄、时间

---

① BBC News, Plans to Change University Entry, London: BBC, 22 May 2006, 14: 48 GMT 15: 48 UK, http: //news. bbc. co. uk/1/hi/education/5003366. stm. 2007-03-29.

② Universities and Colleges Admissions Service (UCAS), The Official Universities and Colleges Guide: 06 Big Guide, Cheltenham: UCAS, 2006, p. 17.

短（一般国家为四年）。这一特点反映在大学入学的要求上，就是要突出申请人在特定学科方面的学习深度。因此，长期以来 16 岁～19 岁阶段的课程主要集中在 2 门～3 门的 A-levels 证书考试课程，要求学生专修这几门 A-levels 证书课程，并在考试中取得高分，不重视掌握广泛的知识和技能，只相信 A-levels 的学术标准，对其他资格证书则持怀疑态度[①]。

20 世纪 90 年代，随着高等教育的扩张、高等教育市场化和国家政策的调整，这种状况有所改变。20 世纪 80 年代中期至 90 年代中期，大学在校生人数翻了一番；1992 年，多科性技术学院取得大学地位，大学数目大幅度增加[②]。政府鼓励大学在招生中竞争，新的职业资格证书，如普通国家职业资格证书（GNVQs）也成为大学的入学途径之一。伴随着 16 岁后教育（包括高等教育）的扩张，入学要求变得更为复杂，因此，需要打破原来的教学和升学模式。表面上看，在英国形成了单一的大学体系，它包括传统大学和已取得大学地位的 1992 年后大学，其实，两类大学仍泾渭分明。我们可以把第一类的传统大学称为“选拔型大学”，第二类称为“招生型大学”（1992 年后大学）。这样一来，就形成了高等院校、中学和高级证书考试课程之间的三角关系。绝大部分“选拔型大学”招生仍然要求申请者持有 3 门 A-levels 证书，并且成绩优异；“招生型大学”要求学生持有 2 门 A-levels 证书和另外一个同等的其他证书。从这个意义上说，“招生型大学”与保守党政府拓展进入高等院校的职业途径的目标更为契合。除此之外，其他方面的变化对高等教育与高级证书考试课程的关系也产生了影响。从 20 世纪 80 年代末开始，政府对众多的考试机构进行整合，政府在公布咨询文件《捍卫标准》后[③]，于 1997 年，通过合并在全国组建了 6 个综合考试认证机构，既开展普通证书的考试与认证，也开展职业资格证书的考试和认证。从此以后，大学不再对考试机构拥有控制权，而是由新成立的独立机构——资格证书与课程局（QCA）负责监管考试认证机构。

---

① Ann Hodgson, Ken Spours, Beyond A-levels Curriculum 2000 and the Reform of 14-19 Qualifications, London: Kogan Page Ltd., 2003, p. 139.

② Ann Hodgson, Ken Spours, Beyond A-levels Curriculum 2000 and the Reform of 14-19 Qualifications, London: Kogan Page Ltd., 2003, p. 139.

③ Department for Education and Employment (DfEE), Guaranteeing Standards: A Consultation Paper on Bringing together the Work of the NCVQ and SCAA, London: DfEE, 1997.

大学不再控制中等教育考试之后，需要有一种机制来调节高等院校与16岁～19岁阶段教育的关系。经过修改后的“大学招生分数换算系统”于2002年正式用于高等院校招生，成为调节上述关系的重要机制。

早在20世纪60年代，英国全国大学招生委员会（UCCA）曾设计了一种换算社会上多种考试分数的方法，通过给不同考试的成绩赋予一定的分值，便于对各种考试成绩进行计算、比较和说明。英国高等院校招生服务处（UCAS）取代全国大学招生委员会（UCCA）以后，在剑桥大学的帮助下，将名叫Protocal的软件改造成为一种学业分数换算体系（Tariff），用于评估不同路径学生的学业成绩，使之成为可比的学业分值，帮助高等院校在招生录取时平等地对待来自各种学习路径的入学申请者。

2. 涵盖的证书和分值设定

目前，英国的学业分转换系统充分地利用了现代信息技术，运行速度快、包容性强、透明度高，已经涵盖了英国国家资格证书框架体系中的各类三级证书和其他相关证书，2007年招生使用的“高校招生分数转换系统”（UCAS Tariff）包含了22项证书（见表4-11）。这些证书中包括学术型和职业型证书，既有全国6个综合考试认证机构授予的证书，也包括英国商务及技术教育委员会（BTEC）、幼儿关怀及教育委员会（CACHE）的文凭及证书，金融服务学院颁发的金融学证书，以及艺术与设计方面的基础研究文凭和音乐考试证书等。只要是被纳入国家资格证书框架体系，并且用于大学课程入学的证书，一旦收到考试认证机构、政府部门或证书监管机构的申请，都可以考虑将其涵盖在“高校招生分数转换系统”（UCAS Tariff）之中。除此之外，社会上任何合法考试认证机构只要提出申请，提供其证书的必要资料，专家小组也可以通过将其证书与现有各种证书的对比，设定相应的分值，将该证书纳入“大学招生分数转换系统”之中。

表4-11　“高校招生分数转换系统”（UCAS Tariff）涵盖的证书表①

序号	证书名称	备　注
1	高级拓展证书	分值高于A-levels证书
2	高级先修课程证书	2008年开始用于大学入学

① UCAS，The UCAS Tariff，http：//www.ucas.com/candq/tariff/index.html. 2007-03-28.

续表

序号	证书名称	备　注
3	英国马术协会三级马术知识与护理、三级马术、初级教师证书	英国马术协会证书（BHS）2008 年开始用于大学入学
4	商业与技术教育委员会国家资格证明、国家证书、国家文凭	2002 年引入；由 BTEC 进行考试认证
5	幼儿看护与教育文凭	由 CACHE 进行考试认证
6	金融学证书和金融学文凭	金融学证书课程从 2003 年开设；金融学文凭 2008 年开始用于大学入学
7	个人效能证书	由 ASDAN 和 CCNA 进行考试认证
8	关键技能高等证书和关键技能中等2 级证书	涵盖 5 个苏格兰关键技能：通讯、信息技术、算术、问题解决和与他人合作
9	时装零售文凭	时装零售三级文凭由 ABC 考试认证，2008 年开始用于大学入学
10	基础课程文凭（艺术与设计）	
11	独立式数学证书	
12	普通教育证书补充水平（AS）及双认证；普通教育证书高级水平(A-levels)及双认证	
13	国际业士文凭	2008 年开始用于大学入学
14	信息技术专业证书和文凭	2008 年开始用于大学入学
15	爱尔兰离校证书——高等证书和普通证书	
16	关键技能证书 2，3，4 级	
17	音乐考试证书 6，7，8 等	
18	OCR 国家证书、文凭和拓展文凭	
19	苏格兰标准成绩证书、苏格兰中等证书 2 级、高等证书和高级高等证书	

续表

序号	证书名称	备　注
20	演讲与戏剧考试证书 6，7，8 等	2008 年开始用于大学入学
21	职业教育证书补充水平、高级职业证书和高级职业证书双认证	
22	威尔士业士高级文凭	

“高校招生分数转换系统”里涵盖证书的分值是通过对证书考试课程的学习投入、学业价值、学业难度和学业成绩等要素的审核而设定的。2006 年修改的“大学招生分数转换系统”（UCAS Tariff）中，分值最小的是音乐考试6 等及格证书，分值为 5 分；最高的是国际业士文凭的满分，分值为 768 分；而传统上被认为是英国教育“黄金标准”的普通教育证书高级水平（A-levels）的分值是 40 分（E 等）至 120 分（A 等）；被称为职业 A-levels 的高级职业教育证书（AVCEs）的分值是 40 分（E 等）至 240 分（双认证 AA 等）。下面以具体案例说明“大学招生分数转换系统”的计分方法。

案例一：凯特参加 3 科 A-levels 证书考试，持有 1 个 AS 证书。普通教育证书 A-levels 预估成绩：英语 B 等，100 分；历史 C 等，80 分；经济 D 等，60 分。普通教育证书 AS：心理学 B 等，50 分。总分为：290 分。

案例二：罗伯特参加高级职业教育证书双认证（AVCE）、普通教育证书补充水平（AS）和关键技能证书的考试。高级职业教育证书双认证：商业 AB 等，220 分。普通教育证书补充水平（AS）：法语 D 等，30 分。关键技能证书：应用算术 2 级，10 分；信息技术 3 级，20 分。总分为：280 分。

案例三：琳达参加 4 科苏格兰高等证书、2 科高级高等证书、5 个核心技能的考试。苏格兰高等证书：数学 C 等，48 分；化学 B 等，60 分；物理 C 等，48 分；地理 B 等（与高级高等证书合并）。高级高等证书：地理 B 等（与高等证书合并），100 分；经济 B 等，100 分。5 个核心技能（高级），100 分。总分为：456 分。

3. “高校招生分数转换系统”的应用

根据英国高等院校招生服务处（UCAS）的分析，在“高校招生分数转换系统”实施的第一年，高等院校在做出录取决定时，使用该系统的比例只有 41%，而其中 95%的情况还是有选择性的利用①。1992 年后的新大学利用新的分数转换系统的比例远高于传统大学，其比例分别大于 70%和 15%。由于“大学招生分数转换系统”的使用不是强制性的，一些大学特别是传统大学仍然选择按照传统的录取要求进行录取，但利用新系统进行招生录取的高等院校越来越多。到 2004 年底，英国已经有 78%的高等院校自愿选择完全或部分利用这个系统。在英国高等院校招生服务处（UCAS）公布的所有大学课程中，有 67%的大学利用这个体系对 2005 年的入学要求加以说明②。

在英国，高等院校招生录取是个冗长的过程，一方面是高校的课程五花八门，种类繁多；另一方面是申请人申请和高等院校录取决定依据的是预估的考试分数，而不是考试发榜后的实际分数。高等院校的录取选拔过程主要经历四个阶段：第一阶段，宣传阶段。通过招生手册或网站公布招生的专业和录取要求。第二阶段，初步审定。根据申请人的资料，对申请人是否适合就读某一专业进行审定，做出是否录取申请人以及是无条件录取还是有条件录取的决定。第三阶段，录取确认。考试成绩发榜后，对是否录取申请人做最后决定。第四阶段，清档阶段。如有空缺招生名额，再接受申请人申请，完成整个招生工作。由于整个招生录取过程繁杂，有时很难明确某一专业的准确入学标准，在招生手册上宣传的入学要求和“清档”阶段的实际录取标准可能相去甚远。是否达到录取标准最终还要由市场来决定，例如，某大学在招生手册上公布的英语荣誉学位课程的入学要求是 3 门 A-levels 证书，成绩均为 A 等；或者“高校招生分数转换系统”分为 720 分，但结果实际录取的申请者可能只有 2 门 AS 证书和 1 门 A-levels 证书，且成绩等级为 B。

使用“高校招生分数转换系统”进行招生录取的高校的要求各不相同。有的高校除要求达到一定的总分外，还要求考试的等级。对于要求达到一定分数的录取标准，申请者一般应该修完 2 科 6 个单元的证书课程或同等课程，如 2 科 A-levels 证书考试课程或者 1 科高级职业教育证书（AVCE）双认证课程；在有些情况下，某一专业可能要求特定的科目考试达到一定水平，如要求申请者 A-levels 数学科目的等级至少达到 C 等。在进入录取程

① UCAS，Analysis of Offers Involving Curriculum 2000 Quanlifications for 2002 Entry，NJCC/02/13，Cheltenham，2003.

② 樊大跃：《融会贯通普职教育的“工具”——英国学业分换算体系简介》，《中国职业技术教育》2006 年第 5 期，第 51～53 页。

序后，当高校进行初步审查，决定有条件录取申请者时，提出的要求更为具体。下面举例说明高等院校经初审后对特定申请人提出的录取条件。

案例一：凯莉将参加3科普通教育证书高级水平（A-levels）、1科普通教育证书补充水平（AS）和关键技能考试。她收到的有条件录取通知书上载明如满足如下条件可以录取：高校招生转换分（UCAS Tariff）的总分应达到300分，其中，数学科A-levels成绩应达到B等，还要有1科A-levels证书，成绩为B等。

由于有条件录取通知书没有说明不能使用关键技能成绩的分数，所以凯莉可以把她关键技能证书的得分数计入总分。

案例二：彼得将参加1科高级职业教育证书（AVCE）双认证、1科普通教育证书补充水平（AS）和关键技能考试。某高校对他提出的录取条件是：高校招生转换分（UCAS Tariff）的总分应达到220分，其中，信息与通信技术AVCE双认证的等级应该达到CC等。

案例三：坎贝尔要参加的是苏格兰高等证书和高级高等证书考试。高校对他提出的录取条件是：高校招生转换分（UCAS Tariff）的总分应达到300分，其中苏格兰资格证书局考试认证的高级高等证书意大利语的成绩要达到C等。

4. "高校招生分数转换系统"的作用与影响

"高校招生分数转换系统"通过对各类资格证书的分值设定，建立了各类证书间进行转换的分数融合体系。它伴随着《2000年课程》的出台而出现，为涵盖英格兰、威尔士、北爱尔兰和苏格兰的证书在内的国家资格证书框架里的众多证书提供了一个分值量化体系，从而提高了国家资格证书框架里的证书的可比性，对各利益相关方产生了重要影响。

第一，"高校招生分数转换系统"（UCAS Tariff）成为调节政府、高校和从事16岁～19岁教育的学校间关系的重要机制。传统上大学对中等学校的考试具有很大的影响力，出现过众多大学校外考试机构，对中学学生进行考试和认证，评估中等学校的办学情况，特别是在16岁～19岁教育阶段的课程与考试方面形成政府、大学、中学和其他有关各方的"伙伴关系"。但到1997年，工党执政后，对全国众多的考试机构进行整合，全国组建了6个综合考试机构，并成立了资格证书与考试的中央监管机构——资格证书与课程局（QCA），在威尔士、北爱尔兰和苏格兰也有类似的监管机构，大学不再直接控制中等学校的考试。因此，16岁～19岁教育阶段的课程和考试与高等院校的关系变得复杂、多样。但大学对这一阶段的教育仍然有很大的影响力，因为，学生对高等教育的需求仍与日俱增，大学则掌握着学生能否接受高等教育的决定权。虽然政府针对16岁～19岁教育颁布了《2000年课程》，但这并不是强制性课程，16岁～19岁教育阶段课程的市场性和自由选择性并存使大学有意无意间对于这一阶段教育的课程和考试结构产生重要影响。2000年课程改革主要拓宽了A-levels课程的学习范围，把其分为AS和A2，用职业A-levels（AVCE）代替原来的普通职业教育证书（GNVQ），引入新的关键技能资格证书和高级拓展证书（AEAs）。政府为确保改革后的课程与考试能够有效地实施，开始使用三种手段进行间接调节，即拨款、督导和“高校招生分数转换系统”①。“高校招生分数转换系统”从2002年9月正式用于高校招生以来，已逐渐成为调节政府、高校和中等学校间关系的重要机制。

第二，对政府来说，希望通过“高校招生分数转换系统”的使用，起到两个方面的作用：首先，鼓励学生能够参加改革后引入的普通教育证书补充水平（AS）、高级职业教育证书（AVCE）和关键技能资格证书课程的学习与考试。这三类证书都被赋予一定的分值而纳入“高校招生分数转换系统”，政府希望大学能够依据转换系统的分数来录取新生，从而承认这三类新的证书；其次，“高校招生分数转换系统”的使用被视为是对拓宽课程学习广度和扩大学习容量的鼓励和承认——学生取得的资格证书越多，总分就越高②。同时，通过学生获取的“高校招生分数转换系统”分数情况可了解到学校实施国家推行的课程执行情况，并与对学校的拨款挂钩。

第三，对学生来说，享有更多自由规划和发展的空间。学业分数换算制度的建立，使学生能在众多的课程中进行选择，既可以选择学术型课程，也可以选择职业型课程，并可根据自己的兴趣、需要和学习连贯性等因素，对学习的课程进行任意组合。

第四，对高等院校来说，依据学业分数换算制度提出入学要求，可以综合评定申请人的学业成就，科学地选拔学生。即使选修相同科目，但根据考试成绩赋予的不同的学业分数，可达到区分人才的目的。不同的专业对同一

① T. Blackstone, Qualifying for Success: The Response to the Qualifications and Curriculum Authority Advice, London: DfEE, 1998.

② Ann Hodgson, Ken Spours, Beyond A Levels Curriculum 2000 and the Reform of 14-19 Qualifications, London: Kogan Page Ltd., 2003, pp. 140-141.

科目要达到的学业要求不同，由此，人们可以根据自己的实际情况和能力选择学科学习的深度和广度，实现人尽所能，学尽所用，分类发展。

第五，对学校来说，可以推动学生选学国家推行的课程，实现学术型课程和职业型课程的融合。首先，由于国家资格证书框架体系中的各种证书均享有能够相互比较的学业分，能够更容易地得到社会各界的认可，无论是对升学还是就业，都有更加明确的指导意义，因此，可以引导更多的学生选学国家资格证书框架体系之内的各种证书课程，从而促进国家课程的实施；其次，为各类课程的衔接架起了一座桥梁。换算体系可以使学校根据培养学生的需要办出自己的特色，最大限度地开发人才的潜能，最后通过换算体系的桥梁作用，将各种学业对接、融通。

第六，对学习型社会的形成和发展来说，可以起到促进作用。换算体系不仅用于高等院校招生，它还通过赋予社会上各种证书以公平的待遇和数字的直观形式将原本无法比较、无法衔接的各种资格证书纳入有序、透明、参照性很强的证书转换对比体系；将学校教育和校外教育、正规教育与非正规教育纳入综合教育体系，从制度上落实联合国教科文组织提出的发展全民教育、终身教育等主张，促进学习型社会的形成和发展。

第三节　高校公平入学制度的建立

改革的最终目的是建立公平的高校入学制度，为所有人提供公平接受高等教育的机会，能够选择学习本人愿意且与自己能力相适应的课程。但是高校公平入学制度的建立是一个系统的工程，需要政府、高校、中学、考试机构、招生机构、监管机构等各方面的努力。在英国高等教育从精英转向大众的过程中，高等教育的规模不断扩大，人们把目光投向高等教育公平，而高校招生考试公平又是高等教育公平的第一道防线。政府制定了扩大高等教育参与的政策，完成 2010 年高等教育参与率达到 50%的目标。这个目标不仅强调学生人数的增加，还关注公平，特别是提高社会弱势群体，如低收入家庭、少数族裔家庭青年接受高等教育的比例。在英国，招生录取的权力在高校，全国高等院校招生服务处（UCAS）只是提供招生服务的公共服务机构，在建立公平入学制度的过程中高等院校承担重要责任。下面从基本原则、选拔标准、评价方法、消除障碍和专业化操作五个方面说明英国公平的高校招生考试制度的建立。

一、基本原则：公正、公开、透明

公平入学的基本原则就是不分出身高贵贫贱，为所有的人提供公平接受高等教育的机会，使每一个愿意接受高等教育的人都有机会选择与自己能力相适应的高等教育课程，并建立有效的机制使申请人在考试、申请和录取的整个过程中，都能够得到充分的信息，受到公平的对待。在《库克报告》和质量保障局（QAA）工作规程里都强调要为申请人提供他们所需要的信息的重要性，使他们在掌握充分信息的情况下选择要就读的学校和专业[①]，要求高等院校在招生录取时公正、公开、透明。

第一，在招生之前，高等院校要公开招生政策、不同课程的具体入学标准和招生过程，其中包括对学生以前学业成绩和学习潜力的评价方式；申请人如何展现其学习潜力和相关的学习能力；在录取时除了评估申请人的学习成绩外，相关的学习潜力是否也是决定录取的因素。

第二，高校要公布前几年有关每个专业招生所要求的资格证书的情况。定期对整个学校的招生数据进行分析，包括在录取的学生中，少数族裔和社会弱势群体背景学生所占的比例；分析录取学生来自不同类型中学的情况和性别分布情况。

第三，使申请人清楚了解投诉和申诉的程序。如申请人提出要求，高等院校应当给予及时答复，反馈拒绝录取的原因。质量保障局（QAA）关于高等教育入学的操作规程要求高校制定有关投诉的政策和程序要合理、公平；相关的申诉政策能够确保及时地对学生提出的对录取结果的申诉给予答复，要求高校对录取的过程和原因做记录，以便做出及时反馈。

二、选拔标准：学业、潜力、多样

高校公平入学制度的建立需要有科学的选拔标准，能够使高等院校通过对申请人的学业成绩和发展潜力进行综合评定，选拔出有能力顺利完成所选专业课程的学生，并考虑所录取学生的多样性。

完成学业的能力是高校录取的重要标准，但英国高校在对申请人学业成就和发展潜力进行评估时，除了考试分数外，也会合理考虑其他因素，包括

---

① Higher Education Funding Council for England, Information on Quality and Standards in Higher Education: Final Report of the Task Group, Bristol: HEFCE, 2002.

申请人取得这些教育成就时所处的教育环境；发展潜力和能力，如面试、非学术方面的经历和相关技能等其他方面的测试和评价；申请人的个人经历、技能和洞察力能否为学习集体作出贡献。

首先，申请人过去的学业成就如何，仍然是其能否顺利完成大学课程的指针。虽然对国家资格证书框架里可作为高校录取标准的第三级证书成绩与高等院校学生保持率相关性的研究不多，但通过对普通教育证书 A-levels 的成绩与高校学生保持率的关系的研究表明，A-levels 考试成绩越高的学生流失率越低，反之，A-levels 考试成绩越低的学生流失率越高①。

其次，录取时考虑的其他因素。除评价申请者的学业成就和发展潜力外，高校在录取时还会认真考虑申请人的非学术经历、相关技能和过去接受教育的环境。在非学术经历和相关技能方面，如在应对不同情况时表现出来的技能或者符合"'真的公平吗？'项目"② 列举的标准，如申请人在一边完成学业的同时，一边合理支配时间能很好地承担家庭和工作责任；虽然就读中学的教师经常调整、得不到来自家庭的帮助，但却表现出很强的独立学习能力并取得良好成绩③。研究表明，申请者此前就读学校的类型不同，影响依据入学资格证书成绩对其在高校学习潜能的预测，也就是说两个入学资格证书考试成绩相同，但来自不同类型中学的申请人的潜能是不同的，同样的道理，两个入学资格证书成绩不同的人可能在大学学习表现一样出色④。比如，一个就读于学习环境和学校状况都不好的社区学校且要承担家庭责任的

---

① Steven Schwartz, Fair Admissions to Higher Education: Recommendations for Good Practice, London: Admissions to Higher Education Steering Group, 2004, p. 36.

② "'真的公平吗？'项目"（Fair Enough? Project）是英国大学联合会（Universities UK）为配合政府到 2010 年英国高等教育参与率达到 50%的目标，改革高校招生制度，让所有人都有公平的机会接受高等教育而实施的一个项目。其目标是通过使招生过程更加公开与透明、使对申请人能否顺利完成学业的评价标准更加客观，从而改进高校招生人员和管理人员的工作，使他们做出的录取决定更加公平。常用的客观标准有：自我管理能力、独立学习和工作能力、学习动机、对所学专业的兴趣和与他人合作的能力。

③ Universities UK, Fair Enough? Wider Access to University by Identifying Potential to Succeed, London: Universities UK, 2003, p. 7.

④ Steven Schwartz, Fair Admissions to Higher Education: Recommendations for Good Practice, London: Admissions to Higher Education Steering Group, 2004, p. 36.

学生和另一个就读于条件优越的公学的学生取得相同的资格证书考试成绩，但相同成绩背后的含义是不同的。

最后，考虑学生来源的多样性。一般来说，法律上不允许招生人员根据申请人的种族、性别、性倾向或者宗教信仰来做出是否录取的决定①。但是，招生人员在录取时可以考虑申请人的经历、技能和洞察力以及这些因素能否优化专业的学习环境或扩大学生群体来源的广泛性，比如工作或参加公益活动的经历、空档年②经历、承担的家庭责任、多元社区或文化的经历、音乐和体育特长等。

然而，评价要针对申请者本人，不能因为其具有良好的社会背景、来自具有良好信誉的中学而无形中或多或少地对其评价有所偏向。在招生的各个阶段，申请人应该具有公平的机会提供自己的相关信息、展现自己的相关技能。科学的评价标准不应包括与申请人学业成就评价无关的因素，如高校在录取时不应把照顾本校毕业生或者学校的捐赠人的亲戚作为录取标准。负责招生录取的人员做出决定的依据是申请人考试成绩和其他能够说明其学业成绩、发展潜力等因素，并对录取的条件以及是否录取分别做出决定。

三、评价方法：可靠、有效、适当

英国高等院校录取新生采取的是定量和定性结合的方法。在做出录取决定时，会综合考虑各种因素，有些因素主要是依据硬性的量化指标，而有些是通过定性方法进行判断的。如果有些高校和专业认为现行的证书考试不适

---

① 根据英国《残疾人保护法》(Disability Discrimination Act，简称 DDA) 28T 款的规定，招生人员必须考虑申请人的残疾情况，如果原录取安排会使残疾人明显处于不利状况时，须做出合理的调整。但《残疾人保护法》确实允许高等院校在某些合理的情况下可以对残疾人有歧视性安排（如保持学术标准）。

② 空档年或者叫间隔年、延迟年（gap year），是指中学毕业后间隔一段时间（通常是 1 年）才进入高等院校学习的制度。它最早起源于 20 世纪 90 年代的牛津大学、剑桥大学，当时，这两所大学招生时除对 A-levels 证书考试的成绩提出要求外，学生还必须参加学校自行组织的大学入学考试，在考试之后大约再过 9 个月的时间才能入学，大学鼓励学生利用这段时间去了解世界、从事公益活动。现在越来越多的国家有空档年的制度安排。一般来说，学生在空档年的安排是把增长见识的旅游与工作相结合或者从事公益工作，如英国哈里王子在 2004 年的空档年就是到非洲当志愿者。

用于作为入学要求，还可以组织单独考试。无论采用哪一种方法，政府都要求招生过程中的评价方法可靠、有效和适当。

第一，《2000 年课程》后，资格证书考试监管机构加强了对第三级证书考试的监管，要求考试机构不断完善现有的第三级证书考试，提高考试的信度和效度。有效的公共证书考试有利于招生人员更好地通过对申请人证书考试的评价，来判断他们完成学业的能力和发展潜力。政府推广"高校招生分数转换系统"(UCAS Tariff)，把申请人所获取的证书按一定的分值量化成一个总的分数，以利于高等院校招生录取时作出更科学的判断。

第二，如果高等院校要使用除《国家资格证书框架》之外的证书，以及举行面试和单独考试，政府要求这类高等院校在其招生政策和程序中对这些评价方法加以详细说明。关于单独考试，政府鼓励高等院校使用《国家资格证书框架》里的第三级证书作为入学要求，但如果现有证书考试不适合作为某些高校和专业的入学要求时，也可以使用其他证书考试或高校单独组织考试，但使用的目的必须明确，考试必须有较高的信度和效度。同时，政府鼓励要求单独考试的高校和专业实行联考，如生物医学大学入学考试(BMAT)、全国法律大学入学考试（LNAT）等。政府与大学联合会共同组成调查组定期对单独考试的相关问题进行检讨。大部分专业是不需要面试的，但申请与教学、医学和健康科学有关的专业需要面试，用来评价申请人是否适合从事相关的职业。

第三，高等院校不断对其招生政策、程序与学生入学后学业表现的关系进行检讨。政府要求高等院校加强对招生政策、程序和学生入学后学业表现及学生辍学率的相关关系进行监管和评价，检讨什么样的招生政策才能招到能够顺利完成学业的学生，使学生辍学率降低。

四、专业化实施：一致、反馈、服务

建立公平的高校入学制度要求在实施涉及招生入学的各个环节时都要做到专业化。在英国，录取的决定权在高校的各个学院或系。有时，即使是同一个高校录取，招生政策的执行也不尽一致，存在不够专业的问题。2004 年《高等教育公平入学：有效实施的建议》的报告里对此提出建立专业化高校招生入学制度，主要内容如下①：

第一，高等院校应健全招生的组织机构和完善招生程序。高校的招生录取是一项非常严肃认真的工作，关涉到申请人、家长、中学、大学、政府和用人单位等相关者的利益。为促进高效的高校入学制度的建立和为申请人提供优质的服务，高等院校有必要健全招生的组织机构和完善招生程序。建立分工明确的招生责任制度，确保整个大学的招生政策和程序都能够得到有效实施，标准一致并能一以贯之；大学招生指南里的具体课程入学标准和录取评价方法应具一贯性，不应朝令夕改；对申请人提出的问题应有有效的反馈机制，使申请人清楚地了解投诉和申诉的程序。

第二，招生管理专业化。大学不断加大对学校招生管理的投入，大学招生协调机构协助学院或系进行招生管理；减轻负责招生录取的教师的学术工作量，使他们有更多的时间履行招生录取的职责；提高招生工作在高校整体工作中的地位和重要性，对在招生录取中表现出色的人员予以表彰和奖励。

第三，招生人员专业化。高等院校对参与招生的人员的任命、培训往往都有明确的规定，培训的内容包括国家的高校入学政策，如关于英国《国家资格证书框架》中的第三级证书、入学途径、机会平等的政策和相关的法律。让招生人员了解大学的招生政策和录取程序，对招生人员进行针对具体专业录取评价方法的培训。英国高等院校招生服务处开展了一个名为“合作行动计划”的项目，对全国高校从事招生的人员提供培训认证，提高招生人员的专业化水平，促进其向职业化方向发展。

五、障碍清除：信息、资助、选择

公平入学制度要能够最大限度地消除与入学要求无关的障碍，高等教育入学过程也就是克服与入学要求无关障碍的过程。这些障碍主要包括：由于评价手段造成的障碍；申请人所掌握的资源和得到支持与帮助各不相同；残疾；不同类型的第三级证书（如职业型证书和学术型证书）的实际地位还不平等。具体的问题与障碍主要有：

第一，由于对学业成就和公平的不同理解而带来的问题与障碍。人们都认同高等院校的选拔主要是看申请人的学业成就，但对学业成就的理解却各

① Steven Schwartz, Fair Admissions to Higher Education: Recommendations for Good Practice, London: Admissions to Higher Education Steering Group, 2004, pp. 42-43.

不相同。学业成就可能意味着按照第三级资格证书成绩的高低进行录取，或者意味着用更全面的观点来看待申请人的学业成绩和潜力，对每一个申请人具体情况具体分析，考虑其接受教育时所处的环境、个人背景和相关技能等所有的相关因素。上面已经提到取得同样考试分数的申请人并不代表他们具有相同的学习潜力，特别是对于那些竞争激烈的专业来说，招生人员必须能够有效地在考试成绩同样优异的众多申请人中选拔出能够成功完成学业者。

第二，申请者很难了解高校对他们申请的审定方式。招生的公开、透明对申请人填报志愿至关重要。2006 年—2007 年实行新的收费制度后，学费大幅度提高，不同专业的收费也有所区别。从这个意义上来说，申请人就是高等教育的消费者，他们有权对自己要购买的教育产品的质量有更全面的了解，如了解入学的标准和录取程序。高校招生政策、标准和过程的透明化有助于申请人自己进行选择，如果申请人了解到自己可能无法达到某一个专业的入学标准，他们可能就不会去申请这个专业，就不会浪费申请表上的志愿，也可以降低入学后的辍学率。

第三，评价申请人的信息可信度不高及不够一致的问题。首先，评价申请人的信息可信度不高的问题。现在英国高校判断申请人学业成就和潜力的主要依据还是普通教育证书高级水平（A-levels）的成绩，但问题是只通过 A-levels 证书考试成绩并不能预测学生入校后的表现和学习潜力。现在很多高校在录取时还会考虑其他因素，如申请人原来学习的环境、背景、技能等。英格兰高等教育拨款委员会分别在 2003 年和 2005 年对来自不同中学，而入学时 A-levels 成绩类似的学生在大学的表现作了深入研究，得出相同的结论，即在 18 岁入学的学生中，来自各方面条件优越的私立中学学生在大学的表现远低于和他们入校时成绩相同但来自办学条件差的公立学校的学生①，这说明取得相同 A-levels 证书考试成绩的学生，由于原来接受教育的环境不同，进入大学后的学习表现和潜力是不同的。其次，评价申请人的信息不够一致的问题。申请人在申请时或高校在收集申请人的信息时往往出现不一致的问题，影响高校对申请人的判断，同时对申请人评价方法的信度和效度也不够。

第四，因入学制度而造成一些专业的学生辍学率高的问题。总体来说，

① Higher Education Funding Council for England, Schooling Effects on Higher Education Achievement: Further Analysis-Entry at 19, Bristol: HEFCE, 2005.

在经济合作与发展组织的成员国中，英国高校入学竞争是比较激烈的①，但有些专业的辍学率还是比较高的，此种情况通常集中在学生来源多元的学校。辍学是一个复杂的问题，原因是多方面的，比较典型的原因包括学生无法适应大学或专业，对于接受高等教育没有先期心理准备、学业不理想、对专业不感兴趣、经济原因、个人问题等②。但有些是因为招生录取的问题造成的，如招生应考虑申请人是否能得到支持，对申请人能否顺利完成学业所具备的能力和潜力的判断的差错等。如果录取无法完成学业的申请人，对于申请人也是不公平的。

第五，对于热门专业，高校很难从众多的优秀申请者中进行选拔。一个热门的专业往往优秀申请者众多，竞争激烈，很多考试成绩很高的申请人可能因此无法就读自己感兴趣的大学和专业，如在 2002—2003 学年度，申请剑桥大学的具有 3 科以上 A-levels 证书，成绩均在 A 的申请者中有 5 000 人没有被录取。在竞争如此激烈的情况下，人们会感到招生过程和录取决定有不够公平的地方，加上录取标准缺乏透明度，给申请人的反馈信息不够完整，使这个问题更为复杂，第一章提到的在英国引起人们对大学招生的公平性提出质疑的“劳拉事件”就是一个很典型的例子。

第六，有些申请人接受的评价过多，负担过重的问题。有时一个申请者要面对高校多达 6 次的评价要求，如参加高校的单独考试和面试等，准备及参加这些评价考试对申请者来说是沉重的负担，不仅会影响申请人正常的学习和工作，而且参加面试的差旅费也是一笔不小的开支，参加单独考试也是收费的。这些因素可能使经济能力有限或家庭中没有人接受过高等教育的申请人望而却步。

第七，对高校招生中申请者使用的证书和入学途径的多样化认识和反应不一。不同类型的高等院校招收持有非 A-levels 的第三级证书的学生分布不均衡。传统上大学入学要求主要是 A-levels 证书考试，现在也有很多持有其他第三级证书的学生进入高等院校接受高等教育。根据英国高等院校招生服务处（UCAS）的统计，2001—2002 学年度，16％的年轻学生和 71％的成年学生是凭非 A-levels 证书（职业资格证书或大学入学课程）和其他标准

---

① Organisation for Economic Co-operation and Development，Education at a Glance：OECD Indicators，Paris，OECD，2003，pp. 48-49.

② R. Davies，P. Elias，Droping Out：A Study of Early Leavers from Higher Education，Research Report 386，London：Department for Education and Skills，2003.

（如先前学习经历认证证书 APEL）入学的，但是他们主要集中在某些专业（如护理）和某些高等院校（主要是 1992 年后的新大学）①。这对于一些申请者来说，他们所持有的关键技能证书没有得到承认。

第八，大部分录取依据的是申请人的预估分数，不是实际分数。总体来说，在所有申请者中有一半的估分是不准确的，这对申请人来说，特别是对那些处于社会经济不利处境家庭的申请人会造成不利影响，政府正积极推动考试认证后申请制度（PQA）。

第九，涉及高校招生制度的法律复杂，对招生政策和程序的认识不一致。《人权法案》、《种族关系法》、《反性别歧视法》、《2003 年雇用平等（宗教信仰）条例》、《2003 年雇用平等（性倾向）条例》、《反残疾人歧视法》对高校招生政策和招生程序都有规范作用。由于法律条款十分复杂，对于招生人员和申请人来说，很难搞清高校的招生政策和程序是否合法。虽然对招生人员就涉及招生的相关法律做过培训，但对于法律的见解也因人而异。比如，并不是所有的招生人员都清楚改进社会经济处境不利学生的入学状况是高等院校的工作目标；又如，欧洲人权法庭指出对此前出现的不平等的状况进行补救是因材施教的法定目标。如果对于上面的法律认识模糊，那么对"教育协作联盟"（Compacts）②项目和其他旨在解决现有不平等状况的项目就很难理解。

综合本章的内容，英国高校招生考试制度走的是一条渐进改革之路，在改革中传承原来的制度，在传承中试图有所超越。从国家资格证书"双轨制"和"三轨制"的建立到不同种类的资格证书间的"标准链接"和国家资格证书框架的构建；从"二元制"高等教育时期全国大学招生委员会（UCCA）和全国多科性技术学院招生委员会（PCAS）分别负责精英大学和大众化高等院校招生，到"一元制"高等教育时期将两者合并建立统一的全国招生机构——英国高等院校招生服务处（UCAS），都是对英国高校招生考试制度改革走过的漫漫长路的写照。

---

① Universities and Colleges Admissions Service，Paving the Way：Project Report，Cheltenham：UCAS，2002.

② "教育协作联盟"（Compacts）是高等院校与中等学校或延续教育学院之间签订的一种协作教育协议，主要目的是提高中学生对于大学的兴趣和让他们了解高等教育。通常要求学生参加他们的一些活动、完成一定量的家庭作业，帮助他们为进入高等院校学习做好准备。如果合作学校的学生达到项目要求的目标，大学对于合作学校的学生予以优先录取。

第五章 统一与多样：英国高校招生录取制度的个案分析

自从1992年多科性技术学院取得大学地位以后，英国的“二元制”高等教育制度转变为“一元制”高等教育制度，虽然从表面上已经建立起单一的高等教育制度，但大学间的差别依旧，反映在高等院校招生制度上，一方面，所有的高等院校在招生方面有基本的统一要求；另一方面，不同的院校根据本身的定位要求又各不相同，形成统一性与多样性并存的高等院校招生制度。

前一章主要从宏观上论述英国高等院校招生考试制度改革的历程、改革的焦点和改革的动向。本章将从微观上分析英国高等院校招生制度。综合一些专家的观点，从高校招生的角度，把英国高等院校分为“选拔型高等院校”、“招生型高等院校”① 和“开放型高等院校”，并分别选取有代表性的高校为个案进行深入剖析。

第一节 选拔型高校招生制度案例

1992年以前取得大学地位的高等院校基本上都属于选拔型高等院校，包括牛津、剑桥、安德鲁斯、格拉斯哥、阿伯丁、爱丁堡6所古典大学，19世纪早期至20世纪早期取得大学资格的“城市大学”或“红砖大学”，20世纪60年代取得大学地位的“平板玻璃大学”。这里选取的剑桥大学、谢菲尔德大学和伦敦城市大学分别成立于1209年、1828年和1848年，代表了三个时期成立的大学。

---

① Ann Hodgson, Ken Spours, Beyond A-levels Curriculum 2000 and the Reform of 14-19 Qualifications, London: Kogan Page Ltd., 2003, p. 139.

一、剑桥大学

剑桥大学（University of Cambridge），位于英格兰的剑桥镇，是英国也是全世界最顶尖的大学之一。剑桥大学和牛津大学（University of Oxford）齐名，为英国两所最优秀的大学，经常被合称为“牛剑”（Oxbridge）。英国许多著名的科学家、作家、政治家都来自这所大学。剑桥大学也是诞生最多诺贝尔奖得主的英国高等学府，有 90 多位诺贝尔奖获得者曾经在此执教或学习。剑桥大学还是英国的名校联盟“罗素集团”（Russell Group of Universities）[①] 和欧洲大学联盟——科英布拉集团（Coimbra Group）的成员[②]。

2005—2006 学年度，剑桥大学的全日制在校生人数大约是 17 500 人，其中本科有 11 903 人。2005 年—2006 年（2006 年 10 月入学和延迟到 2007 年 10 月入学）本科计划招生大约 3 300 人，申请人数超过 14 000 人；在录取的英国本土学生中来自公立学校和私立学校的比例为 56∶44；录取的学生中有 96%具有 3 门以上普通教育证书高级水平（A-levels）或者同等证书，成绩均为 A 等，另有 5 000 名具有 3 门以上普通教育证书高级水平或同等证书，成绩均为 A 等的申请人没有能够被录取；录取的英国和欧共体学

---

① 罗素大学集团（The Russell Group）成立于 1994 年，由 19 所英国研究型的大学组成，包含了所谓的金三角名校，被称为英国的常春藤联盟，代表了英国的优秀大学。与美国的常春藤盟校不同的是，它们都是由国家资助的，其目的是要代表这些机构的观点、游说政府国会、提出研究报告来支持它们的立场。罗素集团名称的由来，是因为这 20 所院校的校长，每年春季固定在伦敦罗素广场旁的罗素饭店举行研究经费会议而得名。该集团关心的焦点在于提升研究、增加学校收入、招聘最优秀的教职员与学生、降低政府干预及提倡大学合作等。

② 科英布拉（Coimbra）集团是部分欧洲大学组成的一个联盟，于 1985 年葡萄牙科英布拉大学 700 周年校庆时成立，并因此而得名。科英布拉集团现有 39 个成员，除了科英布拉大学，还包括英国的牛津、剑桥、爱丁堡，德国的哥廷根、海德堡、耶拿，法国的蒙彼利埃、里昂，意大利的博洛尼亚、帕多瓦，西班牙的巴塞罗那、格兰纳达，荷兰的格罗宁根、莱顿，奥地利的格拉茨，瑞士的日内瓦，瑞典的乌普萨拉，挪威的卑尔根，捷克的布拉格，匈牙利的布达佩斯以及比利时的鲁汶天主教大学，希腊的萨洛尼卡亚里士多德大学，等等。由于其成员都是欧洲最古老、最有声望的大学，科英布拉集团在欧洲高等教育和学术界有很大的影响。

生中，有13%来自少数族裔；男女生比例为50∶50①。

（一）招生原则与目标

剑桥大学招生的基本原则是录取最富智能和潜力者进入剑桥大学学习，不论申请人的社会背景、种族、经济状况如何，都具有平等的机会。通过招生及招生政策的实施，达到两个主要目标：第一，激励。特别是激励来自社会弱势群体家庭的学生申请剑桥大学。第二，公平。确保按照机会平等的政策公平地评价每一个申请人，消除招生人员的个人喜好和偏见。还要确保来自不同类型中学的申请人入学机会平等。

（二）入学要求

1. 基本要求

不论申请人学习的专业和入学年龄，对所有的申请人都有一个最低入学要求，确定最低要求的主要目的是确认申请人已经学习了范围广泛的课程。申请人必须持有以下学科的资格证书：英语；除英语外的1门语言；1门被认可的数学或科学科目；被认可的其他2门科目。

对于持有中等教育普通证书（GCSEs）和普通教育证书高级水平(A-levels)的申请人，至少有2门科目为A-levels证书，其他科目为GCSEs（成绩为A等、B等或者C等）。然而，申请人要意识到由于竞争激烈，大部分申请者都具有3门或者更多的A-levels证书（或同等证书）。

2. 年龄要求

一般来说，本科生申请人入学时的年龄应在18岁以上。如果申请人的年龄在18岁以下，在申请之前要和申请的学院联系，就申请人个案进行讨论。入学前不到18岁者，申请不能为开放申请②。年龄超过21岁的申请人被定义为成人学生。

3. 证书要求

(1) 普通教育证书补充水平和高级水平

第一，普通教育证书补充水平（AS）。剑桥大学鼓励申请者在12年级

---

① Cambridge Admissions Office, Applying to Cambridge: Advice for Teachers, Tutors and HE advisers, Cambridge: Cambridge Admissions Office, 2007.

② 开放申请是指不是申请剑桥大学具体的某一个学院，大学招生人员可以根据申请人具体情况将其申请转交某一学院。

时学习4门～5门AS课程，与学习5门AS课程的申请者相比，学习4门AS课程者也不会因此处于劣势。学校希望学生学习的科目要与申请的专业相关；如果没有要求申请人单独取得AS证书，与取得AS证书后再取得完整A-levels证书者相比，直接取得完整A-levels证书者不会处于劣势；在剑桥大学入学申请表上不需分别填写AS和A2证书的考试成绩，剑桥大学各学院不会单独依据AS证书成绩对申请人做出无条件录取的决定。

第二，普通教育证书高级水平（A-levels）。各学院大部分有条件录取决定都要求3门A-levels证书，成绩为AAA等，即3科证书成绩均为A等，但不同的专业有不同的要求。所有学院都可以针对不同申请者的实际情况，在有条件录取通知书里提出不同的条件，比如，一方面，申请人如果有充分的理由说明自己在中学没有发挥出自己的潜能，或者减轻特别优秀的申请者的压力，那么对其提出的条件就不会那么高①；另一方面，学院为了确认申请人是否能够应对压力和考试的要求，可能在有条件录取通知书里提出极具挑战性的条件。

第三，特定模块的要求。为了能够区分众多A-levels证书成绩优秀的申请者，有些学院把A2阶段的成绩也列为录取条件。这方面的政策各学院不尽相同，同时，也因专业不同和申请者个人情况不同而有所区别，可能要求申请人参加特定的A2水平考试的成绩为A等，或者若干门A2的成绩为A等。

（2）高级拓展证书（AEAs）②

剑桥大学经常把高级拓展证书（AEAs）作为一般录取条件的替代性条件，比如，申请人如果3门A-levels证书成绩是AAA或者AAB，可再加上1门成绩为优秀的AEA。剑桥大学鼓励申请人在可能的情况下参加1门及以上AEAs证书考试，因为这可以为大学所学的专业做准备。

有些学院的专业把具有AEAs成绩作为录取申请人的必备条件，这些学院分别是基督学院和彼得学院，要求1门任意科目的AEA考试作为录取条件的一部分；伊曼纽尔学院可能要求医学专业、兽医学和自然科学专业的申请人参加2门科学/数学科目考试，在参加的任意1门科学科目中，要参加AEA考试；冈

---

① 剑桥大学制定了《剑桥英国和欧共体学生特殊入学方案》，规定了对于来自处境不利群体家庭的学生和教育环境不利的学生的录取救济政策。

② 高级拓展证书（AEAs）是按照普通教育证书高级水平科目的标准设计的，目的是为A-levels课程学习成绩特别优秀的学生提供展现其逻辑和批判思维能力与超过A-levels要求的专业能力。

维尔与凯斯学院要求计算机科学专业的申请人要参加数学科 AEA 考试。

(3) 职业教育证书 (VCE)、应用 A-levels、普通国家职业资格证书 (GNVQs) 和商业技术教育证书 (BTECs)

职业教育证书 (VCE) 和应用 A-levels 是职业资格证书，是与 A-levels 同等的证书，由于剑桥大学的课程多为学术性课程，在入学申请中，职业教育证书 (VCE)、应用 A-levels、普通国家职业资格证书 (GNVQs) 和商业技术教育证书 (BTECs) 往往不被认为是对申请的专业做好了充分的准备。如果没有明确标明，即使对于要求申请人具备良好的技术知识背景的专业也不能用这些证书替代关键证书 A-levels，但有时可以作为补充要求，如申请人有 2 门 A-levels 证书，第三门可以用 6 个学习模块的 VCE 和应用 A-levels 代替，或者作为第四门学科证书以证明申请人的知识广度，一些专业可能接受持有这种混合型证书的申请人。

(4) 其他证书

作为剑桥大学入学要求的证书还有苏格兰高等证书和高级高等证书、威尔士业士证书、爱尔兰离校证书、国际业士文凭、欧洲业士证书、法国业士证书、德国中学毕业证书、学习能力倾向测试 (SATs) 和高级安置性测试、大学入学课程，表 5-1 列举了这些证书及其使用要求。

表 5-1　剑桥大学入学要求使用的其他证书及使用要求[①]

证书名称	使用要求
苏格兰高等证书和高级高等证书	不单独依据苏格兰高等证书做出录取决定。最低要求是高等证书 4 个 A 等成绩加上高级高等证书；一般录取要求 3 门高级高等证书，成绩为 AAB
威尔士业士证书	不单独依据威尔士业士证书做出录取决定。申请人至少还要有 3 门 A-levels 证书
爱尔兰离校证书	一般录取要求是具有爱尔兰离校高级证书，成绩为 AAAAA 或者 AAABB
国际业士文凭	一般录取要求是 3 门学科高级水平成绩在 7，6，6 和 7，7，7 之间，总分在 38 分至 42 分之间（满分为 45 分）

① University of Cambridge, Entrance Requirements, http://www. cam. ac. uk/ admissions/undergraduate/requirements/ 2007-10-27.

续表

证书名称	使用要求
欧洲业士证书	只有申请人学习该证书课程内容中至少有85%至90%与申请要读的专业密切相关才被接受
法国业士证书	一般录取要求分数为16分或17分（总分20分），同时也要求在特定学科方面的成绩为16分或17分
德国中学毕业证书	要求申请者总分在1.0分至1.3分之间
学习能力倾向测试（SATs）和高级安置性测试	一般要求3门学科高级安置性测试，成绩为5，5，5或者5，5，4
大学入学课程	对象是成人。要求60个学分，第3等级水平的学分最低为45学分，同时要满足成人入学的其他条件

（三）选拔标准与程序

剑桥大学录取选拔的标准是：第一，学术能力与潜力。在录取时，招生人员除考虑申请人的学业记录外，还要评价他们的逻辑思维能力和独立思考能力，确定其是否思想开阔和乐于接受新的思想。第二，选择申请专业的动机以及是否适合所申请的专业。通过了解任课教师的例证、学生参加的课外活动及课外阅读量的方式对此进行考察。第三，责任感和自律能力。成功的申请人应该具备自我激励能力、自律能力并且努力学习，有很强的时间管理能力，能在顺利完成繁重学业和很好履行个人责任方面取得平衡。在众多的优秀申请者中进行选拔是一项复杂而艰难的工作，申请者要经历环节众多的选拔过程。

1．学业成绩的评价

选拔的主要依据是申请人的学术潜力，录取那些与申请专业相关科目在中学就出类拔萃的申请人，他们预估的A-levels证书的成绩通常要达到AAA等（或同等证书成绩），但也有例外，如通过《剑桥英国和欧共体学生特殊入学方案》程序申请入学的，对来自弱势群体家庭的学生和教育环境不利学生的录取制定了一些补救性政策。另外，还对申请者的学习灵活性、分析能力、逻辑思维能力及勇于接受新思想的情况进行评价。

2．学校的推荐意见

通过学校的推荐意见，评价申请人在中学阶段学业表现和具备潜力的具体情况，比如任课教师要列举出申请人就该科在班级的名次（如25人中，属于前 5 名)。了解申请人是否来自弱势群体家庭，符合条件者，可以按照《剑桥英国和欧共体学生特殊入学方案》的标准进行评价。了解申请人的灵活性、好奇心、分析问题能力、逻辑推理能力、快速学习能力的具体例证，以及参加课外活动和学习、探索新问题的能力等。

3. 个人陈述

个人陈述是申请人对个人综合情况和今后如何发展的表述。高校通过个人陈述评价申请人对他们选择的专业的期望程度和是否能为此付出努力；了解申请人参加课外活动的情况；申请人兼顾学习和履行个人责任的情况；申请人的技能和素质情况，如意志力、独立性、领导能力或团队协作能力；申请人的工作经历情况（付酬的或公益的)。

4. 提交的作业

有时候可能对申请人以前提交的作业进行评价，主要是与 A-levels 课程相关的作业，特别是艺术科目。提交的作业要有所在的学校证明和确认。

5. 单独测试

有些专业要求申请者参加学校单独举行的考试或者联考，目的是测试申请人特定的能力，如思维能力和逻辑推理能力，这类测试主要有：

(1) 生物医学大学入学测试（BMAT)

所有申请医学和兽医学专业的学生都必须参加生物医学大学入学测试，考试的地点是学生所在的学校或剑桥大学批准的考试中心，时间是介于申请之后和面试之前，大约在每年的 10 月下旬或者 11 月上旬。考试是由剑桥大学考试评价院组织，也可以用来申请其他高校的一些专业。BMAT 是用来测试申请人的科学能力倾向，重点是评价申请剑桥大学医学和兽医学专业学生的相关能力，主要依据中等教育普通证书（GCSEs）数学科和双认证证书科学科的考试要求进行命题，不需要专门的教学和准备。

(2) 全国法律专业大学入学考试（LNST)

这是包括伦敦大学法学院在内的全国 11 个高校的法学院联合举行的法律专业大学入学考试。对申请者采用机上测试，申请者可以从每年 9 月初开始在全国任何一个测试中心参加测试，剑桥大学的申请者必须在每年的 11 月初完成测试。

(3) 思维能力评价（TSA)

思维能力评价（TSA）不是对具体学科的测试，目的是测试申请人批判性思维能力和解决问题能力，这些能力对申请者是否能顺利完成学位课程都是至关重要的。该项测试在过去一直用于计算机科学、工程、自然科学和经济科目，现在是申请者到剑桥大学面试的时候进行的，但不是用来选拔参加面试的申请者。

6. 面试

面试是剑桥大学招生选拔环节的重要一环。通过以上环节的审核，针对每一个申请者的情况，决定是否给予申请人面试的机会。通常考试成绩优异和有说服力的推荐是获得面试机会的关键，由于竞争激烈，每年都有大量的申请人无法获得面试的机会。大部分面试是在每年 12 月的前 3 周进行。面试形式和时间长短在不同学院和不同专业有所不同，但平均面试的时间为 20 分钟～45 分钟。面试的侧重点是评价申请人的学术潜力、学习动机、是否适合所选的专业；面试的问题用来测评申请人解决问题的能力、接受新思想和信息的能力、智力的灵活性和分析推理能力。

（四）收费与资助

1. 学费和生活费

第一，学费。根据 2004 年的高等教育法，从 2006 年开始，高校实行新的收费制度。公平入学办公室已经批准剑桥大学到 2008 年其所有专业的收费都达到法定收费的最高限，即每学年 3 070 英镑（包含物价上涨因素上浮部分）[①]。所有英国本土学生在首次进入高等院校就读期间都不需要交付学费，如果学生愿意，也可以选择就读期间缴费，但通常是政府把学生贷款直接拨付给学校，学生毕业工作后，在当年收入超过 15 000 英镑时，毕业生开始按照一定的比例逐年向政府偿还贷款，贷款是不收取利息的。

第二，生活费。在学生学习期间（3 年或者 4 年），学院提供住宿，收费比商业房租要低，放假期间是不收费的。由于宿舍的条件不同，收费标准有所区别，一般不带家具的单人房每周收费 65 英镑～80 英镑，有配套家具的是80 英镑～100 英镑，扣除假期，每年 30 周。如果要利用公共厨房设备，每周另收 10 英镑～16 英镑。另外在吃饭、购买衣物和学习用品及交通方面的开销则因人而异。总之，估计每个学生每年的生活费开支在 6 000 英镑～8 000 英镑之间。

---

① Cambridge Admissions Office，The University of Cambridge Access Agreement with the Office for Fair Access（OFFA），Cambridge：Cambridge Admissions Office，2007.

2. 学生资助

剑桥大学选拔的标准是录取最富智能和潜力者，对于贫困家庭的学生有较为完善的资助办法①。

第一，政府生活费贷款（只限英国学生）。政府除了为学生提供学费贷款外，还为学生提供生活费贷款。2007—2008 学年度，住校生最高贷款额为每年 4 510英镑，学生毕业工作后，工资每年超过 15 000 英镑时，分期偿还贷款。

第二，政府生活补贴（只限英国学生）。从 2006 年起，政府为来自低收入家庭的新生提供生活补助（2007—2008 学年度，最高额可以达到 2 765 英镑），这笔补助是不需要偿还的。学生受补助的数额根据家庭收入的情况而定，要经过地方政府或认定机构的认定。

第三，剑桥大学助学金项目（只限英国学生）。剑桥大学奉行的一贯原则是任何一个英国学生都不会因为出于经济方面的考虑而无法进入剑桥大学学习，也不会因为经济困难而辍学。所以除了政府贷款和生活补贴外，剑桥大学本身也有自己的学生资助计划。每年，剑桥助学金项目对一个三年制的本科生的最高资助额可达到 9 300 英镑，四年制的学生的最高资助额可达 12 400英镑。学生享受助学金的多少要根据其家庭的经济状况而定。

第四，学院奖助学金。各学院也设有助学金，比如为了帮助学生进行特定的研究而提供的图书和设备补助；为学术上取得成就的学生提供奖学金和奖品；对于遇到突发事件的学生提供资助和贷款。

第五，“畅通学习”基金。除了法定的和国家的其他资助措施外，对于那些需要额外经济帮助或者因遇到突发事件而陷入困境的学生，剑桥大学设立的“畅通学习”基金可以为他们提供经济帮助。

第六，其他资助。另外学校还设有其他奖学金与助学金，有体育助学金、音乐奖学金、残疾学生资助金、需要抚养子女的学生的助学金等。

（五）扩大参与的措施和成效

传统上，牛津大学、剑桥大学招收的主要是办学条件良好的私立学校的毕业生，学生主要来自中上阶层家庭。经过多年的努力，这种情况有所改变，如现在录取的学生中，公立学校的学生已经超过了私立学校的学生，比

① 经济资助的对象限于英国本国学生。留学生的收费一般都比较高（特别是欧盟以外国家的学生），学校要求他们必须有可靠的财力确保他们完成整个学业。对于欧盟以外的学生只设一小部分奖学金。

例为56∶44。为了进一步扩大学生的来源，剑桥大学及其下属各学院开展了一些专项活动。

1. 扩大参与的措施

绝大部分招收本科生的学院与一个或更多的地方当局建立联系，并与该地方当局所管辖的中等学校建立联系。为了提高学生对剑桥大学的兴趣，招生老师和学校联系官定期访问联系学校、举行讲座、组织学生参观剑桥大学。这些活动针对的是以下的学生和他们的指导老师：家里以前没有人接受过高等教育；就读的学校的 GCSEs 证书考试成绩在 A 等～C 等和 A-levels 的成绩低于全国平均水平的学校；就读的学校最近一段时间很少或没有申请进入剑桥大学学习的学生。

学院"超越计划"（Outreach）的活动主要分三类，目的是鼓励来自社会弱势群体家庭的学生申请剑桥大学，通过合作伙伴间的合作活动来提高学生的学习兴趣和学业成绩。

(1) 校外联系活动

表 5-2 列举的活动是剑桥大学各学院通过学院——教育局联系计划，具体由剑桥大学招生办扩大参与项目组和剑桥大学学生会承办的。在 2004—2005 学年度这些活动的预算经费为 748 500 英镑。

表 5-2　剑桥大学主要校外联系活动①

活　动	对　象	目　标
参观剑桥、从剑桥返回；名师课堂、研讨会、学习日；学生会的"影子计划"和"目标运动"	10 年级～13 年级的学生；少数族裔学生；成人学生；延续教育学院的学生	750 多个中学和 100 多个地方教育局的 5 000 人参与这些活动中，共参观了 700 所中学
复活节学校 夏季学校	11 年级和 12 年级的学生；少数族裔学生；成人学生；延续教育学院的学生；要参加数学课证书考试者	750 人参与此项活动
信息日	教师；辅导教师 家长	300 人 750 人

① Cambridge Admissions Office, The University of Cambridge Access Agreement with the Office for Fair Access (OFFA), Cambridge: Cambridge Admissions Office, 2007.

(2) 大学间合作活动

剑桥大学和下属学院与合作伙伴共同开展各种活动（见表 5-3），其目的是增强学生接受高等教育的愿望，鼓励年轻或成年学生进入延续和高等教育机构学习，大部分参加活动的对象是公立学校的学生。根据剑桥大学与公平入学办公室签订的《公平入学协议》，2004—2005 学年度，这些项目的资金预算为 204 200 英镑，其中 75%的经费用于促进扩大高等教育参与。

表 5-3 剑桥大学与合作伙伴之间的合作活动①

对象	合作伙伴	活动	目标
12 年级学生；延续教育学院学生	牛津大学	会议 参观中学 地方信息日	9 000 学生 1 000 教师 25 次参观
东部地区 19 岁以上学生；10 年级～13 年级学生	“更高志向”项目；东部地区高校；中学	学习日 “更高志向”日 复活节学校	80 人 200 人 56 人
		成年人学习计划 年轻人学习计划	东部地区中学和延续教育学院学生
14 岁～19 岁的“智力超常生”	“更高志向”项目；国家超常青年学院	讲座 教育日活动 在线学习小组 远足活动	相关中学生

(3) 提高学习兴趣、学业成绩、丰富学生学习的活动

为了给学生提供支持服务、激发学生的学习兴趣及提高学生接受高等教育的愿望，剑桥大学及其下属的相关系、部开展了广泛的针对具体学科的活动，并提供丰富的有关学科的网络资源（见表 5-4）。2004—2005 学年度，这些活动的经费预算高达 100 万英镑，其中 25%用于扩大学生的参与面。

① Cambridge Admissions Office, The University of Cambridge Access Agreement with the Office for Fair Access (OFFA), Cambridge: Cambridge Admissions Office, 2007.

表 5-4 提高学习兴趣、学业成绩、丰富学生学习的活动①

活动	学科	目标
在线资源	生物、植物科学、教师和智力游戏、古典、英语、历史、数学、现代语言、物理和动物学	世界范围内，均可浏览
宣传日/参观/展览	考古学、工程、材料科学、数学和物理	参与人数超过 5 000 人
复活节/夏季学校	工程 法律 自然科学	36 人 250 人 36 人

2. 扩大参与的成效

剑桥大学在与全国公平入学办公室签订的《公平入学协议书》里承诺，剑桥大学将认真落实招生政策，在不降低入学标准的前提下，招收更多来自弱势群体家庭的学生。10 年来，在剑桥大学录取的学生中，少数族裔学生、来自公立学校的学生、来自社会低阶层家庭的学生和来自家庭成员中没有受过高等教育的学生的人数都有所增加，剑桥大学传统的学生来源结构有所改变。

(1) 少数族裔学生的变化情况

通过“鼓励少数族裔申请剑桥大学项目组”（GEEMA）举办的一系列活动和项目，到 2005 年，10 年来，剑桥大学的本科生中，少数族裔学生的比例由 10.8%提高到 15.5%，提高了近 5 个百分点。在 2005 年大学拨款委员会公布的报告《年轻人对高等教育的参与》中，肯定了剑桥大学在这方面的改变②。

(2) 来自公立学校学生的变化情况

通过“校外联系项目”的开展和“剑桥大学学生资助计划”的实施，招

① Cambridge Admissions Office, The University of Cambridge Access Agreement with the Office for Fair Access (OFFA), Cambridge: Cambridge Admissions Office, 2007.

② Higher Education Funding Council for England (HEFCE), Young Participation in Higher Education, Bristol: HEFCE, 2005.

收的学生中来自公立、私立学校学生的比例已经有了一定的改变，在全日制第一学位的学生中，来自公立中学学生的比例由1997—1998学年度的51.7%提高到了2002—2003学年度的57.6%。

(3) 来自社会低阶层家庭学生的变化情况

近几年，剑桥大学录取的学生中，来自社会低阶层家庭的学生比例变化并不大，大学拨款委员会给剑桥大学2001—2002学年度制定的基准是来自社会低阶层家庭的学生的比例要达到13%，但到2006年为止，这一比例并没有变化。

(4) 来自家族成员中没有受过高等教育学生的变化情况

大学拨款委员会给剑桥大学2001—2002学年度制定的基准是来自家族成员中没有受过高等教育的学生的比例达到7%。通过校外联系项目的一些活动，来自家族成员中没有受过高等教育的学生在对剑桥大学的认识方面有所提高，但进展有限。

二、谢菲尔德大学

谢菲尔德大学（University of Sheffield）是位于英国谢菲尔德市的一所研究型大学。经过100多年的发展，谢菲尔德大学在教学与研究方面建立起卓越的声誉，是英国的主要研究型大学之一，是“罗素集团”（Russell Group of Universities）的成员之一。谢菲尔德大学的校史最早可追溯至1828年“谢菲尔德医学院”成立之时。1897年，谢菲尔德医学院合并了“福斯学院”和“谢菲尔德技术学院”两所学术单位而组成“谢菲尔德大学学院”。1905年，经过英国皇家宪章（Royal Charter）的认可后，正式定名为谢菲尔德大学。

（一）培养目标与招生原则

谢菲尔德大学的办学目标是持续保持享有国际声誉的顶尖研究大学办学水平，致力于在以研究为导向的学习氛围下，通过站在学术最前沿的教师的教学与专业实践指导，确保学生成才；为每一个学生提供充分发挥潜力、获取技能、磨炼意志、树立正确价值观的机会，为他们创业、就业、终身学习和成为世界公民打下良好的基础。

依据培养目标，谢菲尔德大学制定的招生原则是录取学业和智能出类拔萃、富于潜力、热爱专业、愿意学习并能从谢菲尔德大学专业课程中受益的申请人；招收的学生结构要考虑在阅历、背景、接受教育的环境和多元文化方面的比例协调，并能使整个学习集体受益。为使招收的学生结构平衡，谢菲尔德大学鼓励来自不同教育环境、不同社会阶层家庭、少数族裔的学生申请大学的各专业；给申请者提供明晰的入学信息，制定公平而富于弹性的入学程序，并确保招生政策在全校得到有效的实施。

（二）入学要求

1. 基本要求

对所有申请人的基本要求是：第一，必须具备英语学科的中等教育普通证书（GCSE），成绩为 C 等（或同等证书）。大部分专业要求具有 GCSE 数学科目证书，成绩为 C 等（或同等证书）。第二，满足所申请专业的特别要求。第三，学业要求的基本原则。任何《国家资格证书框架》里的第三级或者以上的证书都被接受，包括《2000 年课程》前的证书、其他欧洲国家证书和国际证书；尽量避免相近证书出现重叠，如法律和宪法；申请者在前一年已经参加的 A-levels 证书考试，如满足入学申请的部分要求，可将该科成绩正常计入录取总学分，但不能自动被用作 12 年级参加的 AS 证书考试。

2. 证书要求

（1）普通教育证书高级水平和职业教育证书

谢菲尔德大学接受所有资格证书与课程局认可的普通教育证书高级水平（A-levels）、普通教育证书补充水平（AS）和职业教育证书（VCE），通常希望申请人提供 2 门 A-levels 主流学术科目证书或者同等证书。要求申请人提供的 A-levels，AS 和 VCE 证书课程的总学习量为 18 个模块，常见的组合形式有三种：第一，12 个模块的 A-levels 课程＋6 个模块的另一门 A-levels 证书课程，或者 2 门 AS 证书课程，或者 6 个模块的 VCE 证书课程。第二，12 个模块的 VCE 课程（2 门 6 个模块的 VCE 课程）＋ 6 个模块课程（1 门 A-levels 证书课程或者 2 门 AS 证书课程）。第三，1 门 12 个模块的 VCE 证书课程（双认证）＋ 6 个模块课程（1 门 A-levels 证书课程或者 2 门 AS 证书课程）。

(2) 其他证书（见表 5-5）

表 5-5　谢菲尔德大学接受的其他证书（GCE A-levels/AS 和 VCE 除外）[①]

序号	证书	在入学中的作用
1	通识学科的 A-levels/AS	可以作为入学证书
2	关键技能证书	鼓励申请时列举获得的关键技能证书，但不作为入学证书
3	高级拓展证书（AEAs）	没有对参加 AEAs 提出要求，但它们可以进一步证明申请人的学业成绩，对于竞争激烈的专业尤为如此
4	国际和欧洲业士文凭	可以用来申请所有专业，但不同专业的要求有所不同
5	高级国家文凭和高级国家证书	可以用来申请大部分专业，但不同专业的要求有所不同
6	爱尔兰离校证书	可以用来申请部分专业，但不同专业的要求有所不同
7	苏格兰高级高等证书和高等证书	可以用来申请部分专业，但不同专业的要求有所不同
8	大学入学课程	可以用来申请部分专业，但不同专业的要求有所不同

（三）录取评价标准

1. 学业成绩

与很多高校一样，谢菲尔德大学评价的主要依据是申请人以前的或预估的学业成绩，当然，这也不是唯一的标准。

2. 关键信息

就是利用高等院校招生服务处（UCAS）申请表格上的信息，判断申请人的潜力以及是否适合所申请的专业，主要信息包括：第一，已经获得的科目证书和分数，包括 GCSE 和 AS 证书考试的成绩。第二，正在学习的科目课程和预估分数。第三，通过个人陈述判断申请人对所学课程的兴趣和努力程度及其工作或义务工作的经历和课外活动的情况。第四，推荐人对申请人学业、潜力和个人素质的评价。

---

① The University of Sheffield, Student Recruitment, Admissions and Marketing, Sheffield: The University of Sheffield, 2007.

3. 附加信息

招生录取时也会考虑附加信息，主要包括：第一，申请人是否参加过大学举办的“校外联系项目”或者“教育协作联盟”计划。第二，申请人是否来自社会弱势群体家庭。第三，申请人是否参与过高等教育拨款委员会资助的暑期学校。第四，任何学校和推荐人作出的特别推荐，包括对具有情况特殊的学生的推荐，大学都会给予考虑。第五，其他能够证明申请人学习潜力的信息，比如申请人是国家超常青年学院（NAGTY）的成员。

4. 工作经验

大学在录取时会考虑所有能够证明申请人学习潜力和学习动机的信息，包括工作或义务工作的经验。

5. 其他信息

招生人员会利用各种评价方法，包括面试、个人学习档案、小论文等，进一步评价申请人是否适合所申请的专业。

（四）学生资助

谢菲尔德大学从 2006 年 9 月开始采用国家新的收费制度收取学费，国内全日制本科生和攻读教育研究生证书（PGCE）的学生的学费是每学年 3 000英镑（没考虑物价上涨因素）。

根据 2004 年皇家苏格兰银行列举的各地生活水平评估数据，谢菲尔德大学所在的南约克郡地区属于物价较低的地区之一，学生每周的各类生活开销在 155 镑左右，每年按 38 周计算，1 个学生全年的生活费开支在 5 690 英镑左右。

除国家提供的学费和生活费贷款、生活补贴外，大学自己还设有三类资助办法，目的是资助符合条件的来自社会低收入家庭的学生。谢菲尔德大学从 2006 年开始实施的学生资助计划是经过在 2004 年市场调研的基础上设计的，这项调研的内容主要是了解提高学费后应该对学生提供什么样的资助才不至于影响到他们对高等教育的选择，据此提出对家庭收入低于33 000 英镑的学生予以资助的计划①。

1. 收入补贴

2006—2007 学年度，收入补贴的资助对象是所有家庭收入低于33 000 英

① University of Sheffield, Access Agreement, Sheffield: University of Sheffield, 2005, pp. 6-7.

镑的学生，这项补助可以补足每年 3 000 英镑的学费和政府对于最贫困家庭学生生活补助 2 700 英镑的差额。补助金额多少要根据家庭收入的情况，但攻读教育研究生证书（PGCE）的学生不在此项资助之列。表 5-6 概括了在 2006—2007 学年度入学的学生收入补贴的资助计划。

表 5-6　2006—2007 学年度收入补贴的资助计划（每年）　（单位：英镑）①

家庭年收入	16 000 以下	16 000～33 000
所有专业学生受资助额	650	400
到 2010 年 11 月资助人数	1 520 人	2 730 人

2. 成绩、专业补贴

成绩、专业补贴的依据是学生入学前的学业成绩及其计划学习的专业是不是优先扶持的专业，一般的标准是学生来自低收入家庭，所持 A-levels 证书（或同等证书）的成绩有 1 个以上为 A 等，所学专业为全国紧缺专业。2006—2007 学年度，资助数额 255 英镑至 1 585 英镑不等。表 5-7 概括了在 2006—2007 学年度入学的学生成绩、专业补贴的资助计划。

表 5-7　2006—2007 学年度成绩、专业补贴的资助计划（每年）（单位：英镑）②

家庭年收入	16 000 以下	16 000～33 000	33 000 以上	33 000 以下
A-levels 成绩（或同等）	AAA		AA	A
全国紧缺专业学生受资助额	1 550	1 550～750*	500	250
其他专业学生受资助额	1 550	1 550～100*	0	0
到 2010 年资助学生数	182	435	91	111

注：* 根据家庭收入情况而定。

3. "超越计划"补贴

"超越计划"补贴的对象是参与"教育联盟"计划、谢菲尔德"超越计划"、医学入学计划和专业合作伙伴项目的学生。表 5-8 概括了在 2006—2007 学年度入学的学生"超越计划"补贴的资助计划。

① University of Sheffield, Access Agreement, Sheffield: University of Sheffield, 2005, p. 7.

② University of Sheffield, Access Agreement, Sheffield: University of Sheffield, 2005, p. 8.

表 5-8 2006—2007 学年度“超越计划”补贴的资助计划（每年） （单位：英镑）①

家庭年收入	16 000 以下	16 000～33 000
所有专业学生	750	750～100*
估计受益学生数（2010—2011 学年度）	300 人	

注：* 资助数额以家庭收入情况而定。

所有上述的资助是不需要偿还的（除非情况发生了变化），一个学生如符合 1 个以上的资助项目的条件，可享受相对应的资助。下面举例说明资助金额的计算方法（以 2006—2007 学年度为例）：

例一：雪莉申请的是化学专业，她家庭的年收入是 14 000 英镑，她的 A-levels 预估成绩是 AAA，参加了“教育联盟计划”（Compact Scheme）。雪莉的证书考试成绩符合条件，所以她获得的资助金额可以到达资助的上限——每年 3 070 英镑，即 665 英镑的收入补贴、1 585 英镑的成绩补贴和 820 英镑的“超越计划”补贴。

例二：埃迪尔申请工程学位，他家庭的年收入为 27 000 英镑，他的 A-levels预估成绩是 ABB，符合资助条件，资助额为每年 665 英镑，即 410 英镑的收入补助、255 英镑的紧缺专业补助。

例三：莎拉申请政治专业，她家庭的年收入为 35 000 英镑，她的 A-levels预估成绩是 AAB，成绩符合资助条件，但是家庭年收入超过限额，同时，所申请专业不属于优先发展专业，所以她无法获得谢菲尔德大学学生资助计划的资助。

例四：琪柯申请的是医学专业，她家庭的年收入是 15 000 英镑，她的 A-levels预估成绩是 AAB，参加了“超越计划”（Outreach Scheme）。证书考试成绩符合条件，所以她获得的资助金额是每年 1 485 英镑，即 665 英镑的收入补贴、820 英镑的“超越计划”补贴。

例五：理安申请物理专业，他家庭的年收入为 45 000 英镑，他的 A-levels预估成绩是 ABB，成绩符合资助条件，可以获得紧缺专业资助，每年 225 英镑。

例六：卡罗琳申请数学专业，她家庭的年收入为 25 000 英镑，她的 A-

① University of Sheffield, Access Agreement, Sheffield: University of Sheffield, 2005, p. 8.

levels 预估成绩是 AAA，可获每年 1 540 英镑的资助，即 410 英镑的收入补助、紧缺专业加成绩补助计 1 130 英镑。

（五）扩大参与的策略

谢菲尔德大学作为英国的主要研究型大学，过去的招生对象主要是中上层阶层家庭学生，近几年为扩大高等教育参与，投入了比较多的人力和物力，并于 2005 年制定了《2005 年—2010 年扩大参与策略》。

当然，推动扩大参与政策的动力是多方面的，既有内部动力，也有外部动力。内部动力主要是大学出自长期发展的考虑，希望学生来源范围更加广泛，从而形成多元的学习群体，使每一个学习者从中受益。通过此项政策的推动使大学的整体扩大参与政策能与各部门的工作更好地结合起来。外部动力是高等教育拨款委员会的拨款、"更高目标"计划的资助、国家公平入学办公室对高校招生政策的审查都与扩大参与的实际效果挂钩。另外，高等教育招生市场的变化、2006 年开始实施新的收费制度后学生的期望和学生接受资助的需求也是重要的外部动力。

1. 扩大参与策略及目标

之所以要推行扩大参与政策是因为目前在英国还有相当一部分有能力和潜力从高等教育中受益但无法入学的学生。《2005 年—2010 年扩大参与策略》① 指出扩大参与政策的双重目标：首先，扩大来自弱势群体家庭学生进入谢菲尔德大学接受高等教育的机会。这些学生包括社会经济地位处于低层家庭的学生、亲戚邻居中很少有人接受过高等教育的学生、残疾学生、黑人和少数族裔、成人、边工作边学习者；其次，协助高等教育弱势群体家庭学生拥有从高等教育中受益的能力、动机和资源。无论这些学生是否申请谢菲尔德大学，都要帮助他们挖掘潜力。扩大参与策略同时明确了推行扩大参与政策的具体策略和目标。

第一，提高来自弱势群体家庭学生接受高等教育的意识和热情，提高他们的学业成绩，重点是帮助他们能够进一步学习和提高自身能力。

第二，提高谢菲尔德大学来自弱势群体家庭学生所占的比例，特别是第一学位学生中的比例。

---

① University of Sheffield，Widening Participation Strategy，2005—2010，Sheffield：University of Sheffield，2005.

第三，为符合条件者提供必要的经济资助。

第四，向广大学生提供通过谢菲尔德大学资助计划帮助学生完成学业的信息，鼓励弱势群体家庭学生申请谢菲尔德大学。

第五，向来自弱势群体家庭学生提供支持服务，帮助他们实现从中学到大学的学习生活转型，并在专业学习中发挥潜力。

2. 扩大参与策略的实施

谢菲尔德大学主要通过以下七个相互关联的措施来实施扩大参与策略：

第一，加强合作。加强与大学利益相关者的合作，使扩大参与策略符合他们的需要。谢菲尔德大学是南约克郡地区的主要大学，所以非常注重为该地区提供服务，建立广泛的合作关系，包括中学、延续教育学院、地方教育局、学生、父母/监护人、用人单位、专业团体、学术团体、咨询网络、社区、团体和培训机构。同时，也与其他地区的大学建立合作关系。

第二，扩大“超越计划”活动的范围。在现有的基础上，强调与中学合作，通过“超越计划”和“教育联盟计划”为本地区和之外的区域作出贡献，提高学生参与高等教育的意识和热情。在谢菲尔德地区总人口中大学毕业生所占的比例为14%，接近全国的平均水平，但周边三个地区的大学毕业生的比例都不到10%，低于全国水平，有必要为这些地区潜在的第一代大学生及他们的父母/监护人提供支持和服务。表5-9概括了谢菲尔德大学“超越计划”的主要活动。

表5-9　谢菲尔德大学“超越计划”活动①

项目名称	活动	对象	参加人数	资助来源
“波尔莱学校之家”项目	提高对高等教育的认识	6年级学生及其家长	300人	中学
大学日活动	提高对高等教育的认识	9年级学生/扩大参与的对象	3 500人	地方教育局/目标更高项目
为成功奠基、追求卓越项目	与现在大学生结对子	扩大参与的对象/教学质量不高的学校	28所学校 1 250人	谢菲尔德大学/志向更高计划

① University of Sheffield, Access Agreement, Sheffield: University of Sheffield, 2005.

续表

项目名称	活动	对象	参加人数	资助来源
学业成就奖	参加为期 2 年的项目、准时参加各项活动	所有 9 年级～11 年级学生	12 所学校 3 500 人	谢菲尔德大学
学校参访活动	校园参观	混合组/扩大参与组/智力超常组	2 000 人	谢菲尔德大学
巴恩斯利项目	工程科学日	10 年级扩大参与组	80 人	巴恩斯利/志向更高计划
志向更高计划暑期学校	住宿集训体验	11 年级扩大参与组	80 人	志向更高计划/南约克郡
工程科学暑期学校	住宿集训体验	11 年级扩大参与组/智力超常组	80 人	谢菲尔德大学/校外承办单位
罗瑟勒姆项目	工程科学日/英语复习与考试技巧	9 年级～13 年级混合组	80 人	志向更高计划
德贝郡谷地山民项目	大学日活动/名师课堂/英语复习与考试技巧	9 年级～13 年级扩大参与组/智力超常组	340 人	德贝郡/志向更高计划/谢菲尔德大学
罗瑟勒姆 E-导师	中学、延续教育学院和高等院校合作	11 年级扩大参与组/GCSE 成绩介于 C 和 D 之间/12 年级学生	80 人	罗瑟勒姆/志向更高计划
顿卡斯特项目	大学日活动/名师课堂/英语复习与考试技巧	9 年级开始，之后集中在 12 年级	160 人	顿卡斯特/志向更高计划
少数族裔起航项目	支持建立学习社区	少数族裔学生		志向更高计划/南约克郡
导师计划	面对面辅导	11 年级（GCSEs）成绩介于 C/D 等之间/12 年级扩大参与组	300 人	志向更高计划/学习与技能委员会

续表

项目名称	活动	对象	参加人数	资助来源
进阶合作计划	增加高等教育弱势群体就读会计、建筑、法律专业的人数	13个学校的11年级～13年级扩大参与组（部分智力超常生）	388人	志向更高计划/进阶合作计划
名师课堂	16个科目（不同水平）	主要12年级～13年级智力超常组/扩大参与组	350人	志向更高计划
医学入学计划	医学相关活动，提高兴趣	90个学校9年级～13年级扩大参与组	110人	谢菲尔德大学
视频会议计划	提高学业成绩	12年级扩大参与组	500人	谢菲尔德大学

第三，优先推进“提高学业成绩计划”。从长远的观点出发，谢菲尔德大学优先推进“提高学业成绩计划”，甚至从小学开始，就增强学生对接受高等教育的认识和热情，提高学业成绩，使其能够顺利地进入谢菲尔德大学和其他高等院校学习。活动的重点是提高学生的GCSEs成绩以及16岁后的学业成绩。

第四，支持大学各系部把扩大参与的活动融入学习、教学、评价(LTA)策略和招生策略中。

第五，实施新的学生资助计划。从2006年起，实施新的谢菲尔德大学学生资助计划，为符合条件的学生提供适当的经济资助。

第六，为未来的学生和在校生及他们的家长提供清楚而有针对性的信息，让他们了解学校为他们提供的经济资助和非经济支持。

第七，强化对学生的支持服务。有针对性地开设一些课程，为学生从中学到大学转型提供帮助。

3. 扩大参与策略的实施成效

在经全国公平入学办公室审批的《招生承诺书》中①，列举了近几年谢菲尔德大学在扩大高等教育参与中取得的主要成效，概括如下：

---

① University of Sheffield, Access Agreement, Sheffield: University of Sheffield, 2005.

第一，来自公立中学的学生保持比较高的比例。2002—2003 学年度注册的学生中来自公立中学的学生占 82.6%，过去 5 年一直保持着这一比例，在“罗素集团”成员中排名第四。

第二，招收高等教育弱势群体的学生比例不断提高，在“罗素集团”成员中排名第九。2004—2005 学年度在来自英国和欧盟国家的 12 799 名全日制本科学生中，有 1 129 名学生来自低收入家庭，占 10.1%；在非全日制学生中，这一比例达到 23%。

第三，招收来自亲戚邻居中很少有人接受过高等教育家庭的学生。2002—2003 学年度在全日制第一学位的学生中，来自亲戚邻居中很少有人接受过高等教育家庭的学生所占的比例为 9.5%，在“罗素集团”成员中排名第八。这个群体的学生的辍学率也是比较高的，全国平均辍学率为 5.2%，但在谢菲尔德大学，这个群体的学生的辍学率只有 3.1%。

第四，从 1989 年以来，谢菲尔德大学积极推动全国性扩大高等教育参与项目——“超越计划”和“教育联盟计划”，对提高南约克郡及其他地区的中学生接受高等教育的意识和热情作出了重要贡献（见表 5-9）。与 159 所学校合作，通过 20 多个项目，使每年有 12 000 名学生受益，其中有 2 000 名学生在学校的组织下参观了大学。

三、伦敦城市大学

伦敦城市大学（City University London）的前身为创建于 1894 年的伦敦金融研究所，于 1966 年获得皇家特许状成为大学，是一所多学科综合性大学。因与伦敦这个世界商业、金融之都息息相关而得名，是一所以金融、经济、投资管理、证券期货、保险、房地产而闻名的大学，且在这些领域里有良好的办学声誉。大学旨在从事金融证券投资研究，并同时为在伦敦工作的金融证券人员提供高级培训课程。大学共设有 6 大学院，10 个科系，300 个以上的专业课程。学生的结构几乎一半是本科生，一半是研究生，四分之一的学生是海外生，来自英国以外的 122 个国家。

（一）招生原则

为保持伦敦城市大学证书和学位的学术价值和标准，招收的学生应具备成功完成学业的能力或潜力；学生的来源应该多样化，使所有学习者都能从多元学习集体中受益，确保伦敦城市大学的教学和科研在国内外处于领先地位。为了实现上述目标，伦敦城市大学制定了《招生实施规范》[①]，规定了招生、选拔和入学的政策和操作规程，使大学的招生公平、透明、一致；还规定了招生的一般原则。

第一，机会均等原则。伦敦城市大学承诺在所有的招生活动中贯彻机会均等的原则，申请人不会因其政治信仰、性别、性倾向、年龄、残疾、贫富、种族、国籍、族裔、宗教或社会背景而受到歧视。

第二，公开、透明性原则。向社会公开招生政策、招生专业、招生人数、申请办法、评价标准、投诉及申诉程序等。

第三，选择性原则。为申请人提供明确、客观的招生信息和招生指导，使申请人在信息充分和准确的情况下对申请就读的专业和学院做出正确的选择。

第四，客观公正性原则。大学的录取决定主要依据申请人的学业成绩、个人需求和意愿。招生人员根据国家和大学的有关招生方面的法规和政策，本着机会均等的原则，对照申请人选择的专业入学标准进行判断，使每个申请人在入学标准面前都能平等。

第五，专业性原则。伦敦城市大学设立专门招生机构，大学招生办公室有招生协调员、招生官和招生助理，各院系设有专业的招生辅导教师，并定期对招生人员进行培训，参加全国高等院校招生服务处（UCAS）举办的招生人员资格认证。招生辅导教师由各院系负责人任命，对申请人的学业成就、经历和素质进行综合考评，判断其是否具有完成所选择专业的能力和潜力，同时，招生辅导教师也需要熟悉申请过程、入学要求、所负责专业的招生说明和课程目标。

（二）入学要求

1. 学业标准

一般全日制本科有条件录取的标准是学生参加了普通教育证书高级水平证书（A-levels）考试，高校招生分数转换分（UCAS Tariff）为 300 分，关键技能证书可计入总分。

对普通教育证书高级水平（A-levels）、普通教育证书补充水平（AS）

① London City University, Admissions Code of Practice, London: Admissions Office, City University, 2007.

和高级职业教育证书（AVCEs）的最低要求有两种模式：第一，2 科 6 个模块课程的证书或 1 科 12 个模块课程的证书。第二，2 科 A-levels 证书或者 1 科 A-levels 证书和 2 科 AS 证书，但一般录取要求是申请人至少学习过 18 个模块的高级课程，即 3 科 A-levels 证书（或同等证书）。

尽管录取是对申请人所有科目证书的综合考查，但申请人最好有 1 门科目为科学、技术或数学。对已经持有符合要求的学业证书的申请者，也会做出无条件录取决定。

除上述的学术和职业证书外，也接受其他证书，如商业和技术委员会颁发的相关科目的国家文凭（通常成绩为 DMM）、国际业士文凭等。

录取时除考虑证书考试成绩之外，还通过申请人的个人陈述、推荐信、相关工作经历、学科学习记录等对申请人的能力和潜力进行综合评价。

年龄在 21 岁或者以上的申请人（成人申请人）不需要满足上述提及的一般要求，对他们的评价依据可能是个人学业成绩，但重点是考查申请人的工作经历和教育背景是否适合所选择的专业。

2. 年龄

原则上学位专业的申请人就学时，年龄必须达到 17 岁，21 岁及以上为成年学生。

3. 语言标准

如果申请人第一语言不是英语，要求达到一定的语言水平，一般标准是托福考试纸质考试成绩为 550 分，机考成绩为 213 分；雅思考试为 6 分以上。

（三）公平入学的政策

1. 学费限制

从 2006 年 9 月起，按照与公平入学办公室签订的《公平入学协议》，向来自英国和欧盟国家的学生收取的学费如下：全日制学位和基础学位课程的收费为 3 000 英镑（不包括物价因素）；预科课程学费减半；非全日制课程按课程比例收费；安置年按正常学费的三分之一收取。

2. 学生资助

为保持大学招收的学生来源多元化，通过补助和设立奖学金资助学生，特别是资助来自弱势群体家庭的学生。除国家提供的学费贷款、生活贷款和生活补助外，大学提供的资助主要有：

第一，贫困补助。对符合国家最高年生活补助 2 700 英镑条件的学生，大学另行补助800英镑，具体补助数额要依学生家庭收入情况而定。

第二，奖学金。为来自弱势群体家庭的优秀学生提供奖学金，2004年，伦敦城市大学用于学生补助、奖学金和其他奖励、学费减免的总额为2 500 000英镑，其中包括对研究生和国际学生的补助，本科生的资助数额仅为20 000英镑。实行新的学费制度后，城市大学准备从增加的学费中再拿出245 000英镑用于提高来自弱势群体家庭的优秀学生的奖学金，目的是提高此群体的优秀学生比例。城市大学决定重点资助的目标是学校重点发展的3个学科领域，即法律、商务和工程，每个学科领域分别增加5 000英镑、90 000英镑和150 000英镑的资助经费，每年奖学金的数额分别为法律类学科800英镑、商务类学科750英镑、工程类学科1 000英镑。

3. “超越计划”活动

城市大学开展了一些专门项目和扩大高等教育参与的一些常见活动，这些活动的参与对象是当地学校和学院的高等教育弱势群体。主要活动包括：青年人的辅导；由商务专业人员对少数族裔学生进行的培训；对青年人进行具体学科的辅导；中学师生座谈会；大学访问日，包括大学目标日(ACE)；暑期学校——10年级商务和法律辅导、11年级专业道路选择辅导和12年级的健康辅导；对当地青年的职业指导，包括职前建议和指导；卓越职业课程名师课堂。大学准备每年再投资205 000英镑从事表5-10所列出的活动。

表5-10 伦敦城市大学“超越计划”每年举行的活动①

序号	活动情况	参加人数
1	对当地学校学生的辅导	180人
2	帮助18岁青年提高A-levels和AVCEs考试成绩	35个学校和学院的学生
3	针对中学生的大学开放日	400人
4	2个暑期学校，分别为音乐和工程	360人
5	与当地小学合作，组织小学生参观大学，感知大学	每个学校20名学生，人数逐渐增加

① City University, London, Access Agreement 2006—2011, London: City University, London, 2005.

续表

序号	活动情况	参加人数
6	通过产业日，年轻人与法律、工程、健康、金融和表演艺术方面的专家面对面交流	上述5个方面分别举办1个产业日，参加人数300人
7	青年专业人员包括校友到中学与学生交流，使他们对于教育和生涯规划有更多了解	20个学校的学生
8	举办学生理财计划，对中小学生学生普及理财知识	3个学校的300名学生
9	《大学的选择》电视录像光盘	高等教育参与率较低的地区学生
10	教育专家向学生传授学习技巧，帮助学生成功学习	促使每个学校配备一名专职学习指导教师

4. 公平入学政策的实施效果

目前，伦敦城市大学的少数族裔和来自公立中学学生所占的比例都非常高，英国本国的本科学生中是少数族裔占多数，来自公立学校学生的比例占90%，再超过这个比例的可能性不大，所以城市大学在与公平入学办公室签订的《公平入学协议》[①] 中，提出的目标是保持现有的水平，具体包括：第一，保持现有招收学生中来自弱势群体家庭学生的高比例。第二，使招收学生的能力更适合所学习专业的特点。第三，提高对本国的来自弱势群体学生的资助水平。第四，为当地和本地区的“超越计划”作出更大贡献。

下面列举伦敦城市大学近些年在实施扩大参与和公平入学政策方面的情况：第一，招收公立中学学生的情况。在1998年—2003年的5年期间，招收公立中学学生的平均比例达到83%，5年的比例分别是78%，78%，81%，79%和99.5%。第二，招收社会低阶层家庭学生的情况。在1998年—2003年的5年期间，招收社会低阶层（4～7阶层）家庭学生[②]平均比例为30%，而在伦敦地区达到工作年龄的公民中，4～7阶层公民的比例是29%[③]。第三，

---

① City University, London, Access Agreement 2006—2011, London: City University, London, 2005.

② 按照英国国家统计数据的社会经济阶级分层方法，4～7阶层为社会低阶层。

③ Office for National Statistics, Socia-economic Classification of Working Age Population, London: Office for National Statistics, 2003.

招收持有非传统证书的学生情况。目前，城市大学招收的学生持有的主要是A-levels/AS证书，根据英国高等教育统计局（HESA）的统计，2001—2002学年度其他证书的比例为8%，城市大学计划每年招收的持有非传统证书学生的比例要达到10%。

第二节　招生型高校招生制度案例

选拔是英国教育的重要特征，它反映在英国众多的公共考试证书制度中，根植在和大学升学相关的中学、延续教育学院和高等院校的文化中。在高等院校招生考试中，选拔之所以必要，主要原因是大学无法满足每一个有意愿接受高等教育的青年接受高等教育的需求，要想进入高等院校学习，就必须接受选拔才能实现这一愿望。像上面我们提到的精英大学，申请的人数远远高于招收的人数，通过选拔会淘汰大批申请者。

《1992年延续教育与高等教育法》授予50多所原来的多科性技术学院享有大学地位，英国大学的数目猛增，争取生源时面临激烈竞争。1992年后的新大学，为了生存和发展，不得不改变传统精英大学的选拔方式，采取更加灵活的招生方式。这里说的招生型高等院校主要指1992年后获得大学地位的高等院校。与传统精英大学入学标准为3科A-levels、考试成绩优秀的入学要求不同，招生型高等院校的入学要求一般为2科A-levels证书，另外1科可以是范围广泛的职业资格证书和其他《国家资格证书框架》里的第三级证书。大部分招生型高等院校都使用高等院校招生服务处（UCAS）推出的旨在推动各种证书地位平等、分数互换的高等院校招生分数转换系统(UCAS Tariff)。

我们选择的两个招生型高等院校分别是位于英格兰南部港口城市普茨茅斯的普茨茅斯大学（University of Portsmouth）和位于苏格兰的阿伯泰邓迪大学（University of Abertay Dundee)，以这两所大学为案例分析英国招生型高等院校的招生制度。

一、普茨茅斯大学

普茨茅斯大学（University of Portsmouth）是英国的国立大学，位于英国南部的海滨城市普茨茅斯。学校成立于1869年，1992年取得大学地位，2006—2007学年度有在校学生12 925人，其中英国及欧盟学生12 121人，国际学生 804 人，在校就读的研究生有 2 336 人。现有三个校区：主校区市府 (Guildhall) 校区位于普茨茅斯市中心，是大学的主要授课地点，还有米尔顿 (Milton) 校区和兰斯顿 (Langstone) 校区。普茨茅斯大学共有五个学院，即商学院、环境学院、人文学院、自然科学院以及工程技术学院。

（一）招生原则

普茨茅斯大学重视和追求学生来源的多样性，希望通过招生政策的执行使每一个申请人都能在相关专业和学习层次上发挥其潜力。为实现上述目标，学校承认所有申请人取得的学业成绩和在其他方面的成就，所有申请人在标准面前都是平等的。

（二）入学要求

1. 第一学位课程入学要求

第一学位入学的基本要求是：2 科普通教育证书高级水平 (A-levels) / 职业教育证书 (VCE) 或者职业教育证书 (VCE) 双认证；相应的商业与技术学会颁发的国家文凭、国家证书或 2 个国家培训证书；大学入学课程证书；苏格兰高等证书；爱尔兰离校证书；苏格兰高级高等证书；国际业士文凭。

2. 国家高等教育文凭入学要求

1 科相应的普通教育证书高级水平 (A-levels) / 职业教育证书 (VCE)；1 个国家培训证书。

3. 基础学位的入学要求

1 科相应的普通教育证书高级水平 (A-levels) / 职业教育证书 (VCE) 和通过面试。另外，上述列举的三类证书的最低入学要求，不包括 A-levels 科目，申请人还应持有 3 科 GCSE 合格以上成绩的证书，即成绩在 A 等～C 等；大学通常希望申请人通过 GCSE 证书（或同等证书）英语科的考试。

上述列举的是入学的最低要求，很多专业实际录取的要求都比这一要求高。有时可能要求申请人持有具体科目证书，规定证书成绩的等级或者要求通过更多科目的 GCSE 证书考试。录取决定要么依据的是“高等院校招生分数转换系统”的总分，要么是证书的等级。有一些专业把申请人参加面试作为选拔过程的一部分。大学承认分数转换，但要考虑申请人以前的学习经历。

（三）学生资助

1. 费用

学费。从 2007—2008 学年度开始，大学部中来自英国和欧盟的学生的学费是每年 3 070 英镑（每年根据物价变动情况有所调整）。

生活费用。生活费用包括房租、饮食、学习用品和其他日常开销。这些费用因人而异，但一般每周的开销情况包括了表 5-11 列举的项目。

表 5-11 普茨茅斯大学学生每周的生活费（大约） （单位：英镑）①

学校公寓	67～106
个人租房	57～65
饮食/家务	25～30
其他费用（水、电、煤气）	8～10

另外考虑的还有购买书籍和课程资料的费用，每年大约是 350 英镑；保险费是每年 80 英镑，电视收视费是每年 130 英镑，还有旅行、电话和社交等费用。

2. 资助

除政府提供的学费贷款和生活费贷款外，对学生的资助主要有：普茨茅斯大学学生生活补贴，最高是每年 820 英镑；地方学院补贴，每年是 300 英镑。下面通过具体案例来说明学生收费和资助的情况：

案例一：艾玛 19 岁，心理学专业学生，即将升入二年级，她与 2006 年在学校公寓认识的 3 位朋友合租一套房子，每周工作 2 个下午，收入可以弥补饮食和水电费用，做兼职除赚点零用钱外，也结交了一些新朋友（艾玛一年获取的经费和开支情况见表 5-12 和表 5-13）。

表 5-12 艾玛一年（39 周）获取经费的情况 （单位：英镑）②

获取的经费	每周数额	学年数额
政府生活贷款（工作后偿还）	84	3 280
政府生活补贴（无需偿还）	38	1 500
大学补贴（无需偿还）	13	520
兼职收入	38	1 480
合计	173	6 780

① Student Finance Center, Case Studies, University of Portsmouth, http://www.port.ac.uk/departments/student support/studentfinancecentre/casestudies/ 2007-10-27.

② Student Finance Center, Case Studies, University of Portsmouth, http://www.port.ac.uk/departments/student support/studentfinancecentre/casestudies/ 2007-10-27.

表 5-13　艾玛一年（39 周）开支的情况　　（单位：英镑）①

开支	每周数额	学年数额
房租	58	2 262
饮食/家务	25	975
水电等	8	312
交通	5	195
电话	5	195
书籍及学习相关开销	7	273
保险	2	78
休闲	20	780
其他（衣服、电视等）	22	858
合计	152	5 928

艾玛收支平衡情况：获取资助为 6 780 英镑，支出为 5 928 英镑，年节余为 852 英镑。

案例二：杰恩，18 岁，大学一年级，攻读科学学位计算机专业，住在学校公寓，注册后发现自己符合普茨茅斯大学的离开监护机构补贴条件，因为他是在社会公共保育机构长大的（杰恩获得资助和开支的情况见表 5-14 和表 5-15）。

表 5-14　杰恩一年（39 周）获得经费的情况　　（单位：英镑）②

获取的经费	每周数额	学年数额
政府生活贷款（工作后偿还）	84	3 280
政府生活补贴（无需偿还）	71	2 765
大学补贴（无需偿还）	21	820
离开监护机构补贴（无需偿还）	26	1 000
合计	202	7 865

① Student Finance Center, Case Studies, University of Portsmouth, http://www.port.ac.uk/departments/student support/studentfinancecentre/casestudies/ 2007-10-27.

② Student Finance Center, Case Studies, University of Portsmouth, http://www.port.ac.uk/departments/student support/studentfinancecentre/casestudies/ 2007-10-27.

表 5-15　杰恩一年（39 周）开支的情况　　（单位：英镑）①

开支	每周数额	学年数额
房租	93	3 345*
饮食/家务	30	1 170
水电等	0	0
交通	5	195
电话	5	195
书籍及学习相关开销	7	273
休闲	20	780
其他（衣服、电视等）	15	585
合计	175	6 543

注：* 学校公寓收费为 36 周。

杰恩获得的资助总计为 7 865 英镑，支出为 6 543 英镑，全年共节余为 1 322 英镑。

案例三：埃文 32 岁，普茨茅斯大学数学专业第一学位毕业，现在学习教育研究生证书（PGCE），每年可以获得无收入培训工资 9 000 英镑（免税）。毕业后，埃文用 5 000 英镑的毕业贷款买了一辆小车，现在分期付款，3 年还清（埃文获得经费和开支的情况见表 5-16 和表 5-17）。

表 5-16　埃文一年（39 周）获得经费的情况　　（单位：英镑）②

获取的经费	每周数额	学年数额
培训补贴	231	9 000
生活补贴（无需偿还）	71	2 765
生活费贷款	84	3 280
大学补贴（无需偿还）	21	820
合计	407	15 865

① Student Finance Center, Case Studies, University of Portsmouth, http://www.port.ac.uk/departments/student support/studentfinancecentre/casestudies/ 2007-10-27.

② Student Finance Center, Case Studies, University of Portsmouth, http://www.port.ac.uk/departments/student support/studentfinancecentre/casestudies/ 2007-10-27.

表 5-17 埃文一年（39 周）开支的情况 （单位：英镑）①

开支	每周数额	学年数额
房租	69	2 700
饮食/家务	30	1 170
水电等	10	390
交通	20	780
电话	10	390
书籍及学习相关开销	10	390
保险	5	195
休闲	25	975
小车（税、保险等）	13	507
其他（衣服、电视等）	25	975
合计	260	10 139

埃文年获取资助为 15 865 英镑，开支为 10 139 英镑，年节余为5 726英镑。埃文顺利通过实习期成为新的合格教师（NQT）后，他可能符合领取 5 000 英镑聘用金的资格，条件是必须到公立学校或非公立特殊学校任教，同时任教的是特定学科，如埃文符合所有条件，就可以领取这笔资金。

案例四：萨姆 29 岁，成年学生，大学二年级，攻读市场专业文科学位。他有一个 7 岁的在校读书的儿子和一个 3 岁的女儿，女儿每周在普茨茅斯大学托儿所 2 天，家庭成员照顾 1 天（萨姆获得资助和开支的情况见表 5-18 和表 5-19）。

表 5-18 萨姆一年（39 周）获得经费的情况 （单位：英镑）②

获取的经费	每周数额	学年数额
政府生活贷款（工作后偿还）	116	4 510
政府生活补贴（无需偿还）	71	2 765
大学补贴（无需偿还）	21	820

① Student Finance Center, Case Studies, University of Portsmouth, http://www.port.ac.uk/departments/student support/studentfinancecentre/casestudies/ 2007-10-27.

② Student Finance Center, Case Studies, University of Portsmouth, http://www.port.ac.uk/departments/student support/studentfinancecentre/casestudies/ 2007-10-27.

续表

获取的经费	每周数额	学年数额
住房补贴	102	3 994
有子女学习补贴	37	1 435
子女照顾补贴	48	1 871
抚养子女课税扣除	82	3 176
子女补贴	30	1 178
合计	518	20 161

表 5-19　萨姆一年（39 周）开支的情况　（单位：英镑）①

开支	每周数额	学年数额
房租	116	4 524
饮食/家务	70	2 730
水电等	25	975
交通	20	780
电话	10	390
书籍及学习相关开销	9	351
保险	2	78
休闲	20	780
照顾子女	67（25 英镑用于校外特长班、42 英镑用于保育）	2 613
小车（税、保险等）	15	585
其他（衣服、电视等）	40	1 560
合计	394	15 366

萨姆全年获取资助为 20 161 英镑，开支为 15 366 英镑，年合计节余为 4 795 英镑。

① Student Finance Center，Case Studies，University of Portsmouth，http://www.port.ac.uk/departments/student support/studentfinancecentre/casestudies/ 2007-10-27.

二、阿伯泰邓迪大学

阿伯泰邓迪大学（University of Abertay Dundee）成立于1888年，初创时名为邓迪技术学院。学校位于泰河河畔的邓迪市中心。大学拥有学生4 700名，68%的学生来自苏格兰，4%的学生来自欧洲之外的国家，如中国、印度、马来西亚和巴基斯坦。教师与学生的比例为1∶17。大学设有四个学院：计算机与高级技术学院、邓迪商学院、现代科学院和社会与保健科学院。

（一）招生政策

1. 指导原则

阿伯泰邓迪大学的办学目标是为学生提供富有特色和高质量的大学教育，使学生走出校门后在社会、文化和经济方面具有竞争力；对知识和学习进行传承和创新，从而加强国家的竞争力。根据学校的办学目标，阿伯泰邓迪大学招生政策的指导原则是，大学的大门向所有有能力从高等教育机会中受益的人开放，并尽可能为他们的入学提供便利条件。

2. 入学要求

为了录取真正能从大学的学习和研究中受益的学生，大学评价申请人时遵循一系列标准，同时具有一定的灵活性。大部分情况下从以下几个方面对申请人进行评价，但如果特定课程提高了入学要求，招生人员将增加其他的入学标准。

第一，中等学校毕业生申请大学部专业的要求。各个专业对于申请人的入学要求有所不同，学校在录取时会综合考查申请人的学业成就和潜力、推荐人的意见以及个人陈述，考试的分数并不是唯一的录取标准。所有的申请人必须具有英语和数学2科苏格兰资格证书局颁发的苏格兰普通教育证书学分级是3级及以上成绩，或者是中等教育普通证书（GCSE）C等级以上成绩，或者同等证书。表5-20列举了该大学入学的最低要求。

招生录取时，除学术成就外，评价的因素还有：对所申请专业的学习动机和努力程度；以前的工作经历；学生作业档案，如申请计算机艺术设计荣誉学位的申请人要提交以前的艺术作品；对与所选专业相对应的未来从事行业的热爱程度，如护理专业对护理工作的喜爱程度；申请的专业与申请人的兴趣和就业倾向是否相投；非学术成就和课外兴趣是否能够为大学学习团体作出贡献；清晰的思考力和理解力。

表 5-20 阿伯泰邓迪大学入学的最低要求①

证书颁发的地区或国家	申请专业的层次	入学要求
苏格兰	第一学位	5 科苏格兰普通教育证书成绩，其中 3 科为高等证书成绩或同等证书；英语和数学 2 科成绩达到学分级 3 等及以上的成绩
	高等教育文凭	5 科苏格兰普通教育证书成绩，其中 2 科为高等证书成绩或同等证书；英语和数学 2 科成绩达到学分级 3 等及以上的成绩
英格兰、威尔士和北爱尔兰	第一学位	5 科 GCSE 合格成绩，其中 2 科为 A-levels 或同等证书：英语和数学 2 科 GCSE 成绩达到 C 等及以上的成绩
	高等教育文凭	4 科 GCSE 合格成绩，其中 1 科为 A-levels 或同等证书：英语和数学 2 科 GCSE 成绩达到 C 等及以上的成绩
爱尔兰共和国	第一学位	5 科爱尔兰离校证书，其中 3 科为荣誉水平（C 等及以上）或同等证书；英语和数学 2 科普通水平（C 等及以上的成绩）

第二，成人学生。年龄在 21 岁及以上首次进入高等院校接受高等教育者为成人学生。如果申请人具有上述证书，可能采用上述的评价标准，但对于那些没有标准的入学证书的申请者，录取时会考虑申请人的工作经历、职业资格证书和能够说明其有能力从所申请的专业中受益的其他学习形式的证据。成功修完大学入学课程的申请人也可以凭此证明自己有能力完成所申请专业的学业。

第三，对以前学习的认证。在有些情况下，申请人以前学习的课程可以接受为申请专业课程的一部分，经过相关认证后，可以免修相关课程。

第四，国际学生。来自英国之外的学生统称为国际学生，来自欧盟之外的学生称为海外学生。阿伯泰邓迪大学鼓励国际学生申请该校，并认为来自

① University of Abertay Dundee，Standard Entrance Requirements，http：//www. abertay. ac. uk/Applicants/UK/EReqs. cfm？Key＝003. 001. 003. 2007-04-22.

不同文化背景和传统的学生能使大学和学生均从中受益，计划招生的国际学生数占学生总数的10%。

第五，平等的入学机会。根据大学的招生政策，在招生录取时不分申请人的种族、肤色、国籍、宗教、性别和性倾向，入学机会一律平等。

第六，残疾学生。学校的建筑、设施设备的设计和陈设充分考虑了残疾学生的特殊要求。鼓励有残疾的申请人提前与学校联系，提出特殊要求，还可能对他们的健康和安全以及与他们一起学习和生活的人进行风险评估。

第七，鼓励申请人的措施。为鼓励特定族裔和背景的学生申请阿伯泰邓迪大学，该大学在中学开展了一系列活动，并和地方教育局合作开展学术联盟的项目，鼓励来自弱势群体家庭的学生进入大学接受高等教育。

（二）费用与资助

表5-21列举了2007—2008学年度阿伯泰邓迪大学的来自英国和欧盟的学生的学费。

表5-21　2007—2008学年度来自英国和欧盟的学生的学费　（单位：英镑）①

课程类型	学费
大学部所有课程（新生）	1 735
大学部所有课程（老生）	1 225
全日制博士/硕士	3 235以上
非全日制博士/硕士	1 618以上
商业管理硕士（MBA）	7 560

学生的资助方式主要有：

第一，针对来自苏格兰的年轻学生的补贴。这项资助的对象是来自苏格兰的学生，要求是年龄在25岁以下、未婚、非自立的申请全日制课程的申请人，补贴用于支付学费。

第二，根据申请人家庭状况发放的年轻学生补贴。如果学生符合这项补贴的条件，它将代替一部分的贷款资助。家庭收入超过31 000英镑者，不

① University of Abertay Dundee, Tuition Fees for New Home and EU Students-Session 2007/08, http://www.abertay.ac.uk/Applicants/Fees.cfm? Key=003.001.002. 2007-04-22.

能获得这项补贴，2006 年 9 月开始，这项补贴按月发放。表 5-22 列举了家庭收入和所获得补贴数额。

表 5-22　家庭收入和学生所获得补贴数额　（单位：英镑）①

家庭收入数额	年补贴数额
17 500	2 395
18 000	2 307
19 000	2 131
20 000	1 956
21 000	1 780
22 000	1 605
23 000	1 430
24 000	1 254
25 000	1 079
26 000	903
27 000	728
28 000	552
29 000	377
30 000	202
31 000	26
32 000	0

第三，单亲家庭学生补贴。如果学生来自单身、丧偶、离婚和父母分居的家庭可以申请此项补贴，但每年申请这项补助时需要提供来自单亲家庭的书面证明材料。补助金分 3 笔打入学生的账户，时间分别在每学期开始。单身家庭学生儿童照顾额外补贴。如果上述接受单亲家庭学生补贴的学生还符合儿童照顾条件，还可申请单身家庭学生儿童照顾额外补贴。

① University of Abertay Dundee, Tuition Fees for New Home and EU Students-Session 2007/08, http://www.abertay.ac.uk/Applicants/Fees.cfm? Key = 003.001.002.2007-04-22.

第四，已婚学生配偶补贴。如果学生已婚，可以申请配偶（妻子/丈夫）补贴，但如果配偶也是学生就不得申请此项补贴。补贴数额根据收入情况确定。

第五，政府生活补贴。从 2006 年 9 月开始，新的生活补贴取代原来的高等教育补贴。家庭收入在 17 500 英镑以下的学生（包括单亲家庭学生和自立的学生）可以接受最高达到每年 2 700 英镑的生活补助；家庭收入在 17 500英镑以上的学生，可以获得部分生活补贴；家庭收入达到 37 425 英镑的学生，可以获得最低的生活补助每年 50 英镑。

第六，所有英国学生贷款。学生贷款的数额要看学生是住在何地，对于大部分学生来说要看其家庭的收入情况。55 岁以下的全日制学生都可以申请贷款，如果年龄在 50 岁～55 岁的学生在开始学习时，要求确认其学习结束时一定要继续工作。表 5-23 列举了 2006—2007 学年度大学部英国学生生活费贷款的情况。

表 5-23　2006—2007 学年度大学部英国学生生活费贷款的情况　（单位：英镑）①

	在家住宿的学生	租房居住的学生
一年最高贷款额	3 415	4 405
最后一年的贷款额	3 085	4 080

第七，残疾人学生补贴（DSA）。这项补贴是由苏格兰学生资助基金处提供，资助那些残疾或者学习困难、学习全日制或非全日制大学部课程，或者学习全日制研究生课程的学生。资助可以是专门的设备，或非医疗的帮助，在有些情况下，还资助旅游的费用。

第八，职业发展贷款。如果学生无法从其他渠道获得经费资助，可以申请职业发展贷款。条件是年龄在 18 岁以上、在英国学习，可申请不超过学费 80%的职业发展费用和其他费用，贷款额度从 300 英镑～8 000 英镑不等。如果失业已达 3 个月及以上，可申请与学费等额的贷款。

第九，贫困资助。政府为大学拨专款用以设立贫困资助项目，目的是帮助那些出于经济原因而无法接受高等教育的学生顺利进入大学学习，或者是为在完成学业的过程中遇到经济困难的学生摆脱困境，从而顺利完成大学的学业。

---

① http：//www. abertay. ac. uk/Applicants/ukzu/Financing. cfm.

第十，托儿服务资助。托儿服务资助和贫困资助是相互配套的资助措施，如果学生符合条件，可以同时申请托儿服务资助和贫困资助。

第十一，临时提前资助。在大学的第一学期，学生还没有受到资助，可以申请临时提前资助。当学生受到资助时，就偿还临时提前资助。学校代表出资人管理各种学生资助基金，符合条件者皆可申请此项资助。

第三节　开放大学与开放招生制度

开放大学建立时就秉承开放的办学理念，即学习对象开放、学习地点开放、学习方法开放和思想开放。开放大学的学生来自社会各行各业，所有年龄的人都可以参加开放大学课程的学习，但一般来说申请人在开始学习课程时的年龄至少要达到 18 岁；如果申请人正在其他教育机构学习，必须有所在学校校长出具的书面同意证明。

一、英国开放大学

英国开放大学（Open University）是英国提供开放学习的专门大学。1969 年经英国皇家特许令批准，1971 年正式成立，是一个独立、自治的国家高等教育机构①。大部分学生是在英国学习，但是在欧洲其他国家、南美洲、北美洲、非洲、澳大利亚及亚洲也可学习英国开放大学的课程②。开放大学的管理总部位于英国白金汉郡新兴城镇米尔顿·凯恩斯，但在全国 13 个地区都设有地区学习中心。英国开放大学有权授予高等教育文凭、高等教育证书、第一学位和研究生学位。

英国开放大学的注册学生约 180 000 多人，包括 25 000 多名海外学生③，从学生人数来看，它是英国最大的教育机构，也是世界上重要的巨型大学之一。自大学建立以来，已有 300 多万人曾经学习开放大学的课程。在

① Open University，Brief History of the OU，2006，http：//www. open. ac. uk. 2007-04-23.

② Open University，Becoming a Student Study Outside the UK，2006，http：//www. open. ac. uk. 2007-04-23.

③ Open University，About the OU：The Purpose of the OU，2006，http：//www. open. ac. uk. 2007-04-23.

2005 年和 2006 年英国政府对全国学生满意度的调查中，学生对英国开放大学的满意度都名列前茅。

（一）办学目标

英国开发大学的办学目标是为那些希望通过业余或者远程学习方式进行学习的人士提供接受高等教育的机会，包括残障人士。英国政府要求开放大学承接原来全国学术认证委员会（CNAA）① 的职能，开展学位认证工作。

（二）发展历程

英国开放大学是世界上最早成功地开展远程教育的大学。它诞生于技术发展日新月异的 20 世纪 60 年代，秉承的理念是通信技术可以为那些没有机会进入传统大学校园接受高等教育的人士提供高质量的学位水平的教育。

1. 创立时期

创立开放大学的创意最早来自英国广播公司（BBC）的一个节目。1926 年，教育学家和历史学家斯托巴特（Stobart）在为 BBC 做幼儿节目时写的备忘录里，提出无线大学的创意。到 20 世纪 60 年代早期人们提出不同的建议，其中电子工程学院的威廉姆斯（RCG Williams）提出建立“电大学”（teleuniversity）的构想，把函授教材的广播讲座与传统大学的面授结合起来——成为真正“多媒体”的理念。1962 年，米切尔 · 杨（Michael Young）提出建立“开放大学”的建议，以方便学习伦敦大学校外学位课程的学生，于是，BBC 和英国教育部讨论建立“空中学院”（College of Air）的计划。1963 年，工党学习调研小组提出报告，指出来自低收入家庭的青年仍然被排斥在高等教育的大门之外，他们建议建立空中大学（University of the Air），对通过广播电视开展教学的构想进行实验。

1966 年大选，工党把建立“空中大学”写入竞选政纲，大选获胜后着手筹建“空中大学”。1967 年，建立了开放大学规划委员会，对开放大学进行综合规划。1969 年 9 月，沃特尔 · 佩里（Walter Perry）教授被任命为第一任主持学校工作的副校长。1970 年开始招收第一批学生，1971 年 1 月，第一批学生开始学习开放大学的第一个课程——基础课程的第一个模块的

---

① 全国学术认证委员会（CNAA）在 1965 年—1992 年期间是英国学位认证机构，对多科性技术学院和其他不具备大学地位的高等教育学院的学生授予学位，当这些学院取得大学地位后，CNAA 被解散。

学习。

2. 发展时期

第一个时期（大学的成立至 1980 年的扩张时期）。这一时期学生的人数增加到 70 000 人，每年毕业的学生大约 6 000 人。从 1980 年开始，申请就读和取得学位的学生人数每年都创下新的纪录。

第二个时期（20 世纪 80 年代的发展和巩固时期）。整个 20 世纪 80 年代，英国开放大学继续扩张，开设了更多的专业和课程。随着人们对职业发展的关注，开放大学在开设学术专业的同时，也开始提供职业培训课程。1983 年开放大学设立商学院，现在已经成为欧洲最大的商学院。开放大学的招生面逐渐扩展到欧洲其他国家，招收了 10 000 名英国之外的欧盟国家的学生。这一时期随着计算机的广泛应用，学习方式和方法也不断多样化：多媒体开始用于辅助学生的学习；提供开放大学第一个授课式学位；续写开放大学成功发展的故事，在读研究生层次的学生超过 20 000 人，比英国其他大学学生的总数还多。

第三个时期（20 世纪 90 年代的拓展时期）。这一时期增加了管理、语言和法律专业。扩张仍然是 20 世纪 90 年代开放大学发展的关键词，开设的新专业包括英国法律、现代语言和管理，其他系和学院的专业的学生人数也有大幅度增加。高等教育证书和高等教育文凭课程也有很大发展。这一时期英国开放大学加快了国际化的步伐，国际学生人数快速增加。在技术快速发展的同时，开放大学把 E-学习（E-learning，即“数字化学习”）的方法融入大部分课程之中，适应学生的学习需要。为实现为每一个人提供接受教育的机会的目标，开放大学还委托 BBC 在黄金时段播放开放大学的系列课程。到 1998 年，开放大学已有 25 届毕业生，毕业生总人数达到 200 000 名。

（三）教学方法

开放大学使用多样化的远程学习教学方法，包括书面和声像材料、互联网、软件光盘、电视节目和 DVD。从 1971 年开始，BBC 播出电视课程，直到 2006 年12 月15 日停播①。这些材料包括校内外原创作品，有些是第三方授权开放大学学生使用的材料。针对大部分课程，课程辅导教师

① http：//www3. open. ac. uk/sesame/archive2. aspx？ m＝12&y＝2006. 2007-04-23.

为学生提供支持服务，对学生的作业提出反馈和进行面对面的辅导，或通过电话和互联网提供辅导。对于一些学分为 10 分的短期课程不提供辅导教师，但提供在线视频会议服务（网上论坛），为学生提供帮助和学习指导。

有些课程要求学生必须在一段时间内全日制集中学习，学生必须到校学习才能通过课程。例如健康推广高级证书课程（K301），学生必须参加 2 次集中学习（学习讨论），重点学习与健康推广相关的沟通技巧、咨询和实务等内容，但是如果因病（或者其他可以免除集中学习的情况）可以免除集中学习。很多课程并不需要集中面授。

与上述集中学习情况类似的是，通常很多课程都会举办暑期学校，让学生抛开日常琐事的干扰，为其提供短期专心学习的机会。学生对于集中学习并不是太热心，倒是热衷于集中辅导这段时间与具有同样学习经历的同学建立密切的关系和长期的联系，把暑期学习看成在开放大学学习的宝贵经历，而住校集中学习期间的社交生活深受学生的欢迎。

在过去 10 多年，开放大学采取了住宿集中学习和远程教授课程分离的政策。对于不能参加住宿集中学习的学生，可以用相应的学习经历（ALE）来顶替，如残疾学生和在狱中服刑的学生。

20 世纪 70 年代，电视是提供课堂教育的典型媒介。打着深色领带，穿着灯芯绒裤子的开放大学讲师的形象深入人心。现在开放大学的教学节目有很大的改进和创新，通常使用纪录片的形式进行教学。现在开放大学还制作主流电视和广播节目，目的是使更多的观众和听众参与学习，包括系列的科普节目和“希腊战役”，均在黄金时段播出，旧的节目在 BBC 学习时段播出。2004 年，开放大学宣布将停止播放 BBC 二台夜间的授课节目，最后一期节目于 2006 年12 月16 日 5：30 播出。现在开放大学计划集中制作主流电视教学节目。

开放大学的教学质量较高。在英国高等教育质量保障处对开放大学教学质量的评价是“优秀”（Excellent），在全国学生满意度调查中连续两年蝉联第一。2006 年 10 月，开放大学加入开放教育资源活动中，以推动开放学习，选择越来越多的现在和过去的课程资源向公众开放，学习者可免费登录，并可下载教师版供其修改用于教学，以及免费使用合作学习的支持工具。

（四）评价方式

开放大学开设的课程通常采用考试和课程作业两种评价方式[①]，并使用同样的评分方法。课程作业评价的形式通常是2次或者以上由辅导教师批改评分的作业（TMAs），有时候也包括通过计算机评分的多项选择题作业（CMAs）。考试评价部分通常不分课程内容多少，参加3个小时的书面考试，但也有可能参加课程终结性评价（ECA），类似辅导教师批改评分的作业（TMAs），在家完成，但被看作考试评分的一部分。课程成绩实行等级评分制，及格等级分一、二、三等，一等最低分为85％（优秀），二等为70％～84％，三等为40％～54％，40％以下为不及格，分数的计算结果是过程评价总分（OCAS）和考试总分（OEC）的综合。

这些等级的评定规则要根据课程的水平，并结合学位的类型来具体实施。在第一学位的成绩评定中，三级课程和二级课程的比重各占一半；在研究生各专业的成绩评定中，所有硕士学位水平课程成绩的比重相同。

（五）院系设置与课程开设

开放大学设置的院系包括艺术系、教育与语言系、健康与社会保障系、法律系、数学与计算机系、科学系、社会科学系、技术系和商学院，并准备把数学与计算机系和技术系合并成一个大系。开放大学商学院是英国最大的工商管理硕士（MBAs）课程的提供者，其毕业生人数比所有英国大学商学院学生的总数还多。

开放大学有学位授予权。大学部课程和大部分研究生授课式课程实行模块式授课，学生通过学分的积累来获取相应的证书。

开放大学的大学部大约有600门课程，很多课程是跨学科的，包括高等教育证书、高等教育文凭和学士学位课程[②]。大学部授课式课程采用的是开放入学政策，大部分是成年在职的学生，他们在开放大学注册学习的目的各不相同，以前的教育和各种经历也千差万别。每一门课程相对应的是若干学分，根据课程内容的多少和课程的水平（1，2，3，4等）不同，学分从30

---

① 开放大学的有些课程只采用课程作业的评价方式，没有考试，但这些课程通常为第一级水平课程。对于荣誉学位和研究生的课程不能只采用课程作业的评价方式。

② QAA. Review Reports: Open University, Quality Assurance Agency for Higher Education, 2005, p. 4.

分～60分不等，大致相当于全日制学生一学年学习的课程量。开放大学高等教育证书需要60个学分（1个学分相当于10个小时的课程，共600个小时的学习量）；高等教育文凭需要120个学分；第一学位课程要求达到300学分（荣誉学位360学分）。通常来说，每年学生选修课程的总学分不得超过60学分，这就意味着完成第一学位课程通常需要6年的时间，只有个别速成课程是例外，如计算机专业没有时间限制。如想同时选修120学分的课程，必须经过特殊申请，通常不被批准。开始时文科学士学位是开放大学唯一的学位课程，课程结构采用选修的方式（由学生自己选择），现在既有文科学士学位课程也有理科学士学位课程，既有必修课程也有选修课程。现在很多院系都开设了10个学分的短期课程，主要是通过网络教学。

开放大学开设的研究生课程主要有以下几类：第一，硕士学位研究生课程。包括艺术史、古典研究、文化与传媒研究、环境、政策与社会、历史、人文、文学、音乐、在线与远程教育、哲学、大众文化、社会政策、社会政策与犯罪学、计算机商务、商务管理、社会科学、开发管理、工程和环境决策、人文地理研究方法、人力资源管理、信息系统、国际金融与管理、管理与商务研究方法、软件项目管理、制造业管理与技术、数学、医学物理、网络传播体系、心理学、教育技术研究方法、科学、科学与社会、社会研究方法、软件开发、技术管理、技术策略研究、公共管理和教育等。第二，博士学位研究生课程。开放大学开设有远程业余博士学位课程（PhD）和全日制博士学位课程（PhD）。第三，硕士层次的研究生证书课程和研究生文凭课程。如研究生教育证书（PGCE）。第四，介于本科课程与研究生课程之间的“高级文凭”。“高级文凭”作为本科课程与研究生课程的桥梁，需要修满60个学分的本科水平课程和60个学分的研究生课程。

（六）声誉及成果

开放大学的研究成果举世瞩目。在1990年出版的《人民宪章吗?》一书针对1949年公布的“国家公园和通往乡村法”产生的效果，在环境问题日益突出的今天，指出了农业与国家公园之间的矛盾，游览观光客对名胜地造成的破坏，是继“国家公园和通往乡村法”后在环境问题上迈出的最重要的一大步。

对人脑思考过程研究领域的进展。开放大学生物磁研究小组成功地研制出了一种极微磁强仪。用高速度的计算机，把极微磁强仪测得的数据转化为产生三维图像的算法步骤。这个能画出脑电波图的算法步骤能解开一组杂乱信息之谜。这种算法步骤在1989年于纽约第七届生物磁场国际会议公布后，引起了世界学者的极大兴趣。

在行星研究方面的成果。行星研究科学小组由15人组成，研究地球和外星系。1991年7月这个小组获得了太空地球研究委员会52万英镑的循环奖，此奖只授予成绩特别卓著的研究小组。研究小组自己制造的巨型分光仪，比商业用分光仪灵敏1 000倍。小组用它分析了一块陨石样品的化学成分，认为它极有可能来自火星（经其他行星研究小组对其中气体的同位素的测定证明与1970年瓦尔金在火星之行中得到的结果相吻合），并发现这份火星样品中包含着十分微量的有机物质。不管这能否算是“生命”，这一发现迈出了火星无生命物质到有生命物质认识的第一步。

向欧洲乃至全世界开放一直是开放大学的目标之一。开放大学制定了“走向世界”的计划。迄今为止，学校按此计划已做了以下工作：与欧洲其他远距离教育学校在共同课程设置、学分转换、证书学位转换、课题研究方面进行合作；计划开设第一门定名为“欧洲风貌”的多语言远距离课程；在全欧洲融资，推广开放大学教育；向其他国家的教育机构提供教材和远距离开放教学的经验，并派出这方面的专家顾问；与所有英联邦国家共创“学习联邦”，总部在温哥华，英政府5年内每年资助40万英镑以加强“学习联邦”、“英国开放大学远距离教育国际中心”的工作。

二、开放大学招生制度

开放大学实行的是开放招生政策，大部分课程入学时申请人不需要正式的学业资格证书即可注册入学，在招生中甚至不考虑申请人所持有的正式资格证书①。但大部分研究生课程或者从事特殊工作的申请人都要求有明确的入学条件，要求其提供此前的学习证明或者同等生活经历证明。

（一）学生来源

开放大学对学生的年龄、学历、背景等均无严格限制，只要年满18岁，居住在英国或欧洲其他国家的成人都可申请入学。学生不需要参加入学考

① Jeremy Tunstall, The Open University Opens, London: Routledge & Kegan Paul Ltd., 1974, p. 47.

试，一般不需要按时到校上课，无严格的学习年限，学生可以自由选择学习的时间和地点。参加夏季班和无收入或收入微薄的学生还可获得当地政府或大学财政奖励委员会的助学金。开放大学采用远距离教学和开放式的办学形式，结合函授、电视、广播、计算机网络等多种形式办学，向高等教育大众化和终身教育迈出了一大步。可以说，它是20世纪后半期教育界的最大突破。

开放大学的学生大约有70%是全职工作人员，他们通常攻读第一（或以上）学位或证书，目的是提高学历层次或者改变职业，其中有50 000多名学生是由雇主承担学习费用。开放大学深受残疾人的欢迎，因为他们行动不便无法在传统大学就读，目前该校大约有10 000名残疾学员。服刑人员中也有不少是开放大学的学员；还有军队服役人员以及在家照顾家庭成员的人员①。

开放大学的大部分学员是成年学生，但是随着对传统大学学生财政资助的减少，进入开放大学大学部学习的年轻学生有所增加，2003—2004学年度，大约有20%的大学部学生的年龄在25岁以下，与1996—1997学年度（收费制度改革的前一年）的12.5%相比增加了7.5个百分点②。开放大学与中等学校合作，让参加普通教育证书高级水平（A-levels）的学生进入开放大学学习。

与其他大学学生注册学习某一专业不同，在开放大学学生注册学习的是不同的学习模块，注册的可以是10，15，20，30或者60学分模块的课程，这是具有开放大学特色的课程注册模式，学生通过学分的积累可以获取某一专业的学位。

（二）课程和证书的选择

开放大学是欧洲最大的大学，大约有200 000名学生基于各种原因学习开放大学的课程，这些原因包括：促进职业发展，因为各种原因以前错过接受高等教育的机会；出于个人兴趣和充实自己。开放大学为那些不想放弃自己现有工作和承担家庭责任的人士提供了接受高等教育的机会。

---

① Open University，About the OU：The Purpose of the OU，2006，http：//www. open. ac. uk. 2007-04-23.

② BBC News，OU Sees Rise in Younger Students，2 August 2005，http：//news. bbc. ac. uk. 2007-04-23.

大部分学生选择非全日制学习，可以在家或者在学习者方便的地方学习。通过独特的教学方法来支撑学生的开放学习，也就是说学生可以根据自己的工作和生活情况安排学习时间表，学生可以从不同形式和内容的多种课程中进行选择，可以选择单一课程、证书或者文凭课程、学位课程和研究生证书。开放大学希望学生通过学习获得相应学位和证书，这不仅标志着他们学业上的成功，而且具有附加值，即反映出学习者的强烈责任心、远大目标和严格自律的精神，这些素质正是用人单位所看重的。多年来，有 50 000 多个机构，如英国电信、劳埃德医药公司、苏格兰皇家银行等为他们的员工出资学习开放大学相应的课程。很多专业团体也承认开放大学的课程和证书，如电力工程师学会（IEE）、英国心理学会（BPS）、机械工程协会（IMechE）以及护士和助产士协会（NMC）。

开放大学的证书采用模块式结构，具有很大的灵活性。学生在选择课程时可以选择单一课程，获单一课程证书；可以选择几门课程，逐门选修，直到获得相应证书；必要时修完若干课程后，可以中止，然后继续学习；可以对不同的课程进行综合以适应学习者的需求。无论学生想获得何种证书，一般都从选学第一级课程开始。新生也可以先学习短期的开始课程，树立学习信心，培养远程学习的关键学习技能。

如果学生以前学习过高等教育水平的课程，可以申请认证学分，这样取得证书的步伐就会加快。不同证书要求的学分是：高等教育证书，60 学分；高等教育文凭，120 学分或者 130 学分；基础（准）学位，240 学分；非荣誉学位，300 学分；荣誉学位，360 学分。

学生可以在高等教育证书和高等教育文凭累计的学分基础上，经过继续学习，直到获得学位。大部分学生为非全日制学生，每年选 30 学分或者 60 学分的课程；如果是全日制学生，一学年最多可以选修 120 学分的课程。学生在第一年学习的课程量一般不超过 60 学分的课程。

在各类学历或学位课程中，学生需要学习不同水平的课程，它们是：必修课程，学生成功地修完这些课程，才能被授予相应的学历或学位；开放大学列出选修课程名单，供学生选修；在一些学历或学位课程中，学生可以自主选择不同学分组合的课程。表 5-24 列举了文学士和理学士荣誉学位课程常见的学分组合。

表 5-24 开放大学文学士和理学士荣誉学位课程常见的学分组合形式①

第一种学分组合	第二种学分组合
第一级水平课程 60 学分	第一级水平课程 120 学分
第二级水平课程 180 学分	第二级水平课程 120 学分
第三级水平课程 120 学分	第二级水平课程 120 学分
总学分 360	总学分 360

大部分学生的学习目标是能够获得学历和学位。如果学习者开始对取得何种学历或学位还没有拿定主意的话，在每一个学习阶段都会得到相关的建议和指导。依据不同的难度，课程分为不同水平，每一个水平课程的培养目标是为提高学习者的相关学业知识和技能，进而增强学习者的信心，再继续学习下一水平的课程。

学生可以根据自己的实际情况，选择自己第一阶段课程。如短期、入门性的初始课程（最长学习时间是 20 周），对从未参加过远程学习或刚开始学习的学习者提供面对面的辅导；只是出于兴趣而参加学习的开课广泛的短期课程（10 周～16 周）；为学习者学习第二级和第三级课程打下坚实基础的长期课程，通常需要 9 个月的时间来学习。

一般来说，无论学生选择哪一个水平的课程，1 个学分需要 10 个小时的学习时间。一些课程安排得比较密集，如 10 学分的住宿集中学习课程；有些课程安排时间比较宽松，如用 9 个月的时间学习 30 学分的课程。表 5-25列举了第一级水平课程、学分及需要学习的时间。

表 5-25 开放大学第一级水平部分课程、学分及其学习时间②

课程	代码	学分	所需时间
入学课程：理解社会	Y157	10	20 周，每周 6 个小时～8 个小时
应用科学	SXR103	10	一周住宿学习＋准备和参加课程终结评价
数据库、计算机与信息	M150	30	9 个月，每周 8 个小时
人文学科导论	A103	60	9 个月，每周 16 个小时

① Open University, Points and Levels that Make Up a Qualification, http://www.open.ac.uk/courses/about/P2.shtml. 2007-06-25.

② Open University, How Much Time You Need, http://www.open.ac.uk/courses/about/P3_1.shtml. 2007-06-25.

就大部分非全日制学生而言，每年学习 60 学分的课程，6 年的时间可以修完荣誉学位课程，即 360 学分；5 年的时间修完非荣誉学位课程，即 300 学分；高等教育证书和文凭，需要的学分少，学习时间相应也就短些。

（三）费用与资助

1. 费用

开放大学的收费是以课程为单位的，课程的费用包括课程资料和设备的使用；辅导教师及其辅导；考试；住宿集中学习（某些课程）。

学习的总费用主要看学习者学习课程的多少，什么类型的课程，如 MBA 课程费用就比其他课程费用高；还要看学习者的所在地，如在英国学习的费用就比在其他国家学习费用要少。下面以英国学生为例，几种课程学费的总额分别是：9 个月西班牙语初级课程 395 英镑；15 个月的年轻人工作证书课程 915 英镑；计算机和 IT 开放学位课程，学习时间 5 年，学费 3 500 英镑；心理学理科荣誉学士学位课程，学习时间 6 年，学费 4 000 英镑；工商管理硕士（MBA），学生学习 3 年，学费 11 000 英镑。

学生通常在开始学习某一课程前，交清课程所有费用，但也可按月分期交付，在课程学习期间交清课程所有费用和利息。

2. 学习资助

政府和开放大学为学生提供各类学习资助，希望每年至少有 20 000 名学生能够获得某种程度的学习资助。资助的类型主要有 4 种，分别是：课程学费资助；学习开支资助（如计算机、网络、书和照顾孩子等）；残疾、疾病和学习困难学生的资助；课程学习期间，学生出现经济困难的资助。

学生学习资助主要有如下几个途径：

第一，政府资助。如果是开放大学大学部（undergraduate）的英国学生，可申请如下资助：按照 2006 年—2007 学年度物价指数，家庭总收入在 30 000 英镑以下（威尔士为 26 180 英镑；苏格兰为 15 700 英镑）的学生，可以申请此项资助。如果有配偶或抚养子女，资助标准会更高；无业人员资助；政府提供如下补贴或优惠：收入资助、住房补贴、家庭税优惠、寻找工作补贴和交易税优惠。如果符合条件，政府会把经费先拨给大学，由大学支付符合资助条件的学生的全部或者部分学费和其他学习开支，如购买计算机、使用网络以及照顾子女。另外，残疾人可以申请额外的资助，如使用特殊设备和软件费用的资助；非医疗学习资助，如手语翻译和相关费用；因身体不便多支付的交通费等。

第二，开放大学的资助。如果学生在就读某一课程期间遇到经济困难，可以申请开放大学提供的协助学习基金的资助，可以使用该项资助购买书籍、设备，也可以用来支付照顾子女的费用和交通费用。大学还设有学生援助基金，这笔资金是开放大学基金会通过慈善捐赠筹集的，是当学生遇到突发事件陷入困境时的一种紧急救助措施。

第三，工作单位资助。如果学生为在职人员，学习的课程与从事的工作和职业相关，可以向所在单位申请，让其支付部分或所有经费。75%的英国排名前 100 名的企业都对其员工学习开放大学的各类课程提供资助。

（四）扩大参与的政策与策略

开放大学和英国传统大学一样，政府要求其与公平入学办公室签订《公平入学协议》，承诺推动扩大高等教育参与的政策，就扩大参与方面的工作目的、行动计划和要达到的目标进行承诺。开放大学的两大扩大参与的策略分别是与英格兰高等教育拨款委员会（HEFCE）和苏格兰高等教育拨款委员会（SHEFC）合作，积极推动扩大高等教育参与政策的运行。

1. 开放大学在扩大高等教育参与中的作用

开放大学办学的核心理念是学习对象开放、学习地点开放、方法开放和思想开放，大学部（undergraduate）课程的入学没有正式的考试与资格证书要求。自从 1971 年正式招收学生以来，在扩大高等教育参与方面，一直是所有英国高等院校的排头兵。到 2003 年，有 260 000 名成年学生从开放大学毕业，在读成年学生 190 000 人，其中大约有 38%的学生没有传统大学入学所需要的证书①。开放大学致力于吸引那些无法进入传统高等院校的学生进入开放大学学习。

2. 扩大高等教育参与的措施

开放大学实施扩大高等教育参与的目的是鼓励和积极支持那些有意参与高等教育水平学习的弱势群体顺利参与高等教育的学习；扩大没有良好学业成就和资格证书的成人、来自社会经济地位处于劣势的群体、黑人和亚裔学

① The OU，Widening Participation Strategy 2003—2006，Milton Keynes：The Open University，2003.

生及残疾人参与高等教育的比例①。主要措施有：

第一，经费资助。开放大学通过资源配置为扩大参与的目标服务，每年为低收入家庭的学生提供经费资助；为残疾学员提供服务；为学生提供入学服务，培训学员的远程学习技能；加强学习辅导等。同时，为扩大参与的具体项目提供资源。

第二，课程改革。开放大学每年对课程的内容和结构进行检讨，确保适应学员需求的变化，扩大终身学习课程的机会。通过长期课程、短期课程、学习资料包以及课程学习期间的支持服务，使来自不同背景的学生都可从中受益。为更好地实施国家扩大高等教育参与政策，学校成立了扩大高等教育参与服务中心，统一协调全校这方面的工作。教学单位努力完善基础（准）学位课程，开拓与能提高学生就业力相关的项目，使课程改革为开放大学实施扩大参与政策和实现种族教育平等的目标服务。课程改革的重点是：支持开发新一代的入学教育课程（0 水平级和第一级），为学生在开放大学学习做好准备，特别是新开设的健康与儿童课程以及对社会科学课程的改造，争取在数学、科学和技术课程的教学方面有所突破；对第一级水平的实用性课程进行评估和改革，并规范其与相关学位和其他第一级课程之间的关系；利用与 BBC 的教育合作，发挥电视教学在开放教育课程教学中的优势；继续支持通过课程设计阶段的论坛和培训，增强课程的多样性和包容性。

开放大学重视学生技能的培养，并使其成为课程的重要组成部分，注重对学生的学习提供支持，积极鼓励和培养学生成为终身学习者，使学生最大限度地把学习的技能运用到实际工作之中。开放大学开发越来越多的极具灵活性的职业型证书课程，成为替代传统大学的全日制相应证书课程，如社会工作文凭、研究生教育证书等，开设这些课程时与用人单位进行密切的合作。

第三，行销策略。鼓励来自弱势群体家庭的学生考虑接受高等教育不是件容易的事，并且需要付出经济上的代价。开放大学为扩大学生来源的多样化，在招生时采取市场营销的策略，但是过去大学的市场行销策略和扩大高等教育参与政策的关联性不是太强，现在大学正采取措施对此进行改进，使

① The OU，The University Strategic Plan：Plans for Change 2002—2012，Milton Keynes：The Open University，2002.

更多的本来接受高等教育的可能性不大的人士有了接受高等教育的机会，实现开放大学扩大参与政策的目标。

第四，学与教的策略。开放大学的学与教策略有4个目的：在学习型社会框架下扩大高等教育参与面；加强教学与研究的协同作用；确保课程与扩大参与政策相适应；为学生适应知识社会做好准备。实现上述目的的措施包括：

(1) 通过为学生提供良好的支持服务来降低辍学率。通过开放大学降低辍学率计划的实行，2001年，辍学率仅有5%。主要是通过对开放入学政策的有效管理、建立与学生的良好关系和对其进行有效的干预、开放和提供适应学生学习需求的课程和对学生学习进步情况的跟踪来降低学生的辍学率。

(2) 对残疾学生的支持服务。开放大学通过与残疾学生办公室（OSD）、残疾人辅助技术与自理能力研究中心（CATER）、地区中心（RCs）和英国工程技术学会（IET）的合作巩固来拓展为残疾学生服务的范围，使所有课程小组都能根据学生的特殊需求提供具体支持服务。

(3) 对学生信息技术方面提供的支持服务。开放大学中有不到20%的学生没有家用计算机，开放大学通过地方合作者，使学校能够利用地方信息技术中心为学生提供支持服务，直到家庭电脑普及化。学生得到经费资助后，也可以用于购置他们所需要的计算机。

(4) 支持方式多样化。因为开放大学招收的学生背景更加多样化，为了满足他们的不同需求，需要提供不同的支持服务。这方面的做法主要是避免过多的辅导资料加重学生的负担；鼓励并设法使学生能够参加高效率的面授辅导，在扩大参与的同时，确保降低学生的辍学率。

(5) 鼓励课程和专业入学途径的多样化。通过多种途径的媒体宣传、扩大参与中心的入学课程、开发“学习之旅”项目、使未来可能成为开放大学的学生由观看电视教学节目引导到通过网络学习课程上来等入学途径，使其进入开放大学课程和专业的学习。

第五，人力资源策略。通过多样化培训，包括教职工职业发展课程，使全体教职工了解大学致力于教育平等和文化多样化的政策，并在具体工作中有效实施。

第六，残疾学生助学策略。自从开放大学成立以来，在提供远程学习资源和提供支持服务方面积累了有益的经验，能为残疾学生提供良好的服务。

开放大学为大约 8 000 名残疾学生或具有特殊需要的学生提供资助，包括实施残疾人助学策略，营造包容的学习环境：对残疾人学习群体及其个人不同的需求进行预测并做出反应；通过提供丰富和多样化的课程，为残疾学生创造更多的学习机会，最大限度地满足他们的学习需求；使残疾学生在各方面的学习能够互相衔接；使残疾学生能够充分参与大学各方面的活动，成为大学学习集体中的独立成员。

第七，种族平等策略。开放大学的种族平等策略和行动计划包括资助扩大参与策略计划，并在招生中得到有效实施。“平等挑战组织”① 对开放大学种族平等策略实施情况的评价是“有效实施种族平等策略的典范”②。2002 年，开放大学在英格兰高等教育拨款委员会（HEFC）的资助下，开展了“入学咨询合作伙伴”项目，对开放大学招收少数族裔学生和控制辍学的成效进行讨论，讨论报告中提出的建议受到扩大参与委员会的重视和采纳。

第八，加强合作。开放大学在全国各地设立 13 个地区学习中心和 300 多个地方学习中心，在全国各地有 7 500 位辅导教师。在苏格兰，通过高等教育拨款委员会资助地区入学论坛，开放大学与合作伙伴密切合作，扩大该地区高等教育的参与。

第九，职业咨询与就业。开放大学职业服务处根据大学的机会平等政策开展职业服务，探讨如何培养学生自我评价和个人发展的能力，以及具体职业发展和职业转换的设计能力。咨询的方式包括电话、电子邮件、互联网以及面对面的指导。咨询服务的目的是使咨询者和学生在进行职业规划时能够得到充分的信息，帮助他们沿着自己的既定目标前进。

综上所述，由于历史和现实的原因，英国高等院校分化的现象十分严重，精英大学和从事大众化教育的大学仍然界限分明，反映在招生录取上，就是在学生来源、入学要求、考核方法等方面的巨大差异。虽然存在上述的

① “平等挑战组织”成立于 2001 年，资助单位为高等教育同业协会（GuildHE）、英国大学联合会（Universities UK）、英格兰高等教育拨款委员会、威尔士高等教育拨款委员会、北尔爱兰学习与就业部和苏格兰拨款委员会。其主要使命是对英国高等院校提供资助，帮助它们开发教职工和学生的潜力，不管他们的种族、性别、有无残疾、性倾向、宗教信仰和年龄都能从中受益，并促进高等院校和社会的发展。

② The OU，Widening Participation Strategy 2003—2006，Milton Keynes：The Open University，2003.

差异，但总体来说，都有一个最低入学要求，使英国高校招生录取制度既具有统一性，也存在多样性。从 20 世纪末期开始，政府从政策导向上鼓励高等院校加大扩大高等教育参与政策的实施力度，增加不利群体学生接受高等教育的比例。依据 2004 年英国《高等教育法》成立的公平入学办公室对各高等院校实施扩大高等教育参与政策的情况进行监督，要求各高校在提高学费的同时增加本校学生来源的多样性，特别是要扩大招收来自社会不利群体家庭的学生。

第六章 机会与选择：英国高校招生考试制度公平性分析

从社会层面来看，高校招生考试制度具有分配高等教育机会、影响未来社会机会分配、促进合理的社会分层和社会流动、实现社会正义的功能，因此，高校招生考试制度具有选拔性；从个体层面来看，高校招生考试制度具有分配个体生存资源、提高个体享用能力和促进个体发展等功能，同时对于个人来说，是否接受高等教育以及接受什么样的高等教育具有选择性；从教育层面来看，高校招生考试制度是整个教育制度系统中的重要一环，它影响教育目标的制定和学校人才培养的规格，并具有评价教育质量的功能。

本章运用布迪厄理论对英国高校招生制度进行分析，运用其理论中的文化资本、惯习和场域三个核心概念分析高等教育的机会以及考生对高等教育的选择。对英国 6 所不同中等学校的 373 名学生进行问卷调查，在此基础上选取49 名学生及相关人员进行深入访谈，进一步分析来自不同社会群体家庭考生是如何选择是否接受高等教育及接受何种高等教育的。

第一节 布迪厄理论：分析英国高校招生考试制度公平性的工具

皮埃尔·布迪厄（Pierre Bourdieu）是法国当代最负盛名和影响力的社会学家、哲学家和教育家，他作为法兰西学院的社会学院士，在过去 30 多年里，撰写了 30 多部专著和 400 多篇文章，这些著作所涉及的范围非常广泛，跻身于战后最具想象力和最富成果的社会理论和经验研究之列。

布迪厄的思想是一个庞大而又复杂的理论体系。他的理论可以归结为实践理论，这种实践理论是完全基于他的方法论上的关系主义的。其理论是通过三个基本概念即文化资本、惯习和场域展开的。

一、文化资本

（一）文化资本的含义

文化是布迪厄理论的基点。布迪厄认为文化趣味的区隔（高雅/通俗，形式/功能，深刻/肤浅，尊贵/卑下，体面/粗鲁等）实际上反映了一种权力关系。事实上，布迪厄在文化领域试图做的正是马克思在经济领域已经从事的任务：揭示文化生活中的权力动力学和基本结构。布迪厄之所以把注意力集中在文化实践上，不仅仅是因为他反对庸俗社会学把一切问题化约为物质基础或经济因素的决定力量，从而忽视文化的相对自主性；也不仅仅是因为当代社会高等教育的日益大众化和文化市场的急剧增长使得文化现象越来越具有突出的意义；还因为文化关系涉及布迪厄最为关心的一个问题，即为什么触目皆是的社会不平等没有遭到强有力的反抗？在布迪厄看来，这是因为统治阶级改变了统治策略，他们不再进行粗暴愚蠢的身体强制，而是采取温和得多的控制形式即文化实践形式。简单地说，他们的统治变成了多少类似催眠术的符号统治，在此统治下，被支配阶级和统治阶级达成了共识，准确地说，就是被支配者接受了支配者的理念，并将这些理念误识为是正确的，因而放弃了自己应当遵守的理念，而意识不到支配者对自己的符号支配。这种权力形式布迪厄称之为符号暴力。举例来说，贞操观即是男性权力强加在女性身上的符号权力，男人出于对女性处女情结的病态爱好，将它塑造成女性纯洁之美的一个根本特性，并将此观念强加在女性的灵魂深处，使女性把对贞操的保护变成一种自己的主动追求，不少少女为了保住所谓的纯洁不惜自杀，而事后诸媒体对她刚烈贞节的赞美，则强化了男性权力对广大女性的符号统治。布迪厄认为，文化资源、文化体制或文化实践则是将此类统治合法化的主要工具，至于教育系统则强化了对此社会不平等关系的再生产。

文化资本在布迪厄思想体系中占据着极其重要的位置。为了避免陷入经济至上主义的化约论陷阱，布迪厄把资本划分为经济资本、社会资本（或社会关系资本）和文化资本三种形式。经济资本以金钱为符号，以产权为制度化形式；社会资本（社会关系资本）以社会声望、社会头衔为符号，以社会规约为制度化形式；文化资本则以作品、文凭、学衔为符号，以学历为制度化形态。在三种资本概念中，“文化资本”概念极为重要，它与“惯习”和“场域”共同构成布迪厄的理论体系。

布迪厄使用文化资本这一理论术语，一方面表示了本身作为一种资本形式的文化，另一方面也描绘了文化与（经济）资本二者之间的关系。

（二）文化资本的三种形态

“文化资本”泛指任何与文化及文化活动有关的有形和无形资产。虽然无法像对待经济资本那样对文化资本进行定量化操作，但是在日常生活中，它却发挥着与金钱和经济资本一样的作用。“文化资本”不是一个实体性概念，而是表示文化及文化产物究竟能够发挥哪些作用的功能性概念。由于“文化资本”是一个十分宽泛的功能性概念，为了便于研究，布迪厄将其划分成身体化形态、客观形态和制度形态三种基本形式①。

1. 身体化形态

“文化资本”身体化形态是指行动者通过家庭环境及学校教育获得的并成为其精神和身体一部分的知识、教养、技能、趣味及感情等文化产物。“身体化”（incorpore）一词的意思是“成为精神与身体的一个有机组成部分”，在布迪厄看来就是一种“惯习化”。如同行动者可以通过劳动获得物质财富那样，他同样能够通过学习来积累知识、提高文化修养。但是，如果这些知识与修养没有经过充分的吸收和消化，并最终转化成为行动者精神与身体的一部分的话，那么它就很可能流于表面形式，成为一种仅仅用来装点门面的临时性知识。只有当这些知识和修养真正成为行动者精神与身体的一个组成部分时，它才有可能转换成一种“身体化”文化资本。“身体化”文化资本只有通过特定的个人才能得以体现，它既无法由其他人代理执行，也不可能不被进行任何修正而以完整的形态出让或传授给他人。如同劳动可以转化成一种物质财富那样，时间同样也可以积累文化资本——可以使文化资本身体化，也就是说，文化资本的身体化过程必然伴随着大量时间的消费。如同获取任何物质财富一样，以这一方式获得的身体化文化资本同样可以投资于各种市场（学校市场、学术市场、社交市场、劳动力市场等）并获取相应的回报。这种回报可以是金钱和社会地位等物质性利润，也可以是他人的尊敬或好评等“象征性利润”。从表面上看，知识和修养等文化资本是人类共同的精神财富，它既无法私有化，也不受法律的保护，因此，从理论上说，只要有良好的学习条件和具备一定的学习能力，任何人都可以获得它们。这

---

① Pierre Bourdieu, The Forms of Capital, in J. G. Robinson (ed), Handbook of Theory and Research for the Sociology of Education, New York: Greenwood Press, 1986, p. 244.

种表面的公共性也使它更具普遍价值，但实际上，身体化文化资本的积累不仅需要花费行动者大量的时间和精力，而且通常还必须以雄厚的经济实力为后盾。所以，能够掌握高度专业化知识的人才在任何领域都是十分稀缺的，因而他们具有很高的市场价值。

2. 客观形态

文化资本的客观（objective）形态即文化资本的物化（object）状态，包括书籍、绘画、古董、道具、工具及机械等物质性文化财富（biens culturels）。行动者的藏品——书籍、绘画和古董等物质性文化财富越丰富，或者其质量（文化价值）越高，他拥有的客观形态文化资本就越多。由于客观形态文化资本是一种“物化”资本，因此，给人们一种错觉，以为只要有足够的金钱就可以立刻得到它们。显然，这种看法是不全面的，任何事物如果要作为一种文化资本发挥作用，它必然或多或少地具备了一些身体化资本的特征。例如，某收藏者为了丰富自己的藏书，除了要投入大量金钱以外，还需要花费许多时间用于挑选书籍。另外，他还必须掌握丰富的知识和具有较高的文化素养，否则，他无法收集到有价值的优秀作品。所以，客观形态的文化资本不是一种与身体化过程毫不相关的完全“物化”资本，只有行动者的身体化文化资本投入具体市场（特别是文化再生产市场）中去的时候，客观形态的文化资本才能发挥作用。

3. 制度形态

文化资本的制度形态就是将行动者掌握的知识与技能以某种形式（通常以考试的形式）正式予以承认，并通过授予合格者文凭和资格认定证书等社会公认的方式将其制度化。它是一种将个体层面的身体化文化资本转换成集体层面的客观形态文化资本的方式。所以，制度文化资本是一种介于身体化文化资本与客观形态文化资本之间的中间状态。

文凭资本是制度化资本的典型形式。布迪厄认为学历资本的积累只有通过经济层面的教育投资才能得以实现，学历资格是经济资本转化为文化资本的典型方式。通常来说，父母如果想把自己的孩子送入更好的学校就读，就必须投入更多的经济资本，而且一般来说，投入的时间越早，效果就越好。另外，要使自己的孩子获得较高的学历资本光靠金钱投资还不够，还要设法为自己的孩子收集各种学习信息，特别是与考试相关的信息。必要时，他们随时投入自己的文化资本，亲自承担起辅导孩子学习的任务。总之，父母们运用各种可能的手段将自己的经济资本和文化资本转换成孩子的学历资本，当然，这个愿望的实现是以得到孩子的积极配合为前提的。

从上述文化资本的三种形态可以看出，文化资本的积累是一个艰苦漫长的过程，不是任何人都有条件花费大量的时间和精力来完成文化资本的积累的。在社会场域内，富家子弟和平民子弟的机会是不均等的，富家子弟不仅没有生存的压力，而且可以通过接受父母经济援助（教育投资）的方式，把经济资本转换成文化资本，从而获得更多的学习机会。然而与富家子弟相比，平民子弟的学习机会要少得多，他们不仅无法获得来自父母的大量经济援助（教育投资），而且经常要直面生活的重压。因此，对于后者来说，知识与文化修养的积累有时是一种奢望。

（三）文化资本：分析高校招生考试场域的有力工具

如果说社会资本不仅影响到教育成就，也影响到教育机会，那么文化资本更多的是影响教育成就。也就是说，文化资本能够用来解释为什么当人们拥有同样的教育机会时，仍然存在着教育成绩的差异的问题。布迪厄之所以使用文化资本，最初就是为了解释这种现象，他指出："文化资本的概念，最早就是在研究过程中作为一种理论假设呈现在我们面前的，这种假设能够通过联系学术上的成功，来解释出身于不同社会阶级和阶级团体的孩子在学术市场中所能获得的特殊利润，是如何对应于阶级与阶级团体之间的文化资本的分布状况的。"①

在常识上，人们常认为学术的成功或失败往往是一个人自然能力的结果，而经济学家又指出教育投资与经济投资的利润率的关系问题。但是布迪厄对这些观点都进行了批评，指出它们的不足之处在于都忽视了文化资本对教育成就的影响。现代等级社会的权力争夺形成了两种相互竞争的资本分配原则：一种是人们所熟悉的经济资本的分配，也就是布迪厄所指的"等级的分配性原则"；另一种是文化资本的分配，布迪厄称之为"等级的第二原则"。因此，参与社会再生产的不仅仅是经济资本，还有文化资本，它是通过影响学术成就来实现与参与社会再生产的。"经济学家没有把学术投资策略与整体教育策略联系起来，没有把学术投资策略与再生产策略的体系联系起来，因而他们必然会通过某种悖论，无可避免地遗漏最隐蔽的、最具社会

① 包亚明：《文化资本与社会炼金术——布迪厄访谈录》，上海人民出版社，1997年，第194页。

决定性的教育投资，即家庭所传输的文化资本”，从而“忽略了教育制度通过承认文化资本的世袭传递而为社会结构的再生产所作的贡献”[①]。

习惯上人们常常将受教育者的学术成就归结为学校的作用，能否考出优异的成绩，从而升入高等院校进一步深造主要是学校教育的结果，而忽略了家庭状况对受教育者的影响，即使人们认识到家庭的作用，更多地将原因归结为一个家庭的经济资本，但是，至于经济资本对受教育者是如何发挥作用的，他们并不完全清楚。布迪厄认为至少经济资本的一部分作用是通过将其转换成文化资本来发挥作用的，他的逻辑是：文化资本在家庭中的形成靠的是代际传递，即前辈人对后辈人的言传身教；而要实现良好的家庭教育，则要求长辈（特别是父母）有更多可以自由支配的时间，即需要更多的闲暇时间；而闲暇时间的长短实际上取决于一个家庭的经济状况：家庭经济状况好，那么他们不必为谋生花费更多的时间，闲暇时间就相对增加。总之，布迪厄认为，受教育者在走进学校接受教育之前并不是一张“白纸”，他们或多或少地都拥有各自的文化资本（来源于家庭的），而文化资本的多与少预示着他们将来在教育成就上的不同。

布迪厄认为社会结构是再生产的，通过再生产，社会成员实现了社会地位在家庭内的代际传递。他还认为再生产包括两种类型：一种是经济资本的再生产，这种再生产是直接的，它以遗产的形式将上一代的私人财富传给下一代；另一种是文化资本的再生产，这种再生产是间接的，它需要经过学校教育这个中介环节，教育能够使不同等级的后代获得相应的机会和证书。在这两种方式中，相对来说文化资本的再生产比较隐蔽，一是靠学前的家庭教育；二是靠学校教育，而后者正是布迪厄的学术旨趣所在。布迪厄认为，如果说在封建社会中，教会使世俗的封建特权神圣化和合法化，那么，在近现代资本主义社会，是学校充当着类似教会的功能。他断言：“可以肯定的是，有史以来，对权力和特权的传递问题所推出的所有解决方案中，确实没有任何一种方式比教育系统所提供的解决办法掩藏得更好，因而也更适合那些一再使用最封建的权力和特权的世袭传递方式的社会。教育系统的解决方式就是在阶级关系结构的再生产中发挥重要作用，并在表面上中立的态度之下，

---

① 包亚明：《文化资本与社会炼金术——布迪厄访谈录》，上海人民出版社，1997年，第194页。

掩盖它履行这一职能的事实。”①

作为连接基础教育与高等教育桥梁的高校招生考试在文化资本再生产中起着重要作用。首先，通过高校招生考试将学生进行社会定型，并将其纳入特定的文化传统之中；其次，起到一种外在的社会关系再生产的作用。对社会中不平等的文化资本起到的是巩固原有分配而非重新分配的作用；再次，高校招生考试通过表面的公平行为使其等级再生产的作用合法化。布迪厄的理论是建立在他对法国教育体制中的文化资本转换、学校招生情况及学生的自我期待与现实机会的关系等具体问题的实际调查之上的，是分析高校招生考试场域的有力工具。

当代英国在从精英教育制度向大众化教育制度转化的过程中，高等教育经历了一个不断分化的过程，这与布迪厄所描述的法国的状况非常相似。首先，在教育内部表现在学校间的地位和学术档次的差别上。20 世纪 60 年代，随着英国精英教育向大众化教育过渡，高等教育践行的是传统的学术型“自治大学”和新兴的职业型公共高等教育机构——“多科性技术学院”二元并存的制度。这种制度在促进英国从精英教育制度向大众化教育制度转化的过程中起过积极的作用，但也加剧了英国高等教育的分化。由于传统学术型“自治大学”的地位进一步强化，使得“多科性技术学院”从学术上向学术型大学靠拢，从而失去其职业型学院的办学特色。《1992 年延续与高等教育法》颁布后，多科性技术学院先后取得“大学”地位，从此，英国的高等教育从“二元制”走向“一元制”。虽然“一元制”高等教育制度的建立意在打破两种高校之间传统上的区隔，但是结果并没有消除不同高校之间实际上的地位不平等。以牛津大学和剑桥大学为代表的研究型大学享有崇高的地位，两校的学生多来自与学校所要培养的职业直接有关的家庭，他们毕业后也往往像他们的长辈一样从事这些职业。这类高校常常服务于统治阶级的两个不同部分：一是占有非常丰厚的文化资本的阶级；二是占有相对丰厚的经济资本的阶级。与此并存的 1992 年后升格的教学型大学，其学生主要来自中低和劳动阶级家庭。而不同类型大学里的教授也如同大学一样有着等级差别。

布迪厄对学生的关注归结起来表现在两个方面：一是学生的自我期待与现实能为他们提供的实际机会之间存在着某种一致的关系。与其他学者看法

① 李生全：《布迪厄的文化资本理论》，《东方论坛》2003 年第 1 期，第8～12 页。

的不同之处在于布迪厄利用“惯习”这一概念来对这组关系进行解读。他认为学生自我选择教育的机会和成功的概率表面上是一种个人的选择与期待，实际上这种期待并非他个人所有，而是他那个社会阶层所共有的，是在长期的社会经验中形成的，并代代相传，习以为常，不易改变。另外他还认为学生的志向与抱负明显地受到家庭所属的阶级环境的影响。文化资本与经济资本都不强的阶级子弟一般对自己的期待较低，与之相反，占有较丰厚的文化资本与经济资本的阶级子弟则将这种优势转化成了个人的远大抱负。前者就读的往往是公立中学、延续教育学院和公共高等教育机构，后者则就读的是公学、文法学校和传统学术型“自治大学”。二是公平的考试制度下隐蔽的不公平问题。学校所重视的语言、人文科目考试有利于出身富裕家庭的子弟。布迪厄反对结构主义所认为的“语言仅仅是交流的工具”的观点，他认为语言关系实际上是一种权力关系与符号关系。如果没有这种关系的存在，即使理解了对方的语言，并不一定能采取相应的行动。他注意到资产阶级语言和大众语言之间的最明显的差异，前者往往注重抽象化、形式主义、唯理智论和委婉适度，后者的特征是有特别强的表现力、形象化。这种差别从初始的家庭教育就已存在，而通过学校教育得到进一步的强化。从根本上来说，这种语言关系与考试还是为了社会的再生产。布迪厄曾指出：“特权阶级总是把选择的权力更完全地委托给学校，以显得他们把从一代人向下一代人传递权力的权力交给了一个完全中立的当局，从而拒绝了通过世袭传递特权的专断性特权。……这样，学校就能比过去任何时候都更好地，总而言之是以一个民主思想为基础的社会里所能想象出来的唯一方式，促进业已建立的秩序的再生产。”①

二、惯习

惯习（Habitus）是布迪厄理论中的另一重要概念。它是人的主观心理状态，是人的社会行动、生活风尚、行为规则等实际表现及其精神方面的总根源。它产生于历史中，是人们对一定社会生活的反映。惯习还是社会分化和等级化的原则，人们通过惯习的外在表现形式——气质、风格、个性、生活方式等，将自己与别人区别开来。

① 皮埃尔·布迪厄、帕斯隆：《再生产——一种教育系统理论的要点》，商务印书馆，2002年，第180页。

（一）惯习的含义

布迪厄认为，场域不是一个“物质小世界”，每一个场域都有属于自己的“性情倾向系统”，这种“性情倾向系统”就是惯习。可以从以下几个方面理解惯习的含义：

首先，布迪厄将惯习定义为一个持久的、可转移的秉性系统。P. 科尔库夫这样解释这一定义：“秉性，也就是说以某种方式进行感知、感觉、行动和思考的倾向，这种倾向是每个人由于其生存的客观条件和社会经历而通常以无意识的方式内在化并纳入自身的。持久的，这是因为即使这些秉性在我们的经历中可以改变，但它们也深深扎根在我们的身上，并倾向于抗拒变化，这样就是在人的生命中显示某种连续性；可转移的，这是因为在某种经验的过程中获得的秉性（例如家庭的经验）在经验的其他领域（例如职业）也会产生效果，这是人为统一体的首要因素；最后，系统，这是因为这些秉性倾向于在它们之间形成一致性。”①

其次，惯习在潜意识层面上发挥作用，属于“心智结构”的范围，是一种“主观性的社会结构”，但它不是一种纯粹的主观性，而是与客观结构（场域）相联系的主观性。没有孤立存在的惯习，只有与特定场域相关的惯习。

再次，惯习是个性与社会性的统一体。它作为一种主观性的性情系统和心智结构，“寄居在身体之中（或者生物性的个体里）”②，具有个体性。同时，“惯习是社会性地体现在身体中的”，“是一种社会化了的主观性”③，又具有社会性。

最后，惯习具有历史性和能动性。布迪厄认为惯习是一种生成性结构，是一种历史的产物。正如熊比特认为的那样，如果人类不把绝大多数的日常行为融入惯习，并且不把这种惯习传承下去，那么社会将无法维持哪怕是一天的正常生活。与此同时，惯习又是个体在实践中形成的，“是一个开放的性情开放系统，不断地随着经验而变，从而在这些经验的影响下不断地强化

---

① 皮埃尔·布迪厄、华康德：《实践与反思——社会学导论》，中央编译出版社，1998年，第36页。

② 皮埃尔·布迪厄、华康德：《实践与反思——社会学导论》，中央编译出版社，1998年，第171页。

③ 皮埃尔·布迪厄、华康德：《实践与反思——社会学导论》，中央编译出版社，1998年，第170页。

或者调整自己的结构。它是稳定持久的，但不是永远不变的”①。

（二）阶层惯习与品位

布迪厄认为，资本量、资本构成比例及其演变的历史轨迹所规定的社会阶级结构，可以内化为人们独特的阶级惯习。而不同阶级的成员，总是在各自阶级惯习的约束下，带着自己特有的阶级秉性，进入不同品位的场域，并通过选择不同的生活方式来表明自己的阶级身份，表明自己与其他阶级之间的关系和社会距离。布迪厄指出：“品味是对分配的实际控制，它使人们有可能感觉或直觉到一个在社会空间中占据某一特定位置的个体，可能（或不可能）遭遇什么，因而适合什么。它发挥一种社会导向作用，引导社会空间中特定位置的占有者走向适合其特性的社会地位，走向适合位置占有者的实践或商品。”② 由此可见，一个阶级的成员通过自己的生活方式和消费行为，展现出来的是他所占据的社会空间位置。也就是说，生活方式可以看作通过社会实践展现出来的阶级关系③。布迪厄认为，品位是惯习沉淀、积累的结果，而惯习又是由于拥有资本类型的不同以及拥有资本的结构比例存在的差异所形成的。

（三）惯习与高等教育的选择

梅塞尔认为，社会存在着两大阶层：精英与非精英（大众）。精英群体用明显的阶层界限——“文化屏障”有效地阻断了其他阶层向这个阶层的流动，为精英阶层的利益和维持他们特有的生活方式提供了最有效的保护④。布迪厄在《国家精英——名牌大学与群体精神》中指出，阶层之间的文化屏障是通过阶级惯习树立起来的。惯习是一个社会阶级或等级群体所共有的无意识的观念、特征、思维和共同的文化。

英国的高校实际上分为从事精英高等教育的传统学术型“自治大学”和

① 皮埃尔·布迪厄、华康德：《实践与反思——社会学导论》，中央编译出版社，1998年，第178页。

② P. Bourdieu, Distinction: A Social Critique of the Judgement of Taste, Cambridge: Harvard University Press, 1984, pp. 466-467.

③ 刘欣：《阶级惯习与品位：布迪厄的阶级理论》，《社会学研究》2003年第6期，第33～42页。

④ 钱民辉：《教育社会学——现代性的思考与构建》，北京大学出版社，2005年，第114页。

承担大众高等教育的1992年后的大学。“自治大学”通过惯习使它们的学生形成了一个被区隔的“精英群体”，这种区隔体现在两个不同的层面：一是精英与大众的区隔；二是精英内部的区隔。前者通过设立边界，将那些在经受了所有重要的考试后被选拔出来的人与普通人区隔开来。通过以A-levels为代表的公共资格证书考试，选拔出一批学生进入精英大学学习，从而建构了一个“精英群体”，并且通过区隔行为，赋予这个群体通常只属于神者的一切特征①；后者是指在精英大学内部主要存在着统治阶级和中间阶级（小资产阶级）的类别差异。通过普通教育证书高级水平（A-levels）等证书考试，精英大学在最后一名被录取者（成功者）和最后一名被淘汰者（失败者）之间设立了一条社会边界，建立了对社会世界的一种合法的划分方式。这种神奇的边界使精英与普通人之间的差别得以神化，并公开得到人们的认同，同时使被录取者认同自己的特别、转变自己的信仰，将他们抛入支配阶层的惯习中。如果家庭出身是劳动阶层的子弟，有幸进入这个边界成为精英中的一员，那么他所表现出来的行为态度或思维方式必然较少地体现劳动阶层的惯习。跨越区隔“大众”与“精英”界限，其前提条件是决裂，甚至是背弃……每一次学业神圣化行动只是加深最初的裂痕，并且把这种裂痕同时建立在现实中和意识里②。既然是精英，就得表现出精英所应具备的自信的行为举止、高贵的外表和优雅的作风，以及精英阶层的品位和良好的自我感觉。精英心智结构的同质性加上共同的信仰、使命和利益，使其构成了一种群体精神或称惯习。

在精英群体的内部，也存在着社会类别的差异，这一点多少可以从精英学校的教师对学生学业评定时看出一二。布迪厄将教师所作的学生评语中的所有形容词进行整理分类，在形容词等级与社会出身等级之间建立线性分布的最相近关系，同时，还将每一位学生在一个学年中得到的所有分数的平均值作为参照量置于其中加以比较。通过比较分析，得出如下结论：第一，随着学生社会出身的提高和分数的提高，最高荣誉的形容词出现得越来越频繁；第二，出身于社会空间中等区域的学生是专门接受否定性评判的对象，出身于商业资产阶级家庭的学生全部逃脱不了最不公正的评价，出身于知识

① 皮埃尔·布迪厄：《国家精英——名牌大学与群体精神》，杨亚平译，商务印书馆，2004年，第202页。

② 皮埃尔·布迪厄：《国家精英——名牌大学与群体精神》，杨亚平译，商务印书馆，2004年，第180页。

分子家庭的学生几乎没有得到过最为消极的评价；第三，在分数相同或相近的情况下，社会出身低下的学生，教师评价他们的方式就越严厉、越激烈、越不委婉；第四，与分数相比，评判的理由似乎与社会出身联系更加紧密①。实际上，教师在对学生进行感知和评价时远远没有做到中立和客观，在他们尚未意识到时，已用先入为主的偏见将学生的社会属性与学业评判对应起来；在他们自己尚未进行纯粹的学业分类活动时，已将社会类别差异转化成学业类别差异。这样的学业评判几乎无法掩盖社会偏见。尽管出身相对较低层的子女往往是最顽强、最努力也是得到成绩优胜奖稍多的群体，但是出身于支配阶层尤其是文化资本较丰富家庭的子女常常被认为具有天赋。让这种带有偏见的学业评判看上去正当合理的原因是与惯习的作用分不开的。惯习使自己得以永存的倾向就是使某一特殊的身份得以永存的倾向②。出身于中下阶层的学生有其特有的阶级秉性，即便他们进入精英学校，他们的习性依然或明或暗地显现于自身，使处于支配阶层的学生对此一望便知。在精英群体内部，等级差异不会消除，支配阶层的惯习往往居于统治地位。精英学校一方面在制造新的精英；另一方面又以不平等的方式在对待这些新贵们，而后者又不自觉地成为“同谋”，阶层之间的文化屏障也因此而更加巩固。由此看出，高等教育机会的不公平是以较为隐蔽的形式呈现的，高校招生考试在平等的假象下强化了现有的统治秩序。

三、场域

（一）场域的含义

布迪厄认为，社会科学研究的对象既不是单纯的个体，也不是理想化的抽象社会，而是由无数个体构成的“场域”（field）以及无数场域构筑的一种更大的“场域综合性结构”。在布迪厄看来，所谓“场域”并非指物理空间，也不同于通常所说的领域，而是各种力量较量的场所，通俗地说就是“社会战场”。场域是行动者争夺有价值的支配性资源的空间场所，这是其最本质的特征。从分析的角度来看，一个场域可以被定义为在各种位置之间存

---

① 皮埃尔·布迪厄：《国家精英——名牌大学与群体精神》，杨亚平译，商务印书馆，2004年，第54～59页。

② 皮埃尔·布迪厄：《国家精英——名牌大学与群体精神》，杨亚平译，商务印书馆，2004年，第4页。

在的客观关系的一个网络（network），或一个构型（configuration）。正是在这些位置的存在和它们强加于占据特定位置的行动者或机构之上的决定性因素之中，这些位置得到了客观的界定，其根据是这些位置在不同类型的权力（或资本）——占有这些权力就意味着把持了在这一场域中利害攸关的专门利润（specific profit）的得益权——分配结构中实际的和潜在的处境（situs），以及它们与其他位置之间的客观关系（支配关系、屈从关系、结构上的对应关系等）①。布迪厄认为，高度分化的社会里，社会世界是由大量具有相对自主性的社会小世界所构成的。这些社会小世界就是具有自身逻辑必然性的客观关系的空间，而这些小世界有其自身特有的逻辑和必然性。因此，场域是一种人为的社会构建，是经历漫长的自主化过程后逐渐形成的产物。

在理解场域时，可以将场域设想为一个空间。首先，它是由一些特定原则所界定的空间。在这一空间里，各自独立的不同场域相互关联，各自发挥着不同的效用，并且由于这种效用的存在，对任何与该空间有关的对象，都不能仅凭所研究对象的内在性质予以解释；其次，场域不是一般性的空间结构形式，而是充满冲突和争夺的空间。场域中的行动者利用各种策略来争夺和维护有利于自己的位置和空间。他们在场域中不断展开斗争，这些斗争维持或变更着场域中各种力量的构型，是场域的动力所在。布迪厄以"博弈"（game）来具体说明场域中的行动者（博弈者）掌握着不同种类和数量的资本，包括经济的、社会的、文化的、符号的资本，这些资本随着场域的变化发挥着不同的作用，博弈者因此拥有了不同的相对的权力。正是这些博弈者之间的力量关系状况决定了某个场域的结构，而改变各种资本形式的分布和相对分量就相当于改变了场域的结构。不过，布迪厄特别强调，场域中斗争的焦点在于谁能够强加一种对自身所拥有资本最为有利的等级化原则。从特定场域来说，行动者的策略既取决于他们在场域中的位置，即特定资本的分配，同时还取决于他们对场域的认知，即依赖于他们从场域中的不同位置出发所采用的不同视角。

（二）高校招生考试场域

布迪厄认为，在以当代资本主义为特征的复杂社会中，学校接管了这种使社会分层神圣化的工作。所以，现在不是一种资本而是有两种资本——经

① 皮埃尔·布迪厄、华康德：《实践与反思——社会学导论》，中央编译出版社，1998年，第133页。

济资本和文化资本通向了权力地位，决定了社会的空间结构，并且主宰了团体与个人的人生机遇和轨迹。因此，布迪厄把教育看成现代社会中一个具有自己的建制特征、专业利益、资本分配和转化机制的场域，它相对独立于政治和社会权力场域。高校招生考试场域则是教育场域的重要次场域，通过高校招生考试，强化了年轻一代在大的社会场域的位置关系。

运用布迪厄的分析方法，可以把英国高等教育看作一种精英制造的系统工程，其各种权力形式相互共存与竞争构成了英国社会的特征，而这些权力日益依赖于转换成文凭来确立自己的神圣性，以便永存不朽。高等教育工程不仅保证了那些业已拥有垄断特权的家族的后代（贵族成员，无论是基于血缘的还是文凭的，基本上都是男性）优先并迅速地进入统治阶层，而且它的高度自治和清晰的内部区分（这种区分与组成主要权力场域的经济和文化资本之间的区分相适应）也使它能够通过承认和奖励不同类型的知识分子（即社会优秀分子）的方式来消除权力形式间的内部冲突。以剑桥大学为例，在2001—2002 学年度，英国大学拨款委员会为其制定的招收来自社会低阶层家庭学生的比例基准是 13%，但到 2006 年，这一比例并没有变化，录取的学生中，来自社会低阶层家庭的学生比例变化并不大。在 2001—2002 学年度，为其制定的招收来自家族成员中没有受过高等教育的学生的比例的基准是 7%，通过校外联系项目等一些活动，来自家族成员中没有受过高等教育的学生对剑桥大学的认识方面有所提高，但这方面的进展也很有限。正如布迪厄所证明的那样，“精英”大学的学生主要来自社会支配阶层，而普通大学的学生更多的是来自被支配阶层。“精英”之所以成为“精英”，主要是因为他们从各自的家庭中继承了更多的文化资本。貌似平等的高校招生考试，其实掩盖了极大的不平等。布迪厄指出：“在无以计数的主观选择和客观选择实践中，出身于权力场域不同区域的青少年被引向了不同的教学机构，从而使得每一个教学机构都最大程度上聚集了来自于权力场域中相同区域的个体，因而也就在最大程度上集中了彼此间具有大体相同的惯习体系的学生；而这些学生的惯习体系则与另外一个教学机构的学生的惯习体系存在着最大的差异。”① “惯习”是“场域”的必然属性，正因为惯习的存在，“精英学校”的场域才得以形成。教育场域和权力场域的等级同质性使得有人可能利用文化资源，尤其是知识分类、资

① 皮埃尔·布迪厄：《国家精英——名牌大学与群体精神》，商务印书馆，2004 年，第 9 页。

格差别和招生过程来维护其政治和社会权力地位。在这种情况下，教育已经代替门庭、宗教及直接的政治、经济背景，成为一种新的不平等机制。

英国精英大学和普通高校的对立，在高校招生考试场域中表现得尤为尖锐。但是这种对立实际上是体现了由资本（主要是经济资本和文化资本）分配不均引起的等级分化。统治阶级家庭拥有的资本总量较多，有助于他们的后代通过学校教育获得更丰富的经济资本和文化资本。“孩子们的人生道路在很大程度上取决于其父母拥有的经济和文化资本总量的多少。出身于具有强大经济和文化资本家庭的孩子很容易形成良性循环，即较高起点——优质的初级学校教育——进入一流学校接受精英教育——获得名校文凭——从事较好的工作——获得较高的社会地位。”①（社会高阶层子女）一踏进人生的历程就被注入了优越的本质，文化贵族们因而能够一上来就投身他们的职业生涯，迅速地达到霸权位置，得到人们所说的享有威望的职务。而与之形成鲜明对比的是“平民不得不无休止地表现自己，不得不用时间和业绩来支付一次缓缓的升迁”②。高校招生考试对社会分层和社会流动具有很大的强化作用。高等教育等级分化根植于社会的等级分化，同时高等教育又再生产社会等级秩序，并扩大了原有的社会差异。

第二节　影响高等教育机会与选择的因素分析

在过去，特别是近 20 多年来，英国高等教育经历了巨大的变化。首先，这种变化最直观的表现是高等教育规模的变化和高等教育机会的剧增。英国高等教育入学率由 20 多年前的 12%提高到现在的 44%，政府的目标是到 2010 年高等教育的入学率达到 50%③。其次，在全日制和非全日制高校学生的男女生比例基本平衡也是这一时期引人注目的变化。高等教育扩张中包括了一部分以前不被看作或没有被计入高等教育领域的教育活动。例如，现在的教师教育、辅助医务专业教育也属于高等教育学科，特别是在大学还开

① 朱伟钰：《“资本”的一种经济学解读——布迪厄“文化资本”概念》，《社会科学》2005 年第 6 期，第 117～123 页。

② 皮埃尔·布迪厄：《国家精英——名牌大学与群体精神》，商务印书馆，2004 年，第 258 页。

③ Diane Reay，Miriam E. David，Stephen Ball，Degrees of Choice：Social Class，Race and Gender in Higher Education，London：Trentham Books，2005，p. 9.

设这些学科，而在以前这些学科曾被认为不适合在高等教育这个层次开设。这在一定程度上也改变了接受高等教育的学生的男女生比例。再次，大量职业教育学科进入高等教育也改变了高等教育的性质和形式。

一、高等院校学生结构的变化

在20世纪，英国高等院校招生情况主要有以下三个方面的特点：第一，招生规模不断扩大，高等教育的机会越来越多；第二，接受高等教育的学生性别不平等不复存在；第三，在高等院校招生中，来自不同社会阶层家庭学生的高等教育入学机会不平等状况没有得到改变①。第二次世界大战以前，英国高等教育一直保持着很小的精英高等教育规模。1938年，适龄青年中接受高等教育的比例不到2%，其中，女生的比例不足0.5%②。到1948年，进入大学学习的18岁青年的比例也只有3.7%。二战后，高等院校招收的学生中女生所占的比例不断上升，现在大学生中女生的比例已经超过了男生。但是，来自不同阶层家庭的学生接受高等教育的机会平等仍然是个难以实现的梦想。

从1928年到1947年，劳动阶层家庭的男生的高等教育入学率为1.4%，而同期非劳动阶层家庭背景的男生的大学入学率为8.9%。通过对二战前后高等院校招收学生的情况进行比较，发现战后不久高校招收不同阶层间学生的不平等现象甚至超过了战前。但是从1960年起，随着政府补贴性贷款（means tested grants）③ 和政府提供全部学费政策的实施④，再加上罗宾斯报告中提出的应该“为凡愿意接受高等教育，并且学习能力和学业成绩合格者提供接受高等教育的机会”⑤ 的原则得到广泛认同，这样就为高等教育的快速扩张提供了政策背景。因此，在1963年至1968年，高等院校的

---

① M. Egerton, A. H. Halsey, Trends by Social Class and Gender in Access to Higher Education in Britain, Oxford Review of Education, 1993, 19 (2), pp. 183-196.

② R. Blackburn, J. Jarman, Changing Inequalities in Access to British Universities, Oxford Review of Education, 1993, 19 (2), pp. 197-215.

③ 政府补贴性贷款（means tested grants）主要用于资助家境不利的学生，以保障他们不会因经济原因而失去接受教育的机会。

④ C. Anderson, Ministry of Education and the Sevretary of State for Scotland Grants to Students: Report of the Committee, Cmnd 1051, London: HMSO, 1960.

⑤ L. Robbins, Higher Education, Report of a Committee, Cmnd 2154, London: HMSO, 1963.

招生量提高了50%。尽管在安德森和罗宾斯报告政策实施后，不同阶层学生的高等教育入学机会不平等状况有所改变，但是在1970年至1980年这10年间，由于经济和市场发展的需求，使高等教育继续扩张，上层阶级家庭学生在激烈的竞争中仍然占据优势，所以，各阶层家庭学生接受高等教育机会不平等的状况进一步加剧。在1970年至1989年间，英国大学的在校生人数提高了150%，尽管高等教育的规模有了很大发展，但是高等教育中阶级分化现象依然如故①。正如布迪厄和帕瑟琳研究法国高等教育时发现的那样，在英国中产阶级家庭的学生一直是高等院校扩招的最大受益者②。

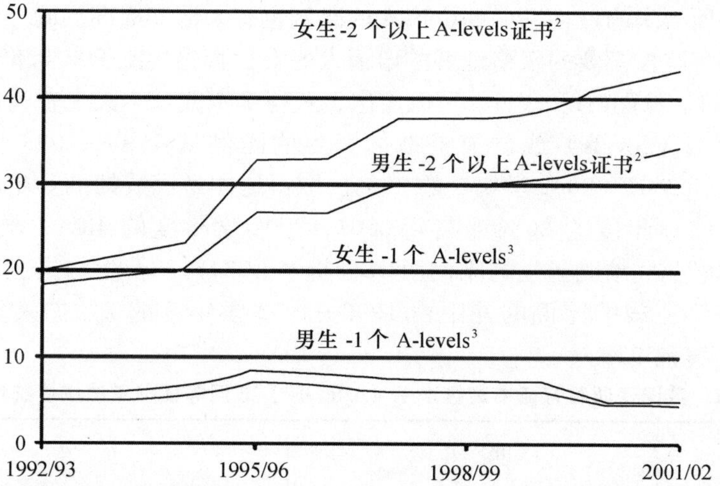

图6-1　英国普通教育证书高级水平（A-levels[1]）或同等证书考试成绩分布图百分比（%）③

注：1. 2个普通教育证书补充水平证书考试（AS）相当于1个A-levels，从2000—2001学年度开始统计数据的方法与以前有所不同，1995—1996学年度以前的数据包括学校在校生。2. 相当于3个或以上的苏格兰高等证书。3. 相当于1个～2个苏格兰高等证书，包括那些具有1.5个A-levels证书的学生。

20世纪60年代以后的相当长一段时间内，高等教育的入学率一直在10%以下，但到1996年，首次进入高校学习的人员的比例已经超过33%。

① R. Blackburn，J. Jarman，Changing Inequalities in Access to British Universities，Oxford Review of Education，1993，19（2），pp. 197-215.

② P. Bourdieu，J. C. Passeron，The Inheritors：French Students and their Relation to Culture，Chicago：University of Chicago Press，1979.

③ 英国教育技能部；威尔士国民大会；苏格兰行政院；北爱尔兰教育局。

虽然在这个时期对什么应该计入高等教育有一个重新界定，但这仍然是一个巨大的变化①。随着高等教育规模的扩张，高等院校的办学定位和学生结构也发生了相应的变化。英国在过去20多年中，进入高等院校学习的学生数目有很大增长，从20多年前的30万～40多万增长到现在的200多万。同时，男女生比例发生了巨大变化，在1975—1976学年度，女生与男生（全日制和非全日制）的比例是0.46∶1，但是到1999—2000学年度这个比例变成了1.20∶1（在全日制学生中，这个比例是1.15∶1；在非全日制学生中，比例是1.28∶1），女生的人数超过了男生的人数。与此类似，获得升入高等院校所要求的资格证书的申请人的比例也有大幅度提高。同一时期，持有升入高等院校必要的资格证书的申请人的女生和男生比例从0.85∶1提高到1.21∶1。从图6-1和表6-1可以看出，获得2个或2个以上普通教育证书高级水平（A-levels）或同等证书的学生的比例从1995—1996学年度的30%提高到2001—2002学年度的39%。取得这样学业成绩的女生的比例从1992—1993学年度的20%提高到2001—2002学年度的43%；同一时期，取得这样学业成绩的男生的比例由18%提高到34%。女生与男生获得升入高等院校学业成绩比例的差距由1992—1993学年度的2%扩大到2001—2002学年度的9%。

表6-1 英国普通教育证书高级水平（A-levels[1]）或同等证书考试成绩统计表②

学年度	男生		女生	
	2个以上A-levels证书[2]	1个A-levels[3]	2个以上A-levels证书[2]	1个A-levels[3]
1992/93	18.3	5.0	20.1	5.8
1993/94	19.1	4.9	21.9	5.8
1994/95	20.0	5.4	23.1	6.7
1995/96	26.7	7.1	32.7	8.6
1996/97	26.5	6.7	33.0	8.1

① OECD, Economics and Finance of Lifelong Learning, Paris: Organization for Economic Co-operation and Development.

② 英国教育技能部；威尔士国民大会；苏格兰行政院；北爱尔兰教育局。

续表

学年度	男生		女生	
	2个以上 A-levels 证书[2]	1个 A-levels[3]	2个以上 A-levels 证书[2]	1个 A-levels[3]
1997/98	29.9	6.0	37.4	7.2
1998/99	30.1	6.1	37.4	7.3
1999/2000	30.5	6.0	38.6	7.1
2000/01	32.9	4.5	41.7	4.9
2001/02	34.1	4.4	43.2	4.8

注：1. 2个普通教育证书补充水平证书考试（AS）相当于1个 A-levels，从2000—2001学年度开始统计数据的方法与以前有所不同，1995—1996学年度以前的数据包括学校在校生。2. 相当于3个或以上的苏格兰高等证书。3. 相当于1个～2个苏格兰高等证书，包括那些具有1.5个 A-levels 证书的学生。

虽然在高等院校招收的学生中，女生的比例已经超过男生，但我们必须注意到男女生在就读的专业方面的性别不平等和分化不是减小而是加大了。这一点从 A-levels 证书考试中男女生参加考试的学科就可以看出，男生大部分参加物理、数学、计算机、技术和经济学科的 A-levels 证书考试，而女生主要参加的考试科目是生物、社会科学、艺术与设计①。

在20世纪末，不同阶层家庭的子女接受高等教育入学机会不公平的现象并没有得到太大的改变。高等院校招生考试强化了社会阶级分化，大学在阶级建构中的意义得到进一步加强。“随着各工作岗位标准的制定，大学学位的重要性与日俱增，这是一个很重要的变化。当劳动力中有不到2%的人持有大学学位时，虽然这些学位对于持有者的职业生涯十分重要，但是由于比例太低，从总体上来说不会对劳动力市场产生太大的影响。随着持有大学学位的人数的增加，越来越多的高层次职业要求从业人员必须具备工作岗位的准入资格，大学学位也会越来越变得司空见惯，高等教育在职业阶层再生产中扮演了更重要的角色。因此，各阶层接受高等教育机会不平等的现象一

① M. Arnot, M. E. David, G. Weiner, Closing the Gender Gap: Post War Education and Social Change, Cambridge: Polity Press, 1999, p. 27.

直存在，无论是在男性群体中还是在女性群体中，都存在着明显的阶级分化现象，这些现象并不令人感到意外。”①

如果将高校入学标准考虑进去，在高校招生中就已经存在阶级差异。1993年的一项对高等教育适龄青年的调查显示，来自第一、二阶层家庭的青年中有77%的人持有2门普通教育证书高级水平（A-levels）或同等证书，进入高等院校接受高等教育，但来自第三、四阶层家庭的青年中只有47%的人具有同样的学业成绩，能够进入高等院校接受高等教育②。另外，1997年高等教育政策的改变使来自低阶层家庭的青年进入高校接受高等教育变得更加困难。正如英国高等院校招生服务处的统计数据表明的那样，“通过对1997—1998学年度的数据分析显示，政府扩大高等教育参与政策所强调的成年人、社会经济不利群体和少数族裔的学生的被录取人数都有大幅减少”③。

自从20世纪90年代晚期以来，尽管扩大高等教育参与依然是政府重要的高等教育政策，但就为所有人提供公平接受高等教育机会的角度而言，这些政策的效果如何并没有引起政府的足够重视④，反而在工党执政时期，40年前杰克逊和马斯顿（Jackson and Marsden）所描述的在劳动阶层中由于缺乏必要的信息，对英国义务教育后的教育普遍感到困惑的现象并没有消失，因而造成了高等教育入学机会的不公平现象。工党政府实行了高等教育收费和贷款制度，并取消了政府对大学生的生活补贴，进一步加剧了这种不公平的状况。

当代英国高等教育与布迪厄描述的法国的情况一样，从精英高等教育向大众化高等教育转化的过程也是加剧阶级分化的过程，高等教育场域也更加

---

① R. Blackburn, J. Jarman, Changing Inequalities in Access to British Universities, Oxford Review of Education, 1993, 19 (2), p. 205.

② H. Metcalf, Class and Higher Education: the Participation of Young People From Lower Social Classes, London: Policy Studies Institute/CIHE, 1997.

③ UCAS, Statistical Bulletin on Widening Participation, Cheltenham: UCAS, 2000, p. 3.

④ R. Brooks, My mum would be as pleased as punch if I actually went, but my dad seems a bit more particular about it: Paternal involvement in young people's higher education choices, British Educational Research Journal, 2004, 30 (4), pp. 495-514.

分化①。

尽管在高等教育大众化背景下，政府积极推动扩大高等教育入学机会的政策、确保人人都能取得达到高等教育入学所需的学业成绩的政策，在精英领导阶层也实现了一定程度的高等教育机会均等，然而，高等教育规模和范围的扩大并不能掩盖目前在高等教育内部、就业市场和高等教育投资回报方面存在的分化日益严重的问题。在越来越多的来自劳动阶层和少数族裔家庭学生进入大学接受高等教育的同时，我们也必须注意到在大多数情况下，他们往往与来自中产阶级家庭的同龄人入读的大学并不一样，来自中产阶级家庭的子女从高等教育的扩张中受益最多。适龄学生的高等教育入学率在不同阶层间的分化更加严重，在英国实现高等教育机会均等的目标还有很长的一段路要走。

二、影响高等教育机会与选择的因素调查

为了更好地了解影响高等教育机会与选择的因素，笔者进行了问卷调查和访谈。时间是 2006 年 9 月至 2007 年 6 月，对象为 6 所学校（见表 6-2）的中六学级 12 年级和 13 年级的学生及其父母和其他相关人员（生涯教育的教师、中六学级学生导师等）。这 6 所学校分别是：①南卡姆登社区学校(South Camden Community School)。它是位于伦敦地区的一所综合中等学校，学生年龄是 11 岁～18 岁，来自少数族裔和劳动阶层家庭的学生占绝大多数。②布鲁克威斯顿城市技术学院（Brook Weston City Technology College)。学校位于英国中部北安普顿郡，是教育部直属的综合中学，学生年龄是 11 岁～18 岁，学生来自各个社会阶层。③亨利学院（Henley College)。学校位于泰晤士河谷地区的牛津郡，是该地区主要的第三级学院，主要提供 A-levels 课程，包括学术类和职业类课程，大部分学生年龄在 16 岁～18 岁之间，来自各个社会阶层。④特希姆学院（Tresham Institute)。学校位于英国中部的北安普顿郡，属于延续与高等教育学院，开设大学预科课程和高等教育课程，学生来自各个社会阶层。⑤伊顿公学(Eton College)。学校位于伦敦以西 20 英里的温莎镇，地处白金汉郡的泰晤士河畔。伊顿公学（Eton College）是英国最著名的贵族中学，在这所私

① J. Collins，Introduction Qualitative Studies in Education，Special Issue on Higher Education，1999，12（3），pp. 229-237.

立寄宿制的男子中学，当时有约 1 400 名 13 岁至18 岁的学生，每名住校生半学年的学费大约是 8 000 英镑。据统计，在英国每400 名男孩中，只有 1 名能进入一般的公学读书，但要进入伊顿公学的，则是每 1 500 名男孩中才有 1 名①。英国的一些名门望族为了让子弟能进入伊顿公学读书，每当有男婴出生，便凭“出生证”向伊顿公学报名排队，希望孩子长到 13 岁时能够入学。长久以来，英国王室成员都会把男孩子送到伊顿公学读书。许多英国皇室子弟，都曾经在伊顿公学就读过，如王储查尔斯王子、威廉王子和哈里王子都是该校的毕业生。在英国历史上，有 19 位首相、36 位维多利亚十字勋章获得者，都是该校的毕业生。该校是公认的英国最好的中学。⑥ 圣保罗女子学校（St Paul’s Girls’ School）。学校位于伦敦市中心汉莫尔史密斯，学生是年龄为 11 岁～18 岁的女生，是英国唯一不要求穿校服的“贵族学校”。世界上许多著名模特、电影演员、女经济学家、女社会名流出自该校。在之后的 5 年中，其中 6 学级的毕业生共有 225 人分别被牛津大学、剑桥大学录取，占所有毕业生的 49%，也就是说这里的毕业生中几乎有一半的学生被牛津大学、剑桥大学录取。在英国中学毕业生牛津大学、剑桥大学录取率前 100 个学校中，圣保罗女子学校名列第二②。

本研究之所以选取这 6 所中等学校作为问卷调查的样本学校，因为它们基本上代表了目前英国从事中六学级教育的学校类型。同时，注意到被调查学校学生的结构，按照英国国家统计局关于社会经济阶层分类标准（见表 6-3），使问卷调查对象来自不同阶层和族群。通过此研究试图考察个人、家庭、学校和社会等因素影响学生在获取高等教育机会和进行高等教育选择时的情况，探讨不同阶层、不同族群的学生的不同机会和选择。当然，由于受到条件的限制，本研究在选取样本学校方面有其局限性，即这 6 所学校都集中在英格兰，都位于伦敦一小时生活圈之内，这里是英国高等教育发达、高等院校集中的地区。

---

① BBC，伊顿公学，BBC 中国，http：//www.bbc.co.uk/china/studyintheuk/story/2006/01/060117_eton_ college.shtml. 2007-10-01。

② Telegraph，Top 100 schools by Oxbridge entry hit rate，Last updated 19/09/2007，http://www.telegraph.co.uk/education/main.jhtml? xml=/education/league tables/uni_entry_b.xml. 2007-10-04.

表 6-2　问卷调查的学校情况

序号	学校名称	所在地	学校概况	学生结构
1	南卡姆登社区学校（SCCS）	伦敦	综合中等学校，学生年龄是 11 岁～18 岁	大量少数族裔和劳动阶层家庭学生
2	布鲁克威斯顿城市技术学院（BWCTC）	北安普顿郡（英国中部）	教育部直属的综合中学，学生年龄是 11 岁～18 岁	学生来自各个社会阶层
3	亨利学院（HC）	牛津郡（泰晤士河谷地区）	第三级学院，主要提供 A-levels 课程，包括学术类和职业类课程	主要是年龄在 16 岁～18 岁的学生，来自各个社会阶层
4	特希姆学院（TI）	北安普顿郡（英国中部）	延续与高等教育学院，开设大学预科课程和高等教育课程	学生主要来自中下社会阶层
5	伊顿公学（EC）	位于伦敦以西 20 英里的温莎镇	是英国最著名的贵族男子中学，学生年龄是13 岁～18 岁，是英国王室、政界、经济界精英的培养之地，被公认为是英国最好的中学	学生来自英国的名门望族
6	圣保罗女子学校（SPGS）	伦敦市中心	女子学校，学生年龄为 11 岁～18 岁，世界上许多著名的模特、电影演员、女经济学家、女社会名人出自该校	学生主要来自上层阶级

表 6-3　英国社会经济阶层分类表（NS-SEC）①

阶层	职　业
Ⅰ	高级管理和专业人员
Ⅱ	管理和技术人员
Ⅲn Ⅲm	高技能人员（N）非体力劳动者 技能人员（M）体力劳动者
Ⅳ	半熟练工
Ⅴ	非熟练工

本研究共回收有效问卷 373 份，其中 13 年级 190 份，12 年级 183 份。对 49 人进行了深度访谈，其中学生 27 人，学生父母 13 人，其他人员（辅导教师、入学办公室人员、生涯教育老师等）9 人（见表 6-4）。开始时，选取的访谈对象是在问卷中表明愿意接受访谈者，但后来为了使不同类型对象之间的比例基本平衡，扩大了访谈的范围，并对个别学生及其父母和其他相关人员进行了访谈，并从中选取了一些有趣的个案。在访谈的 49 人中，28 人为女性，21 人为男性；17 人来自劳动阶层，26 人来自不同的少数族裔。笔者分别参与了 6 所学校的不同活动，包括晚间学生家长会、高等教育生涯规划课程、牛津大学和剑桥大学免试训练、关于英国高等院校招生服务处申请操作流程的招生辅导老师的研讨会等。

表 6-4　问卷调查及访谈数据表

序号	学校名称	问卷		访谈		
		13 年级	12 年级	学生	父母	其他
1	南卡姆登社区学校（SCCS）	15	40	5	2	1
2	布鲁克威斯顿城市技术学院（BWCTC）	50	48	6	3	2
3	亨利学院（HC）	47	46	4	2	1
4	特希姆学院（TI）	25	0	5	2	2
5	伊顿公学（EC）	24	22	4	2	2
6	圣保罗女子学校（SPGS）	29	27	3	2	1
总人数		190	183	27	13	9

在 6 所学校中，学生家庭所属的社会经济阶层差异较大，这种设计主要

① 英国国家统计局，http：//www. Statistics. Gov. uk/ 2007-10-27。

是想探讨家庭和学校惯习对高等教育机会和选择的影响。从表6-5可以看出，南卡姆登社区学校（South Camden Community School）是少数族裔和劳动阶层家庭学生占绝大多数的综合中等学校，来自第一阶层、第二阶层家庭的学生只占20%，来自第三阶层家庭的学生的比例为15%，而来自第四阶层、第五阶层家庭的学生则高达65%。在贵族学校伊顿公学（Eton College），来自第一阶层、第二阶层家庭的学生的比例达到98%，来自第三阶层家庭的学生的比例为2%，没有学生来自劳动阶层家庭。

表6-5　问卷调查对象阶层分布情况统计（%）

学校＼阶层	Ⅰ-Ⅱ	Ⅲnm	Ⅳ-Ⅴ
南卡姆登社区学校（SCCS）	20	15	65
布鲁克威斯顿城市技术学院（BWCTC）	46	11	43
亨利学院（HC）	43	22	35
特希姆学院（TI）	38	20	42
伊顿公学（EC）	98	2	0
圣保罗女子学校（SPGS）	85	7	8

在下文中，“中产阶层”和“劳动阶层”会多次被提到。中产阶层指表6-3中第Ⅰ、Ⅱ、Ⅲn（n指非体力劳动）阶层，劳动阶层指第Ⅲm（m指体力劳动）、Ⅳ、Ⅴ阶层。

本研究通过问卷调查掌握了样本的背景信息和基础描述统计数据，在此基础上，选择了访谈对象。并通过SPSS对所有有效问卷进行了分析。通过深入访谈了解学生接受教育的历程和对如何选择高等院校的描述，并通过具体问题了解他们有关高校招生考试信息的来源、得到的帮助和支持、受到的限制等。利用质性研究分析技术——基础编码技术（grounded coding techniques），对访谈的资料进行分析。起初对访谈记录进行开放式编码，但随着分析的进展，编码集中在与研究有关的主要问题，深入探讨关于惯习和高等教育选择之间关系的假设，利用布迪厄的惯习、场域和文化资本的理论分析影响学生做出高等教育选择的因素。经过对美国奥本大学（Auburn University）哈里斯（Sandra M. Harris）教授的《影响高等教育选择影响因素问卷调查》① 的修改，把被认为会影响高等教育机会和选择的因素分为10类，分别是：父母的影响、家庭其他成员的影响、同伴影响、个性因素、功利因素、玻璃天花板效应（Glass Ceiling Effect）②、经济因素、榜样示范、教师的影响和大学前的准备。

整个问卷共选择115个封闭式问题和一个开放性问题，其选择的理由是：其一，实践证明用这些问题进行问卷调查有较高的有效性和可信性③。其二，最大限度地降低了问卷调查对象回答问题时的主观偏见④。问卷中问题的表述既有肯定句也有否定句，但在统计否定句的问题的分数之前，先将其选项分值颠倒顺序计分。问卷将10类115个问题分成3个部分。下面我们根据布迪厄的理论和问卷调查的结果对影响高等教育机会和选择的主要因素进行分析。

三、布迪厄理论和影响高等教育机会与选择的因素分析

如上所述，布迪厄理论的基本框架由文化资本、惯习和场域构成。布迪厄在《国家精英——名牌大学与群体精神》一书中（以下简称《国家精英》）系统地运用文化资本、惯习和场域对教育问题进行解释。《国家精英》以《区隔》为基础，并在诸多方面作了拓展，它旨在研究发达国家中社会统治

---

① Sandra M. Harris, Factors Influencing, Factors Influencing Pursuit of Higher Education: Validating a Questionnaire, Paper presented at the 1998 Annual Meeting of the Mid-South Educational Research Association, New Orleans, LA, 1998, pp. 35-39.

② "玻璃天花板效应（Glass Ceiling Effect）"现象发生的起源：在20世纪80年代，欧美主流社会中的外来移民，尤其是亚洲人只能担任低层职务，或者做到相对高位后便再难晋升，无法进入核心决策层，就像玻璃天花板抬头可见，却难以突破（You can see through but not get through）。之后便引申到现在的"玻璃天花板"理论。由于性别、种族、社会经济阶层、学业成就等方面的差异，在高等教育机会和选择上好像被一层玻璃挡着，使某些学生可望而不可及。"玻璃天花板"将社会经济不利群体家庭的学生隔离在高等教育阶梯的底层。同时，这样的社会因素和心理因素也不自觉地阻碍了他们自我价值的实现与对高等教育的期望。

③ K. Fink, J. Kosecoff, How to Conduct Surveys: A Step-by-step Guide, Newbury Park, CA: SAGE Publications, 1985, p. 26.

④ P. Salant, D. A. Dillman, How to Conduct Your Own Survey, New York: John Wiley & Sons, Inc., 1994, p. 74.

的内在逻辑及其构造形式——借助这种构造，社会统治者巧妙地粉饰了自己并使掌握的权力得以世代传承。它深刻地挖掘出了自 1968 年 5 月法国社会巨变以来的 20 年中有关阶级、文化、教育体系等方方面面的社会特征，这种全方位的研究成就甚至超过了《区隔》。同时，正如 M. 莫斯（Marcel Mauss）所指出的，在这部著作中，"那些貌似无用的细节材料事实上正是原理的浓缩"①，布迪厄揭示的这些理论，无论对于其他国家来说还是对于 21 世纪来说，都是具有启示意义的。

布迪厄理论中重要的原理是物质权力与象征权力之间那种变动不居而又顽固执拗的关系：二者彼此抵触而又暗中妥协，独立运行而又相互融通，保持距离而又相互依赖。韦伯曾经指出：在每一种统治的结构中，那些"通过现存政治、社会和经济秩序获得了特权"的人从来不会满足于赤裸裸地行使自己的权力并强加于众人，而且，他们"希望看到自己的特权地位有所变化，从纯粹地拥有实际权力转换到获取权力的体系中，并希望看到自己因而受到尊敬"②。在封建社会中，教会机构的使命是：将贵族们通过控制武器、土地和财富而获得的（物质的）权力转换成神圣的权力；牧师的权威则表现为替这些新贵族阶层的统治提供证明，从而使其统治更为坚固。布迪厄认为，在以晚期资本主义为特征的复杂社会中，学校接管了这种使社会分层神圣化的工作，而高校招生考试又是造成这种分化的关节点。所以现在不是一种资本而是有两种资本——经济资本与文化资本通向了权力地位，决定了社会的空间结构，并且主宰了团体与个人的人生机遇和运行轨迹。

文凭有利于界定当前社会的等级秩序。从词源学上看，文凭（credentials）的词根是 credere，有信任的含义，文凭的权威性往往证明了新的统治阶级的合法性生产得到了集体的信任，而毕业学位的授予则意味着这个较长周期的生产过程达到了最高点。从这个角度来看，文化精英们获得学位不仅仅是所谓的"通过仪式"，更是一种"制度仪式"。从中世纪的教会法典意义上说，这种社会等级秩序表现为世俗与精神、凡尘与天国之间的差别。该差别不仅通过把男人与女人分类、安排在组成社会等级结构的不同位置，更重要的是还通过把男女之间的不平等地位外化为个人欲求、努力程度

① Marcel Mauss, Manul d'ethnographie, Paris: Payot, 1989, pp. 9-21.

② H. H. Gerth, C. W. Mills, From Max Weber: Essays in Sociology, New York: Oxford University Press, 1946, p. 132.

及天生禀赋的不可避免的差异，从而在男性与女性之间确立了一种不可通约的价值尺度。这是因为文化资本——尽管主要是通过家庭来积累与传承——看上去却似乎是资本持有者所天生固有的，它努力“将先天继承的特权与后天获取的优良品行化合在一起”①，这一事实使文化资本非常适合于将社会特权的世代传承合法化，尽管民主理想者试图去打破这种传承。

各种权力形式相互共存与竞争构成了我们这个社会的特征，而这些权力日益依赖于转换成文凭来确立自己的神圣性，使自身永续不衰。高等院校招生考试制度如同一种制造精英的系统工程，它不仅保证了那些业已拥有垄断特权的家族的子女优先并迅速地进入统治阶层，而且高等教育的高度自治和清晰的内部区分（这种区分，与组成主要权力场域的经济和文化资本之间的区分相适应），也使其能够通过承认和奖励不同类型的知识分子（即社会优秀分子）的方式来消除权力形式间的内部冲突。

从某种程度上来说，对高等教育的选择就是对一种生活方式的选择，也是对个人旨趣的选择，而社会经济阶层的差异则是这种选择的重要潜台词。也就是说，这种选择的过程也是阶层契合的过程，同时也是一种社会经济阶层重新洗牌的过程。多项研究表明，高等教育规模的扩张并没有消除不同社会经济阶层间高等教育机会的分化②。高等院校的特权性、排他性、学术与社会选拔性，以及它们之间的相互作用，对学生高等教育机会的获取和选择的影响是造成高等教育内部分化生产和再生产的关键因素。也就是说，文化和社会资本、物资条件、社会观念、社会区隔和各种形式的自我排斥现象都对学生高等教育机会的获取和选择造成影响。下面通过若干访谈案例说明在不同社会阶层和族群间，由于阶层和族群关系的不同、拥有文化资本多寡的差异，使他们在高等教育机会的获取和选择方面会采取不同的行为。

案例一：我想只要 A-levels 成绩达到要求，我会考虑选择上大学。但在对高校的选择上就经济因素的考虑超过其他方面的考虑，从内心来说，我想选择伦敦以外的大学，不需要住在家里，或许可以租房。可现实哪有这种可

---

① P. Bourdieu, The Forms of Capital, in J. G. Robinson (ed), Handbook of Theory and Research of the Sociology of Education, New York: Greenwood Press, 1986, p. 125.

② Diane Reay, Miriam E. David, Stephen Ball, Degrees of Choice: Social Class, Race and Gender in Higher Education, London: Trentham Books, 2005, p. 29.

能性，坦率地说根本就没有这种可能性。现实只允许我选择伦敦地区的大学，最好离家近点，这样我可以骑自行车或乘地铁上下学。(艾米，来自劳动阶层家庭，孟加拉族裔，南卡姆登社区学校（SCCS）12 年级学生)

案例二：你知道，无论是在社会上还是在家里，上过大学的人我一个也不认识，我不熟悉任何一个读过大学的人。我舅舅是我们家族里唯一上过大学并完成学业的成员，但他于 1996 年在一次车祸中丧生。由于当时年龄太小，我没有想到要向他了解任何关于上大学的事，也没有得到他的任何的鼓励和建议。所以我想这或许是我对大学不甚了解的原因。除了大学招生简章、宣传手册、网络和老师所讲的外，没有人告诉我为什么要上大学，上什么样的大学。如果我要认识曾经上过大学的人，或许我现在会做出不同的选择，或许不会，我真的说不清楚。(洛伊，爱尔兰白人，来自劳动阶层家庭，布鲁克威斯顿城市技术学院（BWCTC）13 年级学生)

案例三：我的家人大部分是大学毕业生，我也肯定会读大学的，但在 A-levels 证书考过后，我会利用上大学的间隔年（gap year）到中国上海工作一年，丰富自己的阅历，不过在这之前我要先申请好合适的大学。我一直梦想当一名建筑工程师，听说伦敦大学建筑学院的建筑专业学位具有良好的声誉，有人建议我申请这个学院的建筑专业。但后来我又参加了几所大学的开放日活动，逐步认识到与专业选择相比，大学本身才是最重要的。最后我决定申请莱斯特大学（University of Leister），主要原因是感到它的各种设施都很好，也非常喜欢那里的氛围，同时，离家较近。打算在那里度过 3 年获得学位，首先这个地方要让我感觉好，喜欢在那里度过自己 3 年的时光。(鲍勃，白人，来自中产阶层家庭，亨利学院 13 年级学生)

案例四：我想从我出生的那一天起，家人就认定我以后一定要上大学，因为我父母是大学毕业生，我的哥哥姐姐也都是大学毕业生。如果我不去上大学，这在家里简直是不可思议的事。随着年龄的增长，我越来越认识到接受高等教育是人生必经的历程，大部分人都会经过这个历程。我的意思是辍学从来都不是我的选择。现在不是上不上大学的问题，而是要上哪一所大学的问题。我想这也是我父母的想法，他们肯定会支持我上大学的。(大卫，来自中产阶层家庭，特希姆学院 13 年级学生)

案例五：我喜欢读有关非洲及加勒比海地区国家的情况的书籍，也喜欢了解亚洲国家的情况和他们与我们的差异。我所认识的几名黑人和亚裔的朋友上了伦敦城市大学，并感觉不错。我的意思是在那里有很多黑人学生，他们并不是仅有的黑人学生。我想申请苏塞克斯大学，虽然那里主要是白人学生，但这对我的选择影响不大，我想那里也会有一些黑人学生、一些亚裔和华裔学生。无论如何，我并不介意，因为我更喜欢具有多元文化的地方。（伊娜，黑人，来自非洲裔中产阶层家庭，圣保罗女子学校12年级学生）

案例六：自从詹姆斯懂事知道什么是律师时，他的理想就是当一名律师。事实上不需要我们给他提出什么建议，我的意思是说他听过很多有关生涯设计的讲座，但从来对自己的理想没有半点动摇，他清楚地知道自己以后要做什么。事实上决定读哪所大学并不是一个十分科学的过程。我父亲是剑桥大学三一学院历史系的毕业生，当我儿子十几岁的时候，他就开始喜欢在我儿子面前炫耀他的剑桥大学和就读的三一学院，讲述当年在剑桥大学学习时的辉煌历史。不知从什么时候开始我儿子也喜欢上了剑桥大学的三一学院，认定这就是他以后要就读的地方。随着时光的流逝，我儿子意识到剑桥大学三一学院是最好的学院之一，要想被录取非常困难，他没有足够的信心决定申请这个学院，有一段时间曾经动摇过，考虑申请剑桥大学的其他学院。后来他与生涯设计与指导教师去参加三一学院的开放日活动，遇到了邻居家的孩子，他是三一学院大学二年级的学生。这名学生向他详细地介绍了自己申请三一学院法律专业的过程，以及就学时的感受，这促使我儿子最后下定决心申请剑桥大学三一学院的法律专业。（中产阶层家庭，白人，伊顿公学13年级学生詹姆斯的母亲）

高等教育机会的把握和选择是一个非常复杂的过程，这些案例只能反映在此过程中的部分影响因素，但是从中可以看出由于背景、机会和情感不同，对高等教育机会的获取和选择方式也不同。同时，也表明高等教育机会的获取和选择是在理性和非理性、功利和非功利诸多因素的相互作用下进行的。在案例三中，鲍勃继承家愿把努力取得入学要求的学业成绩、接受高等教育看成顺理成章的事；在选择大学时，他综合考虑了大学的声誉、可以为自己带来的社会机会以及校园氛围，最终挑选了使自己感觉良好的大学。案例四中的大卫更是“如鱼在水”[①] 的典型案例，对于他来说，上大学是他人生的必然历程，这个历程和中产阶层子女的一般人生轨迹目标的实现自然地无缝对接。案例六中的詹姆斯不仅一直清楚知道自己一定要上大学，而且对

① 霍雷姆斯有句名言“我们游于过去之中，如鱼在水，无可逃避”（We swim in the past like fish in water, and we cannot escape from it.）。

于上什么样的大学、学什么专业很早就有自己的打算。上述案例中的3个学生都广泛地承载了所属阶层沿袭下来的文化资本、社会资本和经济资本，案例六中的詹姆斯甚至在此过程中不需要学校的建议。正如布迪厄所描述的那样："从上一代传承下来的身体化的文化资本是下一代的预付资本（既是启动资本也是预存资本），它从一开始就为家庭内化的文化资本树立了范例，使进入该家庭的新成员一开始就在不知不觉、潜移默化中开始习得这种家庭内化了的文化资本的基本要素。"①

上述案例中的3个年轻人都顺利步入"正常的人生轨迹"②。所谓"正常的人生轨迹"是指在实现人生转轨时是以线性的、可预期的、非自发的方式进行的，每一次人生转轨通常都使个体与其所属的性别、阶层等更加契合。案例中的3个年轻人在谈到上大学时，分别用了"自然而然的"(automatic)、"理所当然的"（taken for granted）和"总以为"（always assumed）这样的字眼，也就是说，对于他们上大学是不需要决定的事。你可以说这是理性的选择，也可以说它不是，这正是所谓的"阶级智慧"，是"无目的的目的性"③。如上面提及的，这些来自中产阶层的年轻人在社会中的流动就像"如鱼在水"，"在取得最适合自己旨趣的目标时，不需要慎思明辨"④。他们通常选择被认为适宜他们的那些大学，这种选择往往出自根深蒂固、潜移默化和理所当然的惯性思维。对于私立中学的学生来说不需要了解传统大学与新大学有什么不同，他们认定新大学不是他们这些学生应该上的大学。上述案例中4个来自中产阶层家庭但属不同族裔和不同类型中学(私立和公立）的学生都表现出"面对中产阶层惯习世界时的自信"⑤。

与此形成鲜明对比的是来自劳动阶层和少数族裔家庭学生在面对高等教育机会的获得和选择时显得犹豫不决、举棋不定和深思熟虑。案例一、二中所列举的2个学生都是家庭中第一个尝试接受高等教育的人，如案例一中的艾米对由中学到大学的转变既不熟悉也犹豫不决，她要面对的是其不熟悉

---

① P. Bourdieu，Distinction，London：Routledge and Kegan Paul，1984，pp. 70-71.

② M. Du Bois-Reymond，I Don't want to Commit Myself Yet：Young People's Life Concepts，Journal of Youth Studies，1998，1（1），pp. 63-79.

③ P. Bourdieu，The Logic of Practice，Cambridge：Polity Press，1990，p. 108.

④ P. Bourdieu，The Logic of Practice，Cambridge：Polity Press，1990，p. 108.

⑤ P. Bourdieu，Distinction，London：Routledge and Kegan Paul，1984，p. 56.

的高等教育场域，同时直接受到经济条件的限制，其他因素则是她考虑高等教育选择时的第二位的因素。案例二中洛伊的生活非常独立，一边读书一边做兼职工作，他的一些想法多少也会受到工作单位同事的影响，再通过自己的了解，形成对高等教育的认识。案例五中的伊娜是来自非洲裔中产阶层家庭的黑人，家庭对其接受高等教育有很高的期望，但在选择就读什么大学时，特别关注的是大学的多族群、多元文化的氛围。

案例三、四、五、六中的4个学生在进行高等教育选择时的影响因素主要来自高等院校内部。不同的高等院校具有不同的学术地位，对于来自中产阶层家庭的学生来说，在选择时他们会对不同高校的品位和区隔做出判断。在访谈中，从他们的叙述可以感觉到他们的来自所属阶层的优越感，并对所处场域中的空间位置有明确的认知，对于他们来说选择高校的过程也是选择中产阶层生活品味的过程①；对于案例一、二中的2名来自劳动阶层的少数族裔学生来说，对其决定高等教育选择的影响因素主要来自外部，对自己在高等教育场域中的位置有不确定感。尽管在这里只引用了两个案例，但多少能看出惯习作为“人们对所属环境的实际掌握”②，文化资本作为“文化和语言关系的形态”③，在实践逻辑范围内，它们在个体做出决策时共同发挥的作用。

第三节　高等教育选择

上一节主要利用布迪厄理论中的文化资本、惯习和场域分析影响高等教育机会与选择的因素，本节主要利用布迪厄的理论框架来审视高等教育的选择，讨论的问题包括学校与高等教育选择、家庭与高等教育选择以及劳动阶层家庭学生与高等教育选择。

---

① S. J. Ball, Performativities and Fabrications in the Education Economy: Towards the Performative Society, Australian Educational Researcher, 2000, 27 (2), pp. 1-23.

② D. Robbins, The Work of Pierre Bourdieu: Recognising Society, Milton Keynes: Open University Press, 1991, p. 1.

③ P. Bourdieu, Cultural Reproduction and Social Reproduction, in J. Karabel, A. H. Halsey (eds), Power and Ideology in Education, New York: Oxford University Press, 1977, p. 82.

一、学校与高等教育选择

中等学校对高等教育的选择具有很大的影响。我们的问卷调查、访谈和观察也表明，学校影响——这里我们借用布迪厄的概念“学校惯习”，它是重要的干扰变量，并以半自动化的方式在不同阶层、不同种族和不同性别的学生生活和他们在高等教育的选择中发挥作用。

我们知道，惯习是一个动态的概念，它连接过去和现在、个体和集体。布迪厄把惯习看成“适应能力”，一般来说是对偶尔发生突变的外部世界的适应①。毫无疑问，性情倾向是对行动者习得过程中的社会背景的反映。与此类似，学校惯习是连接行动者和学校结构的复杂概念，是以学校组织为中介使某一文化集团或社会阶层对个体的行为产生影响②。组织惯习和个体惯习一样是一个历史演变的过程，大多数情况下要经过相当长的一段时间才会固定下来。因此，在发展的过程中组织惯习也会有一些变化，但由于其具有集体特性，与个体惯习相比，它更具有稳定性。学校有其显著的组织惯习，从中可以看出学校组织文化是如何通过学校与其利益相关者在交互作用过程中相互改变和再改变的情景，以及在这个过程中学校是如何与各种不同的社会经济文化建立广泛联系的③。

学校惯习和下一部分要谈到的家庭惯习都会对高等教育选择产生重大影响。如同家庭惯习对高等教育选择的观念和期望的形成过程产生影响一样，学校惯习对高等教育选择的观念和期望的影响也是在经过听取学校师生的观点和建议以及笔者学习体验的过程中逐渐建构起来的。一些家庭之所以为孩子择校主要是希望孩子能够融入特定的组织惯习之中，因此，我们除了关注家庭背景对高等教育选择的直接影响外，也强调学校惯习在高等教育选择中的意义。良好的学校惯习是培养孩子成才、确保获取机会和优势的保证。因此，家长放心地把孩子送到具有良好惯习的学校接受教育。

---

① P. Bourdieu, Sociology in Question, London: Sage, 1993, p. 88.

② P. McDonough, Choosing Colleges: How Social Class and Schools Structure Opportunity, New York: State University of New York Press, 1997, p. 45.

③ D. Reay, S. J. Ball, M. E. David, J. David, Choices of Degree or Degrees of Choice? Social Class, Race and the Higher Education Choice Process, Sociology, 2001, 35 (4), pp. 855-874.

两位学者在荷兰初等学校做的一项研究中，提出了教育特权的概念，认为中等学校的教育特权是由其教育水平决定的，中等学校的教育水平的高低又与初等学校为其输送的生源的质量密不可分①。学校招收的学生的特点和学校所拥有的教育特权之间具有相辅相成的关系。借用教育特权这个概念来分析在第二节提及的 6 所学校，我们可以看出，学校中六学级或延续教育学院的教育特权是构成学校惯习的重要组成部分。同时，还有其他相互关联的要素，主要包括课程的开设、教学组织，还有虽然不易觉察但却很重要的文化特点和隐性特点，特别是后者，也就是学校的"隐性规范"，包括期望、行为、性格和礼貌②。这些要素共同构成了身体化的文化资本（embodied cultural capital)，即融入学生集体、融入他们的衣着仪态和行为举止之中的文化资本。文化资本通常也融入学校的建筑风格、纪念品、典礼仪式、表演之中，并体现在学校教职工的整体风貌上（包括他们的工作阅历和资历）。

在有效融合学校惯习和家庭惯习方面，中产阶层家庭的学生处于有利的地位。正如斯拉普（Thrupp）指出的那样："中产阶级学校有强有力的学生文化作支撑，使它们可以教授学术性强的校本课程，并进行相对有效的自我组织和自主管理。在劳动阶层学校就读的本阶层学生学业成功的可能性往往不大，这不仅仅是因为自己的背景问题，还因为学校无法为他们提供像中产阶级学校那样的资源和使学生经历那样的教育过程。相反，在中产阶级学校就读的劳动阶层家庭的学生在学业上反而有可能取得成功，这是因为虽然他们的个人阶级背景使他们处于不利地位，但是他们可以从中产阶级学校不同阶层融合的环境中受益。"③

由此可见，不同的社会经济文化对学校内部组织实践产生重要影响，并在高等教育选择的过程中可以通过创造和限制机会的方式发挥作用。学生在进行高等教育选择时，学校惯习会对其产生重要影响，而学校的组织实践为他们做出正确选择提供关键性的支持服务。所以，影响学生做出高等教育选

① J. C. C. Rup, R. De Lange, Social Order, Cultural Capital and Citizenship: An Essay Concerning Educational Status and Educational Power Versus Comprehensiveness of Elementary Schools, Sociological Review, 1989, 37 (4), pp. 668-705.

② B. Bernstein, Class, Codes and Control, Vol 3, London: Routledge, 1975, p. 86.

③ M. Thrup, Schools Making a Difference: Let's be Realistic! Buckingham: Open University Press, 1999, pp. 125-126.

择的诸因素间是不可分割的，正是在个人、家庭、朋友、学校等因素的共同作用下，学生才逐步找准自己的位子，做出最后选择。

依据家庭和同伴影响与学校影响的契合程度，个体可以在学校组织惯习的场域内找到属于自己的位置。但是往往只有就读于私立中学、处于优势地位的中产阶层家庭学生在对高等教育选择时才能做到无缝对接，这些处于优势地位的少数学生在所处的场域内受到的不同影响之间不是互相冲突，而是互相强化的。但是对于大部分学生来说，学校、家庭和同伴等影响的契合程度低得多，大部分学生都有克服各种影响在一定程度上不一致的困扰，还有少部分学生不得不应对各种影响相互矛盾的困境，这使他们在选择的过程中充满了思想冲突和障碍。下面运用前面的问卷调查、访谈和观察的资料来探讨学校惯习的诸要素对高等教育选择过程产生影响的一些方式，这些要素包括教育特权、组织实践和隐性规范。

对于问卷调查第一部分第 4 个问题，6 所学校学生回答的统计结果（见表 6-6）表明，不同学校的学生在高校类型的选择上具有很大的差异。2 所私立“贵族学校”——伊顿公学和圣保罗女子学校第一志愿选择牛津大学、剑桥大学的比例分别高达 68%和 71%，而对 1992 年后的新大学则不感兴趣。在延续教育学院——特希姆学院没有一个人选择牛津大学、剑桥大学作为第一志愿，一方面是因为学生认为像牛津大学、剑桥大学这样的大学属于“非我族类”应去的场所；另一方面在延续教育学院就读的预科课程不能用来申请牛津大学和剑桥大学。从中我们可以看出在阶级惯习，更准确地说是特定阶级集团惯习作用下的学生在高等教育选择时的好恶①。观念、期望和选择相互关联，在社会结构再生产中发挥各自的作用。在南卡姆登社区学校，多数学生来自劳动阶层的少数族裔学生，他们对正试图进入的新场域充满陌生感，因此，有高达 41%的学生对高等教育的选择显得犹豫不决。高等院校间和高等院校内部的阶层和阶层集团的分布可以看作通过抗争后阶级集体自我生产的场域，这种抗争也同时发生在不同阶级间和同一阶级的内部，从而确立了他们所属场域的边界②。因此，高等教育选择强化了高等院

---

① S. Power，T. Edwards，G. Whitty，Education and the Middle Class，Buckingham：Open University Press，2003，p. 67.

② L. Wacquant，Towards a Reflexive Sociology：A workshop with Pierre Bourdieu，Sociological Theory，1991（7），pp. 26-63.

校之间的分化和区隔，强化了社会惯习和学校惯习之间的关系。

表 6-6　第一志愿申请的高校情况统计　（%）

中学名称＼大学类型	牛津大学、剑桥大学	其他传统大学	1992 年后新大学	高等教育学院	没有注明
南卡姆登社区学校（SCCS）	2	16	26	15	41
布鲁克威斯顿城市技术学院（BWCTC）	15	37	30	10	8
亨利学院（HC）	4	29	34	11	22
特希姆学院（TI）	0	41	42	0	17
伊顿公学（EC）	68	27	3	2	0
圣保罗女子学校（SPGS）	71	23	2	2	2
合　计	27	29	23	6	15

学校课程的开设是学校惯习不可分割的重要组成部分，是学校特权的基础。公立学校和私立学校课程的不同体现在开设科目的不同上，在私立学校，传统学术性科目占主导地位，而公立学校则更多地开设新科目。

私立学校学生在 GCSE 证书考试和 A-levels 证书考试中多选择传统科目，这就预示着他们将来申请大学时也会选择传统大学中的传统专业。从表 6-7 中可以看出，传统的科学、医学和人文仍然是 2 所私立学校学生选择的热门学科。与此相反，在公立学校选择传媒、社会科学、商务以及其他新的和职业类的学科的学生比例则比较高，这刚好与新大学和红砖大学的新增学科是相吻合的。这些选择不仅与学生家庭所属的阶层有关，而且在高校内部的招生人员和教师也会劝说一定性别和族群的学生应该选报某某专业。第三级学院的少数族裔学生选择商科和会计的人数比例特别高，艺术则在女子学校很受青睐。

表 6-7　申请的学科情况统计　（%）

大学学科＼学校	南卡姆登社区学校	布鲁克威斯顿城市技术学院	亨利学院	特希姆学院	伊顿公学	圣保罗女子学校
社会科学经济	4	8	4	10	3	8
戏剧/电影/传媒	2	7	8	0	0	12
教育/护理/体育	0	12	6	8	0	4

续表

学校 大学学科	南卡姆登社区学校	布鲁克威斯顿城市技术学院	亨利学院	特希姆学院	伊顿公学	圣保罗女子学校
艺术	0	6	2	0	2	7
历史/人文/考古	0	4	0	2	12	11
应用科学计算机地球科学	6	20	6	5	15	8
纯科学	2	4	2	0	4	5
会计商务	4	6	26	14	2	2
医学	2	2	0	0	16	11

注：本表列举的学科是根据完成问卷的学生当时确认选择的大学学科，综合 6 所学校学生的回答，把学生选择较多的学科列入表中。

我们在研究中选择的 6 所学校的教育特权各不相同。伊顿公学和圣保罗女子学校培养的学生主要是进入精英大学，但对于位于伦敦贫民区的南卡姆登社区学校来说，就像该校中六学级一位辅导老师说的那样，学生“能上大学就是一个奇迹了”。伊顿公学和圣保罗女子学校均有严格的筛选制度。以伊顿公学为例，它的学生数始终保持在 1 300 人左右，大部分学生 13 岁入学，以前很多想把孩子送到这里读书的家长，从孩子出生时就在学校登记申请，列入学校的“候选名单”（House List），学生在 13 岁左右参加并通过学校组织的入学考试，才有可能成为该校的学生。现在出于公平和学校利益考虑，对入学制度进行了改革，在每年入学的学生中，只有一半的学生来自“候选名单”，另外一半的学生则从 10 岁或者 11 岁参加并通过学校选拔考试（包括参加入学考试）的男生中（通过选拔后进入“初选名单”）录取。学校开设的课程和其他学校的课程也有所不同，比如要求学生必修古典文学。除了教学严格以提高学生素质外，还非常注重英国传统的“绅士教育”，伊顿公学要求学生穿着古老传统和非常特别的校服——19 世纪的绅士服装，即黑色燕尾礼服，衬着白色高领 T 恤衫。每年 6 月 4 日伊顿公学都要举行颁奖典礼，这一天学生们个个穿上黑色燕尾服，胸前衣领饰孔上缀着蓝色康乃馨或牡丹，引领学生家长检阅学习成绩展览，出席感恩会，然后观看伊顿船队在泰晤士河上游行的盛况，有时候英国女王、亲王、王子们也来参加盛典。与一流的私立学校严格的选拔和竞争情况形成鲜明对比的是南卡姆登社区学校，面对 13 年级学生辍学率居高不下的问题，学校在为 13 年级的教学能否正常维系下去而发愁。

不同学校的组织惯习对学生进行高等教育选择起着潜移默化的作用，但这种作用也因家庭背景、阶层、族裔的不同而不同。布鲁克威斯顿城市技术学院位于英国中部小镇格贝尔，这里曾经是英国的一个大型炼钢厂所在地(由于环境污染问题，钢厂于 20 世纪 80 年代转移)，这里的就业每况愈下，居民生活两极分化严重，学校学生来自不同的阶层。在我们访谈来自白人中产阶层家庭的安妮时，她把大学的选择比喻成好像家长把饭菜都烹制好并在盘子中摆好了，就等着自己就餐。而在同一学校来自劳动阶层越南裔的学生阮金里则表示，对于他来说决定是继续读书接受高等教育还是参加工作是一个艰难的过程，同时，对于自己的 A-levels 考试成绩能否达到大学的录取要求也没有信心。圣保罗女子学校来自中产阶层家庭的苏伊解释说在这个学校没有人会考虑申请全国大学排名在 20 名以后的大学，“我的申请和我这里的同学没有什么差别，都是申请全国大学排名中前 20 名的大学，这是这里所有教师和学生的看法，这些大学才是我们应该去的地方”。我们参加了学校举办的一场生涯规划指导讲座，该校生涯规划指导处主任艾米丽女士向聆听讲座的学生和家长这样解释什么才是好的精英大学：“好的大学就是那些具有悠久办学历史，通常来说享誉国内外……我想上了好的大学就会给人一种优越感，当然，能上牛津大学、剑桥大学是最令人自豪的事，接下去的选择才是达拉谟大学、埃克塞特大学或者布里斯托大学，不管大学的学科与课程如何，最重要的是你上了好的大学。”

综上所述，这一部分我们在分析学校对高等教育选择的影响时采用了不同于传统的分析方法，利用布迪厄的理论并结合问卷调查、访谈和观察，从多维度说明学校惯习的影响，特别是学校惯习的组成要素——教育特权、组织实践和隐性规范在影响学生个人认同、对高等教育选择的过程与方式中的重要作用。同时，也关注不同学校间的组织惯习的差异以及造成差异的因素，并与学校所处的社会、经济和文化背景联系起来。另外，由于学生拥有的文化资本各不相同，即使在同一学校内部，学校组织惯习在不同学生身上所起的作用也不尽相同。下面我们把焦点转到家庭特别是父母对孩子在进行高等教育选择时的作用，运用布迪厄的家庭惯习这个概念来分析文化、经济、社会和学术资本对学生进行高等教育选择的影响。

二、家庭与高等教育选择

研究表明，“父母对子女在选择学校和课程时的影响越来越大”①，但人们也提出疑问：是哪些父母对子女在选择学校和课程时的影响越来越大？他们以何种方式发挥影响？下面首先分析父母介入子女的高等教育选择过程的不同方式，包括培养兴趣、施加影响、支持服务、教育投资和强行介入；其次，通过一些案例来说明父母对子女的高等教育选择发挥影响时在不同性别、阶层和族群间存在的差异。这些案例中包括父母，特别是母亲对子女的选择进行深度介入的情况，以及父母虽然表示支持但是却没有积极介入的情况。在一些案例中，父母和子女在此过程中发生冲突，造成关系紧张。后一种情况往往发生在特定的性别之间，如儿子往往对母亲过多的介入会产生逆反心理。我们将运用家庭惯习——植根于每个家庭成员内心的观点、经历和倾向系统这个概念来理解和分析同一阶级内部和不同阶层之间在子女高等教育选择时介入的不同方式。

家庭惯习对子女的高等教育选择发挥作用的一个重要方面是，它是家庭成员共同具有的知识、态度和价值观的复杂体系，因此，家庭惯习深受教育背景的影响。在我们访谈的 6 所学校的学生中，有 44% 的学生将是家里的第一代大学生，即 27 个学生中有 12 个将是家里的第一代大学生，其中，南卡姆登社区学校的 5 个学生中有 4 个；布鲁克威斯顿城市技术学院的 6 个学生中有3 个；亨利学院的 4 个学生中有 2 个；特希姆学院的 5 个学生中有 3 个。但是伊顿公学和圣保罗女子学校的 7 个接受访谈的学生中没有一个是属于家庭中的第一代大学生。因此，尽管父母从事中产阶级职业，如果他们很少或没有高等教育经历的话，这样的家庭与父母具有接受高等教育经历的家庭在高等教育场域中的位置相比更具有不确定性。

我们在访谈中也特别关注父母对高等教育的观点对子女选择过程的影响。在对 27 个学生的访谈中，也设计了一些问题用来了解父母的介入和家庭的动力对学生选择过程的影响。受访谈的 13 位学生家长主要来自中产阶层（13 位中有 10 位来自中产阶层）。3 位来自劳动阶层的家长也都认为接受高等教育非常必要，因为在劳动力市场中他们能够感觉到时代在变，如果子

① T. Tydome, Sector Caught in Parent Trap, Times Higher Educational Supplement, 30 July 2004, p. 1.

女能够接受高等教育，将提高他们在未来劳动力市场竞争中的优势。布鲁克威斯顿城市技术学院的1名女生格蕾丝的母亲及特希姆学院2名男生杰登和本的父亲，尽管他们没有上过大学，但是他们认为上大学对自己孩子未来的成功至关重要。也有一些父母现在已经获得了相关的资格证书，其中有些现在也属于高等教育之列，如教师和会计，使他们进入中产阶层的行列。这里选择我们访谈的布鲁克威斯顿城市技术学院一名男生列姆的母亲的部分记录内容：

访谈人员：如果没有记错的话，列姆在问卷表上说你上过大学。

列姆的母亲：或许他以为我上过大学，但事实上我没有上过。我之所以没上大学的原因是大学事实上不是我要读的课程的合适渠道……在我们上学的时候，有时候雇主求着你去上班。我记得当时巴克莱银行请求我去全日制学校培训电脑……他们愿意付全部的学费，并可领全薪。但我没有同意，因为我对计算机并不感兴趣。如果我要是知道学习电脑可以那么赚钱，当时我就应该答应他们的要求……

列姆的母亲用自己的亲身经历说明了高等教育发生的巨大变化，她与我们访谈过的绝大部分父母一样，不管他们的教育经历如何，几乎都把孩子接受高等教育看作天经地义、顺理成章的事。列姆的母亲还告诉访谈人员：

访谈人员：你是什么时候开始考虑让列姆上大学的？

列姆的母亲：很难说出确切的时间，但说实在的很久以前我就在考虑了。

访谈人员：能不能请教你是什么原因？

列姆的母亲：教育很重要。上大学会给孩子带来更多的机会、是未来人生成功的基础、更受人尊重……

对于某些中产阶层家庭来说，子女对高等教育选择的过程并不顺畅。访谈中发现有几名学生，主要是来自公立学校的男生，他们并不想让父母多管他们的事，特别是在学校里学业成绩并不理想的学生更是如此。如在访谈亨利学院的来自中产阶层家庭的男生乔的母亲时，从她的言谈里可以感觉到她自责的心理，她自己也是教师，她丈夫是剑桥大学的毕业生，“由于夫妻俩各自忙于事业，对乔的学业很少过问，乔进入中六学级后，学业成绩一直不太理想，多次和他沟通并没有收到很好的效果，最近和他谈及填写高等院校招生服务处表格的事，他很不耐烦，结果连申请表也给撕了，但她对自己的儿子毫无办法，恐怕今年赶不上申请时间了”。

由此可见，不论父母有无接受过高等教育，家庭中的性别和驱动力在形成对子女期望和高等教育选择过程中都起着重要作用。还有一些情况是，男生属于懒散型的学生，母亲又过度介入孩子的选择过程，经常在儿子面前唠叨，常受到责骂的儿子自然非常不满："我简直就受不了我的母亲，她经常告诉我应该做什么，告诉我'做这个！做那个！不，这件事不是这样做的！'，我真是受够了，我真拿她没办法，最近在填高等院校招生处的表格时，她又是这样指手画脚，我想看在上帝的份上，让我自己填吧。"（安德鲁，布鲁克威斯顿城市技术学院的来自中产阶层家庭的男生）

与上述中产阶层家庭父母对子女高等教育选择直接的深度介入不同，很多来自劳动阶层家庭的学生认为，他们的父母没有具备必要的知识和能力对他们在高等教育选择过程中提出建设性意见。在我们访谈的南卡姆登社区学校的来自劳动阶层家庭的男生斯蒂夫说："我是自己做决定的，我父母好像与这件事没有什么关系。我的意思是与他们有关系，但是他们让我做自己想做的事，当然他们不会让我做不理性的事，他们让我选择我想选择的。你知道，他们都没有上过大学，所以他们对于我去哪所大学会更好了解得不多。我的父亲对我说'由你自己来决定吧！'，有时候母亲会唠叨几句，但总体来说我拥有一定的独立性和自由度。"看来劳动阶层家庭的父母对于高等教育场域是陌生的，因此，从某种程度上来说，劳动阶层的家庭惯习无法应对子女高等教育选择的过程。

但这并不意味着中产阶层家庭子女在高等教育选择过程中都会征求父母的意见。事实上，在中产阶层家庭，随着子女由义务教育阶段向 16 岁后教育阶段的"教育转型"，父母也处于从自己为孩子的教育做决定的阶段转变为由年轻人自己做决定的转型阶段①。就像访谈中一位母亲所说的："事实上这是女儿自己的决定，我们要做的是聆听和提建议，而不是试图替她做决定。"中六学级学生年龄大多在 16 岁～19 岁，这个年龄段的学生自我意识强烈，做事喜欢自己做决定，以表明自己独立于家庭、同伴和其他组织的影响②。

① D. Reay, S. J. Ball, Making Their Minds Up: Family Dynamics of School Choice, British Educational Research Journal, 1998, 24 (4), pp. 431-448.

② P. Rudd, K. Evans, Structure and Agency in Youth Transitions: Student Experiences of Vocational Further Education, Journal of Youth Studies, 1998, 1 (1), pp. 39-62.

这里我们对父母所说的在大多情况下他们会让孩子自己做决定的说法和孩子们声称的由自己决定高等教育选择并不表示认同，因为他们并没有意识到传统中产阶级惯习和前面提及的学校惯习的巨大影响，也就是说，在这些年轻人进入中六学级前，他们如何选择高等教育已经确定下来了。伊顿公学来自中产阶层家庭的学生米切尔是这样说的："我想是我父母使我考虑上大学的事，因为我一直知道我一定要上大学，所以这种想法一定是来自父母，但是实际上思考上什么样的大学、选读什么专业这样的想法或许部分来自学校，部分来自父母。"

由于传统中产阶级家庭成员大部分都就读于私立学校，亲身参与了文化再生产的过程，虽然有时候他们看上去也有不确定和动摇的一面，有时候也会牺牲自己的个性，但是他们用自己的实际行动确保了家庭惯习的再生产："事实上决定读哪所大学并不是一个十分科学的过程。我父亲是剑桥大学三一学院历史系的毕业生，当我儿子十几岁的时候，他就开始喜欢在我儿子面前炫耀他的剑桥大学和就读的三一学院，讲述当年在剑桥大学学习时的辉煌历史。不知从什么时候开始我儿子就喜欢上了剑桥大学的三一学院，认定这就是他以后要就读的地方。"

上面我们引述的是第二节中伊顿公学 13 年级学生詹姆斯的母亲的话，詹姆斯在 5 科 A-levels 证书考试中成绩都是 A，如愿以偿地进入了剑桥大学三一学院读法律。一项调查显示剑桥大学有 40％的学生其家庭成员中有人毕业于牛津大学或剑桥大学①。从中我们可以看出，在中产阶级家庭父母对子女高等教育选择的持久的影响力，父母和家庭中其他具有影响力的成员几乎在潜移默化中为孩子的高等教育选择做了思想准备，并改变和影响着他们的选择。"行动者只有承袭他们的惯习，别无选择"②。在传统中产阶层家庭惯习中，上大学是他们生命的一部分，这样的人就应该这么做，是理所当然的事。而劳动阶层家庭惯习在涉及高等教育场域时，表现出的特点是不确定、不熟悉、缺乏必要的知识，有时候还会表现出一定的困惑。在对伊顿公学学生吉姆的母亲访谈时的一段对话反映了中产阶层家庭惯习的巨大影响力：

---

① W. Woodward, Britain Tops US in Degree League, The Guardian May, 2002, 17 (5).

② P. Bourdieu, Distinction, London: Routledge and Kegan Paul, 1984, p. 223.

访谈者：什么时候第一次考虑吉姆读完A-levels课程后他要做什么？

吉姆的母亲：（笑着说）就像他何时出生一样确定，一切都在预料之中。我想这一切一直都非常清楚，因为学术世界就是我们生命的不可分割的部分，吉姆对此了如指掌。我想他会去上大学，这是再自然不过的事了。

在谈到大学排行榜时，她认为吉姆不需要看大学排行榜，因为："从某种意义上说，他知道最好的大学是哪些。不需依靠大学排行榜，只要凭感觉就能够判断学校的位置、学校的历史，总之，他知道什么是好大学。"显而易见，对于一般人来说家庭惯习究竟是什么并不十分清楚。前面我们谈及的传统资产阶级惯习，也就是布迪厄所说的"自然区隔的矛盾体"："统治阶层如同水中鱼，可以在他们的世界里自由地游动，他们的优势之一就是在实现自己最感兴趣的目标时不需要瞻前顾后，他们只需按照自己的性情倾向做与自己的位置相适应的事，'自然而然地'采取符合自己情况的行动。"①

但是对于劳动阶层来说，他们并没有传统中产阶级对高等教育的那种自然而然的熟悉感、被授予文凭学位的成就感："对于我们这样的孩子家长来说，对教育意义的认识有限，但我们清楚地知道工作的意义，为了养家糊口，我们不得不尽快地出去赚钱。"（南卡姆登社区学校女生翰娜的父亲，来自劳动阶层，印度裔）

对于伊顿公学和圣保罗女子学校这样的私立学校的学生来说，家庭性情倾向和父母的态度对子女的高等教育选择起着潜移默化的影响，而且这种影响仍然是不容小觑的。对于很多公立学校的学生来说，父母的影响从表面上看无规律可循，有时还是相互矛盾的，很难判断。比如，很多劳动阶层家庭的父母对孩子在高等教育选择时的介入主要是情感上的投入和对选择过程的支持，至于最后的决定，他们很少介入。这里特别强调的是女性——母亲，是她们对孩子的未来倾注了无限的情感②。

大部分公立学校的学生反对父母介入他们对高等教育选择的决定，否认

---

① P. Bourdieu, The Logic of Practice, Cambridge: Polity Press, 1990, p. 108.

② M. E. David, Minding the Gaps between Family, Home and School: Pushy or Pressurized Mummies? In S. Castelli, M. Mendel, B. Ravn (eds), School, Family and Community Partnership in a World of Differences and Changes (Wydawnictwo Uniwersytutu Gdanskiego, Gdansk, Poland) proceedings of the European Research Network for Parents and Education (ERNAPE) conference held in Gdansk, Poland, September 4th-6th, 2003.

父母的影响。在 4 所公立学校访谈的 20 名学生中，只有 5 名学生（其中 3 名女生，2 名男生）认为父母的介入有助于自己对高等教育的选择，3 名学生认为母亲更有帮助，2 名学生认为父亲更有帮助。而与此相对比的是在 2 所私立学校，7 名接受访谈的学生中有 4 名学生（3 名女生，1 名男生）认为父母的帮助非常大，其中，2 名学生认为母亲非常有帮助，1 名学生认为父亲非常有帮助，还有 1 名学生认为父母都非常有帮助。

尽管多数公立学校的学生否定父母对他们就高等教育选择有特别大的影响，但是像学校惯习一样，即使在被认为父母远离孩子的选择过程的家庭里，家庭惯习中的隐形规范显然影响着孩子的选择。在个别情况下，通常是男学生，他们与父母在高等教育选择过程中的关系与上述情况有很大不同：

“列姆和我在此过程中一同商量，把我们的不同观点全部摆出来，但这样的方式非常好，只是有时候会使他感到有压力，不过感谢上帝，这种方式没有使他感觉不舒服，也不会破坏我们与孩子的关系。”（布鲁克威斯顿城市技术学院的男生列姆的母亲）

从这个访谈中我们感觉到尽管有时候父母和孩子在选择过程中也会出现困难，但是总体的印象是父母在孩子高等教育选择过程中采用的是与孩子合作的方式，并进行了大量的情感投入。对于列姆来说，高等教育选择的过程是一个个体化的过程，但是在此过程中母亲提供了大量的帮助。访谈中列姆的母亲强调了她的影响和介入：

“我认为有三个大学的开放日他应该去。当然我希望他去参加的开放日活动越多越好，但是因为 A-levels 证书考试的压力，实在抽不出那么多时间，所以我和他一起参加了莱斯特大学、华威大学和曼彻斯特大学的开放日活动。”但是在列姆的叙述里则没有提到母亲：“由于受朋友的影响，我心中已暗暗把剑桥大学作为自己的目标，我认识剑桥大学的毕业生，所以对剑桥并不陌生，我已经认定这就是我要上的大学。然而，我并没有把这个决定和学校的任何人讲过，所以我就去了莱斯特大学、华威大学和曼彻斯特大学三所大学，只是想了解一下大学里的什么学院比较好。”

从列姆的母亲和列姆的描述中可以看出，在高等教育选择中，家庭的影响是复杂的、多层次的。同时，我们还要考虑到在这个过程中不同性别、不同阶层和同伴文化等因素，像在布鲁克威斯顿城市技术学院这样的学校，年轻人特别是男生如果什么事都听父母的建议就会被认为是“不酷”（uncool）。

不过，需要考虑的一个重要因素是在我们访谈的学生中有一些人并不住在家里，到了脱离家庭的阶段，由中等教育向高等教育过渡的转型过程也是他们自主意识和独立意识形成的过程，这在一定程度上影响了他们对父母介入程度的看法，他们常把强行介入才看作介入，而认为提供支持和允许他们有更多的空间不是介入。也就是说，在努力增强自己的独立性和自主性的过程中，不由自主地不愿意承认父母对他们影响和指导的程度。无论是在问卷调查中还是访谈中，学生对于父母的介入、父母的观点、父母的态度和父母的期望（在一些家庭里家长对子女没有什么期望）的影响这样的问题的回答虽然含糊，但还是看得出这些影响流露在他们的言谈之中。他们谈到了为自己前途牵肠挂肚的母亲，谈到了令人自豪的父亲，谈到了对教育知之不多、缺乏自信的双亲，谈到了对教育了如指掌、信心十足的父母。所有这些特点构成了家庭惯习，并对孩子的高等教育选择产生影响。

当然，对于父母的话也不能仅仅从字面上理解，需要进行一定程度的挖掘和解码：

“她非常想申请牛津大学，我想这完全由她自己来定……说实话我觉得女儿都上 13 年级了，我认为无论到哪个地方上学关系都不大。”（圣保罗女子学校的学生克里斯蒂的母亲）

“女儿要读传媒专业，孩子的事我才不管呢，因为你知道他们看你的眼神好像你是白痴和老古董，当然他们到这个年龄了，爱干什么就干什么了。”（圣保罗女子学校的学生凯琳娜的母亲）

从表面上看这两位母亲给她们的女儿以充分的自由使其独立做出自己的决定，不受家庭倾向、压力的影响，但实际上在后来的访谈中，克里斯蒂的母亲透露她表弟是牛津大学的教师，当克里斯蒂小的时候常会到牛津玩；凯琳娜的母亲也承认她在英国广播公司（BBC）上班，有时会带凯琳娜到电台，小家伙困了就在那儿睡觉。当然，我想她多少会受到一些耳濡目染。就像我们前文提到的，正是这种家庭惯习，这种顺理成章、潜移默化的特点影响着传统中产阶层家庭子女对高等教育的选择。

劳动阶层家庭子女的高等教育选择则根本不同。南卡姆登社区学校的来自劳动阶层家庭学生凯莉的父亲说：“凯莉到哪里上大学要看家里经济条件的允许，基本上来说，她在选择时主要考虑上学时可以住在家里并可继续做兼职工作。”

克里斯蒂和凯琳娜来自中产阶层家庭，家庭惯习对她们的高等教育选择起着潜移默化的重要影响。凯莉来自劳动阶层家庭，她在进行高等教育选择时更多地受制于经济资本的影响，必须考虑进入大学后还可以住在家里以及可以继续做兼职工作。对于克里斯蒂和凯琳娜来说，她们不需要考虑经济问题，追求区隔才是首先考虑的，尽管在此过程中并没有经历争斗的过程，而是通过平和的自然而然的方式进行的。布迪厄曾经指出："追求区隔就是对原有区隔的否定：首先，因为要承认需求和否定自我追求；其次，因为显而易见的原因……意识和自发性两者皆为造成无法立即适应造就精英的环境的原因和标志。"①

在中产阶级内部，传统中产阶级和新兴中产阶级家庭的父母对子女的影响也有较大的差别。传统中产阶级是高等教育选择的高手，但对于新兴中产阶级来说，高等教育选择的过程往往也不总是那么顺畅的，相对来说这表明他们仍然缺乏区隔。值得注意的是，与新兴中产阶级追求区隔的过程相伴的是英国高等教育由精英化高等教育向大众化高等教育转化的过程。除了最上层的中产阶层，新兴中产阶级团体整体也受到了劳动阶级和一般非劳动中产阶级（之前没有成员接受过高等教育）流入高等教育的影响。为了与新流入的群体保持区隔，新兴中产阶级加大了对子女教育的时间、人力和物力的投入。然而，正当新兴的中产阶级团体在高等教育场域中努力追求的时候，劳动阶级还在为生存而挣扎，阶级惯习的分化使其处于不利于自己的地位。

从访谈中可以看出，传统中产阶层拥有一种别的阶级无法与之相比的特殊社会资本，更准确地说是学术社会资本，这种资本使得传统中产阶层家庭子女能与精英大学建立某种形式的联系，这样他们就更容易进入这些大学就读②。尽管拥有广泛的学术社会资本，但是传统中产阶层家庭有时也需要做一些弥补性的工作。有一位母亲也遇到了"有点叛逆"的女儿，当子女的高等教育选择与家庭惯习相抵触时，也就是他们的女儿有可能选一个二类的大学时，母亲开始考虑介入纠正。现在"需要保持一定的区隔"③ 的观念依然存在，只不过不是如布迪厄多次提到的通过潜移默化的惯习在事前发挥影响，而是通过未雨绸缪、深思熟虑的方式进行，也就是通过更加有策略的方式与其他阶层继续保持必要的社会距离和阶级区隔。

虽然在大多情况下传统中产阶层家庭惯习中的感知、评价和行为的结构

---

① P. Bourdieu, In Other Words: Essays Towards a Reflexive Sociology, Cambridge: Polity Press, 1990, p. 11.

② S. J. Ball, Class Strategies and the Educational Market: the Middle Classes and Social Advantage, London: RoutledgeFalmer, 2003, p. 27.

③ P. Bourdieu, Distinction, London: Routledge and Kegan Paul, 1984, p. 472.

与新兴中产阶级的不同，但家庭惯习也有不奏效的时候，此时就需要审慎介入。同时，我们注意到传统中产阶级意识到精英大学间的差异，这种差异不仅指精英大学间的差异，甚至同一精英大学内部不同学院之间也存在差异，这在某种程度上也反映出英国中产阶级复杂和分化的本质，反映出英国教育制度一直在生产和再生产英国多元的社会阶层。

综上所述，我们主要利用布迪厄的家庭惯习理论讨论了父母对子女高等教育选择的介入情况，主要聚焦在处于不同阶级的父母介入程度和方式的差异；讨论了父母对孩子高等教育选择的不同影响。

三、劳动阶层家庭学生与高等教育选择

本部分主要涉及劳动阶层，把重点放在个人影响和文化资本影响，或者更准确地说是缺少“适当的文化资本”之上。同时，也会关注区别劳动阶级集团的不同和分化。

按照英国统计局的分类方法（见表 6-3），英国社会经济阶层分成Ⅰ、Ⅱ、Ⅲ、Ⅳ、Ⅴ个阶层，其中第Ⅲ阶层又分成Ⅲn（非体力劳动）和Ⅲm（体力劳动），这也是英国传统阶层的划分方法。在本问卷中借用了英国学者黛安等人①的方法，按照父母的职业、在整个社会中的位置和父母的教育程度对劳动阶层进行分类（详见表 6-8）。

表 6-8　不同阶层分布按学校统计表　（%）

学校 社会阶层	南卡姆登社区学校	布鲁克威斯顿城市技术学院	亨利学院	特希姆学院	伊顿公学	圣保罗女子学校	平均百分比
上层/从事高收入职业/博士学位	2	20	9	12	51	43	23
传统中产阶级/大学毕业	12	23	28	23	42	41	28
中等日常非体力劳动工作/A-levels 证书	7	7	14	11	0	9	8

① Diane Reay, Miriam E. David, Stephen Ball, Degrees of Choice: Social Class, Race and Gender in Higher Education, London: Trentham Books, 2005, p. 14.

续表

社会阶层＼学校	南卡姆登社区学校	布鲁克威斯顿城市技术学院	亨利学院	特希姆学院	伊顿公学	圣保罗女子学校	平均百分比
体力劳动熟练工，如售货员/若干 GCSEs 证书	8	5	13	32	0	2	10
非熟练工/CSEs 证书以下	4	24	12	8	0	0	8
无业人员	10	5	3	6	0	0	4
没有填写	57	16	21	8	7	5	19

在前文中提及，从总体上把英国的社会经济阶层分为中产阶级和劳动阶级。中产阶级指表 6-3 中的Ⅰ、Ⅰ、Ⅲn（n 指非体力劳动）阶层，劳动阶层指Ⅲm（m 指体力劳动）、Ⅳ、Ⅴ阶层。

中产阶级内部又分为传统中产阶级和新兴中产阶级，它们之间的不同主要体现在家庭历史、拥有的资本、具有的技能和性情倾向方面。传统中产阶级从事高收入职业，拥有大量相关的社会资本；相对来说新兴中产阶级的阶级历史较短，收入也没有前者那么高，拥有的相关文化资本也没有前者丰富。前者（父母和子女）大多就读于私立中学，然后进入牛津大学或剑桥大学，拥有高学历；后者（父母和子女）多就读于公立中学，家庭成员中一般没有人上过牛津大学或剑桥大学（或者其他精英大学如达拉谟大学、布里斯托大学等）。

在劳动阶层内部情况也不相同。在我们访谈的 27 名学生中，8 名来自劳动阶层家庭，分别来自 4 所公立学校，在样本的选择时也尽量考虑种族、性别和年龄。其中，南卡姆登社区学校的 5 名学生中有 3 名；布鲁克威斯顿城市技术学院的 6 名学生中有 2 名；亨利学院的 4 名同学中有 1 名；特希姆学院的 5 名同学中有 1 名。但是伊顿公学和圣保罗女子学校的 7 名接受访谈的学生中没有一个属于劳动阶层家庭。这些学生的父母所从事的工作包括：办公室日常杂务、保育人员、街道小商贩、招待员、售货员和年轻劳工。在访谈时我们尽量多挑选劳动阶层家庭的学生，所以这个比例并不代表 4 所公立学校中总体劳动阶层家庭学生的比例。

（一）物质条件与选择

对于大部分劳动阶层家庭的学生来说，在高等教育的选择过程中首先要弄清楚什么是你不能拥有的，什么是你没有讨价还价余地的，然后再看看剩下什么可供你选择，所以对这些学生来说高等教育的选择过程也是一个自我排斥的过程。物质条件的限制意味着大部分劳动阶层家庭的学生只能在有限的空间内进行选择，大学的地理位置就是他们考虑的关键因素。下面是我们访谈的选录：

“我一直渴望能到伦敦上大学，我想读的专业是商业，所以伦敦大学是我的首选，但是听说伦敦开销很大，我实在很难承担起这笔费用。后来还是申请了离家不远的北安普顿大学，这样我就可以骑自行车上下学了。”（苔丝，布鲁克威斯顿城市技术学院，来自劳动阶级家庭的女生）

访问者：问卷上显示你申请的第一志愿大学是北安普顿大学，你为什么选这所大学？

罗兰妮：最重要的是它离家最近。虽然伦敦的大学很多，但我无法选择其中之一，因为这样会使我徒增烦恼，在那里你会发现很多有趣的事，然而又去不了。因此，学校的位置对我来说确实非常重要。（罗兰妮，女生，特希姆学院，来自劳动阶层家庭）

所以，对于大部分劳动阶层家庭的子女来说，大学的地理位置是他们选择时考虑的最重要因素。苔丝解释说在高等院校招生处的申请表格上（UCAS form）本来可以填写 6 个志愿，但是她只填了北安普顿大学，“对我来说上下学方便便宜最重要，其他的对于我来说没什么意义”。罗兰妮说：“我需要选择地方大学，因为我学习的内容需要适应将来的工作和家庭所在的社区。”大部分学生面临的物质条件限制主要是交通费用和住宿费用。

（二）学业成绩与选择

高等教育的选择受制于普通教育证书高级水平（A-levels）证书或者同等证书的预估或实际考试成绩。当然，学生 A-levels 证书考试成绩的优劣受到很多因素的影响，其中有些因素非常明显，例如学习时间的保障问题。在英国中六学级学生打零工的现象非常普遍，但是总体来说，无论是白人还是少数族裔的劳动阶层家庭学生工作的时间远高于中产阶层，特别是传统中产阶层家庭的同龄人，可以预期，这种情况在上大学攻读学位课程时也不会有太大的变化①。

在问卷调查的373个样本中，来自Ⅰ—Ⅱ阶层家庭的学生中只有23%的人从事付酬的工作；而来自Ⅳ—Ⅴ阶层家庭的子女则有82%的人从事有薪水的工作。每周工作时间超过10个小时的学生主要集中在来自社会经济底层家庭的学生群体中。其中Ⅰ—Ⅱ阶层的学生有11%的人工作时间超过10个小时；在Ⅲnm阶层的学生中这个比例是25%；在Ⅳ—Ⅴ阶层的学生中此比例为38%。毫无疑问，学生工作的时间越多而用来做功课的时间就会越少。

这种情况使一部分学生群体能够取得精英大学入学要求成绩的可能性远大于另外一些学生群体。在伊顿公学和圣保罗女子学校这样私立的学校，学生往往要学习5门或以上的A-levels课程，因为在牛津大学、剑桥大学的很多专业如果没有5个A-levels证书的优异成绩，被录取的可能性就会减少；但对于劳动阶层家庭的学生来说，学习3门A-levels课程就觉得时间上无法保障。对于像南卡姆登社区学校的翰娜这样的劳动阶层子女来说因为家境不好就被完全排斥在这类大学的门外：

“自从进入中六学级，我一直在一家咖啡店打工，这对我的学业影响很大，我常常对自己说工作和学习我能兼顾，但事实上这不过是自欺欺人的美好愿望，因为总是有做不完的事。”（翰娜，南卡姆登社区学校学生，来自劳动阶层，印度族裔）

“刚进中六学级时我计划在这两年要考4科A-levels证书，每周在布鲁克威斯顿城市技术学院学习4天，周三和周末我都在我家住的凯特林镇的一家超市工作。每周工作15个小时，每周4天学习，就连3科A-levels课程学起来都很吃力，不久我就意识到我不可能参加4科A-levels证书的考试。”（阮金里，布鲁克威斯顿城市技术学院学生，来自劳动阶层家庭，越南难民后裔）

阮金里放弃了参加4科A-levels证书的考试的想法。但伊顿公学和圣保罗女子学校的7名学生中有6名在访谈中表示他们学习了5门A-levels课程。由此可知，学校组织结构通过对处境不利家庭学生选择的限制，使高等教育场域等级区隔和分化得以维系。

① J. Payne, The Impact of Part-time Jobs in Years 12 and 13 on Qualification Achievement, British Educational Research Journal, 2003, 28 (4), pp. 599-610.

为了维持自己的学业不得不打零工只是影响劳动阶层家庭学生学业的问题之一，其他问题还包括由于经济困难而无法负担交通费、住宿费和必要的课程资料费用等。所有这些都限制了他们的高等教育机会和对高等教育的选择。

（三）学术场域与选择

布迪厄曾经描述了客观限制是如何转化为客观限制预期的，他认为是一个人的场域归属感促使其自我排除在不属于自己的场域外①。亨利学院的罗伯特是来自劳动阶层家庭的学生，他说他并不愿意上更为精英的伦敦国王学院，认为“我这样的人怎么会到那样的地方上学呢？还是北安普顿大学对我来说更合适，尽管从大学排行榜看国王学院远远排在北安普顿大学的前面，而我自己的学业成绩也达到了该校的要求，但由于先前的教育过程中有过曲折，觉得根据自己的优势还是选一所让自己感觉舒服的大学，一个让自己有家的感觉的地方比较合适”。很多像罗伯特这样来自劳动阶层家庭的学生，特别是又通过读预科课程申请大学的学生都有类似的感觉。

罗兰妮：我不需要再去麻烦地查大学排名榜了，因为我知道我想上那一所大学，我知道这是一个好的地方。

访谈者：从什么方面说它“好”？

罗兰妮：就是对我合适啊！

（罗兰妮，女生，特希姆学院，来自劳动阶级家庭）

这里罗兰妮所表露出的就是布迪厄所称的场域归属感，也就是“一个人与外部世界间的关系以及身临其中就会感觉良好的地方”②。对于像罗伯特和罗兰妮这样的劳动阶层家庭的学生来说，大学排名对他们并不重要，他们的选择是被像他们一样的人所接受的高等院校。从罗兰妮和罗伯特的叙述中可以看出学生对大学的亲近感对于高等教育选择多么重要，这种亲近感既有心理上的，也有经济和学术上的。对于一些学生来说，某一个特定的大学就是他们认准的目标。

与劳动阶层家庭的子女不同，在私立中学就读的传统中产阶层家庭的子女主要对像牛津大学、剑桥大学这样的精英大学具有归属感；就读于公

① P. Bourdieu，Distinction，London：Routledge and Kegan Paul，1984，p. 471.

② P. Bourdieu，Distinction，London：Routledge and Kegan Paul，1984，p. 474.

立学校的中产阶层家庭的子女主要对在20世纪中期获得大学地位的红砖大学有归属感；劳动阶层家庭的子女中除个别例外情况外，一般是对1992年后获得大学地位的大学具有归属感。由于追求更加精英化的高等教育并不是所有人的渴望，这就使上述特定大学的归属感有时也会出现交叉错位。又回到上文提到的问题：当依靠考试成绩估分填报大学申请志愿、明确引导学生申请一些大学而不申请另外一些大学时，选择大学就成为选择品位和生活方式的问题，在这个过程中社会阶层是影响选择的关键因素。在学生和大学之间经历了一个阶级契合的过程，在此过程中家庭惯习和学习惯习同时发挥作用。

（四）阶级蜕变与选择

劳动阶层家庭的学生不像中产阶层家庭的学生从中学到大学只经历一次转型，他们通常要经历两次转型：一次由一个阶段的教育转为另一个阶段的教育；还有一次是由一个阶层转到另一个阶层，这个过程使得原来只有中产阶层家庭的子女才能进入的高等教育有了质的不同，这种变化从特希姆学院的学生罗兰妮的话里也能略知一二：“这个目标虽然我现在还没有达到，但我不知道到了现在的份上，除了选择上大学我还能怎么办，我已下定决心这就是我下一步的目标，我不得不继续往前走，我不能退缩，这就是我的感受。”她这种追求高等教育的迫切要求给人的感觉是在痛苦中挣扎，“我不能退缩”反映了如果她不能成功，或许又要回到她父母所在的原点的现实。但是对于中产阶层家庭的学生来说并没有她描述中的“退缩”的感觉。

贝克认为：“当一个人不得不做出选择试图改变自己的身份认同时，同时也要承担这样做的风险。”① 愿意承担风险和不愿意承担风险的劳动阶层成员的思想差异在于前者用的是个人主义思想，而后者用的是社会连带主义思想②来思考问题③。当越来越多的阶级团体竞相追求教育文凭的时候，在

---

① U. Beck, Risk Society: Towards a New Modernity, Newbury Park, CA: Sage, 1992, p. 88.

② 社会连带主义认为社会成员之间的相互依存关系是构成利害一致的社会组织的基础。

③ S. J. Ball, Class Strategies and the Educational Market: the Middle Classes and Social Advantage, London: RoutledgeFalmer, 2003, p. 8.

阶级的内部就出现了新的分化[①]。用个人主义思想还是用社会连带主义思想看待社会的倾向可能是劳动阶层内部产生分化的原因之一，但是并不能仅仅用预估的学业成绩对此进行解释[②]。调查发现劳动阶层内部存在着这样的分化，特别是在延续教育学院就读的成人学生（21 岁以上）和部分来自少数族裔劳动阶层的学生，在高等教育选择中表现出社会连带主义思想倾向，但是另外一些人又表现出个人主义思想倾向。后者为我们观察劳动阶层家庭的学生由中等教育向高等教育转型的情况提供了不同的视角，他们在大学入学申请表上填的全部或者大部分是精英大学。访谈中南卡姆登社区学校的学生哈里讲述了他在从中等教育跨入高等教育过程中的心理感受，他在高等教育选择过程中，不仅经历了和他的情况类似的劳动阶层家庭的学生所面临的是迎接挑战还是安于现状的心理冲突，而且还经历了思想的巨大变化过程：从开始的安于现状转变到后来勇敢迎接挑战。开始时哈里打算和像他一样的劳动阶层家庭的学生那样选择一个自己感觉良好、适合自己的大学："开始时我准备申请东伦敦大学，我之所以选择这所大学最主要的不是为以后就业的考虑，而是觉得它比较适合我，在填写大学入学申请表时只是想选择一个我喜欢的氛围。"后来在一个当大学老师的朋友的建议下，他改变了要申请这类大学的想法，决定申请一所精英大学——伦敦政治经济学院[③]。当然，这种改变是由多种因素促成的，朋友的建议以及中产阶层家庭学生常运用的交往和社会资本是重要的影响因素，但是影响最大的因素或许还是因为大学预科成绩优异，使他信心大增。当他选择了精英大学后，再谈起新大学的时候就有一种不屑一顾的口气，声称这些新大学的设备设施需要改善，不然就是说这些大学应该给学生更多实现自我的机会。这就是说他现在进行更好、更学术化的自我追求，开始对自己进行重新建构，努力除去自己身上的劳动阶层的阶级烙印，蜕变成另外一个阶级的成员。

泰勒认为，在当今社会人们为了实现自我，往往尽力挖掘自己的潜能；

---

① U. Beck，E. Beck-Gernsheim，Individualization，London：Sage，2002，p. 12.

② 尽管越来越多个人主义思想倾向的劳动阶层家庭学生预估的学业成绩比较高，但是一些具有社会连带主义思想倾向的劳动阶层家庭学生的预估学业成绩也高。

③ 伦敦政治经济学院在 2007 年《泰晤士报》刊登的大学排行榜中排第四名。

如果没有做到，就是以某种方式浪费生命或者没有实现自己的人生价值①。可以说哈里是泰勒描述的“真实自我”的现代版，他先前选择东伦敦大学时并没有把学术作为优先考虑的因素，而是把感觉良好和适宜作为主要标准，但追求区隔的心理使其放弃最初的想法，选择了精英大学——伦敦政治经济学院。当然，在由劳动阶层蜕变成中产阶层的整个过程中充满了矛盾和冲突，但是由于进入精英大学（毕业后进入中产阶级行列）能够给他们带来更多的机会、更好地提高自己，有时也就会牺牲原有的劳动阶级的文化认同了。

综上所述，在当代英国从精英高等教育向大众化高等教育转变的过程中，与原来具有相对单纯的学生来源的大学制度不同，现在英国高校的分层和分化更加复杂。1992 年后，随着多科性技术学院升格为大学，很多大学为争夺生源展开竞争，虽然招收学生的结构有所改变，但是研究表明来自劳动阶层家庭的学生和来自中产阶层家庭的学生在所拥有的高等教育机会和选择方式方面存在着很大差异。由于来自中产阶层家庭的学生拥有较好的资格证书成绩，同时出于对就业前景的预期，多选择精英大学，而劳动阶层家庭的学生多选择大众化的高等院校。学生的高等教育选择过程会受到诸多因素的限制，如学习时间、家境贫寒的学生必须边读书边工作、地理位置、信息资源等，由于种种限制，社会低阶层家庭的学生选择高等教育的机会非常有限；而学生对大学的感知、区隔和选择反过来又加剧了高等教育的分化和分层。在从精英高等教育向大众化高等教育转化的过程中，人们对高等教育的公平观也发生了变化，从原来关注谁能上大学和谁不能上大学转变为关注谁能够上何种大学。看来，要真正把“让所有有能力从高等教育中受益的人都能接受高等教育”的“罗宾斯原则”变为现实还有很长的路程。

① C. Tailor, The Ethics of Authenticity, Cambridge, Massachusettes: Harvard University Press, 1992, p. 3.

第七章 比较与借鉴：中英高校招生考试制度之比较

“在现行世界范围内的高校招生考试制度中，高考制和证书制是两种主要的形式，而中国和英国分别是实行这两种制度的典型代表之一。”① 通过对中英两国高校招生考试的管理运行、选拔模式、招考机构、评价与录取等方面的对比分析，探讨不同社会制度背景下两国高等院校招生考试制度的模式及其特点，以期对我国高校招生考试制度的改革有所借鉴。

第一节 中英高校招生考试制度之比较

本节选取高校招生考试制度中的关键环节对中英两国高校招生考试制度中的管理与运行、考试与认证、机构与功能、评价与录取和费用与资助五个方面进行比较分析。

一、管理与运行：政府主导 VS 伙伴关系

由于国情和历史传统不同，中英两国在高等院校招生考试管理和运行模式方面有很大差异。在中国，无论是古代的科举考试还是当代的高考，都是由国家举办的统一考试，对考试管理采用的是由政府主导的行政管理手段；在英国历史上，学校特别是大学对教育和考试具有很大的影响力，在长期的发展演变中，逐渐形成高等院校招生考试中政府、大学和中学之间的“伙伴关系”。

---

① 盛晓娜、王蕴秋：《中英高校招生制度比较与借鉴》，《外国教育研究》2006 年第 11 期，第 51～54 页。

(一) 中国高校招生考试的管理和运行

“其他西方国家的大学招考只是一种测量手段，只是引起小范围的关注，只是一种少数人关心的话题。然而，受传统和现实的制约，中国人却将高考变成了文化，变成了经济，变成了盛大的仪式，变成了一种各方面关注的社会活动，变成一种惯例式的全民动员。”①因此，高考不仅仅被看作评价考生学业成绩和潜力的手段，而且是维护社会秩序、促进社会发展的助推器和维护稳定的“减压阀”②。所以，自 1906 年废科举、兴学堂以来，虽然我国高校招生考试制度历经变革，但高校招生考试管理采用国家统一集中的行政管理方式没有太大的变化。

中国高校招生制度源于 19 世纪 60 年代洋务学堂的招生和学业考试，在招生方法上，借鉴了西方考试的做法，但同时深受传统科举考试文化的影响，吸收了科举考试文化的精华，如统一考试的形式，公平竞争、择优选才的精神，以考促学的机制等，对我国高等院校招生考试制度的形成与完善产生了重要的积极影响③。

1938 年，中华民国国民政府教育部首次颁布了《国立各院校统一招生办法大纲》（以下简称《大纲》），规定国立各大学及独立学院（除上海外）的一年级新生均由教育部统一招考录取后再分发至各院校。该大纲的颁布标志着统一高考制度的确立。《大纲》还就统一招生的行政管理、考试科目、考生资格、录取标准、保送比例、命题阅卷等各方面都作了相当详尽完备的说明。1938 年的《大纲》也就成了国民政府时期历年高校统招制度的标准和模板，此后几届的招生制度都是在此基础上修订而成的。由此可以看出，国家集中管理的统一高校招生考试制度的建立既是民族心理文化的遗传和对原有政策设计中合理内容的承袭，也是现代政府对教育加强控制的表现。

1949 年中华人民共和国成立后，实行“暂维现状，立即开学”的过渡政策，除北京大学、清华大学等少数几所高校实行非实质性的联合招生外，当年全国绝大多数高校仍沿旧制，实行单独招生。1950 年 5 月 26 日，中央人民政府教育部发布了第一份高校招生考试文件——《关于高等学校一九五零

① 刘海峰：《而立之年论高考》，《东南学术》2007 年第 4 期，第 6～10 页。

② 刘海峰：《而立之年论高考》，《东南学术》2007 年第 4 期，第 6～10 页。

③ 孙华：《我国高校招生政策 100 年述评》，《 复旦教育论坛》2007 年第 1 期，第 59～64 页。

年度暑期招考新生的规定》，要求各大行政区教育部“根据该地区的情况，分别在适当地点定期实行全部或局部高等学校联合或统一招生”。在总结前两年大区联合或统一招生经验的基础上，1952 年教育部明确规定，自该年度起，除个别学校经教育部批准外，其余高等学校一律参加全国统一招生考试。“文革”初期高考中止，直至 1977 年恢复高考。

自 1977 年恢复高考至 1985 年，基本沿用“文革”前的高校招生制度，其间略有调整。在当时的背景下，统一的高考制度保障了机会的公平与过程的公平。每个公民都不再因家庭出身等外在因素影响其参与公平竞争的机会。自民国以来，时断时续的统一高校招考制度终于得以恢复、健全和巩固，进而发挥其固有的功能。究其原因，主要是民族历史文化的惯习和社会各阶层对高等教育机会公平的追求。

1985 年 5 月发布的《中共中央关于教育体制改革的决定》就改革高校招生体制指出：“要改革高等学校全部按国家计划招生……采取国家计划招生，单位委托培养和定向招生及招收部分自费生的双轨办法，从而改变过去高度集中的单一招生计划体制。”这一政策一改过去政府包得过多、统得过死的现象，使高校的招生出现了一定程度的自由，不仅使高校的经费紧张状况得以改善，而且在一定程度上也改变了人们的观念。但是随之而来的是各高校委托培养计划的膨胀，由原来的 10％上升到 40％～50％，严重冲击了国家招生计划，影响了招生的公平与公正，对社会的稳定造成了一定的负面影响。1993 年，国家教育委员会出台了并轨政策：“同一学校在同一地区招生时根据总的招生计划确定一个分数标准录取新生；新生入学后，按一个标准缴纳学费。”

1998 年，教育部以广东省为试点，推出了新一轮高校招生考试改革。这次改革以“三个有利于”为标准，即要有利于高校选拔人才，有利于中学推行素质教育，有利于扩大高校自主权。并且在科目、内容、形式和录取方式四个方面开展改革。这次改革比较全面，比如，在考试内容上一改以前只注重考查学生的“学业性知识”而不注重能力的考查；在考试科目上改革了传统的大文理两科，实行全新的、能够促进学生全面发展和特长发展的“3＋X”。注重对学生基础知识、解决问题能力、兴趣爱好的培养和引导。由于本次改革在一定程度上达到了预先设定的目标，因此在 1999 年，教育部开始逐步将其向全国推广。同年，基于拉动内需和其他考虑，国家决定让高校扩招。2000 年，教育部在北京、上海、安徽和内蒙古实施春秋两季高考。

2003 年，教育部在充分酝酿的基础上在全国范围内选择了 22 所知名高校，推行自主招生，2005 年则达到了 42 所。同时，随着各省单独命题制度的推开，至 2006 年，有 16 个省份实行单独命题制度。但同时，由于制度的惯性、环境的惰性、个别执行主体的自利性等，导致了政策执行过程中的失真与错位。权力寻租、暗箱操作、规避巧用、搭便车和路径依赖等现象在很大程度上导致了政策失灵，影响了政策的有效性。政策虽能决定制度，但是制度同样可以制约政策。同时，现行政策对弱势群体的救助、对受政策失灵伤害的群体的救济、对制度干扰政策的修正等均表现出不力和不作为。这些现象直接影响着政策的有效性。

自 1905 年"废科举"至今的 100 多年间，我国高校招生政策走过了一条坎坷曲折之路。从清末民初的单独招生到 1938 年的统一高校招生考试制度的建立；从中华人民共和国成立后的统一招生到"文革"期间的非理性化和无序状态；从统一高考的恢复到今天统一下的多元改革，高校招生考试制度虽历经变迁，但是统一招生、统一考试和统一录取，教育行政部门既是高考的决策机构，又是管理和执行机构，高校作为自主办学的实体并没有真正实现其价值的状况没有大的变化，对高校招生考试的管理采用国家统一集中的行政管理方式也没有根本的变化。

应该说，我国高考实行国家统一集中的管理模式与当时的国家计划经济模式相适应，确保了高等教育的公平，但随着我国社会主义市场经济和高等教育的发展，特别是高等教育已由精英走向大众，这种管理模式的弊端已日益凸显。通过改革，在实现高等教育公平的基础上，如何增加高校的招生自主权和学生的更多选择权，成为亟待解决的问题。

（二）英国高校招生考试的管理和运行

在 19 世纪之前，英国未设中央和地方教育行政部门，学校在教育事务中扮演着重要的角色，其中，牛津、剑桥两所大学是它们中的代表，它们或多或少地独立于政府之外，不仅对大学招生考试享有完全的自主权，而且对英国的教育和考试影响重大。正是在这种传统的基础上形成了当代英国高校招生考试中政府、大学、中学和其他利益相关者间"伙伴关系"的管理和运行机制。

大学建立之初没有入学考试，对于国籍、社会成分、智力状况和语言均没有明确要求。牛津大学、剑桥大学的入学典礼（matriculation）只标明学生注册成为大学的学生。大学甚至没有规定固定的入学时间，任何时候都可以入学，也没有最低的入学年龄限制①。大学入学仅有的要求是证明自己接受过天主教的洗礼，提供其品行的证明，这些一般人都能够达到。中世纪后期，大学入学时开始有了宗教测试、口头答问等要求，但也没有正式的入学考试。到 19 世纪初，随着书面考试的出现，牛津大学、剑桥大学废除了宗教入学测试，开始对学生在攻读学位课程的前后进行较正式的测评，逐步开始实行考试制度。

传统上，大学在社会上享有崇高的地位，除享有自治权外，还通过大学考试委员会实施大规模的面向中等学校的公共考试，并对中等学校的教学质量进行评估。1858 年，牛津大学、剑桥大学分别成立了地方考试委员会，使原来只针对校内学生的考试扩展到校外，开始对中等学校学生进行大规模的校外公共考试。从 1877 年起，两所大学地方考试委员开始对考试合格的学生授予证书，考试的重点从对考查学校办学绩效转变为对学生进行考试授证。之后，伦敦大学考试委员会推出了依据大学入学标准设计的大学入学证书考试（matriculation）。与很多国家不同，英国的公共考试控制权一开始掌握在牛津大学、剑桥大学手中，这有其必然性，因为它们长期在英国教育中的权威性和崇高地位以及在长期实践中积累了考试的专业技能和人才。但随着考试的快速发展和大学及非大学考试机构的建立，到 19 世纪末，英国出现了条块分割、互不协调的众多考试。各方要求统一学校课程与考试的呼声越来越大，有人主张政府应该更多地介入考试事务。在各方妥协的基础上，最终于 1917 年组建了中等学校考试委员会（SSEC）。委员会设 21 个代表，他们分别来自地方教育局、中等学校教师代表和大学代表，虽然来自大学的代表在各个时期的人数有多有少，但他们对考试一直具有很大的影响力，并且可以通过负责考试设计与评分的大学考试委员会使其影响进一步加强。

随着英国社会经济和教育的发展，国家越来越多地介入教育事务。国家为了自己的发展目标，制定了公共考试的原则，选拔性的公共考试除了用于大学入学外，逐渐开始成为政府公共机构录用人员的主要方式，众多取得高学历离开牛津、剑桥的大学生，也必须通过公共考试才能进入这些

---

① Ridder-Symoens，Hilde de Ridder-Symoens，A History of the University in Europe：Universities in the Middle Ages，Volume 1，Cambridge：Cambridge University Press，2003，p. 171.

机构。1920年，中学考试委员会就大学入学考试的要求与大学进行磋商，参与磋商的还有专业考试机构、文官委员会和教师组织的代表，目的是劝说大学承认新推出的学校证书和学校高级证书，来取代他们自己的考试证书。三年后，另外一些类似的考试机构如皇家医师学会、特许秘书学会、皇家不列颠建筑师学会和测量师学会等也同意承认学校证书和学校高级证书。通过上述的发展，大学考试委员会逐步接受由各方代表组成的中等学校考试委员会的监管。新成立的中等学校考试委员会制定标准，对不同类型和不同目的的考试进行协调和整合，而日益发展壮大的文法学校和公学的考试权掌握在中等学校考试委员会及其批准的考试委员会手中，使政府加强了对考试的控制。

改革出现多赢的局面，国家从大学的权威学术地位受益，政府在加强对考试控制的同时，兼顾考试委员会、教师等的自主权，增强了学校对考试的发言权，弥补了当时考试制度的不足，形成大学、政府和中等学校在考试中的“伙伴关系”。中等学校考试委员会推出了学校证书和高级学校证书考试，其中高级学校证书考试相当于大学入学考试的水平。之后，大学入学证书考试与学校证书考试并存，直到1951年实施了普通教育证书（GCE）制度才结束这种状况。普通教育证书的实施标志着英国证书型大学招生考试制度的确立，后经修改、补充，逐步使这一制度完善，成为英国高等院校招生制度的传统。从此，普通教育证书高级水平证书（A-levels）一直被视为英国教育的黄金标准，成为学生进入大学和就业的“敲门砖”。

1997年工党执政后，根据其政策文件《拥有成功的资格》①，对证书考试制度进行了新一轮的调研，最后形成政府关于证书考试改革的文件《2000年课程》。《2000年课程》的改革强调三类证书之间的“链接”，而不再强调它们之间的区别。这在旧制度和未来理想的一体化证书考试制度之间搭建了一座桥梁，对16岁～19岁教育阶段的证书考试制度产生重大影响。长期以来英国人对A-levels存在着爱恨交加的矛盾心理。毕竟50多年来，它在英国以这个证书考试为导向的教育和培训制度下，一直占有绝对的优势地位。同时，它的改革已成为高度政治化的敏感议题，因为历届英国政府都把它看

① Department for Education and Employment/Department of Education Northern Ireland/Welsh Office (DfEE/DENI/WO), Qualifying for Success: A Consultation Paper on the Future of Post-16 Qualifications, London: DfEE, 1997.

作本国教育的“黄金标准”①。《2000 年课程》是 16 岁～19 岁教育阶段证书考试改革的重要文件，对长期以来人们关注的焦点问题都作了回应，改革的主题是拓宽高级水平阶段的学习范围；在不同类型证书之间及同一类型证书内部之间保持一致的标准；颁布适量科目的高级水平证书考试课程说明；提高普通教育证书和普通职业教育资格证书之间的一致性。但《2000 年课程》对于学校来说，并没有强制性，虽然政府加强了对考试和课程的控制，但是并没有改变高等院校招生考试中的“伙伴关系”。

英国高等院校招生服务处（UCAS）并不是政府机构，而是正式注册的财团法人，性质是非营利机构，其成员是通过 UCAS 进行招生录取的高等院校。它的主要功能是处理学生的入学申请，提供与高校招生相关的广泛的服务，收集、处理、公布有关高校入学的信息和数据，为申请人提供尽可能充分的信息供其做决定时参考，使申请人能够利用自己所需要的信息，成功申请进入大学学习。高等院校招生服务处于 2002 年推出“高校招生分数转换系统”，通过对各类资格证书的分值设定，建立了使各类证书进行转换的分数融合体系。它伴随着《2000 年课程》的出台而出现，为涵盖英格兰、威尔士、北爱尔兰和苏格兰的证书在内的国家资格证书框架里的众多证书提供了一个分值量化体系，使国家资格证书框架里的证书更具可比性，对利益相关方产生重要影响，成为调节政府、高校和从事 16 岁～19 岁教育的学校间关系的重要机制，特别是在 16 岁～19 岁教育阶段的课程、考试和高校招生录取方面形成了政府、大学、中学和其他有关各方的“伙伴关系”。

二、考试与认证：国家统一高考 VS 考试机构认证

在我国，从 1952 年开始实行全国普通高校统一招生入学考试制度以来，虽然在不同时期有所不同，其内容和形式也更加丰富、多样，但总体来说，我国的高校招生考试制度依然是以国家统一考试为主体的高考制。英国没有全国统一的高校招生入学考试，高等院校招生选拔新生的主要依据是申请者参加的普通教育证书高级水平（A-levels）考试或者同等证书考试所取得的成绩，而这些证书主要是通过全国六个考试认证机构考试认证的，并且考生在选择考试认证机构和考试科目时具有很大的自主权。

① Ann Hodgson，Ken Spours，Beyond A-levels Curriculum 2000 and the Reform of 14-19 Qualifications，London：Kogan Page Ltd.，2003，p. 81.

（一）我国普通高校统一招生考试

“由国家举办统一考试，依据考试成绩、考试档案及个人志愿，由高校择优录取学生，这是我国高校招收新生的基本特色。”[①] 也就是说，在我国实行的是通过高等院校统一招生考试的方法进行招生选拔的“高考制”。

由于高考是“功能强大的指挥棒”[②]，特别是对推行整个基础教育与素质教育的影响，为了回应来自各方的批评和指责，国家对高考不断进行改革，其中，高考科目的设置一直是我国高考制度改革的核心问题之一，通过改革，试图扩大考试科目，增加考生的选择机会。1999 年，教育部推行了新一轮的高考科目改革——“3＋X”模式，“3”是指语文、数学、外语三门，“X”指物理、化学、历史、地理、政治、生物等不同科目的组合。考试科目的改革从一定程度上增加了考生选择考试科目的机会。每个考生都以语文、数学、外语为共同的基础，根据自己的兴趣、特长及所报考高校的类别和要求参加相应科目的考试。同时，高考由一年一次改为一年两次，秋季高考时间为每年 6 月份，春季为每年 12 月份；艺术类专业加试时间为 3 月—8 月。

由此可以看出，与实行“证书制”的英国高等院校招生考试制度不同，我国的高考全部采用终结性考试的方法，并不考虑学生的平时成绩和学习过程，同时，考生对考试科目的选择机会十分有限。

（二）英国国家资格证书框架体系中的各类三级证书考试

2004 年，由英格兰资格证书与课程管理局，威尔士资格证书、课程与评价局，北爱尔兰课程、考试与评价委员会联合颁发了《国家资格证书框架》，把英国各类证书共分为八级，其中，第三级证书相当于高等院校入学水平的证书。2002 年开始实行的“高校招生分数转换系统”（UCAS Tariff）包含了国家资格证书框架体系中的各类第三级证书和其他相关证书 22 项，但在高等院校招生录取中使用最多仍然是普通教育证书高级水平（A-levels）、普通教育证书补充水平（AS）和经过对高级职业教育证书考试（AVCEs）的改造，于 2005 年引入新的普通教育应用学科证书高级水平考

---

① 张亚群、巨玉霞：《高考改革观点述评》，《基础教育参考》2005 年第 6 期，第 10～13 页。

② 刘海峰：《而立之年论高考》，《东南学术》2007 年第 4 期，第 6～10 页。

试（GCEs /A-levels in applied subjects）。

近几年，虽然越来越多的高等院校使用“高校招生分数转换系统”录取新生，但是普通教育证书高级水平考试仍然被看作英国的“黄金标准”，特别是研究性大学更是如此。普通教育证书高级水平、普通教育证书补充水平考试的主要特点有：第一，课程与考试密切相关，皆采用模块化结构。普通教育证书高级水平、普通教育证书补充水平考试为学术型证书考试课程，参加的对象往往是具有较强学习能力的中六学级学生，主要目的是使学生掌握与所选修的学科相关的知识，培养其与所选修的学科相关的理解能力和技能，考试取得优异成绩者能够顺利升入高等院校学习。第二，开科广泛，单科授证。A-levels 证书考试课程开科广泛，有 60 多个科目，采用单科结业，授予单科证书。第三，考试评分采用内部与外部相结合、过程性评价与终结性评价相结合的方式。证书考试课程的评价采用校内教师与考试机构外部评价相结合的方式，校内教师实施的就是“课程作业”评定，分值一般为 25%～30%（大部分科目最高限是 30%），属过程性评价。外部公共考试机构的终结性考试分值一般为70%～75%。考试成绩采用等第评定方式，最终成绩分及格与不及格，及格分 A，B，C，D，E 五个等级，不及格用字母 U（不分等）表明。

由此可见，与中国不同的是英国没有全国统一的高校招生入学考试。除开放大学外，高等院校选拔新生的主要依据是申请者参加的普通教育证书高级水平（A-levels）考试或者同等证书考试所取得的成绩，学生对考试科目具有广泛的选择机会。

三、机构与功能：集中统一 VS 公共服务

我国实行的是中央统一领导和地方分散办理相结合的高等教育招生考试制度。教育部考试中心和教育部学生司统揽全国高校招生考试事宜；地方各级政府分别成立专门的考试和招生机构，负责本地区高校入学考试和招生的组织与实施；各高校设立招生办公室，负责本校的招生考试、录取工作。近几年，虽然地方及高校的招生自主权得到扩大，但总体来说，我国实行的还是集中统一的高校招生考试制度。

英国政府向来没有直接组织考试的传统，考试不是由政府统一组织的全国性考试，但高校一般也不单独组织入学考试，而是由政府批准成立的非营利性机构——种类繁多的考试委员会具体负责考试的实施（经过整合现在全英有

6个主要的综合考试认证机构），面向社会提供考试公共服务。高等院校招生服务处（UCAS）是英国统一的高校招生机构，它并不是政府的一个机构，而是采用公司化运作的非营利性机构。无论是综合考试认证机构还是高等院校招生服务处都不是政府的职能部门，而是进行独立市场运作的非营利性机构。

（一）我国高等院校招考机构与功能

1. 考试机构与功能

（1）教育部考试中心

教育部考试中心为教育部“指定承担教育考试专项职责任务并赋有部分行政管理职能的直属事业单位”①。1987年，国家教委考试管理中心成立，1990年，更名为国家教委考试中心。1994年，国家教委考试中心与国家教委高等教育自学考试办公室（成立于1983年）合并，成为“国家教委考试中心”并保留“国家教委自学考试办公室”的牌子。1998年，国家教委改称教育部，国家教委考试中心相应地改称为教育部考试中心。

教育部考试中心内设机构包括：办公室、人事处、财务处、高校入学考试命题处（命题一处）、高等教育自学考试命题处（命题二处）、外语考试命题处（命题三处）、自考综合处、考务管理与监察处、科研发展处、评价处、信息处、社会考试处、海外考试处、教材出版处、题库工作小组、中英教育测量交流中心、中国考试杂志社和考试服务中心等（见图7-1）。

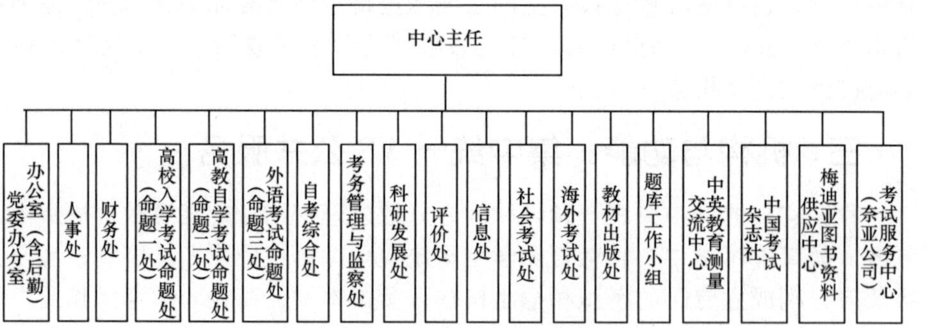

图7-1　教育部考试中心组织框架②

① 中国教育考试网，中华人民共和国教育部考试中心简介，http：//www.neea.edu.cn/zxjj/c_intro.jsp.2007-10-11。

② 中国教育考试网，组织机构，http：//www.neea.edu.cn/zxjj/c_org.jsp.2007-10-11。

教育部考试中心的主要职责包括：根据国家的教育方针及政策法规，参与教育部有关司组织教育考试的政策和规定的草拟；负责全国普通高校、成人高校的本专科入学统考的命题、评卷、成绩统计分析与评价工作；受教育部的委托，通过考试的方式，对已被批准建校招生的成人高校的教学质量进行检查；受委托对社会力量举办的不具备颁发学历文凭资格的高等学校和中等专业学校实施学历文凭考试；行使国务院《高等教育自学考试暂行条例》和教育部《中等专业教育自学考试暂行规定》所赋予的职责；承办教育部批准的海外委托的考试；开展考试服务，经教育部批准有选择地承办社会委托的考试；开展科学研究，改进自学考试的自学与助学指导，促进考试的科学化、标准化；培训考试工作人员。

（2）地方考试中心

除全国性的考试机构教育部考试中心外，各地均设有地方考试中心（或教育考试院），负责本地区的相关考试事宜。各省级考试中心（教育考试院）隶属当地省教育厅。下面以广东省考试中心为例，了解省级考试机构及其功能。

广东省考试中心为副厅级事业单位，由广东省教育厅管理①。其主要功能是：具体编制高等、中专学校招生考试的招生计划、自学考试计划，经批准后组织实施相关计划；承担高等院校、中专学校招生考试以及中学会考，中学其他统一考试的报名、命题、考试、评卷、录取的组织工作；承担全省自学考试的报名、命题、考试、评卷、考籍的组织和管理的工作；受委托承担全国普通高等学校对港、澳、台地区及华侨学生联合招生计划的具体拟订、报名、考试、评卷、录取的组织工作；承担计算机等级考试、大学英语等级考试等各类教育的水平性考试的命题、考试、评卷工作；承担全省各类教育统一考试计算机管理系统的建设、软件开发、系统运行与维护工作；开展各类教育统一考试的理论研究和科学研究，负责考试统计工作；负责普通高考命题的组织管理和研究工作；承担全省各类教育统一考试的宣传、咨询和服务工作②。

---

① 广东省考试中心，广东省考试中心概况，http：//www.stegd.edu.cn/portal/bizdesk/zxgk.jsp.2007-10-12。

② 广东省考试中心，广东省考试中心主要职责，http：//www.stegd.edu.cn/portal/bizdesk/zxgk.jsp.2007-10-12。

2. 招生机构与功能

(1) 教育部高校学生司

高校学生司是教育部的职能部门，同时也是负责高等院校招生的全国性机构。其主要职责包括：负责各类高等学校的招生及全国统一考试工作；负责各类高等教育学历和学籍管理工作；负责制定高校毕业生就业计划并组织实施，组织实施少量国家急需、应予保证的高校毕业生指令性分配计划①。

(2) 各省招生办公室

各省都设有负责招生的办事机构——招生办公室，负责本地区的相关招生事宜，各省级招生办公室隶属当地省教育厅。下面以河南省为例，了解省级招生机构及其功能。

河南省招生办公室是省政府负责普通和成人中等及以上教育招生考试工作的办事机构，是省教育厅领导的副厅级事业单位。其主要职责是：贯彻执行国家关于招生考试工作的方针、政策，参与制定本省中等及以上教育招生考试的有关政策；编制研究生培养机构、普通高校、成人高校招生专业目录和省部属中专招生来源计划；负责研究生、普通高校（含专升本及职业中专毕业生升入普通专科）、成人高校和省部属普通中专、成人中专招生考试和新生录取的工作；负责高等教育、中等专业教育自学考试工作，承担学历文凭考试及全国其他考试工作，负责普通高中会考考务工作；承担电大注册视听生考试等学历达标考试和计算机、英语等级考试及各类专业证书考试的命题、考试、评卷工作；负责高校远程网上录取的管理和实施普通高校招生考试科目改革工作等。省招生办公室内设综合处、科技信息处、普通高等教育招生处、成人教育招生处、普通中专招生处和高中会考处和自学考试处②。

由此可见，无论是教育考试中心、高校学生司，还是各省的考试中心和招生办都是教育行政部门，代表政府具体实施高校招生考试工作。

（二）英国高等院校招考机构与功能

1. 综合考试认证机构

在英国，无论是政府还是大学并不直接组织高等院校的招生考试，考试是由种类繁多的考试委员会具体负责实施。20 世纪后期，政府对这些考试

---

① 中华人民共和国教育部，高校学生司介绍，http：//www.moe.edu.cn/ 2007-10-12。

② 河南省招生办公室，http：//www.heao.gov.cn/ 2007-10-12。

委员会进行整合，现在全英有 6 个主要的综合考试认证机构，分别是：①评价与资格证书联盟（AQA）；②北爱尔兰课程、考试与评价委员会（CCEA）；③爱德思国家职业学历与学术考试委员会（EDEXEL）；④牛津、剑桥、皇家艺术联合考试委员会（OCR）；⑤威尔士联合教育委员会（WJEC）；⑥苏格兰资格证书局。这些考试认证机构是由政府批准成立的非营利性机构，并进行市场化运作，面向社会提供公共考试服务。

综合考试认证机构举行的考试科目既包括普通教育科目，也包括职业教育科目，目的是配合政府的消除两种类型资格证书互不衔接的政策，使两类考试在标准上有更大的可比性，从而提高职业类资格证书在高等院校入学中的地位。学生参加哪个考试认证机构的考试一般由学校决定，学校既可以为学生选择一个考试委员会，也可以针对不同的考试科目选择不同的考试委员会。

为了确保考试认证机构规范有序，政府通过半官方的监督机构对考试活动进行监督，具有此功能的机构包括：资格证书与课程局、考试申诉委员会和教育水准办公室。资格证书与课程局主要监督考试相关条例的执行和操作流程的规范化，确保考试的标准，但不介入涉及考试认证机构职责范围的资格证书考试的命题、评分等考试的具体事务；考试申诉委员会（The Examinations Appeals Board，简称 EAB）的主要职能是对考试改卷结果不满意的案例进行审查，并有权责成有关考试委员会审查由其他考试委员会命题和批改的考卷；教育水准办公室（Office for Standards in Education）对各地区的学校进行督导，并对每所学校都做出及时详细的报告，各学校在包括 GCSE 和 A-levels 等资格证书方面的成绩，是该机构考查和评价学校的重要内容。

2. 英国招生服务机构

1961 年以前，各大学单独招生，学生直接向大学提出申请。随着高等教育规模的不断扩大，大学招生人数的不断增加，英国于 1961 年成立了全国大学招生委员会（UCCA），具体协调各大学的招生录取工作。UCCA 产生于英国精英高等教育制度，又服务于精英大学的招生录取制度，即“标准化、集中化”的招生录取制度，并承担招生监督、提供有关大学招生的基础数据，以掌握高等教育的发展变化趋势，协助政府和大学制定政策和计划招生规模①。

---

① D. Bligh, H. Thomas, I. McNay, Understanding Higher Education: An Introduction for Parents, Staff, Employers and Students, Bristol: Intellect Books, 1999, p. 17.

随着英国“双元制”高等教育制度的建立和发展，1985 年，又建立了全国多科性技术学院招生委员会（PCAS），负责协调多科性技术学院的招生录取工作。“双元制”的高等教育制度转变为“一元制”的高等教育制度之后，于 1993 年将两个入学委员会合并建立了英国高等院招生服务处（UCAS）[①]。

英国高等院校招生服务处的性质为财团法人，是非营利性机构，成员是通过其进行招生录取的高等院校。经过 40 多年的发展，它已从原来服务于精英高等教育招生制度的机构转变为现在服务于大众化高等教育招生录取制度的公共服务机构。它的功能主要是处理学生入学申请，同时包括提供与高校招生相关的广泛服务，收集、处理、公布有关高校入学的信息和数据，为申请人提供尽可能充分的信息，供其做决定时参考，使申请人能够利用自己所需要的信息，成功进入大学学习。

四、评价与录取：总分录取 VS“证书＋综合考评”

我国高校的录取主要依据全国统一高考总分，实行的是“总分录取型”高校招生录取制度。英国高校录取实行的是“证书＋综合考评”的高校招生录取制度，即以普通教育证书高级水平（A-levels）或同等证书的成绩为主，同时注重综合考评。

（一）中国高等院校招生录取模式

我国在考试形式上实行的是以统一文化考试为主、单独考试为辅的高校招生选拔体系。统一文化考试采取全国统一的录取标准、方式，各省市划定最低投档资格线，根据学校类别层次分批次进行录取，各高校根据《招生章程》及考生所填报考志愿、高考总分从高到低择优录取[②]。单独考试的录取方式目前主要有两类：第一类是高职高专招收“三校生”[③] 的入学考试，由省招生部门确定考试科目，统一组织考试，统一录取；第二类是艺术、体育等特殊专业的招生，由省招生部门或招生院校自行确定考试科目并组织命

① D. Warner, D. Palfreyman, The State of UK Higher Education: Managing Change and Diversity, Backingham: Open University Press, 2001, p. 115.

② 陈晓云：《中外高校招生制度比较与研究》，《比较教育研究》2003 年第 4 期，第 25～28 页。

③ 三校生是职业中学、中专、技校的毕业生的统称。高考时采用与普通类别的普高生不同的试卷。

题、考试，自主招生录取。报考这类院校的考生也必须参加全国统一组织的文化考试，最后由高校依据考生的文化考试成绩和专业考试成绩来录取新生。

从 2003 年起，教育部在部分高校试行自主招生制度，这是我国向扩大高校自主权方面迈出的重要一步①。拥有自主招生资格的高校结合本校实际，制订自主选拔录取方案，向社会公布。符合选拔录取条件的学生，经所在中学推荐或提出申请，并向试点高校提供考生的在校德、智、体、美发展情况以及获奖、特长等证明材料。试点高校组织专家组，按照自主确定并经公示的标准和考核办法对考生材料进行审查，再经面试等测评考核后确定入选考生的名单。入选考生均须参加全国统考，成绩符合要求的考生由自主招生高校对其进行综合评价、自主选拔录取。同时，作为统一高考制的补充，我国还实行了优秀生保送入学制度，使一些综合素质表现突出的中学生得以免试进入大学深造。

尽管随着高校自主权的扩大，在选拔录取新生时除依据高考分数外，已开始对考生的其他方面情况进行评价和考核，但是总体上实行的还是根据统一高考分数进行选拔录取的“总分录取型”高校招生录取制度。

（二）英国高等院校招生录取模式

英国高校在录取时，把申请人的普通教育证书高级水平（A-levels）或同等证书的成绩作为重要的入学条件，同时综合考评能反映义务教育阶段学业成绩的中等教育普通证书（GCSE）、学生平时学业成绩记录、教师评语、校长推荐意见和个人陈述等。按照招生录取的方式不同，英国高校分为选拔型高等院校和招生型高等院校，这两类高校的入学条件和录取考评方式有所不同。

牛津大学和剑桥大学是选拔型高等院校的代表。这类精英大学竞争激烈，选拔标准严格、过程复杂。其选拔的标准为：学术能力与潜力，既考虑申请人的学业记录，也要评价他们的逻辑思维能力、独立思考能力和接受新思想的能力；考查他们选择所申请专业的动机以及是否适合所申请的专业；考查申请人的责任感和自律能力。这类大学竞争异常激烈，申请人要经历环

---

① 盛晓娜、王蕴秋：《中英高校招生制度比较与借鉴》，《外国教育研究》2006 年第 11 期，第 51～54 页。

节众多的选拔过程，主要包括：学业成绩的评价，申请人预估的 A-levels 证书的成绩通常要达到 AAA 等（或同等证书成绩）；通过学校的推荐意见，评价申请人在中学阶段的学业表现和潜力的具体情况，比如任课教师对申请人该科在班级的名次（如 25 人中，属于前 5 名）的评价；通过个人陈述评价申请人对他们选择的专业的期望程度、参加课外活动的情况、兼顾学习和履行个人社会责任的情况、技能和素质情况、工作经历情况等；对申请人以前提交的作业进行评价；大学要求某些专业的申请人参加学校单独举行的考试或者联考，目的是测试申请人的特定能力，如思维能力和逻辑推理能力，如生物医学大学入学测试（BMAT）、全国法律专业大学入学考试（LNST）、思维能力评价（TSA），它不是对具体学科的测试，目的是测试申请人批判性思维能力和解决问题的能力；学校有时还要求申请人参加学校进行的面试，面试的侧重点是评价申请人的学术潜力、学习动机、是否适合所选的专业、测评申请人解决问题的能力、接受新思想和信息的能力、智力的灵活性和分析推理能力。

招生型高等院校主要指 1992 年后获得大学地位的高等院校。《1992 年延续教育与高等教育法》授予 50 多所原来的多科性技术学院大学地位。随着大学数目的猛增，生源竞争变得激烈。为了生存和发展，这类大学改变传统精英大学的选拔方式，采取更加灵活的招生方式。传统精英大学的入学标准一般要求申请人具有 3 科普通教育证书高级水平（A-levels），并且考试成绩优秀；而招生型高等院校的入学要求一般为 2 科 A-levels 证书，另外 1 科可以是范围广泛的职业资格证书和其他的国家资格证书框架里的第三级证书。另外，大部分招生型高等院校都在使用高等院校招生服务处（UCAS）推出的旨在推动各种证书地位平等、分数互换的高等院校招生分数转换系统（UCAS Tariff）。招生录取时，除学术成就外，评价的因素还有：申请人对所选专业的学习动机和努力程度；以前的工作经历；作业档案，如申请计算机艺术设计荣誉学位的申请人，要提交以前的艺术作品；对与所选专业相对应的未来就业行业的热爱程度，如护理专业对护理工作的喜爱程度；申请的专业与申请人的兴趣和就业倾向是否一致；申请人的非学术成就和课外兴趣是否能够使大学学习团体受益；清晰的思考力和理解力等。

总体来说，英国高校录取采用的是“证书＋综合考评”的招生录取制度。不同的高校在招生录取实践中有所不同：一方面，所有的高等院校在招生方面有基本的统一要求；另一方面，不同的院校根据自身的定位其要求又各不相同，形成统一性与多样性并存的高等院校招生录取制度，但录取的模式都是“证书考试成绩＋综合考评”。

五、费用与资助：入学前收费 VS 毕业后扣费

我国高等院校实行先交费后入学的收费制度，学生入校后，根据有关资助政策和措施，采用“奖、贷、助、补、减”的高校学生混合资助体系。英国 2004 年的《高等教育法》废除了“先行缴费制度”，实行新的高等教育收费和资助制度，政府按照高校招收学生的人数把学费拨给高校，学生工作后，且工资达到一定标准，政府才从毕业生工资中分期扣除学费，在学生资助方面，实行的是单一混合型的学生资助制度。

（一）中国高等院校学生学费与资助制度

1. 高校学费制度

1989 年，我国高校开始实行向国家计划外招收的学生收取学杂费的制度。1996 年，国家教委制定了《关于 1996 年推进普通高等学校招生并轨改革的意见》，启动高校招生收费的统一规定。1997 年，在全国实行招生收费并轨制度，面向全体学生收取学费。这样，我国的高等教育由免费上学制度发展到缴费上学制度，个人与家庭承担了部分教育成本，但个人所需交纳的学杂费却在上涨。

2. 学生资助制度

我国现在实行的是“奖、贷、补、助、减”五位一体的大学生混合资助制度，它的形成、发展和完善经历了一个历史演进过程。

为了对经济困难学生提供帮助，我国于 1952 年开始实行人民助学金制度，共实施了 30 多年。1952 年政务院先后发布了《关于调整全国高等学校及中等学校学生人民助学金的通知》和《关于调整全国各级各类学校教职工工资及人民助学金标准的通知》，决定在全国高校一律实行人民助学金制度，并规定了人民助学金调整的原则、标准，助学金的使用原则和评定方法。这两个文件的颁发执行，标志着在全国范围内确立了人民助学金资助制度。其出发点就是帮助大学生解决在求学期间遇到的经济困难。人民助学金制度是以免费接受高等教育为基础的。

进入 20 世纪 80 年代，国家开始对人民助学金制度进行改革。1983 年教育部和财政部联合相继发出了《普通高等学校本、专科学生人民助学金暂行办法》和《普通高等学校本、专科学生人民奖学金试行办法》的文件。其

主要内容是将原来面向75％的非师范学生发放的人民助学金降为面向60％的学生发放，缩减了发放范围，同时设立“人民奖学金”，对学生的资助由助学金逐步改为以奖学金为主。这种改革主要是针对人民助学金在实施过程中出现的一些问题而进行的，如国家对大学生包得太多，各类院校学生享受助学金的比例一刀切，人民助学金的发放没有与学生的在校表现适当联系起来等。在《普通高等学校本、专科学生人民助学金暂行办法》中，将人民助学金的标准分为三类，即“一般人民助学金”和两种不同连续工龄的“国家职工学生人民助学金”。此时的资助政策已发展为人民助学金与人民奖学金并存，迈出了我国大学生资助制度改革的重要一步。

随着我国经济社会的发展和教育规模的扩大，人民助学金制度的弊端日渐显露出来，主要表现在国家对高等教育包得过多，评定人民助学金时存在着平均主义的思想与做法，人民助学金的使用与学生的表现相脱节，不利于鼓励和调动广大学生奋发学习的积极性。评定人民助学金主要是依据学生的家庭经济状况，对学生的思想政治道德素质考虑较少，同时不少地方和学校评定办法不合理，管理上存在着混乱现象，使“扶贫济困”的宗旨没能真正地体现出来，降低了助学金的“济困效率”与针对性。1986 年，国务院批转了国家教委和财政部《关于改革现行普通高等学校人民助学金制度的报告》，取消了人民助学金制度，代之以奖学金和贷学金制度。1987 年颁布了《普通高等学校本、专科学生实行奖学金制度的办法》和《普通高等学校本、专科学生实行贷款制度的办法》，决定在 1987 年入学的本科普通高等院校的新生中全面实行，要求学校建立奖学金和学生贷款基金（简称奖贷基金），其来源是从主管部门核给高等院校的经费中，得按原助学金标准计算的总额的 80％～85％转入奖贷基金账户。奖学金分为优秀奖学金、专业奖学金和定向奖学金。优秀奖学金用于奖励德、智、体等全面发展的优秀学生；专业奖学金用于奖励考入师范、农林、体育、民族、航海等专业的学生；定向奖学金用于奖励立志毕业后到边疆地区、经济困难地区和艰苦行业工作的学生。新制度的设计兼有激励功能和引导人才流向的功能，使原来其承担的“济困”和“奖优”功能分化开来。学生贷款制度主要是为了帮助的确有经济困难，不能部分或全部支付在校学习期间费用的学生。虽然规定每人每年申请贷款额最高不超过 300 元，但贷款制度的实行使其开始主要承担了“济困”的功能。

随着 1997 年所有大学生都要缴费上学政策的实施，原来的奖学金与贷学金制度已很难适应新形势。伴随着高校收费制度的变化，大学生资助制度也开始改革。在完善原有奖学金制度和贷款制度的基础上，大学生资助方法和方式更趋于多样化。除20世纪80年代末已经实行的优秀学生奖学金、专业奖学金、定向奖学金和贷学金外，国家教委又推出了由政府拨款支持，由各高校组织的“勤工俭学”、“特困补助”和“减免学费”等资助措施。1993年，国家教委下文要求各高校为学生月收入包括奖学金和各种补贴低于学校所在地区居民的平均最低生活标准线的“特困生”设立“特困补助”，定期和不定期地发放“特困补助”，采取直接资助的方式解决贫困学生的生活开支问题。1994年，国家教委发布《关于普通高等学校设立勤工助学基金的通知》，要求各普通高等学校设立勤工助学基金，另外，中央财政向国家教委直属的36所高校拨1.5亿元专款作为勤工助学基金的启动经费。中央各部委和各省、自治区、直辖市也拨专款给本地区的相应高校，作为这些学校勤工助学基金启动经费。1995年中央财政各部委、各省、自治区、市政府又对此基金增加拨款。高校为贫困大学生提供一定的校内工作岗位，鼓励他们通过自己的劳动获得一份经济收入，以帮助他们顺利完成学业。1995年，国家教委出台了另一重要资助措施——减免学杂费，提出“减免学费是资助困难学生接受高等教育的一项重要措施”，是为了“保证困难学生不因经济困难而失学”，具体减免办法和标准由各地院校制定实施。1999年又出台了一项重大的学生资助举措，即国家助学贷款制度正式全面启动。这样就初步形成了“奖、贷、补、助、减”五位一体的大学生混合资助体系。

1999年以后，我国高等教育事业的发展又经过不断调整完善，高校学生资助政策也日趋完善，国家正式出台了《国家奖学金实施办法》，加大了对品学兼优的高校贫困学生的资助力度。2004年又出台了国家助学贷款新机制，开始实施新的规定。2005年，教育部发出《关于切实做好高等学校新生入学“绿色通道”工作的紧急通知》，要求当年新学期开学前，各公办普通高等学校必须全面落实对贫困家庭学生的各项资助政策，必须继续执行好“绿色通道”政策，确保新考入公办普通高等学校的贫困家庭学生均能顺利入学。

（二）英国高等院校学生学费与资助制度

根据2004年英国《高等教育法》，高等教育院校的学费从2006年9月开始实施新的标准，与此相适应，新的大学生资助制度也正式实施。

1. 高校学费制度

英国政府开始关注贫困大学生的学费和生活费问题，并向大学生提供助学金的政策是从《1902 年教育法》开始的。到 1911 年，英国已有1 000名贫困大学生受到了助学金资助①。20 世纪 80 年代以前，英国政府对大学生一直采取免收学费加助学金的资助政策。随后的高等教育改革主要针对经费制度展开，政府的拨款不再成为高等教育经费的唯一来源，多种途径增加收入，放宽学费限制就是其中一项措施，英国高等教育的学费政策和资助制度也相应地发生了变化。从 1988—1989 学年度开始收取学费，但英国政府也充分考虑到学生和家长的承受能力，采取了比较务实和谨慎的态度，其突出特点就是将学费与家庭收入联系起来考虑，而不是一概而论。其具体做法是按家庭收入情况将学生分为免收学费和收取部分学费两类，与此同时，实行发放助学贷款的政策。在 2001—2002 学年度，大约有 50％的高校学生因家庭收入未达到需要交学费的标准而可以免费入学，而在这一学年依据规定需要交学费的学生只占在读学生的 35％②。

2003 年 1 月，英国教育与技能部大臣查尔斯·克拉克向议会提交了《高等教育的未来》的白皮书，提出了英国高等院校将从 2006 年 9 月开始实施新的缴费和学生资助办法的建议。2004 年，议会通过的《高等教育法》对新的收费和学生资助制度以法律的形式加以确认，并废除了“先行缴费制度”。政府按照高校招生学生的人数把学费拨给高校，学生工作后工资达到一定标准后，政府分期从毕业生工资中扣除。从 2006—2007 学年度开始实行的学费分担制度具有以下特点：

第一，改“先行缴费制度”为“毕业工作后扣费制度”。就学期间，每个学生不论其家庭经济情况如何，都不必提前支付学费。毕业后年收入达到 1.5 万英镑时通过所得税税收体系还贷，还款进度和个人收入相关。学生的还款空间要比其他的商业贷款、信用卡和抵押贷款宽容得多。毕业生的年收入达到 1.5 万英镑时，才开始按照他们收入的 9％还债。它不同于商业贷款，如果毕业生的年收入下降到 1.5 万英镑之下，那么就可以停止还款，也

---

① 王璐、孙明：《英国大学生学费与资助政策改革及启示》，《比较教育研究》2006 年第 7 期，第 52～57 页。

② 杨莹：《英国高等教育学费政策及助学贷款制度之改革》，《教育研究月刊》2005 年第 137 期，第 138 页。

不需要重新协商还款计划。如果还款停止，也没有任何讨债机构来催债。还款体制是一个持续的过程，还款的额度随着毕业生的收入而变化，而且所有学生的债务在25年以后将不再追究。

第二，不同的课程交纳不同的费用。修改后的学费分担制度充分考虑到不同高校和不同课程的毕业生的就业前景大不相同，工作后的收入存在较大差别。大学制定收费标准后，必须制定措施确保学生平等入学机会不受影响，经公平入学办公室批准，并签订《公平入学协议》后才能实施。

第三，设定学费的最高限额。从2006年秋季开始，大学规定毕业生应交纳的学费总额最高为每年3 000英镑（没有考虑物价浮动因素），对学费没有最低额的限制。大学在报批收费标准时，必须与政府入学管理机构——公平入学办公室签订《公平入学协议》，同时，如果大学不履行该协议，公平入学办公室有权收回大学规定学费的自主权，管理机构还有权对其进行制裁。

2. 学生资助制度

(1) 全日制学生资助办法

从2006年开始，针对来自低收入家庭的全日制新生，政府将重新实行生活补助制度，最高金额为2 700英镑，大概有一半以上的全日制学生会得到这项金额补助。另外，所有的学生都可以申请生活贷款，生活补助或生活贷款的金额要依据学生的家庭年收入情况而定（见表7-1）。

表7-1 低收入家庭的全日制学生生活补助、生活贷款情况表（2006年秋季后）①

（单位：英镑）

家庭年收入	17 500	26 500	37 500	50 000
生活费补助	2 700	1 200	0	0
生活费贷款	3 200	3 200	4 400	3 300
每年总金额	5 900	4 400	4 400	3 300

(2) 专款资助

国家每年将为高等教育院校提供将近3亿英镑的专项资金，用于资助家庭困难的学生完成学业。父母收入在最低水平下家庭的学生，即家庭收

① http：//www. dfes. gov. uk/studentsupport/students/200 _ 2006 _ entry. html. 2007-10-14.

入在 10 000 英镑以下的学生接受高等教育时，可以得到每年 1 000 英镑的高等教育专款；家庭收入在 20 000 英镑以下的学生可以得到部分专款资助。

(3) 学费资助和奖学金制度

从 2006 年 9 月开始，合格的全日制本科生在入学前或学习期间不再需要先支付学费。学生可以申请学生贷款来支付这些费用，并以他们的名义直接支付给他们所在的高等院校。如果高等院校希望每年收取多于 2 700 英镑的学费，那么就必须向学生提供额外的不需偿还的奖学金资助。

(4) 生活费资助

这项资助的额度要依靠家庭收入来确定（见表 7-1），资助形式主要包括生活费补助和生活费贷款。从 2006 年开始，低收入家庭的新生依照他们的家庭收入状况，每年将会得到最高额度为 2 700 英镑的不用偿还的生活补助金，约有一半的全日制新生可以获得全额或部分补助。

(5) 对在职学生和特殊学生的资助

第一，对在职学生的资助。从 2004—2005 学年度开始，在职学习并且处于低收入水平的学生的学费和生活费将得到特定形式的资助。这也是学习时间在全日制课程一半之下的学生首次可以得到学费和生活费的资助。

第二，对特殊学生的资助。这些特殊学生主要包括：有孩子的学生，特别是单亲父母、低收入家庭的学生、残疾学生等。

这项新的特殊资助计划，每年资助额度最高可达 2 700 英镑，用来资助没有从其他补助中受益的学生，帮助经济困难的学生，帮助因为经济问题打算放弃学业的学生等。

由此可见，英国实行的是单一混合型的学生资助制度。其主要原则是：第一，学生接受高等教育在入学时是不收费的。第二，学费及生活费贷款毕业后归还。第三，建立针对最需要资助的学生的资助体系。第四，鼓励弱势群体家庭的学生接受高等教育。新的学生资助制度有以下优点：实施学费延期制度后，政府就不需要同时实行费用免除资助，可以用这笔钱对贫困家庭的学生提供最大的资助；单一、额度较大的资助体系对贫困家庭学生接受高等教育具有一定的促进作用，来自贫困家庭的青年人提前得到现金资助，可以消除他们申请入学的障碍；资助管理体制也更为简便、有效。

第二节　英国高校招生考试制度的特色、问题和发展趋势

历经发展演变，在英国形成了独具特色的高等院校招生考试制度，并成为很多国家或地区模仿的范本。随着英国高等教育从精英走向大众，传统的高校招生制度受到多方面的挑战，面临诸多问题，但是改革的步伐一直没有停止，特别是进入 21 世纪，英国高等院校招生考试制度出现新的改革动向和发展趋势。

一、英国高校招生考试制度的特色

（一）分权式的招考管理体制，“伙伴关系”式的运行机制

与英国的教育管理体制一样，英国的高校招生考试管理体制也是分权式的。在 16 岁～19 岁教育阶段的课程、考试和高校招生录取的实际运行中，形成了政府、大学、中学、考试认证机构、招生机构、监管机构之间的“伙伴关系”。在这种体制下，它们各司其职，各负其责，分工明确。

1. 国家和政府制定招生考试的法规、政策和标准

政府对招生考试有很大的控制权，但是并不直接介入具体的招生考试事务。在这一领域，国家和政府的主要职责是制定招生考试的法规、政策和标准。教育和技能部是英国最高的教育行政管理部门，在考试认证方面制定了相关的政策、管理规范和标准，如发布的《2000 年课程》政策文件，就是英国 16 岁～19 岁资格证书课程及考试的标准。在招生方面，政府分配招生计划指标。教育和技能部对高等教育的发展进行了明确的规划，由英国议会批准，通过高教拨款委员会等机构进行拨款和评估，促进规划的实施，并把各高校的办学质量与资金、招生指标的分配等挂钩。政府积极推动高等教育扩大参与政策，目的是提高社会弱势群体家庭学生接受高等教育的比例。这一政策于 2004 年由议会通过的《高等教育法》中加以确认，并规定成立半官方机构——公平入学办公室，以对高校收费和实施政府扩大高等教育参与的政策进行监管。

2. 考试认证机构、招生机构、大学具体实施

英国政府不直接组织招生考试。考试是由全国 6 个综合考试认证机构，

即评价与资格证书联盟（AQA），北爱尔兰课程、考试与评价委员会（CCEA），爱德思国家职业学历与学术考试委员会（EDEXEL），牛津、剑桥、皇家艺术联合考试委员会（OCR），威尔士联合教育委员会（WJEC），苏格兰资格证书局具体负责考试的实施。高等院校招生服务处（UCAS）是英国全国性的招生服务机构，属于非营利性的财团法人，所有权属于全体成员单位，即各高等院校，它的主要职责是为高等院校和申请人提供服务。大学负责录取，享有充分的自主权。

3. 监管机构负责监督

对考试具有监督功能的机构主要有资格证书与课程局、考试申诉委员会和教育水准办公室，对招生负有监督责任的有公平入学办公室、高等教育拨款委员会等。这些机构并不是政府部门，属于依法成立的半官方的专业监管机构。

（二）模块化的考试结构，内外结合的评分方式

学术型证书考试——普通教育证书（GCE）分高级水平（A-levels）和补充水平（AS），证书考试课程均采用模块化结构。每一门完整的 A-levels 课程都包含 6 个模块，课程学习的时间为 2 年。AS 课程等同于 2 年课程的一半，也就是完整的 6 个模块中的前 3 个，考试合格授予 AS 证书。如果学生成功修完 6 个模块的课程，考试合格，将被授予完整的 A-levels 证书或 A2 证书[①]。学生可以选择在 2 年内任何开考季节申请参加考试，称为模块化评价或阶段性评价；也可以在 2 年课程结束时申请参加考试，称为线性评价[②]。职业型证书——普通教育应用学科证书高级水平考试（GCEs/A-levels in applied subjects）[③]，即 2005 年之前的职业 A-levels——高级职业教育证书考试（AVCEs），也比照 A-levels 证书考试课程的模块结构，分 AS 和 A2。

A-levels 和 AS 证书考试采用校内教师与考试机构外部评价相结合的评

① N. Pyke, Third Time Lucky on A-level Reform, Times Educ. Supl., 11 September, 1998.

② S. Cassidy, Ministers under Fair for A-levels Reforms, Times Educ. Supl., 19 March, 1999.

③ QCA, New A-levels: Successors to VCEs, London: QCA, 2004, http://www.qca.org.uk/11997.html. 2007-10-28.

价方式，校内教师负责过程性评价，校外考试认证机构主要负责终结性考试。由校内教师实施的主要是“课程作业”评定，课程性质不同，所占的分数的比例也不同，一般在25％～30％（大部分科目最高限是30％）。但“课程作业”评定还包括在课程结束时，对学生进行的综合测评，其目的是测评考生完整掌握一门学科的情况，即测试考生能否理解和综合运用所学科目的知识①。A-levels和AS证书考试成绩采用等第评定方式，最终成绩分及格与不及格，及格分A，B，C，D，E五个等级；不及格用字母U（不分等）表明。A-levels应用学科证书考试成绩评定方式也通过外部测试与学校教师内部评价相结合的方式进行。成绩采用等第评定，分A，B，C，D，E五个等级。AS应用学科证书考试有3个模块，其中1个模块采用校外测试，其他2个模块由学校教师实施内部评价，成绩分A，B，C，D，E五个等级；AS应用学科证书考试（双认证）有6个模块，一般来说，其中2个模块由外部进行测评，其他模块实行内部评价，等级分为：AA，AB，BB，BC，CC，CD，DD，DE，EE；一个完整的A-levels应用学科证书考试课程包括6个模块（3个AS，3个A2），一般2个模块采用外部测试，其他采用内部评价，成绩分A，B，C，D，E五个等级；A-levels应用学科证书考试（双认证）包括12个模块（6个AS，6个A2），一般4个模块实施外部测试，其他实行内部评价，等级分为：AA，AB，BB，BC，CC，CD，DD，DE，EE②。

（三）范围广泛的考试科目，单科结业的认证模式

无论是学术类证书还是职业类证书，开考的科目范围都很广。A-levels证书考试开考的科目包括会计、古代史、考古、艺术与设计、圣经、生物、商务、化学、公民教育、经典与古代文明、信息传达、计算机、批判性思维、舞蹈、设计与技术、戏剧、家具、电子、工程、英语语言、英语语言与文学、英语文学、环境科学、欧洲研究、电影、综合、地理、地质、政府与政治、制图设计、希腊语（古代）、健康与社会保障、历史、艺术史、家政、人类生物学、信息与计算机技术、拉丁语、法律、休闲娱乐、数学、数学

① DfEE，A-level Curriculum will Guarantee Standards，Blackstone（DfEE News 125/99），London：DfEE，1999.

② DfEE，A-level Curriculum will Guarantee Standards，Blackstone（DfEE News 125/99），London：DfEE，1999.

(应用)、传媒、现代外语(包括多种语言)、音乐、音乐技术、表演艺术、哲学、摄影、体育与运动、物理、心理学、宗教、科学、公共传达科学、社会政策、社会学、统计学、纺织、观光与旅游、威尔士语、世界发展共 62 门。A-levels 应用学科证书考试目前开考的有 10 个学科领域，即应用艺术与设计、应用商务、应用信息与电脑技术、应用科学、工程、健康与社会保障、休闲、传媒/通讯与产品、表演艺术、旅游观光①。A-levels 证书考试和 A-levels 应用学科证书考试均采用单科结业，授予单科证书②。

(四)融合的国家资格证书体系架构，一体化的考试证书设计

历经“双轨制”(A-levels 证书和 NVQs 证书)和“三轨制”(A-levels 证书、NVQs 证书和 GNVQs 证书)资格证书制度后，英国政府意识到有必要建立国家资格证书框架，明确不同水平之间的证书如何“进阶”，并在 A-levels 和职业资格证书之间建立分数互换体系。工党政府根据自己的政策文件《拥有成功的资格》③，制定了政府关于证书考试改革的文件——《2000 年课程》，它强调 3 类证书之间的“链接”，而不再强调它们之间的区别，为旧制度和未来理想的一体化证书考试制度之间搭建了一座桥梁，是对 16 岁～19 岁教育阶段证书考试的一种制度性设计。2002 年政府发布《14 岁～19 岁教育：提供机会，提高标准》的文件④，强调资格证书的“标准链接”，即用标准在不同的资格证书之间建立链接，强调要在国家证书考试的“三轨”之间建立“立交桥”，以鼓励更多学生在义务教育后能继续在校学习、提高自身能力，并鼓励他们更多地学习既有普通课程也有职业课程的“混合型课程”⑤。2004 年颁发的《国家资格证书框架》把英国资格证书

① DfEE，A-level Curriculum will Guarantee Standards，Blackstone (DfEE News 125/99)，London：DfEE，1999.

② QCA，A Brief Guide to Qualifications at Level 3：Advanced Level，London：QCA，2000.

③ Department for Education and Employment/Department of Education Northern Ireland/Welsh Office (DfEE/DENI/WO)，Qualifying for Success：A Consultation Paper on the Future of Post-16 Qualifications，London：DfEE，1997.

④ DfES，14-19 Education：Extending Opportunities，Raising Standards. London：DfES，2002.

⑤ Ann Hodgson，Ken Spours，Beyond A-levels Curriculum 2000 and the Reform of 14-19 Qualifications，London：Kogan Page Ltd.，2003，p. 16.

分为8个等级，高等院校入学要求的证书为第三级证书。考试认证机构对所有的资格证书（不包括国家职业教育资格证书）的考试认证都按照《国家资格证书框架》中各层次的标准要求进行。

（五）考试、招生和录取三职分离，组织实施专业规范

与高校招生录取相关的证书考试由全国6个综合考试认证机构具体实施；招生由高等院校招生服务处（UCAS）负责；录取工作则属于大学的自主权。在高校招生考试实施过程中，各机构分工明确，实施专业规范。

考试的实施过程规范、有序、专业。综合考试授证机构在开展证书考试之前要先将证书考试课程报考试监管机构——资格证书与课程局审批，以确保证书考试的标准。考试监管机构每年都发布《考试实施细则》，规定保障证书考试评价和质量的原则和操作规程；考试机构与考点的地位与职责；考试过程顺利进行的要求，以确保证书考试在不同考试大纲和不同考试机构之间能够做到优质、一致、准确和公正①。考试实施的主要环节有：报名注册、试题命制、组织考试、成绩评定（包括内部评定和外部评定）和成绩发榜公布。另外，还设有补救环节——考试申诉，如果考点（学校）和考生认为他们的考试分数有误，可以提出申诉。一般先向考试认证机构提出申诉，如果申诉者对处理结果不满意，还可以向考试认证监管机构提出申诉，也可以诉诸法律。考试的实施过程也很专业，各类考试专业人员分工明确，有主席考官、总考官、首席考官、监察官、审阅官、考官、校准官和考试行政管理官等。

高等院校招生服务处和高等院校在招生和录取过程中分工合作。申请人通常填写申请表或通过UCAS网上填报系统填报申请表。申请表通常涵盖了高等院校用以考虑是否录取的个人资料，即考试成绩、申请的专业和个人陈述②。在高校及专业的选择上，申请人最多可以填写6个志愿，但可以少于6个。如果申请医学、牙科、兽医专业只能填4个志愿。UCAS收到申请材料后，进行分组、编号、核对、将资料输入资料库，复印5份，分别寄到有关大学；通过网上系统申报的申请者，完成申报后UCAS会给申请人发

① Qualifications and Curriculum Authority（QCA），GCSE，GCE，GNVQ and AEA Code of practice（2007/8），London：QCA，2007.

② UCAS，Aply Information，http://www.ucas.ac.uk/aply/info.html. 2007-03-14.

送申请号、选择的专业和高校。高校收到 UCAS 转来的申请人的资料后，按照学校的录取要求和招生政策，核对申请人在申请表中填写的信息，分析申请人的学业成绩、技能、学习潜力，综合其中学学习的情况、教师的推荐信、个人陈述中反映的信息，并考虑学生来源的多元化。经过综合审查，初步挑选高校拟录取的申请人，并通过 UCAS 给申请人发录取通知书。

英国有一支专业的招生人员队伍。大学对于参与招生的人员的任命、培训往往都有明确的规定，培训的内容包括国家的高校入学政策，如有关英国国家资格证书框架中的第三级证书、入学途径、机会平等的政策和相关的法规；让招生人员了解大学的招生政策和录取程序，对招生人员进行具体专业录取评价方法的培训。英国高等院校招生服务处开展了“合作行动计划”，对全国高校中从事招生的人员提供培训认证，提高招生人员的专业化水平和职业发展潜力。

虽然录取一直属于高校的自主权范围，但同样要接受严格的监督。依据 2004 年《高等教育法》，英国政府设立了独立的公共机构——公平入学办公室，目的是和相关部门合作，促进高等教育公平入学制度的建立，特别是促进来自低收入家庭和其他弱势群体家庭的学生进入高等院校学习，并对高等院校招生政策进行审批，对政策执行情况进行监督。同时，通过高校招生巡视员制度，具体处理高校招生录取中的投诉。

（六）证书与综合考评结合，高校录取充分自主

虽然英国高等院校入学有一个最低要求，一般申请人至少要具备 2 科 A-levels 证书和相关的中等教育普通证书（GCSE），但是不同高校的录取要求和招生政策各不相同。高校在录取时一般要核对申请人的证书考试成绩，分析申请人的学业成绩、技能、学习潜力，并结合其中学学习的情况、教师的推荐信、个人陈述中反映的信息，有时还会考虑学生来源的多元化，通过证书考试成绩与综合考评相结合的方式决定是否录取。英国高校在录取学生时享有充分的自主权，但接受监管机构的监督。

（七）学费于学生工作后扣费，学生资助体系完善

2004 年《高等教育法》废除了“先行缴费制度”，政府按照高校招收学生的人数把学费拨给高校，学生工作后工资达到一定标准后，政府分期从毕业生工资中扣除。“毕业工作后扣费制度”意味着学生在就学期间不论其家庭经济情况如何，都不必提前支付学费，在毕业后年收入达到 1.5 万英镑

时，通过所得税税收体系进行还贷，还款进度和个人收入相关。从 2006 年秋季开始，大学规定毕业生应交纳的学费总额最高为每年 3 000 英镑（没有考虑物价浮动因素）。当收费要超过一定数额时，高校要报监管机构——公平入学办公室审批，并签订《公平入学协议》。该协议中包括高校要实行政府推动的扩大高等教育参与政策的措施，特别是扩大社会弱势群体家庭学生的比例。如果高校没有履行协议，公平入学办公室有权收回大学规定学费的自主权，并有权对其进行制裁。

在提高学费的同时，进一步完善了学生资助制度。从 2006 年开始，对来自低收入家庭的全日制新生，政府将重新实行生活补助制度，最高金额为 2 700 英镑，大约有一半以上的全日制学生会得到这项补助。另外，所有的学生都可以申请生活贷款，生活补助或生活贷款的金额要依据学生的家庭年收入情况而定；政府每年会提供大约 3 亿英镑的专项资金资助家庭困难的学生完成学业；政府要求高校必须向学生提供额外的不需偿还的奖学金资助；对在职学生和特殊学生进行资助，包括对有孩子的学生，特别是单亲父母学生、低收入家庭的学生、残疾学生等的资助。

二、英国高校招生考试制度存在的问题

（一）考试过于频繁，考试负担过重

学生在接受完 11 年义务教育后，在 16 岁参加中等学校普通证书（GCSE）考试，凭此证书进入中六学级学习 A-levels 课程或职业类课程，从此面临一系列的校外考试和校内评价。虽然《2000 年课程》对 A-levels 进行了系统的改革，增加了灵活性，拓宽了学习范围，但同时也加重了学生的考试负担。引入 AS 后，使 2 年的 A-levels 考试可以分阶段进行，一轮考试成绩不理想，还可以再考，以提高学生证书考试成绩；课程教学内容划分成若干模块进行①，考试分 4 轮进行，考试内容的知识覆盖面增加了，提高了考试的效度；在中级考试和高级考试之外另设一级 AS 考试的方式，在保持 A-levels 课程深度的同时，增加了它的广度。但是考试次数的增加加重了学生的考试负担，学生每年都要参加大型的校外考试，同时接受校内的定期

① 一门 A-levels 课程分为 6 个模块，每个模块的考试时间为 75 分钟至 90 分钟，一门课程考试的总时间为 7 个小时至 9 个小时。

测试评价。到18岁申请大学时，有时还要面对高等院校的多达6次的评价要求，如参加高校的单独考试和面试等。准备和参加这些评价对于申请者来说是沉重的负担，影响申请人正常的学习和工作，参加面试的旅费和参加单独考试的费用也增加了他们的经济负担。

（二）考试标准降低，出现信任危机

被称为英国教育“黄金标准”的普通教育证书高级水平（A-levels）在高校招生选拔和就业市场都有良好的声誉。经过多次改革，它已从纯学术型、理论型的证书考试转变成兼顾理论和实践，注重与具体工作相联系的知识、技能考查的证书考试。《2000年课程》改革实施后，A-levels的灵活性更强、科目的范围更广、学习的方式更加多样。A-levels证书考试的通过率逐年攀升，到2005年，A-levels的通过率是97%，而1982年的通过率才68%，提高了31个百分点。人们认为2004年的数学B等成绩只相当于1988年数学的E等成绩[①]。所以，越来越多的人对改革后的A-levels证书考试的标准提出质疑，认为现在A-levels的通过率太高，成绩缺乏区分度，“黄金标准”已经贬值。首先奋起反对的是研究型大学和选拔型的私立中等学校，其主要理由是A-levels证书考试已不适宜用作高等学校招生选拔的依据。

（三）职业型证书和学术型证书地位不平等以及“学术漂移”

虽然政府一直致力于提高职业型证书的地位，使其与学术型证书享有同等的地位，但高等院校在实际招生录取时，看重的仍然是学术型证书，传统大学更是如此。20世纪90年代，全日制职业资格证书一直处于“学术漂移”的状态，职业证书课程越来越远离车间和职业实习，逐步向学校校园的普通教育靠近。推出职业A-levels——高级职业教育证书（AVCEs）的目的是用来扩大全日制16岁～19岁学生教育的参与面。政府致力于提升应用型、职业型资格证书的地位，使它们能与学术型的A-levels证书享有同等地位，但是由于种种原因，政府的这一目标并没有实现。高级职业教育证书（AVCEs）经历了“学术漂移”之后，使其缺少职业性，实施起来举步维

① Reform, Standards of Public Examinations in England and Wales, http://www.reform.co.uk/filestore/pdf/Standards%20of%20Public%20Examinations%20in%20England%20and%20Wales.pdf. 2007-03-17.

艰，实施不久就于 2005 年被新的证书考试——普通教育应用学科证书高级水平考试（GCE/A-levels in applied subjects）取代。因此，要真正使进入高等教育的两条路径具有同样的地位，道路还很漫长。但通过普通教育应用学科证书高级水平考试（GCE/A-levels in applied subjects）的实施，英国政府力图在 16 岁～19 岁全日制高级证书方面，把学术型证书和职业型证书融为一体。

（四）申请人凭预估分数申请对社会弱势群体家庭学生的不利影响

英国大学的录取依据主要是申请人的预估分数，不是实际分数。但高等院校历年招生录取的统计数据表明，有一半以上的申请者估分不准确，估分特别是对处于社会经济不利处境家庭的学生造成不利影响，他们估分出现偏差的比例远高于平均值。所以，有人批评在高等院校录取过程中，学生提出申请和高等院校做出录取决定依据的均是不准确的信息，而且缺乏透明度，对于那些信心不足的申请者，尤其是社会经济处境不利的学生造成很大障碍，建议高等院校录取应当依据考试发榜后的实际成绩，认为这种制度更加公平、效率更高、更为经济①。但是对于是否实行考试认证后申请的制度，各方的看法并不一致，特别是不同大学对此意见分歧较大，新大学大多希望能够实行彻底的改革，完全实行考试认证后申请，而传统的精英大学则持保留态度②。

（五）评价申请人方法的信度和效度不够高

由于高校在录取审核时，还存在着评价申请人的信息时可信度不高及不够一致的问题。现在英国高校判断申请人学业成就和潜力的主要依据还是普通教育证书高级水平（A-levels）的成绩，但这并不能很好地预测学生入校后的表现和学习潜力。虽然越来越多的高校在录取时也考虑其他因素，如申请人原来学习的环境、背景、技能等，但总体情况并不理想。另外申请人在申请时或高校在收集申请人的信息时往往出现不一致的情况，影响对申请人

① Steven Schwartz, Fair Admissions to Higher Education: Recommendations for Good Practice, London: Admissions to Higher Education Steering Group, 2004, p. 44.

② BBC News, Plans to Change University Entry, London: BBC, 22 May 2006, 14: 48 GMT 15: 48 UK, http: //news. bbc. co. uk/1/hi/education/5003366. stm. 2007-03-29.

的判断，对申请人评价方法的信度和效度也不够高。

（六）招生的透明度不够高

申请者很难了解高校对他们申请的审定方式，存在着招生的透明度不够高的问题。2006 年秋季实行新的收费制度后，学费大幅度提高，不同专业的收费也可以有所区别，申请人作为高等教育的消费者，他们有权对自己要购买的教育产品质量有更全面的了解，了解入学的标准和录取程序。如果申请人清楚地了解了高校招生政策、标准和过程，了解了自己能否达到某一个专业的入学标准，他们就可以更好地利用 6 个申请志愿，也可以减少入学后的辍学率。

当然，上面提到的只是英国高校招生考试制度中存在的主要问题，对于这个吸引着英国全社会的目光、承载着太多人美丽梦想的制度，人们对它“爱之深则恨之切”。除上述提到的问题外，还存在着人们对因入学制度而造成一些专业辍学率高的问题；对于热门专业，高校选拔优秀申请者的方法不够科学的问题；涉及高校招生制度的法规复杂，对于招生政策和程序的认识不一致的问题等。

三、英国高校招生考试制度的发展趋势

（一）建立考试一体化制度

英国考试体系结构复杂，考试层次、类别多样。在 5 岁～16 岁时，学生要接受 11 年的义务教育，学生要经历四个关键学段，其间学生要在 7 岁、11 岁和 14 岁参加国家测试，科目包括数学、科学和英语，测试的方式是内部评价和外部书面测试相结合。在第四个关键学段，即 14 岁～16 岁时，学生开始学习中等教育普通证书（GCSE）课程，16 岁参加校外考试机构举办的 GCSE 证书考试。大部分 16 岁后的学生选择继续在校学习 2 年，如进入从事普通教育的文法中学、综合中学、中六级学院和第三级学院，学习普通教育证书（GCE）课程，它分补充水平证书课程和高级证书课程。第一年 17 岁时，学习补充水平证书课程，参加校外考试合格后获补充水平证书；第二年 18 岁时，选择几门高级水平证书课程，参加校外考试，合格者获得高级水平证书，凭此证书可以升入大学或者就业。也有部分 16 岁后学生在综合中学或延续学院学习职业类课程，考试合格者取得的职业类证书，同样可以用来升入大学或就业。

一些英国学者对现行名目和门类繁多的证书制度提出批评，认为这种缺乏连贯性的证书割裂了学生的整体能力，使学生的知识和能力片面化。因此，政府委任英国前总督学迈克·汤姆林森（Mike Tomlinson）对此进行调查，并于2004年发表了《14岁～19岁课程和证书制度改革》的报告。报告认为英国14岁～19岁的年轻人过多学习一些知识面狭窄的科目，目的只是获得名目繁多且相互之间没有多大相关性和连贯性的证书，不能使学生获得有助于他们成功的广泛的知识和技能。建议通过改革使年轻人在所学习的内容和所获得的证书之间建立起一种真正的联系和平衡。虽然申请大学大约在18岁，但是高等教育的选择过程会跨越义务教育的中等教育、延续教育和高等教育三个阶段，因此，英国政府积极推动14岁～19岁阶段的课程考试改革，试图建立14岁～19岁教育阶段的一体化证书考试制度。

（二）高校入学证书由单一走向多样

虽经多次改革，英国教育的“黄金标准”A-levels证书考试仍无法摆脱来自各方的指责，进入21世纪后，其在高校入学中“一考独霸”的地位受到严重挑战。在政府的默许或支持下，国际业士文凭（IB）、大学前考试（Cambridge Pre-U）和英国业士文凭（English Baccalaureate）开始在英国试点或实行。2006年，在英格兰已有76所学校开设国际业士文凭（IB）课程，其中包括46所公立学校[①]。英国高等院校招生服务处（UCAS）已将国际业士文凭（IB）列入其“高等院校招生分数换算系统（UCAS Tariff）”，分值远超过A-levels，多数英国高校把它作为招生录取的依据[②]。剑桥大学的大学前考试课程大纲的第一稿也于2005年底开始在中学校长、教师、大学代表和考试政策的制定者中间征求意见，并将于2008年9月开始在一些学校对大学前考试课程进行试点。对于很多人来说，在英国完全实施国际业士文凭制度（IB）总是很难接受的，从20世纪90年代就有人主张吸取英国考试好的传统，克服它的局限性，设计出更加系统、全面的14岁后教育的证

① Department for Education and Skills（DfES），More Choice for Pupils：International Baccalaureate to be Available in all Local Authority Areas，30 November 2006，http：//www. dfes. gov. uk/pns/DisplayPN. cgi? pn _ id = 2006 _ 0180. 2007-05-20.

② TES，System is Unfair to Bac Students，Times Educational Supplementary（TES）. 2006-06-21.

书与考试制度，采用英国业士文凭（English Baccalaureate）制度，以示与国际业士文凭（International Baccalaureate）制度的不同。由此可以看出，在英国出现了高校入学证书由单一走向多样的趋势。

（三）考试科目设置增加学生选择性

通过对普通教育证书（GCE）的改革，引入和完善了补充水平证书(AS)，并使其成为 GCSE 和 A-levels 之间衔接的桥梁，使原来因各种原因无法完成传统上 2 年才能完成的 A-levels 课程者有机会获取 AS 证书，同时也鼓励学生扩大课程学习的广度，有机会学习更多科目。改革后的 A-levels 开考科目更为广泛，共开考 62 门科目，另外的批判性思维、欧洲研究、公共传达科学、社会科学、公民与世界发展 5 门科目只有 AS 课程，不能取得完整的 A-levels 证书，这样学生在决定报考科目时就有 67 门科目可供选择。在新推出的国际业士文凭（IB）、大学前考试（Cambridge Pre-U）和英国业士文凭（English Baccalaureate）制度中，学生对考试的科目也有很大的选择空间。

（四）招生录取评定采取证书和综合评定相结合的方式

英国高等院校选拔录取的主要依据是申请人的证书成绩，现在越来越多的高校在录取时注重对申请人的综合评定，即把证书成绩和综合评定结合起来。采用证书成绩和综合评定相结合的选拔标准与程序一般包括：①学业成绩的评价，主要依据已经获得的证书的科目和分数，包括 GCSE 和 AS 证书考试的成绩；正在学习的 A-levels 证书或同等证书课程的科目和预估分数。②通过个人陈述判断申请人对所学课程的兴趣和努力程度、工作或义务工作的经历及参加课外活动的情况。③推荐人对申请人学业、潜力和个人素质的评价。④在招生录取时也会考虑附加信息，主要包括：申请人是否参加大学举办的“校外联系项目”或者“教育协作联盟”计划；申请人是否来自社会弱势群体家庭；是否参与过高等教育拨款委员会资助的暑期学校；学校和推荐人作出的特别推荐；其他能够证明申请人学习潜力的信息，比如申请人是国家超常青年学院（NAGTY）的成员。⑤其他信息：招生人员会利用各种评价方法，包括面试、个人学习档案、小论文等，进一步评价申请人是否适合所申请的专业。像牛津、剑桥这样的精英大学要求有些专业的申请者参加学校单独举行的考试或者联考，目的是测试申请人的特定能力，如思维能力和逻辑推理能力，这类测试主要有：生物医学大学入学测试（BMAT）、全国法律专业大学入学考试（LNST）、思维能力评价（TSA）。有时面试也是选拔环节中的重要一环，针对每一个申请者的情况，决定是否给予申请人面试的机会。面试的形式和时间长短，在不同大学和不同专业有所不同，但平均面试的时间为 20 分钟～45 分钟。面试的侧重点是评价申请人的学术潜力、学习动机、是否适合所选的专业；面试的问题用来测评申请人解决问题的能力、接受新思想和信息的能力、智力的灵活性和分析推理能力。

（五）高校录取更多采用“高校招生分数转换系统”

从 2002 年 9 月开始，“高校招生分数转换系统”代替了以前只涉及普通教育证书补充水平（AS）和普通教育证书高级水平（A-levels）的计分体系，把英国《国家资格证书框架》里的第三级证书和其他相关证书全部纳入分数转换系统，2007 年招生使用的招生分数转换系统里，共有 22 项证书。“高校招生分数转换系统”（UCAS Tariff）通过对用于高等院校招生录取的各类资格证书进行分值量化，能够综合反映申请人的学业成绩；在各种资格证书之间建立等值互换体系；对持有不同证书的申请人之间的学业成绩进行比较①。目前它已成为调节政府、高等院校与 16 岁～19 岁阶段教育关系的重要机制。

实施初期，使用“高校招生分数转换系统”的高等院校的比例并不高，特别是传统精英大学拒绝使用，但是到 2004 年底，英国已经有 78%的高等院校自愿选择完全或部分利用这个系统②。越来越多的高校在录取时开始采用“高校招生分数转换系统”。

（六）重视招收弱势群体家庭的学生

依据《2004 年高等教育法》的规定，成立了公平入学办公室（OFFA），对高等院校的相关招生政策和收费情况进行审批与监管。如高校的收费超过每年 1 125 英镑，必须报公平入学办公室审批，并要求高校签订《公平入学协议》，保证在提高收费的同时，制定本校实施扩大高等教育参与政策的措施，特别是要提出对来自社会弱势群体家庭学生的资助措施。各高校在制定

---

① Universities and Colleges Admissions Service（UCAS），The Official Universities and Colleges Guide：06 Big Guide，Cheltenham：UCAS，2006，p. 17.

② 樊大跃：《融会贯通普职教育的“工具”——英国学业分换算体系简介》，《中国职业技术教育》2006 年第 5 期，第 51～53 页。

招生政策时，都提出招收学生多元化的目标，特别是提高本校来自社会弱势群体家庭学生的比例。

第三节　英国高校招生考试制度对我国高校招生考试制度的借鉴

我国自从1952年正式实行全国统一高等学校招生考试以来，除“文化大革命”10年外，对其改革的步伐一直没有停止过。特别是近20年来，从改革试验到改革深化，历经了高校招生“分轨”与“并轨”改革、一年两次高考、高校收费制度形成与发展、“3＋X”改革、网上录取、完善保送生制度、分省命题、解除招生年龄限制、高校自主招生试点等改革。但是，高考到底怎么改？仁者见仁、智者见智，远未达成共识。“他山之石，可以攻玉”，英国大学入学考试制度有很多方面值得我们学习，对我国高考制度改革具有多方面的借鉴意义①。

一、建立统一考试与多元考试相结合的考试体系

在我国高考改革的各种争论中，最为根本的是要不要坚持统一高考的问题，主要是关于统一考试与单独考试之争，即高考改革的统独之争②。这方面可以借鉴英国公共考试的经验，在坚持统一高考的基础上，整合现有的会考和职业证书考试等，培育公共考试机构，开发相关考试项目，构建国家考试框架，使不同的考试和职业资格证书间具有可比性，甚至量化成不同的分数进行对比，建立统一考试与多元考试相结合的考试体系，以满足不同类型的高校在录取考生时的不同需求。

英国没有全国统一的高校招生考试，政府和高校也都不直接举办考试，即便是对考试进行监督也不是由政府部门直接进行，而是通过半官方机构来监督。政府、公共考试机构和半官方的监督机构各司其职、各负其责，国家和政府只通过制定法规、政策和标准来进行间接管理。虽然英国政府对考试

① 胡甲刚、梁金有：《英国大学入学考试制度的特色及借鉴》，《教学与管理》2000年第2期，第76～77页。

② 刘海峰：《高考改革的统独之争》，《教育发展研究》2006年第11期，第47～50页。

具有很大的控制权，但政府并不直接管理国家的课程与考试，而是通过非政府的公共服务机构对考试进行监管和协调；普通教育证书高级水平（A-levels）或同等考试是由整合后的6个主要的综合考试认证机构负责实施；对公共考试具有监督职能的是半官方机构——资格证书与课程局、考试申诉委员会和教育水准办公室。

无论从传统上还是从现实上来说，目前在中国统一高考都是必要的。"高校招生考试将朝兼顾统一与多样的方向发展，逐步建立起以国家统一考试为主，与多元化考试评价和多样化选拔录取相结合，高校自主招生、自我约束，政府宏观指导和调控，社会有效监督的具有中国特色的高校招生考试制度"①。但同时要对现在"大一统"的统一考试进行改革，建议在教育部考试中心命题的同时，建立若干个区域性的高校入学考试中心或考试院，负责大区内的高考命题，实施水平较高的考试院可承接邻近省份的委托命题，各个省可以自己选择，既可采用教育部考试中心的命题，也可使用邻近省区的命题，或用大区的命题②。

对于考试应该多样化，人们也有一定程度的共识，现在关键是如何实行考试多样化。有几种代表性的观点：一是分类型考试。按照目前高等教育中的研究型、专业型和职业型三类高校，高考可以根据这几种类型分别进行统一考试，但考试的内容应进一步多样化，使考生对考试科目有更大的选择空间，同时，注重考试成绩的可比性和考试成本③；二是全国统考加高校单考。高校录取选拔的主要依据是考生的学业成绩和潜力，一次性的统一考试很难对学生的综合素质和潜力做出判断，主张在坚持统一高考的基础上，高校再进行单独考试。

我们认为，建立统一考试与多元考试相结合的考试体系可以分两步走：第一步，高校招生统一考试可以由教育部考试中心、区域性考试院或考试中心、省级考试中心分别命题，各省可以选择自主命题、采用教育部考试中心

---

① 刘海峰：《高考改革的统独之争》，《教育发展研究》2006年第11期，第47～50页。

② 刘海峰：《高考改革的统独之争》，《教育发展研究》2006年第11期，第47～50页。

③ 张亚群、巨玉霞：《高考改革观点述评》，《基础教育参考》2005年第6期，第10～13页。

的试题或区域性考试院或考试中心的试题①。除统一高考外，对现有的高中会考和职业资格证书考试进行整合，进行国家考试框架构建的试验，对区域性考试院或考试中心、省级考试中心去政府化，逐步将其转化为提供公共考试服务的专业考试机构，开发适应高校招生录取需求的考试项目。第二步，转变教育部考试中心的功能，它不直接组织考试，主要职责是向国家相关部门提出制定有关考试的法规、政策和标准的建议，并对全国的考试工作进行监管。将有影响的区域考试院或考试中心培育成综合考试机构，承担统一高考的任务，同时开展各种学术类考试和职业资格证书考试，包括整合目前的高中会考和各类职业资格证书考试。建立国家考试框架，使各类考试之间可以进行比较、量化，形成统一考试与多元考试相结合的考试体系，以及相应的监管体系，以方便高校在录取选拔时，既依据统一高考分数又根据其他考试成绩对学生进行综合考评，招收适合自身和特定专业的学生。

二、建立必考科目与选考科目相结合的考试科目体系

考试科目设置是高考改革的一项重要内容。自 1952 年教育部正式决定在全国实行统一高考以来，高考科目的设置也一直在不断地改进。1954 年教育部将招生考试由文、理两类分为三类，增加了一个艺术类，这是高考制度的一项较大改革。1977 年恢复高考后，考试科目的设置分文、理两类，分别考核6 门～7 门。1983 年教育部提出试行高中毕业会考，在此基础上，经过 10 年的改革和试点，提出了“3＋2”的新方案。1999 年教育部开始推行“3＋X”科目考试方案，目前全国大多省区市均实行“3＋X”方案。“3＋X”中的“3”指必考科目语文、数学、外语。“X”是个变量，指高校根据专业要求从中学的物理、化学、生物、政治、历史、地理 6 个科目或综合科目中确定一门或几门考试科目。2007 年，海南省将高考和高中会考进行整合，高考科目设置为“3＋3＋基础会考”。其中基础会考是高中毕业水平考试。理科类基础会考科目为物理、化学、生物、通用技术和信息技术，文科类基础会考科目为政治、历史、地理、通用技术和信息技术。基础会考的考试时间为一天，安排在高二学年结束时举行，考试日期紧接当年高考日期，并按高考要求严格管理。基础会考成绩按卷面实际获得成绩的 10％计

① 刘海峰：《高考改革的统独之争》，《教育发展研究》2006 年第 11 期，第 47～50 页。

入高考录取成绩总分。

英国传统上的普通教育证书高级水平（A-levels）课程缺乏灵活性，学习的科目过窄，学生一般只选择2门～3门的学习科目。《2000年课程》对A-levels及同等证书考试进行较为系统的改革，特别是在增加考试的灵活性，拓宽学习范围方面进行一系列改革。改革后的A-levels及同等证书具有以下特点：

第一，把完整的6个模块的A-levels课程分成两个阶段，第一阶段的3个模块为补充水平（AS），第二阶段的3个模块为A2。根据这样的安排，学生在第一年可以取得包含3个模块课程的AS证书，第二年完成另3个模块A2，通过考试取得完整的A-levels证书。

第二，将国家普通职业资格证书（GNVQs）改造成高级职业教育证书（AVCEs）或称为职业A-levels。AVCEs共有6个模块，分A-levels和AS（3个模块），A-levels的等级分为A，B，C，D，E五等。目的是提高职业资格证书的地位，使职业型的AVCEs证书和学术型的A-levels享有同等的声誉，鼓励广大学生在选修的科目中，更多地选择“混合型课程”。

第三，引入新的关键技能证书考试。大部分高校在录取时承认通讯、应用算术和信息技术三项关键技能证书的考试成绩。

第四，增加新的拓展型科目。增设了新的拓展性AS证书考试科目，包括批判性思维、公众理解科学、公民、世界发展、科学与技术、欧洲研究。

第五，开科广泛。主要开考的科目有：会计、古代史、考古、艺术与设计、圣经、生物、商务、化学、公民教育、经典与古代文明、信息传达、计算机、批判性思维、舞蹈、设计与技术、戏剧、家具、电子、工程、英语语言、英语语言与文学、英语文学、环境科学、欧洲研究、电影、综合、地理、地质、政府与政治、制图设计、希腊语（古代）、健康与社会保障、历史、艺术史、家政、人类生物学、信息与计算机技术、拉丁语、法律、休闲娱乐、数学、数学（应用）、传媒、现代外语（包括多种语言）、音乐、音乐技术、表演艺术、哲学、摄影、体育与运动、物理、心理学、宗教、科学、公共传达科学、社会政策、社会学、统计学、纺织、观光与旅游、威尔士语、世界发展等。

第六，引入高级拓展证书考试（AEAs）。受教育与技能部的委托，资格证书与课程局设计高级拓展证书考试（AEAs）说明，以取代原来属于普通教育证书奖学金水平（S-levels）和各大学的入学测试。目的是为学习拔尖的学生拓展学习领域，特别是为大学选拔出“顶尖学生”。

建立必考科目与选考科目相结合的考试科目体系是我国当前高考科目改革的目标。首先，可以借鉴英国 A-levels 及同等证书考试开科广泛的做法，在“3＋X”考试模式的基础上，扩大“X”的科目设置范围，增加考生选择考试科目的空间，“X”的科目应尽可能涵盖培养学生综合素质的各个方面，科目内容要不断调整、完善，以贴近社会实际需要，并注重对考生能力和素质以及跨学科综合能力的考查。如音、体、美以及信息技术课程等①。其次，要切实增加考生在“X”科目选择上的自由度。“3＋X”的“3”是必考科目，体现了考生的共性，而“X”是自选科目，应该更好地体现考生的个性。通过改革既增加考生选择考试科目的自由度，也为高校录取到适合本校和相关专业就读的考生。因为，随着大众化阶段高等教育入学机会的增加，高考的功能应从选拔性考试走向适应性考试，高考不再是高校单向选择新生，而是高校与考生之间双向互动的选择②。

三、建立高考总分与综合考评相结合的录取选拔体系

我国现行的招生录取选拔的主要依据是高考分数。这种做法一方面保证了形式上的公正，顺应了社会上长期以来形成的“分数面前人人平等”的心理；另一方面它无法衡量考生德、智、体、美等方面的综合素质以及对所报专业的学习能力和学习潜力。这方面可以借鉴英国高校录取选拔时使用的“证书＋综合考评”模式，在我国建立“高考总分＋综合考评”的高校录取选拔制度。

英国的“证书＋综合考评”的高校录取选拔制度强调在高校录取时主要依据是申请人预估的 A-levels 证书或同等证书的成绩，同时，通过学校的推荐意见、个人陈述、以前提交的作业、单独举行的考试或者联考（一般只有选拔性高校特定专业才需要）、面试等手段对申请人进行综合考评，然后决定是否录取，是无条件录取还是有条件录取。近几年，英国高校特别是招生型高等院校，在招生录取时越来越多地使用“高校招生分数转换系统”，

---

① 陈晓云：《中外高校招生制度比较与研究》，《比较教育研究》2003 年第 4 期，第 25～28 页。

② 潘懋元、覃红霞：《高考：从选拔性考试到适应性考试》，《湖北招生考试》（理论版）2002 年第 8 期，第 22～23 页。

逐步代替了以前只涉及普通教育证书补充水平（AS）和普通教育证书高级水平（A-levels）的计分体系，它是对用于高等院校招生录取的各类资格证书进行分值设定，从而计算出申请人所得学业成绩总分的计分体系，以方便高等院校招生录取时对申请人综合学业成绩进行评定。其优点是通过对用于高等院校招生录取的各类资格证书进行分值量化，综合反映申请人的学业成绩；在各种资格证书之间建立等值互换体系；对持有不同证书的申请人的学业成绩进行比较，2007 年招生使用的“高校招生分数转换系统”（UCAS Tariff）包含的证书多达 22 项，包括普通教育证书补充级（AS）及双认证；普通教育证书高级水平（A-levels）及双认证、高级拓展证书、高级先修课程证书、国际业士文凭、职业教育证书补充水平、高级职业证书和高级职业证书双认证、OCR 国家证书/文凭和拓展文凭、关键技能高等证书和关键技能中等二级证书、商业与技术教育委员会国家资格证明/国家证书/国家文凭、英国马术协会三级马术知识与护理/三级马术/初级教师证书、金融学证书和金融学文凭、幼儿看护与教育文凭、个人效能证书、时装零售文凭、基础课程文凭（艺术与设计）、独立式数学证书、信息技术专业证书和文凭、爱尔兰离校证书——高等证书和普通证书、关键技能证书第二、三、四级、音乐考试证书第六、七、八等、苏格兰标准成绩证书/苏格兰中等证书二级/高等证书和高级高等证书、演讲与戏剧考试证书第六、七、八等、威尔士业士高级文凭等。“分数转换系统”中既有学术型证书也有职业型证书，能比较有效地评价不同路径学生的学业成绩，使它们成为可比的学业分值，有利于高等院校在招生录取时平等地对待来自各种学习路径的入学申请者，这对我国高校招生录取评价制度改革有一定的借鉴意义。

我们认为，我国高校录取选拔可借鉴英国的做法，建立“高考总分＋综合考评”的高校录取选拔制度。它强调高校录取新生的主要依据是统一高考的分数，在此基础上，高校根据自身的实际和招生专业的特点对考生进行综合考评。由于文化传统和现实的国情，如果把英国录取时使用的行之有效的综合考评方法移植过来，在我们国家使用不一定有效，如通过学校的推荐意见、个人陈述、以前提交的作业、面试等进行综合考评。但是可以借鉴其“高校招生分数转换系统”的做法，将综合评定的项目量化成分值，并在不同素质项目考评之间建立等值互换体系，如可以将各类学科竞赛成绩、发明证书、技能证书、高中会考成绩、面试、口试、小测验、技能操作等能考查学生的综合素质、创新能力以及个性特长的项目纳入

“高校分数转换系统”，作为多元化综合评价体系的组成部分，形成以统一高考成绩为主，综合评价“系统转换分”为辅的“高考总分+综合考评”的高校录取选拔制度。

四、建立高校招生考试公共服务体系

目前，我国高校招生考试主要由政府直接实施，实行的是中央统一领导和地方分散办理相结合的高等教育招生考试制度。全国性的招生考试机构——教育部考试中心和教育部学生司皆为最高教育行政部门——教育部的下设机构，各省考试中心和招生办为各省教育厅的下设机构。恢复高考30多年来，由于经济发展水平、公众的心理文化习惯①的影响，作为“举国大考”的高考具有牵制教育目的、引导教育过程、评价教育结果等教育功能②，除了教育功能以外，高考还有维护社会公平和稳定的功能③。应该说，这种由政府集中统一管理的高等院校招生考试制度有其合理性。但是随着高等教育大众化阶段教育规模的不断扩大，推行招生考试社会化制度势在必行。高考承载着社会和家长太多的期望，承受着“不能承受之重”，现在应该把这种“压力”还给社会，确认高等院校、考试招生机构、考试招生监督机构、考生独立的法人地位或“市场主体”，以市场关系协调服务与被服务的关系，用“市场主体”的选择来代替政府的大包大揽。英国完善的高校招生考试公共服务体系值得我们借鉴。

经过长期的发展演变，英国形成了比较完善的高校招生与考试的公共服务体系，包括政府机构、非官方的实施机构、半官方的监督机构。国家和政府只通过制定法规、政策和标准来进行间接管理；考试与招生由非营利性的财团法人实施，其中，普通教育证书高级水平（A-levels）及同等证书主要由全英的6个综合考试机构实施，招生由英国高等院校招生服务处（UCAS）实施；半官方的监督机构包括资格证书与课程局、考试申诉委员会、教育水准办公室和公平入学办公室。政府对招生考试虽然有很大的控制权，但并不直接管理高校招生考试事务。

---

① 葛大汇：《招生考试制度、技术的问题与发展》，《上海教育科研》2005年第9期，第10～11页。

② 郑若玲：《论高考的教育功能》，《教育导刊》2005年第1期，第4～6页。

③ 刘海峰：《而立之年论高考》，《东南学术》2007年第4期，第6～10页。

那么，如何建立我国的高校招生考试公共服务体系？首先，政府应是领导招生考试，而不是直接管理招生考试的具体事务。政府在招生考试领域的主要职责是制定相关法规、政策和标准，提供必要的经费。长期以来，政府既是教育的投资者又是管理者和监督者，在招生考试领域，既当“裁判员”又当“运动员”，造成的结果是不该管的事管得太多，该管的事没有管好。根据新的公共管理理论，高校招生考试具有“准公共产品”的属性，即具有一定程度的排他性和付费性质，并且可以由其他非公共机构经营（生产），如英国实施普通教育证书高级水平（A-levels）及同等证书考试的是全英6个非官方的综合考试机构。因此，我们认为，应该将高校招生考试委托给专业招生考试机构来具体实施，而政府和各级教育行政部门（教育厅或局）在招生考试领域的主要职能是制定政策和标准，并对招生考试的实施过程进行监督。政府应因势利导，利用市场来治理市场，即利用社会的、市场的关系来引导招生考试的健康发展；逐步“退出”具体招生考试事务，培育中介性的专业招生考试机构；建立半官方的招生考试咨询和监管机构，逐步构建起高校招生考试公共服务体系。

五、建立公平的高等教育入学制度

“在中国目前的情况下，高考仍有坚持的必要，而坚持高考制度的诸多理由中，公平是最重要的理由之一”[①]。高校招生考试改革的目的和归宿点也是建立公平的高校入学制度，为所有人提供公平接受高等教育的机会，使学习者能够选择自己喜欢且与自己能力相适应的专业。2007年，中国高等教育的毛入学率达到23%，进入了世界上公认的高等教育大众化的阶段，学生人数已经是世界第一位[②]。随着我国高等教育规模的不断扩大，人们越来越重视高等教育的公平，把目光更多地投向作为高等教育公平第一道防线的高校招生考试的公平，要求从制度层面保证高等教育入学公平。

所谓高等教育公平入学制度就是不分出身高贵贫贱，为所有的人提供公平接受高等教育的机会，使每一个愿意接受高等教育的人都有机会选择与自

① 郑若玲：《高考改革与公平》，《湖北招生考试》2004年第120期，第15～20页。

② 中国高校信息网，中国高等教育毛入学率达23% 学生人数世界第一，http://www.gxedu.org.cn/article/ 2007-10-17。

己能力相适应的高等教育课程，并建立有效的机制使考生在考试和录取的整个过程中，都能够得到充分的信息，受到公平的对待，在招生录取时做到公正、公开、透明。英国新工党政府制定了到 2010 年在 18 岁～30 岁的青年中首次接受高等教育的入学率达到 50%的目标。这个目标不仅强调学生人数的增加，还关注公平，特别是提高社会弱势群体，如低收入家庭、少数族裔家庭青年接受高等教育的比例。他们在招生考试程序维护正义、科学制定选拔标准、使用合理的评价方法、消除学习者的障碍等方面的成功做法值得我们借鉴。

首先，建立公平的招生考试程序。在高考之前，高等院校要公开招生政策、不同专业的具体入学标准和招生过程；高校要公布前几年有关每个专业的招生情况；定期对整个学校的招生数据进行分析，包括在录取的学生中具有社会弱势群体背景的学生所占的比例、学生来源区域和性别分布情况等；公布考生投诉和申诉的程序，设立高校招生考试的专业监管机构，制定合理、公平的投诉政策和程序，及时对学生提出的有关录取结果的申诉给予答复。

其次，制定科学的选拔标准。建立“高考总分＋综合考评”的高校录取选拔制度，通过高考成绩和综合评定对考生的学业成绩和发展潜力进行综合评定，选拔出有能力顺利完成所选专业课程学习的学生，并考虑所录取学生的多样性。当然，高考成绩仍然是判断考生的学习能力、能否成功完成大学课程的指针，同时辅之以其他因素的考评，可以通过类似英国“高校招生分数转换系统”这样的分数转换制度，将要考查的考生素质量化成可转换的分值，以方便高校能够录取到适应本校及相关专业的新生。如果有些高校和专业认为高考成绩不能完全适用作为入学的要求，还可以组织单独考试。无论采用哪一种方法，政府要做的是确保招生考试过程中的评价方法可靠、有效和适当。

再次，培育一支招生考试的专业人才队伍。建立公平高校入学制度要求在实施涉及招生考试的各个环节时都要做到专业化。无论是对招生考试机构的人员还是对高校的参与招生人员的任命、培训都要有明确的规定。对招生考试人员进行国家的高校入学政策、招生考试实施程序、具体专业录取评价方法的培训。国家应对高校从事招生考试的人员进行资格认证，提高招生考试人员的专业化水平和职业道德水平。

最后，清除高等教育公平入学的障碍。高等教育入学过程也就是克服那些与满足入学要求有关障碍的过程。在这个过程中，有由于评价手段造成的障碍，申请人所掌握的资源、得到支持和帮助不同的障碍，身体残疾的障碍；职业教育和普通教育地位不平等的障碍，家庭贫困的障碍等。由于高等教育公平入学制度的建立是一个系统工程，消除上述妨碍高等教育公平入学的因素，需要政府、高校、中学、考试机构、招生机构、监管机构等共同努力。

附　　录

附录一：英国考试制度发展演变情况表

序号	时间	事件	意义
1	1800 年	《牛津大学考试条例》	正式采用书面考试的方法
2	1815 年	医药学会实施认证考试	是英国首次职业认证考试
3	19 世纪 50 年代	政府和军队通过考试录用人员	建立文官和军人等竞争性考试录用制度
4	1857 年	埃克塞特实验	埃克塞特地区的学校实行对学生实施竞争性考试的实验
5	1858 年	牛津、剑桥大学地方考试中心成立	标志着英国公共考试的开始
6	1868 年	《汤顿报告》	建议成立一个中央机构负责全国的中等教育考试
7	1911 年	教育委员会提出咨询报告	支持扩大考试
8	1917 年	成立中等学校考试委员会	建议实行学校证书（SC）和高级学校证书考试制度（HSC）
9	1918 年	开始实施学校证书（SC）和高级学校证书考试制度（HSC）	证书型高校招生考试制度初步形成
10	1926 年	《哈多报告》	建议成立新的考试委员会为非文法学校的学生开发新的考试
11	1943 年	《诺伍德报告》	主张建立学校内部单科考试制度
12	1947 年	《中等学校考试委员会报告》	主张建立单科普通教育证书（GCE）制度，分普通教育证书、一般水平证书（O-levels）和普通教育高级水平证书（A-levels）

续表

序号	时间	事件	意义
13	1951 年	开始实施普通教育证书（GCE）制度	取代了原来的学校证书（SC）和高级学校证书（HSC）制度，标志着英国证书型高校招生考试制度的形成
14	1955 年	教育部函 289 号（下发至各地方教育局）	解除学生参加 O-levels 考试的年龄限制
15	1960 年	《比洛报告》	主张现代中学应该有自己的考试，从而拉开中等教育证书考试（CSE）新时代的序幕
16	1963 年	建立中等教育证书考试制度（CSE）	为那些学术能力不是很强而不能参加 O-levels 的学生设计，但是有些学生既参加 GCE 考试也参加 CSE 考试，无形中加重了学生的负担
17	1964 年	建立学校课程与考试委员会	接管原来中等学校考试委员会和课程研究处的课程与考试职能，把课程与考试统一起来
18	1976 年	首相詹姆士·卡拉汉在牛津鲁斯金学院发表演说	标志着英国新职业主义运动的兴起
19	1986 年	成立国家职业资格证书协会（NCVQ）	标志着国家“双轨制”（学术和职业）资格证书制度的建立，推出新的职业资格证书“国家职业资格证书（NVQ）”
20	1987 年	合并“国家职业资格证书协会（NCVQ）”和“学校课程与评价局（SCAA）”，成立“资格证书与课程局”	建立更加中央集权化的国家资格证书与考试制度。它统管有关考试、国家课程和建立国家资格证书框架事宜
21	1988 年	实行中等教育普通证书（GCSEs）制度	用中等教育普通证书（GCSEs）考试取代原来的普通教育证书一般水平（O-level）和中等教育证书考试（CSE）；GCSE 相当于 O-level 的 C 级和 CSE 的一级，继续保留普通教育高级水平证书（A-levels）
22	1989 年	增加了普通教育证书补充水平考试（AS）	目的是扩大学生的学习广度，弥补普通教育证书高级水平考试（A-levels）的不足
23	1991 年	《21 世纪教育与培训》白皮书	标志着国家“三轨制”（A-levels 、NVQ 和 GNVQ）资格证书制度的建立，在“双轨制”的基础上增加了“国家普通职业资格证书”考试

续表

序号	时间	事件	意义
24	2000 年	《2000 年课程》	在旧制度和未来理想的一体化证书考试制度之间搭建了一座桥梁，对16 岁～19 岁教育阶段的证书考试制度产生重大影响
25	2004 年	《国家资格证书框架》	目的是理顺复杂的证书考试体系，建立统一的义务教育之后的证书考试制度，使学术型课程和职业型课程能够更加融合，使职业型证书享有与学术型证书同等地位的同时，不被学术型课程的价值和文化所同化

附录二：英国现行考试体系表

关键学段	学生年龄（岁）	年级	要参加的考试与评价
关键学段一	5～6	1	学校内部评价
	6～7	2	国家测试（KS1 SATs exams）
关键学段二	7～8	3	
	8～9	4	
	9～10	5	
	10～11	6	国家测试（KS2 SATs exams）
关键学段三	11～12	7	
	12～13	8	
	13～14	9	国家测试（KS3 SATs exams）
关键学段四	14～15	10	
	15～16	11	中等教育普通证书考试（GCSE exams）
中六学级（延续教育）	16～17	12	普通教育证书补充水平（AS Level exams）
	17～18	13	普通教育证书高级水平（A2 Level exams）

附录三：中英教育体制对比表

年龄（岁）	中国教育体制			英格兰、威尔士、北爱尔兰		苏格兰		年龄（岁）
				普通教育制度	职业教育制度	普通教育制度	职业教育制度	
15	中等专业学校（3年）	普通高中（3年）	职业高中（3年）	中等教育普通证书 GCSE(2年)	职业性中等教育普通证书课程 Vocational GCSE (2年)	苏格兰教育证书1 (2年)	苏格兰职业资格证书 GSVQ 初级 (1年)	15
16					国家普通职业资格证书，GNVQ–中级(1年)		苏格兰职业资格证书GSVQ中级(1年)	16
17				高级水平考试 A-levels (2年)	职业性高级水平考试课程 Vocational A-levels (2年)	苏格兰教育证书2 (1年)	苏格兰职业资格证书，GSVQ 高级(2年)	17
18	高等专业学校(2~3年)	本科课程(4~5年)	成人教育			本科课程(4年)		18
19				本科课程(3年)			本科课程(4年)	19
20								20
21								21
22				硕士研究生课程(1~2年)		硕士研究生课程(1~2年)		22
23	硕士研究生课程(3年)						硕士研究生课程(1~2年)	23
24								24
25								25

注：英国教育体系可分为三大部分：4/5～16岁为学校教育（义务教育）、16岁到大学前为延续教育、大学及以上教育称为高等教育。英格兰、威尔士和北爱尔兰的教育体系是一样的，苏格兰则有它自己的教育制度，主要区别在于不同的学历、资格。

附录四：影响高等教育选择因素的问卷调查表

FACTORS INFLUENCING THE CHOICE OF HIGHER EDUCATION QUESTIONNAIRE

SECTION 1

The purpose of this questionnaire is to gather information concerning the factors that influence a person's decisions to pursue higher education. It should take you about 10 minutes to complete this survey. Completion of the survey is voluntary, and all responses will be kept confidential. Please answer each item as honestly as possible. Return the questionnaire to your instructor when you are finished. For each item below, place an "X" in the parentheses next to the item that applies to you.

1. Age
   (　　) 18 or less　(　　) 21～25　(　　) 26～30　(　　) 30^{+}
2. What year in the school college:
   (　　) year 12　(　　) year 13
3. Highest certificate (degree) held by your father : (　　)
   Highest certificate (degree) held by your mother : (　　)
   A. None　B. Doctorate　C. Bachelor　D. Master
   E. A-levels　F. GCSEs　G. CSEs　H. other (specify) (　　)
4. First Choice of University or Colleges:
   (　　) Oxbridge　(　　) Old Universities besides Oxbridge
   (　　) Post-1992 Universities (　　) Colleges of Higher Education
5. Ethnicity (Race):
   (　　) White　(　　) Mixed
   (　　) Asian, Asian Scottish, Asian English, Asian Welsh, or other Asian British Other (please specify)
   (　　) Black, Black Scottish, Black English, Black Welsh or other Black British
   (　　) Other ethnic background
6. Gender / Sex:
   (　　) Male　(　　) Female
7. Major area of study which you'll choose: (　　)
8. Do you do part-time job?
   (　　) Yes　(　　) No
9. How many hours did you work this past week:

( ) 0 (none) ( ) 1～10
( ) 11～20 ( ) 21～30
( ) 31～40 ( ) 40^+

10. Approximate annual income of your family：
( ) £17 500 or less ( ) £17 500～£26 500
( ) £26 500～37 500 ( ) £37 500～£50 000

SECTION 2

ISTRUCTIONS: Below this paragraph is a series of statements that address factors which influence a person's decision to pursue higher education. There are no correct answers to these statements. Therefore, it is important that you answer each item as honestly as possible. Complete the questionnaire by placing an "X" in the parentheses under the label which is closest to your agreement or disagreement with each statement. If a statement does not apply to you, check the block labeled N/A. **If a statement currently does not apply to you but has applied in the past, answer the statement as you would have in the past. When you finish the survey, please use a ＃2 pencil to transfer your Section 2 and Section 3 responses to the attached scantron sheet.**

1= (N/A), 2= (Strongly Disagree), 3= (Disagree), 4= (Agree), or 5= (Strongly Agree)

1. Getting a university degree will help me improve my social status.
2. Getting a university degree will help me get a better job.
3. I can gain a lot of knowledge about this world by getting a university degree.
4. I can meet professional people by getting a university degree.
5. I can become a better person without getting a university degree. (R)
6. I can earn a lot of money without getting a university degree. (R)
7. I can meet other university students without going to university. (R)
8. Getting a university degree will make me more successful.
9. University graduates routinely get the best jobs.
10. Getting a university degree is important for my future job opportunities.
11. I can build a better future without a university degree. (R)
12. I can major in any university subject that I want.
13. My race does not limit my choice of university majors. (R)
14. My gender does not limit my choice of university majors. (R)
15. Society limits my choice of university majors.
16. My father encouraged me to go to university.
17. My mother encouraged me to go to university.

18. My grandparents did not encourage me to go to university. (R)
19. My siblings (brothers and sisters) did not encourage me to go to university. (R)
20. My relatives (cousins, aunts, and uncles) did not encourage me to go to university. (R)
21. My friends encouraged me to go to university.
22. My secondary school teachers encouraged me to go to university.
23. My secondary school guidance counselor did not encourage me to go to university. (R)
24. My junior secondary school teachers did not encourage me to go to university. (R)
25. My junior secondary school guidance counselor did not encourage me to go to university. (R)
26. My mother is excited about me being in university.
27. My father is excited about me being in university.
28. My brother is excited about me being in university.
29. My sister is excited about me being in university.
30. My mother did not stress the importance of having a university education. (R)
31. My father stressed the importance of having a university education.
32. My grandparents stressed the importance of having a university education.
33. My other relatives stressed the importance of having a university education.
34. My secondary school teachers did not talk about the importance of having a university degree. (R)
35. My secondary school guidance counselor did not stress the importance of having a university degree. (R)
36. My junior secondary school guidance counselor stressed the importance of having a university degree.
37. My mother told me about the demands of university.
38. My father did not tell me about the demands of university. (R)
39. My grandparents are aware of the demands of university.
40. My sister is aware of the demands of university.
41. My brother is aware of the demands of university.
42. My other relatives are not aware of the demands of university. (R)
43. My secondary school teachers talked about the demands of university.
44. My junior high school teachers talked about the demands of university.

45. My junior secondary school guidance counselor talked about the demands of university.
46. My friends don't understand the demands of going to university. (R)
47. My friends think that having a university degree is important for getting a good job.
48. My friends believe a university education will improve their social status.
49. I still communicate with my secondary school friends.
50. I find it easy to make friends in the university setting.
51. My friends got poor grades in secondary school.
52. My friends think they can get high paying jobs without getting a university degree. (R)
53. I may not meet any new friends during the time I am in university. (R)
54. I have a faculty advisor who was assigned to help me make the transition into university life.
55. I can talk to my mother about my university choice experiences.
56. I can talk to my father about my university choice experiences.
57. I can not talk to my friends about my university choice experiences. (R)
58. I can talk to my grandparents about my educational plans.
59. I can talk to my mother about my future career goals.
60. I can not talk to my father about my future career goals. (R)
61. I can not talk to my friends about my future career goals. (R)
62. I do not have a student peer who I can talk to about my educational plans. (R)
63. I have the power to achieve my educational goals.
64. If I become unhappy with my life, I can do something to change it.
65. When bad things happen, I can make the best of the situation.
66. The good things that happen in my life are the result of my working to make them happen.
67. Each person controls his or her own fate.
68. Each person has the power to make life better or worse.
69. My grades reflect how much my admission tutors like me.
70. I have no control of my future. (R)
71. The good things that happen in my life are a matter of luck. (R)
72. No matter how hard I work, I won't succeed at anything I do. (R)
73. Whatever will be in life will be.
74. I frequently worry about paying my tuition bill.
75. Without financial aid I can still get a university degree. (R)

76. My parents frequently worry about paying my tuition bill.
77. The number of Financial Aid Programs is increasing.
78. I don't know about the different types of Financial Aid Programs. (R)
79. I don't know where to go to find information on Financial Aid Programs. (R)
80. I am not likely to need financial aid in the future. (R)
81. If I need financial aid to help pay for my tuition, I am not sure I would be able to get it. (R)
82. I feel that my secondary school education prepared me for the demands of university.
83. I found most of my freshman university courses to be easy.
84. I earned good grades in secondary school.
85. I used tutors to help me study in secondary school.
86. I used tutors to help me study in junior secondary school.
87. I am going to university to make my mother proud of me.
88. I am going to university to make my father proud of me.
89. Getting a university degree will improve my self-esteem.
90. Getting a university degree will increase my self-pride.
91. My admission tutors cannot limit my choice of university majors. (R)
92. My school qualifications achievements will not limit my choice of jobs. (R)
93. I can be successful in any university major I choose.
94. My secondary school qualifications achievements will limit my choice of university majors.
95. The university admission officers cannot limit my choice of university majors. (R)

SECTION 3

Complete the following statements by placing an "X" in the appropriate box. If a statement does not apply to you, check the block labeled N/A. If a statement currently does not apply to you but has applied in the past, answer the statement as you would have in the past.

1= (N /A), 2= (Strongly Disagree), 3= (Disagree), 4= (Agree), 5= (Strongly Agree).

96. My mother graduated from university.
97. My father graduated from university.
98. One or more of my brothers has graduated from university.
99. One or more of my sisters has graduated from university.
100. I have several friends who are university graduates.

101. I don't know any one who has graduated from university. (R)
102. None of my grandparents are university graduates. (R)
103. I received in formation about financial aid during secondary school.
104. My secondary school held briefings on the university application process.
105. I attended briefings on the university application process during secondary school.
106. I attended a Newcomer's orientation Briefing at my university.
107. My university did not hold Newcomer's orientation Briefings. (R)
108. University recruiters did not visit my secondary school.
109. I did not take advanced placement courses in secondary school. (R)
110. I will have to take remedial preparation courses as a university freshman.
111. I did not take remedial education courses in sixth form. (R)
112. I did not take remedial education courses in junior secondary school. (R)
113. I was not part of a regular study group in sixth form. (R)
114. I was not part of a regular study group in junior secondary school. (R)
115. None of my secondary school friends went to university. (R)
116. Please feel free to make written comments or suggestions on how the content of this questionnaire can be improved. Use the space provided below to write your comments.

Note: Items marked by an (R) indicate items that are reverse coded.

附录五：影响高等教育选择因素的问卷调查问题分类表

序号	类　型	问　题
1	父母影响	16，17，26，27，30，31，37，38，55，56，59，60
2	家庭其他成员的影响	18，19，20，28，29，32，33，39，40，41，42，58
3	同伴的影响	21，46，47，48，49，50，51，52，53，57，61，62
4	个性因素	63，64，65，66，67，68，69，70，71，72，73，87，88
5	功利因素	1，2，3，4，5，6，7，8，9，10，11
6	玻璃天花板效应	12，13，14，15，91，92，93，94，95
7	经济因素	74，75，76，77，78，79，80，81
8	榜样示范	96，97，98，99，100，101，102
9	教师的影响	22，23，24，25，34，35，36，43，44，45，54
10	前期准备	82，83，84，85，86，103，104，105，106，107，108，109，110，111，112，113，114，115

参 考 文 献

（一）中文专著

[1] 黄昌穀. 孙中山先生演说集［M］//刘海峰. 科举与科举学. 贵州：贵州教育出版社，2004.

[2] 于钦波，杨晓. 中外大学入学考试制度比较与中国高考制度改革［M］. 成都：四川教育出版社，2000.

[3] 康乃美，蔡炽昌. 中外考试制度比较研究［M］. 武汉：华中师范大学出版社，2002.

[4] 韩家勋，孙玲. 中等教育考试制度比较研究［M］. 北京：人民教育出版社，1998.

[5] 祝怀新. 英国基础教育［M］. 广州：广东教育出版社，2003.

[6] 约翰·S. 布鲁贝克. 高等教育哲学［M］. 王承绪，郑继伟，等，译. 杭州：浙江教育出版社，1987.

[7] 许明. 英国高等教育发展研究［M］. 沈阳：辽宁师范大学出版社，1999.

[8] 王承绪，徐辉. 战后英国教育研究［M］. 南昌：江西教育出版社，1992.

[9] 张跃发，刘养洁. 民族国家与世界经济 1500—1900［M］. 北京：时事出版社，1999.

[10] 阎照祥. 英国政治制度史［M］. 北京：人民出版社，1999.

[11] 斯密斯. 英国教育［M］. 台北：开明书店，1968.

[12] W. James Popham. 测验的反思——对高利害测验的建议［M］. 国家基础教育课程改革“促进教师发展与学生成长的评价研究”项目组，

译. 北京：中国轻工业出版社，2005.
[13] 英国驻华大使馆文化教育处. 英国留学指南［M］. 北京：中国大百科全书出版社，2005.
[14] 吕达，周满生. 当代外国教育改革著名文献（英国卷·第一册）［M］. 北京：人民教育出版社，2004.
[15] 包亚明. 文化资本与社会炼金术——布迪厄访谈录.［M］上海：上海人民出版社，1997.
[16] P. 布尔迪约，J. C. 帕斯隆. 再生产——一种教育系统理论的要点［M］. 邢克超，译. 北京：商务印书馆，2002.
[17] 皮埃尔·布迪厄，华康德. 实践与反思——社会学导论［M］. 李猛，李康，译. 北京：中央编译出版社，1998.
[18] 钱民辉. 教育社会学——现代性的思考与构建［M］. 北京：北京大学出版社，2005.
[19] 皮埃尔·布迪厄. 国家精英——名牌大学与群体精神［M］. 杨亚平，译. 北京：商务印书馆，2004.
[20] 林华清，薛国成. 英国的衰落及其原因和后果：韩德森爵士的告别报告［M］. 上海：上海外语教育出版社，1985.
[21] 夏晓红. 感受英国［M］. 北京：世界图书出版公司北京公司，2004.
[22] 布莱尔. 新英国：我对一个年轻国家的展望［M］. 曹振寰，等，译. 北京：世界知识出版社，1998.
[23] 李家永. 当今英国教育概览［M］. 郑州：河南教育出版社，1994.
[24] 瞿葆奎. 教育学文集（第 22 卷）：英国教育改革［M］. 北京：人民教育出版社，1993.
[25] 邓特. 英国教育［M］. 杭州：浙江大学出版社，1987.
[26] 王承绪. 英国教育［M］. 长春：吉林教育出版社，2000.
[27] 徐辉，郑继伟. 英国教育史［M］. 长春：吉林人民出版社，1993.
[28] 沈兼士. 中国考试制度史［M］. 台北：台湾商务印书馆，1995.
[29] 鞠文灿. “3＋X” 考试的革命［M］. 南京：江苏人民出版社，1999.
[30] 刘海峰，等. 中国考试发展史［M］. 武汉：华中师范大学出版社，2002.
[31] 杨学为. 中国考试改革研究［M］. 北京：北京大学出版社，2001.
[32] 陆震. 中外学校教育考试制度探讨［M］. 北京：高等教育出版社，

1997.
[33] 吴世淑，陈水雄. 高考、会考与考试改革 [M]. 长沙：三环出版社，1991.
[34] 林汉川. 高考冲击波 [M]. 福州：福建人民出版社，1999.
[35] 裴世柏. 高考招生改革与管理 [M]. 福州：福建教育出版社，2001.
[36] 杨成鉴，金涛声. 中国考试学 [M]. 北京：中央书目文献出版社，1995.
[37] 潘懋元. 多学科观点的高等教育研究 [M]. 上海：上海教育出版社，2001.
[38] 潘懋元. 潘懋元论高等教育 [M]. 福州：福建教育出版社，2000.
[39] 潘懋元，刘海峰. 高等教育 [M]. 上海：上海教育出版社，2007.
[40] 刘海峰. 科举制的终结与科举学的兴起 [M]. 武汉：华中师范大学出版社，2006.
[41] 刘海峰. 科举学导论 [M]. 武汉：华中师范大学出版社，2005.
[42] 刘海峰. 公平与效率：21 世纪高等教育改革与发展 [M]. 福州：福建教育出版社，2003.

（二）中文期刊

[1] 盛晓娜，王蕴秋. 中英高校招生制度比较与借鉴 [J]. 外国教育研究，2006 (11)：51-54.
[2] 陈晓云. 中外高校招生制度比较与研究 [J]. 比较教育研究，2003 (4)：25-30.
[3] 胡甲刚，梁金有. 英国大学入学考试制度的特色及借鉴 [J]. 教学与管理，2000 (2)：76-77.
[4] 何家军. 英国高校招生管理体制及运作模式研究 [J]. 教育与考试，2007 (2)：33-35.
[5] 张金元. 英国和挪威高校招生制度的特点及启示 [J]. 高等教育研究，2005 (9)：106-109.
[6] 詹鑫. 英国高校改革：学生资助与教育参与 [J]. 比较教育研究，2004 (4)：59-63.
[7] 王璐，孙明. 英国大学生学费与资助政策改革及启示 [J]. 比较教育研

究，2006 (7)：52-57.
[8] 王锭蕊. 从英国高等教育双重制的兴衰看我国高等教育大众化的制度选择 [J]. 江苏高教，2003 (5)：111-113.
[9] 陈友义. 试论 19 世纪中期英国文官制度改革 [J]. 嘉应大学学报，2003 (1)：90-93.
[10] 崔庆玲. 在高等教育国际化中美、英两国留学生教育思考 [J]. 设计艺术研究，2004 (5)：52-53.
[11] 李振全，陈霞. 英德法三国高等教育国际化政策比较研究 [J]. 科技进步与对策，2004 (11)：31-35.
[12] 樊大跃. 融会贯通普职教育的“工具”——英国学业分换算体系简介 [J]. 中国职业技术教育，2006 (5)：51-53.
[13] 李生全. 布迪厄的文化资本理论 [J]. 东方论坛，2003 (1)：8-11.
[14] 刘欣. 阶级惯习与品味：布迪厄的阶级理论 [J]. 社会学研究，2003 (6)：33-42.
[15] 朱伟钰. “资本”的一种经济学解读——布迪厄“文化资本”概念 [J]. 社会科学，2005 (6)：117-123.
[16] 刘海峰. 而立之年论高考 [J]. 东南学术，2007 (4)：6-10.
[17] 孙华. 我国高校招生政策 100 年述评 [J]. 复旦教育论坛，2007 (1)：59-64.
[18] 张亚群，巨玉霞. 高考改革观点述评 [J]. 基础教育参考，2005 (6)：10-13.
[19] 王璐，孙明. 英国大学生学费与资助政策改革及启示 [J]. 比较教育研究，2006 (7)：52-57.
[20] 刘海峰. 高考改革的统独之争 [J]. 校长阅刊，2006 (21)：47-50.
[21] 葛大汇. 招生考试制度、技术的问题与发展——兼论政府应该如何治理考试 [J]. 上海教育科研，2005 (9)：10-11.
[22] 郑若玲. 论高考的教育功能 [J]. 教育导刊，2005 (1)：4-6.
[23] 郑若玲. 高考改革与公平 [J]. 湖北招生考试，2004 (12)：16-17.

（三）中文学位论文、网络和其他资料

[1] 郑若玲. 考试与社会之关系研究——以科举、高考为例 [D]. 厦门大

学，2006.
[2] 罗立祝. 我国高校招生考试政策研究 [D]. 厦门大学，2006.
[3] 李立峰. 我国高校招生考试中的区域公平问题研究 [D]. 厦门大学，2006.
[4] 覃红霞. 普通高等学校招生考试法治研究 [D]. 厦门大学，2005.
[5] 唐滢. 美国高等院校招生考试制度研究 [D]. 厦门大学，2005.
[6] 杨李娜. 台湾的大学入学考试制度研究 [D]. 厦门大学，2003.
[7] 刘清华. 高考与学校教育的关系研究 [D]. 厦门大学，2003.
[8] 中国教育考试网. 中华人民共和国教育部考试中心简介 [EB/OL]. [2007-10-11]. http：//www. neea. edu. cn/zxjj/c _ intro. jsp.
[9] 广东省考试中心．广东省考试中心概况 [EB/OL]. [2007-10-11]. http：//www. stegd. edu. cn/portal/bizdesk/zxgk. jsp.
[10] 中华人民共和国教育部．高校学生司介绍 [EB/OL]. [2007-10-11]. http：//www. moe. edu. cn/.
[11] 河南省招生办公室 [EB/OL]. [2007-10-11]. http：//www. heao. gov. cn.
[12] 中国高校信息网．中国高等教育毛入学率达 23% 学生人数世界第一 [EB/OL]. [2007-10-17]. http：//www. gxedu. org. cn/article/.
[13] 资格证书与课程局官方网站 [EB/OL]. [2007-05-08]. http：//www. Qca. Org. uk/3657. html.
[14] UCAS. UCAS Corporate Business Plan（August 2006—July 2009）[EB/OL]. [2007-03-12]. http：//www. ucas. com/higher/about/CBP _ 2006-9. doc.
[15] 顾明远．教育大辞典[Z]. 上海：上海教育出版社，1998.
[16] 世界教育报告，1993 [R]．联合国教育、科学及文化组织出版，1994.

（四）外文专著

[1] ABBOTT A. Education for Industry and Commerce in England [M]. Oxford: Oxford University Press, 1933.
[2] GRIFFITHS A. Secondary School Reorganization in England and Wales

[M]. London: Routledge & Kegan Paul, 1971.
[3] ANN HODGSON, KEN SPOURS. Beyond A Levels Curriculum 2000 and the Reform of 14-19 Qualifications [M]. London: Kogan Page Ltd. , 2003.
[4] ANNETTE HAYTON, ANNA PACZUSKA. Access, Participation and Higher Education: Policy and Practice [M]. London: Kogan Page, 2002.
[5] ARNOT M, DAVID M E, WEINER G. Closing the Gender Gap: Post War Education and Social Change [M]. Cambridge: Polity Press, 1999.
[6] BALL S J. Class Strategies and the Educational Market: the Middle Classes and Social Advantage [M]. London: Routledge Falmer, 2003.
[7] BECK U, BECK-GERNSHEIM E. Individualization [M]. London: Sage, 2002.
[8] BECK U. Risk Society: Towards a New Modernity [M]. London: Sage, 1992.
[9] BERNSTEIN B. Class, Codes and Control Vol. 3 [M]. London: Routledge, 1975.
[10] BLIGH D, THOMAS H, McNAY I. Understanding Higher Education: An Introduction for Parents, Staff, Employers and Students [M]. Bristol: Intellect Books, 1999.
[11] BOURDIEU P. Cultural Reproduction and Social Reproduction, in KARABEL J, HALSEY A H (eds.) . Power and Ideology in Education [M]. New York: Oxford University Press, 1977.
[12] BOURDIEUP. Distinction [M]. London: Routledge and Kegan Paul, 1984.
[13] BOURDIEU P. In Other Words: Essays Towards a Reflexive Sociology [M]. Cambridge: Polity Press, 1990.
[14] BOURDIEU P. The Contradictions of Inheritance in Bourdieu, P and A Accardo, G Balazs, S Beaud, F Bonvin, E Bourdieu, P Bourgois, S Broccolichi, P Champagne, R Christin, J-P Faguer, S Garcia, R Lenoir, F Oeuvrard, M Pialoux, L Pinto, D Podalydes, A Sayad, C

Soulie, L J D Wacquant. Weight of the World Social Suffering in Contemporary Society [M] . Cambridge: Polity Press, 1999.
[15] BOURDIEU P. The Logic of Practice [M]. Cambridge: Polity Press, 1990.
[16] BOURDIEU P. Distinction: A Social Critique of the Judgement of Taste [M] . Cambridge: Harvard University Press, 1984.
[17] BROADFOOT P. Assessment, Schools and Society [M]. London: Nethuen, 1979.
[18] BRUCE A MacFARLANE. Teaching with Integrity: the Ethics of Higher Education [M]. London: Routledge, 2003.
[19] BURKE J. Accessing Education-Effectively Widening Participation [M]. Stoke-on-Trent: Trentham Books, 2002.
[20] DARWIN C. On the Origin of Species by Means of Natural Selection, or the Preservation of Favoured Races in the Struggle for Life [M]. London: Murray, 1859.
[21] CLARK B R. Perspectives on Higher Education [M]. California: University of California Press, 1984.
[22] DIANE R, MIRIAM E D, STEPHEN B. Degrees of Choice: Social Class, Race and Gender in Higher Education [M]. London: Trentham Books, 2005.
[23] EDGAR NORMAN G. Civil Services in the United Kingdom, 1885-1967 [M]. London: Frank Cass & Co. Ltd. , 1967.
[24] FINK A. , KOSECOFF J. How to conduct surveys: A step-by-step guide [M]. Newbury Park, CA: SAGE Publications, 1985.
[25] FLOUD J, HALSEY A, MARTIN F. Social Class and Educational Opportunity [M]. London: Heinemann, 1956.
[26] HIGGINBOTTOM G. Going for Higher Education: A Guide to Moving on, Moving up with Better Qualifications [M]. Oxford: How to Books Ltd. , 1999.
[27] GLASS, D V. Social Mobility in Britain [M]. London: Routledge and Kegan Paul, 1954.
[28] GERTH H H, MILLS C W. From Max Weber: Essays in Sociology

[M]. New York: Oxford University Press, 1946.

[29] LATHAM H. On the Action of Examinations Considered as a Means of Selection [M]. Cambridge: Bell and Sons, 1877.

[30] HARTOG P J. Examinations and Their Relation to Culture and Efficiency [M]. London: Constable and Company Ltd. , 1918.

[31] PETCH J A. Fifty Years of Examining: The Joint Matriculation Board, 1903-1953 [M]. London: Harrap, 1953.

[32] BOOTH J. Examination the Province of the State, or the Outlines of a Practical System for the Extension of National Education [M]. London: Parker, 1847.

[33] TANNER J R. The Historical Tegister of the University of Cambridge to the Year 1910 [M]. Cambidge: Cambridge University Press, 1917.

[34] JEREMY Tunstall. The Open University Opens [M]. London: Routledge & Kegan Paul Ltd. , 1974.

[35] MORTIMORE Jo, MORTIMORE P. Secondary School Examinations: "the helpful servants, not the dominating master" [M]. London: the Institute of Education, University of London, 1984.

[36] LAWSON J, SILVER H. A Social History of Education [M]. London: Melthuen & Co Ltd. , 1973.

[37] BANKS L. Parity and Prestige in English Secondary Education [M]. London: Toutledge and Kegan Paul, 1955.

[38] LAUDERH, HUGHES D, WATSON S, et al. Trading in Futures: Why Markets in Education Don't Work [M]. Buckingham: Open University Press, 1999.

[39] LAWSON J, SILVER H. A Social History of Education in England [M]. London: Methuen, 1973.

[40] LAWTON D. The Politics of the School Curriculum [M]. London: Routledge and Kegan Paul, 1980.

[41] PUGSLEY L. The University Challenge: Higher Education Markets and Social Stratification [M]. London: Ashgate Publishing, Ltd. , 2004.

[42] LOUISE A, MERRYN H, ALISTAIR R. Higher Education and Social Class [M]. London: Routledge Falmer, 2003.

[43] PATTISON M. Suggestions on Academical Organization with Especial Reference to Oxford [M]. Edinburgh: Edmonston and Douglas, 1868.

[44] McDONOUGH P. Choosing Colleges: How Social Class and Schools Structure Opportunity [M]. New York: State University of New York Press, 1997.

[45] MORDECHAI F. History of Universities [M]. Oxford: Oxford University Press, 2005.

[46] BOURDIEU P. The forms of capital, in J. G. Robinson (ed) Handbook of Theory and Research for the Sociology of Education [M]. New York: Greenwood Press, 1986.

[47] POWER S, EDWARDS T, WHITTY G. Education and the Middle Class [M]. Buckingham: Open University Press, 2003.

[48] MONTGOMERY R J. Examinations: An Account of Their Evolution as Administrative Devices in England [M]. London: Longmans, Green& Co Ltd., 1965.

[49] REGINALD R D. From School to University [M]. London: Routledge and Kegan Paul Ltd., 2003.

[50] Ridder-Symoens, Hilde de Ridder-Symoens. A History of the University in Europe: Volume 1, Universities in the Middle Ages [M]. Cambridge: Cambridge University Press, 2003.

[51] ROBBINS D. The Work of Pierre Bourdieu: Recognising Society [M]. Milton Keynes: Open University Press, 1991.

[52] SALANT P, DILLMAN D A. How to Conduct Your Own Survey [M]. New York: John Wiley and Sons, Inc., 1994.

[53] SCOTT P. The Meanings of Mass Higher Education [M]. Buckingham: SRHE/Open University Press, 2001.

[54] SCOTT P. Triumph or retreat, in The State of UK Higher Education, eds WARNER D, PALFREYMAN D [M]. Buckingham SRHE: Open University Press, 2001.

[55] SPOURS K. The Reform of Qualifications within a Divided System, in eds W Richardson, J Woolhouse and D Finegold, The Reform of Post-16 Education and Training in England and Wales [M]. Harlow: Longman, 1993.

[56] TAILOR C. The Ethics of Authenticity [M]. Cambridge, Massachusettes: Harvard University Press, 1992.

[57] TAWNEYR H. Equality [M]. London: George Allen & Unwind, 1951.

[58] THRUPP M. Schools Making a Difference: Let's be realistic! [M]. Buckingham: Open University Press, 1999.

[59] Universities and Colleges Admissions Service (UCAS). The Official Universities and Colleges Guide: 06 Big Guide [M]. Cheltenham: UCAS, 2006.

[60] WILLIS R. The University of Europe, 1100-1914 [M]. London: Associated University Press, 1984.

（五）外文期刊和研究报告

[1] Admissions to Higher Education Steering Group. Fair admission to higher education: recommendations for good practice [R]. Nottingham: Department of Education and Skills Publications, 2004.

[2] ANDERSON C. Ministry of Education and the Sevretary of State for Scotland Grants to Students: Report of the Committee Cmnd 1051 [R]. London: HMSO, 1960.

[3] AoC. A Proposal for a Learning and Skills Diploma [R]. London: AoC, 2002.

[4] Audit Commission/OFSTED. Unfinished Business: Full-time education courses for 16-19 years old [R]. Norwich: Stationery Office, 1993.

[5] BALLS J. Performativities and Fabrications in the Education Economy: Towards the Performative Society [J]. Australian Educational Researcher, 2000, 27 (2).

[6] BARLOW A. Scientific Manpower [R]. The Barlow Committee,

Ministry of Education, Cmnd 6824. London: HMSO, 1946.
[7] BLACKBURN R, JARMAN J. Changing Inequalities in Access to British Universities [J]. Oxford Review of Education, 1993, 19 (2).
[8] BLACKSTONE T. Qualifying for Success: The response to the Qualifications and Curriculum Authority Advice [R]. London: DfEE, 1998.
[9] BLANDEN J, MACHIN S. Educational Inequality and the Expansion of UK Higher Education[J]. Scottish Journal of Political Economy, 2004, 52 (2).
[10] BONAMY P. Suggestions for the Extension of Professorial Teaching in the University of Oxford [R]. Oxford, 1850.
[11] CALLENDER C. "Changing student finances in higher education: policy contradictions under New Labour" [R] . Widening Participation and Lifelong Learning, 2001 (2).
[12] CALLENDER C. Changing Student Finances: Income, expenditure and the take-up of student loans among full and part-time higher education students in 1998/99, research report TT215, DfES [R]. London, 2000.
[13] Cambridge Admissions Office. Applying to Cambridge: Advice for teachers, tutors and HE advisers [R]. Cambridge: Cambridge Admissions Office, 2007.
[14] Cambridge University Local Examinations Syndicate. Examinations at 16-plus: Summary of the Syndicate's Comments on the Report to the Schools Council [R]. 1976.
[15] Central Advisory Council for Education. Crowther Report [R]. HMSO, 1959.
[16] CHRISTOPHER P. University admissions: Empowering the Applicant [J]. Higher Education Quarterly, 2002 (2).
[17] City University, London. Access Agreement 2006-2011 [R]. London: City University, 2005.
[18] COFFIELD F, VIGNOLES A. Widening Participation to Higher Education by Gender, Ethnicity and Age Report 5 [R]. London: The

National Committee of Inquiry into Higher Education.

[19] COFFIELD F. Breaking the Consensus: lifelong learning as social control [J]. British Educational Research Journal, 1999, 25 (4).

[20] CONNOR H, DEWSON S. Social Class and Higher Education: Issues affecting decisions on participation by lower social class groups, DfEE Research Report RR267 [R]. London: DfEE, 2001.

[21] CVCP . Briefing note: Widening Participation [R]. London: Committee of Vice-Chancellors and Principals of the Universities of the UK, 1999.

[22] MASSON D. London University and London Colleges and Schools of Science [J] . Macmillan's Magazine, 1867 (11).

[23] DAVIES R,ELIAS P. Dropping out: A Study of Early Leavers from Higher. Education Research Brief 386 [R]. London: EfES, 2003.

[24] DEARING R. Review of 16-19 Qualifications Framework: Interim Report. The Issues for Consideration [R]. London: Central Office of Information, 1995.

[25] DEARING R. Review of Qualifications for 16-19 Years Old: Full Report [R]. London: School Curriculum and Assessment Authority, 1996.

[26] Dearing, Sir Ron. Review of Qualifications for 16-19 Years Old [R]. London: SCAA, 1996.

[27] Department for Education and Employment (DfEE) . Guaranteeing Standards: A consultation paper on bringing together the work of the NCVQ and SCAA [R]. London: DfEE, 1997.

[28] Department for Education and Employment (DfEE). Higher Education for the 21st century: response to the dearing Report [R]. London: DfEE, 1998.

[29] Department for Education and Employment/Department of Education Northern Ireland/Welsh Office (DfEE/DENI/WO). Qualifying for Success: A consultation paper on the future of post-16 qualifications [R]. London: DfEE, 1997.

[30] Department for Education and Science (DES). Education: A

Framework for Expansion (White Paper), Cmnd 5174 [R]. London: HMSO, 1972.
[31] Department for Education and Science (DES). The Development of Higher Education into the 1990s (Green Paper), Cmnd 9524 [R]. London: HMSO, 1985.
[32] Department for Education and Science (DES). Top-Up Loans for Students (White Paper), Cmnd 520 [R]. London: HMSO, 1988.
[33] Department for Education and Science/Employment/Welsh Office (DfE/. ED/WO). Education and Training for the 21st Century [R]. Norwich: Stationery Office, 1991.
[34] Department of Education and Science. Examinations 16-18: A consultative paper [R]. HMSO, 1980.
[35] DfEE. Higher Education for the 21st Century: Response to the Dearing Report, Recommendation 3 [R]. London: Department for Education and Employment, 1998.
[36] DfEE. Higher Education for the 21st Century: Response to the Dearing Report [R]. London: Department for Education and Employment, 1998.
[37] DfEE. Guaranteeing Standards: A Consultation Paper on the Structure of Awarding Bodies [R] . London: DfEE, 1997.
[38] DfES. 14-19 Education: Extending Opportunities, Raising Standards [R]. London: DfES, 2002.
[39] EGERTON M, HALSEY A H. Trends by Social Class and Gender in Access to Higher Education in Britain [J]. Oxford Review of Education, 1993, 19 (2).
[40] Examinations in Secondary Schools. The second Report of the Secondary School Examinations Council [R]. 1952.
[41] FEDA/IoE/Nuffield Foundation. GNVQs 1993-1997: A National Survey Report [R]. London: FEDA, 1997.
[42] FEU. Paying Their Way: the Experiences of Adult Learners in Vocational Education and Training in FE College [R]. London: Further Education Unit, 1993.

[43] Further Education Unit (FEU). A Basis for Choice: Report of a Study Group on Post-16 Pre-employment Courses [R]. London: FEU, 1979.

[44] GCSE. The National Criteria [R]. HMSO, 1985.

[45] GEWITZ S, MECKSON M, Oower S. Unravelling a "Spun" Policy: a Case Study of the Constitutive Role of "Spun" in the Education Policy Process [J]. Journal of Education Policy, 2004, 19 (3).

[46] DfEE. A Level Curriculum will Guarantee Standards [R]. London: Blackstone (DfEE News 125/99), 1999.

[47] GREENAWAY D, HAYNES M. Funding Universities to Meet National and International Challenges. School of Economics Policy Report [R]. Nottingham: University of Nottingham, 2004.

[48] HALL J. "The CNAA and the philosophy of polytechnic education", in The Development of the New Polytechnics (Coombe Lodge Study Conference Report) [R]. London: EES, 1969.

[49] HESA. Students in Higher Education Institutions 2002-03 Reissue [R]. Cheltenham: Higher Education Statistics Agency, 2004.

[50] Higher Education Funding Council for England (HEFCE). Higher Education in the United Kingdom (revised October 2005)[R]. Bristol: HEFCE, 2005.

[51] Higher Education Funding Council for England (HEFCE). Supply and Demand in Higher Education [R]. Bristol: HEFCE, 2001.

[52] Higher Education funding Council for England. Information on Quality and Standards in Higher Education: Final Report of the Task Group [R]. Bristol: HEFCE, 2002.

[53] House of Commons. Report on the Permanent Civil Service, together with a Letter from THE REV. B. JEWWET (R). London: George. E. Eyre & William Spottiswoode, 1854.

[54] Keohane Report. Proposals for a Certificate of Extended Education. Department of Education and Science [R]. HMSO, 1979.

[55] KNIGHT J. "Internationalisation of Higher Education" in Programme on Institutional Management in Higher Education. Quality and

Internationalisation in Higher Education [R]. Paris: OECD, 1999.
[56] KNIGHT J. Updating the Definition of Internationalization [J]. International Higher Education, Vol. 33, Fall 2003.
[57] LAFFIN M, THOMAS A. New Labour and Government in Britain: Change or Continuity? [J]. Australian Journal of Public Administration, 1997, 56 (4).
[58] Manpower Services Commission (MSC). A New Training Initiative-A Consultative Document [R]. London: MSC, 1981.
[59] TOMLINSON M. Inquiry into A-level Standards [R]. London: Room124, Caxton House, Tothill Street, 2002.
[60] National Advisory Council for Education and Training Targets (NACETT). Report on Progress [R]. London: NACETT, 1994.
[61] National Audit Office (NAO). Widening Participation in Higher Education in England [R]. London: HMSO, 2002.
[62] NIACE. Widening Participation: Routes to a learning society [R]. NIACE Policy Discussion Paper, 1994.
[63] Office (DfEE/DENI/WO). Qualifying for Success: A Consultation Paper on the Future of Post-16 Qualifications [R]. London: DfEE, 1997.
[64] WATSON D, BOWDEN R. Why did They Do it? Conservatives and Mass Higher Education [J]. Journal of Education Policy, 1999, 14 (3).
[65] PAYNE J, CALLENDER C. Student Loans: Who Borrows and Why? [R]. London: Policy Studies Institute, 1997.
[66] PAYNE J. The Impact of Part-time Jobs in Years 12 and 13 on Qualification Achievement [J]. British Educational Research Journal, 2003, 28 (4).
[67] PREST A R. Financing University Education: Occasional Paper of the Institute for Economic Affairs [R]. London: Institute for Economic Affairs, 1963.
[68] QAA. Review Reports: Open University [R]. Quality Assurance Agency for Higher Education, 2005.
[69] QCA. A Brief Guide to Qualifications at Level 3: Advanced Level

[R]. London: QCA, 2000.
[70] REAY D, Ball, S J, and David, M E and David J. Choices of Degree or Degrees of Choice? Social class, Race and The Higher Education Choice Process [J]. Sociology, 2001, 35 (4).
[71] REAY D, Ball S J. "Making their minds up": Family dynamics of school choice [J]. British Educational Research Journal, 1998, 24 (4).
[72] ROBBINS L. Higher Education: Report of a Committee. Cmnd 2154 [R]. London: HMSO, 1963.
[73] ROBINSON P. How Do We Pay? Funding Public Services in Europe [R]. London: The Institute for Public Policy Research, 2004.
[74] RUDD P, EVANS K. Structure and Agency in Youth Transitions: Student Experiences of Vocational Further Education [J]. Journal of Youth Studies, 1998, 1 (1).
[75] RUPP J C C, De LANGE R. Social Order, Cultural Capital and Citizenship: An Essay Concerning Educational Status and Educational Power Versus Comprehensiveness of Elementary Schools [J]. Sociological Review, 1989, 37 (4).
[76] SALANT P, DILLMAN D A. How to Conduct Your Own Survey [M]. New York: John Wiley and Sons, Inc., 1994.
[77] Schools Council. 16-19: Growth and Response, 2. Working Paper 46 [R]. London: Evans/Methuen, 1973.
[78] Schools Council. Arguments for a Common System of Examining at 16-plus. Examinations Bulletin 23 [R]. London: Evans/Nethuen, 1971.
[79] Schools Council. Preparation for Degree Courses. Working Paper 47 [R]. London: Evans/Methuen, 1973.
[80] Standing Conference on University Entrance. The Universities' views on the "N" and "F" Proposals [R]. 1979.
[81] Standing Conference on University Entrance. The Universities' Views on the "N" and "F" Proposal [R]. 1979.
[82] Steven Schwartz. Fair Admissions to Higher Education: Recommendations

for Good Practice [R]. London: Admissions to Higher Education Steering Group, 2004.

[83] UCAS. Analysis of Offers involving Curriculum 2000 Qualifications for 2002 Entry. NJCC/02/13 [R]. Cheltenham: UCAS, 2003.

[84] UGC. Report on University Development 1935-1947 [R]. London: HMSO, 1948.

[85] UGC. Report on University Development 1947-1952 [R]. Cmnd 8875. London: HMSO, 1953.

[86] Universities and Colleges Admissions Service (UCAS). The Official Universities and Colleges Guide: 06 Big Guide [R]. Cheltenham: UCAS, 2006.

[87] Universities and Colleges Admissions Service. Paving the Way: Project Report [R]. Cheltenham: UCAS, 2002.

[88] University of Cambridge International Examinations (CIE). Cambridge Pre-U Diploma Phase Ⅱ Consultation Paper [R]. Cambridge: CIE, 2007.

[89] University of London General Certificate of Education Appendix; Note on the Development of Matriculation Requirements of the University. Subject Reports [R]. 1960.

[90] University of Sheffield. Access Agreement [R]. Sheffield: University of Sheffield, 2005.

[91] FOWLER W S. The Origin of the General Certificate [J]. British Journal of Educational Studies, 1959 (Vol. 7, No. 2).

[92] WACQUANT L. Towards a Reflexive Sociology: A workshop with Pierre Bourdieu [J]. Sociological Theory, 1991 (7).

[93] WOODROW M. "Student finance: access opportunity". Paper for the Independent Committee of Inquiry into Student Finance [R]. Edinburgh: Scottish Executive, 1999.

[94] YOUNG M. Reconstructing qualifications for FE: Towards a System for the Twenty-first Century, in FE and Lifelong Learning: Realigning the Sector for the twenty-first century, eds A Green and N Lucas, Bedford Way Papers [R]. London: Institute of Education, 1999.

（六）外文报纸

[1] BLACKSTONE T. A-level Curriculum Will Guarantee Standards: Blackstone [N]. DFEE Press Release 125/99, 19 March.
[2] CASSIDY S. Ministers under fair for A-level Reforms [N]. Times Educ. Suppl., 19 March 1999.
[3] MIKE B. The Holy Grail of Admissions [N]. The Times Educational Supplement (TES). 3 March, 2006.
[4] PYKE N. Third time lucky on "A-level reform" [N]. Times Educ. Suppl., 11 September, 1998.
[5] The Times Educational Supplement. "The New Examination" [N]. 15 January 1949.
[6] Times Educational Supplementary (TES). System is unfair to bac students [N]. 21 June, 2006.
[7] TYDOME T. Sector caught in parent trap [N]. Times Higher Educational Supplement, 30 July 2004.

（七）外文网络和其他文献

[1] 14-19 Education and Skills White Paper [EB/OL]. [2007-10-22]. http://www.dfes.gov.uk/publications/14-19educationandskillsl/docs/14-19Whitepaper.doc.
[2] BBC News. OU sees rise in younger students, 2 August 2005 [EB/OL]. [2007-04-23]. http://news.bbc.ac.uk.
[3] BBC News. Plans to change university entry. London: BBC, 22 May 2006, 14: 48 GMT 15: 48 UK [EB/OL]. [2007-03-29]. http://news.bbc.co.uk/1/hi/education/5003366.stm.
[4] BBC News. Plans to change university entry. London: BBC, 22 May 2006, 14: 48 GMT 15: 48 UK [EB/OL]. [2007-03-29]. http://news.bbc.co.uk/1/hi/education/5003366.stm.
[5] Department for Education and Skills (DfES). GCE/VCE A/AS and

Equivalent Examination Results in England, 2005/06 (Revised) [EB/OL]. http: //www. dfes. gov. uk/rsgateway/DB/SFR/s000703/index. shtml.

[6] Department for Education and Skills (DfES). More Choice for Pupils: International Baccalaureate to be Available in all Local Authority Areas, 30 November 2006 [EB/OL]. [2007-05-20]. http: //www. dfes. gov. uk/pns/DisplayPN. cgi? pn _ id=2006 _ 0180.

[7] Department for Education and Skills (DfES). More Choice for Pupils: International Baccalaureate to be Available in all Local Authority Areas, 30 November 2006 [EB/OL]. [2007-05-20]. http: //www. dfes. gov. uk/pns/DisplayPN. cgi? pn _ id=2006 _ 0180.

[8] DFES [EB/OL]. [2007-05-20]. http: //jdsqjy. ijd, cn/articleview/2005-7-29/articleview 133. htm [4] DFES, 14.

[9] DfES. Post-16 Learning: Participation in High Education [EB/OL]. [2007-03-17]. http: //www. dfes. gov. uk/trends/index. cfm? fuseaction=home. showChart&cid=4&iid=23&chid=89.

[10] HEFCE Publications. Higher Education in the United Kingdom, 2005 [EB/OL]. [2007-10-26]. http: //www. hefce. ac. uk/pubs/hefce.

[11] HEFCE Publications. Higher Education in the United Kingdom, 2005 [EB/OL]. [2007-10-26]. http: //www. hefce. ac. uk/pubs/hefce.

[12] HEFCE. Foundation Degree Prospectus, 2000 [EB/OL]. [2007-10-26]. http: //www. hefce. ac. uk/pubs.

[13] HEFCE. Funding for Widening Participation in Higher Education. Accessed through the Higher Education Funding Council for England Website (00/50) [EB/OL]. [2007-03-26]. http: // www. hefce. ac. uk/pubs .

[14] Higher Education Funding Council for England (HEFCE). Higher Education in the UK. Bristol: HEFCE [EB/OL]. [2007-03-11]. http: //www. hefce. ac. uk/pubs/hefce/2005/05-10/. pdf.

[15] http: //www. dfes. gov. uk/hegateway/strategy/hestrategy/pdfs/DfES-Higher Education [EB/OL].

[16] International Baccalaureate Organization (IBO). The IBO at a glance. Geneva: IBO [EB/OL]. [2007-03-18]. http: //www. ibo. org/who/.

[17] OpenUniversity. About the OU: The purpose of the OU, 2006 [EB/OL]. [2007-04-23] . http: //www. open. ac. uk.

[18] Open University. Brief History of the OU [EB/OL]. [2007-04-23]. http: //www. open. ac. uk/about/ou/p3. shtml.

[19] Qualifications and Curriculum Authority (QCA). GCSE, GCE, GNVQ, and AEA Code of practice (2007/08) [EB/OL]. London: QCA, 2007 [2007-03-10] . http: //www. qca. org. uk.

[20] Reform. Standards of Public Examinations in England and Wales [EB/OL]. [2007-03-17] . http: //www. reform. co. uk/filestore/pdf/Standards% 20of% 20Public% 20Examinations% 20in% 20England%20and%20Wales. pdf.

[21] Review of widening participation research: addressing the barriers to participation in higher education, A report to HEFCE by the University of York, Higher Education Academy and Institute for Access Studies, July 2006 [EB/OL]. [2007-03-17] . http: //www. hefec. ac. uk/pubs/rdreports/2006/rd13 _ 06.

[22] SANDRA M HARRIS. Factors Influencing. Factors Influencing Pursuit of Higher Education: Validating a Questionnaire [Z]. Paper presented at the 1998 Annual Meeting of the Mid-South Educational Research Association, New Orleans, LA, 1998.

[23] Students rate university courses [EB/OL]. [2007-01-07]. http: //news. bbc. co. uk/1/hi/education/4265802. stm BBC News, 21 September 2005.

[24] Students rate university courses [EB/OL]. [2007-01-07]. http: //news. bbc. co. uk/1/hi/education/4265802. stm BBC News, 21 September 2005.

[25] Telegraph. Top 100 schools by Oxbridge entry hit rate. Last updated 19/09/2007 [EB/OL]. [2007-10-04] http: //www. telegraph. co. uk/education/main. jhtml? xml = /education/league tables/uni _ entry _

b. xml.

[26] The Higher Education Statistics Agency (HESA). Higher Education Student Enrolments and Qualifications Obtained at Higher Education Institutions in the United Kingdom for the Academic Year 2005/06 [EB/OL]. [2007-03-16]. http: //www. hesa. ac. uk.

[27] The OU. Widening Participation Strategy 2003-2006 [EB/OL]. The Open University, 2003 [2007-06-26]. http: //www. open. ac. uk/widening-participation/P3 _ 2. shtml.

[28] UCAS. Apply Information [EB/OL]. [2007-03-14]. http: //www. ucas. ac. uk/apply/info. html.

[29] University of London. University of London School Examinations Board, 1908-1991. 31 volumes, 74 bundles, 5 boxes [EB/OL]. [2007-04-15]. http: //www. aim25. ac. uk/cgi-bin/search2? coll _ id = 2094& inst _ id=14.

[30] Wikipedia, the free encyclopedia. British Universities [EB/OL]. [2007-10-22]. http: //en. wikipedia. arg/wiki/British _ universities.

后　记

本书是教育部哲学社会科学研究研究重大课题攻关项目“高校招生考试制度改革的理论与实践研究”（03JZD0038）的研究成果之一，于2008年由华中师范大学出版社出版。

本书付梓以来，承蒙读者与学术界同仁的抬爱，多有揄扬和鼓励，同时也提出宝贵的意见和建议。学界同仁对拙著的广泛引用，被列为考试研究方向研究生的参考书目；获得省部级哲学社会科学等奖项；部分观点被国家政策文件采纳。所有这些对我都是极大的鼓励和鞭策，激励我在相关研究领域继续前行。之后，我参与了教育部“国家继续教育学习成果认证、积累与转换制度的研究与实践”、教育部“教师终身教育学分银行建设”项目等拓展性研究；我主持的“国家资历框架研究”项目被评为2016年国家社科基金后期资助项目（16FJK001）。我参与国务院《关于深化考试招生制度改革的实施意见》和教育部《推进高等教育学分认定和转换的意见》的政策咨询，非常荣幸书中若干前瞻性观点8年后能够被国家政策性文件采纳。

本书出版后的8年，也是我国高考改革最受关注的时期，是人们最热议的话题之一。没有哪一项改革像高考改革那样万众瞩目；没有哪一项教育改革像高考改革那样引起如此大的争议。无独有偶，英国人对于与高等院校招生相关考试的关注程度有过之而无不及。如果说世界考试的源头在中国，则西方考试的源头在英国，中英两国很早就对考试充满崇拜之情，但“爱之深则恨之切”，对于考试都怀有“爱恨交加”的复杂情感。早在1778年，英国著名作家和语言学家塞缪尔·约翰逊（Samuel Johnson）就曾说过：“我认为无论一个人有何独特之处，都可能通过好的考试制度在与别人比较中得到鉴别。”英国人很早就赋予考试神圣的职能：通过选拔性考试实现不论出身如何，每一个孩子只要凭着自己的能力，就有机会实现其成为人上人的“英国梦”。从20世纪60年代起，面对高等教育从精英走向大众的挑战，英国高校招生考试制度改革走过的路，正是今天我国高考改革要走的路，有成功的经验值得我们学习，也有失败的教训需要我们汲取。能为备受社会广泛瞩目的高考改革提供“他山之石”，自己无比快乐。

感谢系列丛书主编、我的导师刘海峰教授。在本书选题、撰写和修改过程中，导师总能在关键的时候给予关键的指导。感谢在英研究期间的导师 Robert Nicholls 及其全家。在英国研究过程中，在导师家度过的快乐时光使我没有感到身处异国他乡的文化冲击。每天 Robert 驾车和我一起上下班的路上也是我们探讨问题的“学术沙龙”，Robert 的精辟观点使我很受启发。感谢英国同事 Tessa Leuchars、Melanie Navrro-Marier、Helen Huchet 和 Nadege Price，当他们轮流坐庄请我到他们家做客时，我品尝到的不仅是他们的美酒，还品味到他们的独特文化，分享他们在英国高校招生考试制度方面的观点。感谢在我进行问卷调查和访谈中帮助过我的英国同事和所有人士。感谢房东 Barbara Thorndyke 对我生活上无微不至的照顾，每天和他及他的朋友聊天是我的“必修课”，在这个社会大课堂里，我学到了书本上学不到的知识，了解到英国不同阶层对教育和考试的观点和看法。感谢国家开放大学学分银行和上海交通大学教学发展中心团队的同仁，与你们的各种讨论使我在本书的修改中受益匪浅。感谢华中师范大学出版社的同仁为本书的再版付出的努力。感谢家人，是他们的理解和支持才使我少了后顾之忧，多了自信和勇气。

莎士比亚的名言“超越你自己”浅显易懂，但做起来并非易事。由于时间和能力所限，书中难免仍有疏漏之处。

2016 年 11 月 3 日